De l'An 25.000

avant Jésus-Christ

à nos Jours

GASTON REVEL

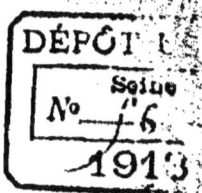

De l'An 25.000

avant Jésus-Christ

à nos Jours

LES ÉDITIONS THÉOSOPHIQUES
81, Rue Dareau, 81
PARIS (XIVe)

1913

DÉDICACE

A vous tous qui m'avez aidé au moment de la fondation du Théosophe, à vous tous qui m'aidez encore pour l'extension de ce quotidien de l'avenir, je dédie ce livre avec l'espoir que l'Instructeur attendu viendra bientôt fouler le chemin que vous lui préparez avec une si noble énergie.

Votre profondément reconnaissant,

Gaston REVEL.

Paris, novembre 1912

AVERTISSEMENT

Au moment de mettre la présente étude sous presse, nous apprenons que M. C.-W. Leadbeater vient d'effectuer d'importantes et nombreuses additions, ainsi que des rectifications, à l'ouvrage « DÉCHIRURES DANS LE VOILE DU TEMPS », des tableaux généalogiques ont été dressés, des dates ont été changées, des intervalles entre les incarnations de quelques personnages se trouvent modifiés, le nombre des personnages jouant un rôle dans les séries de vies a sensiblement augmenté, etc, etc...

Ces diverses modifications nous obligeront à publier un supplément à ce livre. Celui-ci, d'ailleurs, ne contient que des données générales de nature à aider simplement dans leur étude ceux que les vies successives en question intéressent. Nous pensons même qu'il aidera à mieux comprendre le Supplément dont les tableaux seront certainement beaucoup plus complets encore que ceux que nous avions dressés en nous basant sur la première édition de l'ouvrage que nous avons essayé de commenter. Nous réservons ces tableaux pour une édition ultérieure.

Gaston REVEL.

INTRODUCTION

INTRODUCTION

I

PRÉLIMINAIRES

Le présent ouvrage n'a aucune prétention littéraire ; encore moins avons-nous voulu faire une œuvre scientifique. Nous nous sommes simplement contenté de réunir en un volume les quelques notes que nous avons utilisées pour une série de causeries au siège de la Société Théosophique, à Paris. Nous n'avions nulle intention de publier ces notes lorsque nous avons entrepris nos commentaires sur les vies d'Alcyone et ce livre ne paraît que pour satisfaire le désir pressant d'un certain nombre de théosophes. Ce désir leur fait honneur et nous sommes vraiment heureux de voir la plupart des théosophes français s'intéresser à ce point à l'ouvrage intitulé par les auteurs : « *Déchirures dans le voile du temps* (1) ; » comme nous, ils ont entrevu les nombreux enseignements qui se dégagent de cette œuvre si étrangement nouvelle ; comme nous, ils ont entrevu l'importance qu'il y aurait à entreprendre une étude approfondie de cette série d'existences où abonde une masse considérable de détails tant sur l'évolution humaine que sur l'évolution d'un groupe de personnages.

---

(1) *Déchirures dans le voile du Temps* par les principaux instructeurs théosophes : Mme Annie Besant, M. C.-W. Leadbeater en collaboration avec d'autres personnes. La traduction française de cet ouvrage a paru dans la *Revue Théosophique Française* (années 1910-11-12).

Semblable étude exige un travail de longue haleine et comme le temps manque à la plupart pour l'effectuer, nous nous sommes décidé à répondre aux souhaits exprimés à ce sujet en publiant nos travaux personnels. Ceux-ci représentent dix-huit mois d'un labeur assidu et ils auraient été plus complets si nous n'avions été très absorbé par la direction du journal le *Théosophe*. En réalité, ces pages sont donc un essai, une tentative de mise au point, plutôt qu'une étude approfondie mais ne serviraient-elles qu'à découvrir aux lecteurs des Vies d'Alcyone les nombreux horizons que celles-ci présentent, nous nous estimerions heureux car nous aurions ainsi rempli notre but.

Au cas où ces quelques chapitres seraient favorablement accueillis des étudiants théosophes, nous complèterions notre travail en faisant suivre le présent ouvrage d'un second tome où serait exposée la partie historique. Le récit des vies d'Alcyone contient en effet toute une partie historique qu'il importe de dégager. Depuis l'an 25.000 avant Jésus-Christ jusqu'à nos jours, l'histoire des religions, des races, des sciences, etc... s'y trouve et, en tenant compte des vies d'Orion, d'Erato et de celles qui seront ultérieurement publiées, il serait aisé de rassembler en chapitres distincts tout ce qui se rattache, au point de vue historique, à l'évolution des races, aux expéditions, aux émigrations, au Manou, au Bodhisattwa, à la religion, à l'éducation, à la sociologie, à la littérature, aux mœurs, à la géographie, etc..., etc...

Dans notre premier tome, nous nous sommes spécialement attaché au côté éthique, aux qualités, aux pouvoirs à développer qui hâteront le perfectionnement de notre humanité. Nous n'ignorons pas que ce livre est destiné à être, pour beaucoup, un sujet de sarcasmes, à moins qu'un silence méprisant ne soit fait autour de lui ; mais nous écrivons pour ceux qui cherchent leur voie, non pour les intransigeants et les négateurs systématiques.

Nous avons cru bien faire aussi en empruntant à la littérature théosophique quelques pages qui viennent à l'appui de nos assertions : on nous reprochera sans doute la longueur et la fréquence de nos citations, chose que ne peut éviter un simple étudiant qui cherche dans les enseignements de ses maîtres l'appui dont il a besoin.

Bref, nous avons tenté d'être aussi clair que possible en interprétant un sujet des plus complexes.

.·.

Pour les lecteurs qui ne seraient pas encore familiarisés avec les enseignements théosophiques, nous reproduisons ci-dessous un article que nous empruntons au « *Théosophe* » illustré de Noël 1911.

II

APERÇU DE THÉOSOPHIE

La Société théosophique a été fondée en 1875, par Mme Blavatsky et le Colonel Olcott, ce qui ne signifie nullement que la théosophie remonte à cette époque ; le mot fut employé par de nombreux mystiques du moyen âge et par d'autres, antérieurs à ceux-là, puisqu'il est en effet admis que la théosophie, d'après Diogène de Laërce, devrait son origine à Pot-Amoun, lequel vivait aux premiers temps de la dynastie des Ptolémées. Le même auteur ajoute que le nom du créateur de la doctrine est un mot copte signifiant : « le consacré à Amoun », Amoun étant le Dieu de la Sagesse.

Le but de ce système était d'enseigner certaines grandes vérités morales à ceux qui cherchaient la vérité. C'est ce à quoi les Mystères de l'Antiquité étaient destinés.

La Société Théosophique ne serait donc, en ce sens, qu'une sorte de rejeton vivant des Mystères de l'Antiquité qui, cette fois, loin de croître à l'ombre des temples et caché de la foule, a pris racine en pleine civilisation moderne.

Les Grandes Lois

Les principaux enseignements de la théosophie se résument dans l'énoncé de ces trois grandes lois :
La loi d'évolution.
La loi de la Réincarnation, et son corollaire :
La loi de Karma.
Nous allons tenter ici d'en donner un aperçu aussi clair que possible.

L'ÉVOLUTION

Le théosophe pose, en principe, qu'il existe un rapport entre le fini et l'infini, que l'infini qui nous entoure ne peut être connu par le fini.

« Il y a, dit Mme Annie Besant, des millions de modes vibratoires qui vous entourent et vous frappent, dont vous n'avez pas conscience, faute de ne pouvoir les reproduire en vous ; appliquant cette loi (qui se répète dans tous les domaines, car le monde est un), appliquant cette loi aux parties supérieures de l'être, l'homme qui a développé en lui la nature spirituelle, peut répondre aux vibrations spirituelles de l'univers parce qu'il peut les reproduire en lui-même. » (*L'Avenir Imminent.*)

En un mot, l'on ne peut connaître l'infini que par l'infini qui est nous, connaître Dieu, par notre Dieu intérieur. Nous sommes tous des dieux en voie de devenir. C'est là une consolante théorie ainsi que nous le verrons plus loin.

Le théosophe considère donc l'homme comme une monade, une étincelle divine, provenant du Dieu d'un système, du Logos d'un univers dans le Kosmos. Autant de systèmes solaires, autant de Logoï à des degrés différents, vaste Hiérarchie, intermédiaire entre l'homme et l'Absolu cette cause sans cause, l'inconnaissable Cela, disent les livres sanscrits. Panthéisme ! s'écriera-t-on ! Oui ou non, répondrons-nous puisque le théosophe reconnaît pour notre petit système solaire, un Logos *unique* ayant au-dessus de lui toute une hiérarchie d'êtres à tous les degrés d'évolution, vaste échelle dont les pieds reposent sur terre et dont le sommet se perd dans l'Infini. Nous ne voyons en cela aucune différence avec les enseignements du Christianisme d'après lequel l'homme est fait à l'image de Dieu, Dieu ayant au-dessus de lui toute une hiérarchie d'archanges et d'anges. Mais Dieu, ajoute le théosophe, est *immanent* dans l'univers.

« L'Idée d'un Dieu extra-cosmique disparaît peu à peu ; l'on ne croit plus guère à présent, que Dieu ait créé l'univers comme un ingénieur construit une machine et qu'il se tient en dehors pendant que les roues tournent, que les courroies transmettent le mouvement. A cette théorie s'est substituée celle qui admet Dieu immanent en toutes choses, un Dieu qui est une vie et non plus un mécanicien, un Dieu qui est l'esprit animant toutes les formes et non un créateur extérieur à son univers. Il faut plus encore que ce Dieu résidant dans l'univers et dans l'homme, il faut proclamer cette grande vérité des Ecritures orientales : « J'édifie cet univers avec une partie de moi-même, puis je demeure. » (*Le Monde de Demain*, par Annie Besant.)

En d'autres termes, Dieu édifie son univers avec une partie de lui-même, mais il est plus grand que cet univers, intéressante conception. L'une des principales objections soulevées contre cette thèse est celle-ci . « Si Dieu est immanent en toutes choses il est bon et méchant, injuste et juste, honnête et tricheur, puisque l'homme lui-même est composé de mauvaises choses autant que de bonnes. » Or, cette idée répugne aux théistes. Voici comment la théosophie y répond :

« Je suis la fraude du tricheur, dit Shri Krishna dans la *Bhagavad Gita*. Quel est le sens de ces mots qui paraissent si étranges ? Comment expliquer cette phrase qui semble presque profane ? La monade, la vie, contient tout potentiellement, mais rien d'abord, de manifesté ; avant de développer tous ses pouvoirs latents, l'homme en luttant, commet des fautes inhérentes à son faible degré d'évolution ; il a en lui le germe de la sagesse, de la sainteté, mais ce germe ne s'est pas encore développé ; le meurtrier est une âme jeune mais il a en lui toutes les possibilités du Saint. Le bien, c'est ce qui contribue à l'évolution vers la divinité ; le mal, c'est ce qui la tire en arrière ou ralentit sa marche. Placez une échelle, le pied sur cette estrade et faites-lui dépasser le niveau du toit. Supposez qu'un de vous soit monté sur le cinquième échelon, un sur le deuxième, et qu'un troisième auditeur se tienne sur l'estrade. Pour l'homme du cinquième échelon, ce serait descendre que de se placer à côté de l'homme du deuxième, mais pour l'homme debout sur l'estrade, ce serait monter que de rejoindre l'homme du deuxième échelon. Supposez que chaque échelon repré sente une action : chacune serait à la fois morale et immorale suivant le point de vue auquel nous nous plaçons. » (*Le Dharma*, par Annie Besant.)

Intimement liée à la loi du *Karma*, que nous examinerons plus loin, cette conception de la morale est hautement philosophique et scientifique, en ce sens qu'elle explique l'inégalité des conditions en disant que le germe divin évolue de l'imparfait en passant par les degrés les plus inférieurs. Elle justifie aussi le sentiment religieux, car :

« Les religions diverses sont les réponses que Dieu fait aux hommes par l'entremise de ceux en qui la divinité se manifeste avec plus d'intensité que chez les autres. L'homme n'a jamais cessé de chercher à connaître la source d'où il émane, à connaître d'où vient la vie en lui, vie immortelle, que dis-je ! éternelle et divine ; et chaque religion est la réponse que l'Esprit universel fait à ses enfants qui le cherchent. De même que l'eau qui descend de sa source, tend à remonter à son niveau primitif et s'élèvera toujours à la hauteur de cette source à moins qu'elle ne rencontre des obstacles, de même l'esprit de l'homme, étant d'essence divine, cherche toujours à s'élever au niveau du Divin qu'il cherche à comprendre. La preuve la plus convaincante que l'homme est fondamentalement divin, c'est la recherche qu'il poursuit, de temps immémorial, pour trouver le Dieu qui l'a généré. » (*L'Avenir Imminent*, par Annie Besant).

Le mal n'est donc que l'absence de perfection, perfection vers laquelle nous tendons tous, de par notre essence divine, au cours d'une longue évolution.

Il nous reste à établir le mécanisme de cette évolution : c'est l'un des points les plus intéressants de l'enseignement théosophique. Pour le théosophe, Vie et Matière sont inséparables.

Si nous analysons tout ce qui existe dans l'univers, nous arrivons à la grande généralisation suivante : « Tout est séparable en « Moi » et en « Non-Moi » ; et chaque objet séparé prendra place dans l'une ou l'autre de ces deux grandes catégories du « Soi » et du « Non-Soi ». Le « Soi » est la vie, la conscience ; le « Non-Soi » est la matière, la forme. Nous voici donc en présence d'une dualité. Mais les deux choses qui constituent cette dualité ne sont pas deux choses séparées, indépendantes, sans rapports mutuels ; au contraire, il y a entre elles une relation continue ; sans cesse elles s'attirent, puis se repoussent, s'identifiant l'une avec l'autre et se répudiant tour à tour ; ce jeu constitue l'univers toujours changeant. Nous avons donc une trinité au lieu d'une dualité : le Soi le Non-Soi, et la Relation entre les deux... (*Etude sur la conscience*, par Annie Besant.)

La vie qui se mêle à la matière telle est l'évolution ; c'est le germe divin évoluant ses potentialités en devenant peu à peu maître de la matière de son univers. Il faut effectivement à ce germe divin un champ propre à sa germination et à sa croissance. Il le trouve dans la matière animée et préparée par le Logos ; et cette matière se différencie du solide au fluide, du plus dense au moins dense. De même que la science admet le pondérable et l'impondérable, les quatre états solide, liquide, gazeux, éthérique, le théosophe, tout en allant beaucoup plus loin, pose l'existence de plusieurs états de matière tels, que le germe divin, la monade, en involuant, emprunte à ces divers plans de la nature des agrégats qui, peu à peu, deviendront de véritables instruments pour la conscience. Et c'est ainsi que l'évolution (qui suit l'involution) devant commencer par la connaissance de l'état de matière le plus dense, c'est le corps physique qui est tout d'abord organisé et perfectionné d'âge en âge, de millénaire en millénaire. On peut s'imaginer la conscience, au début, comme une maison de verre entièrement transparente et dont les surfaces deviennent peu à peu opaques en s'immergeant dans la matière, jusqu'à ce qu'il n'y ait plus que cinq ouvertures qui subsistent : les cinq sens physiques. Cette limitation est nécessaire, car l'on ne peut connaître que par la limitation ; l'analyse doit *précéder* la synthèse ; la conscience serait aveuglée si elle demeurait ouverte à toutes les vibrations de l'univers qu'elle doit apprendre à observer et à maîtriser en développant ses pouvoirs latents et, pour cela, une limitation est nécessaire. Il est important de ne pas oublier que ces états de matière, que tous ces plans de la nature s'interpénètrent et cela, si bien, que la conscience agit dans le plan physique à l'aide de la matière physique, que l'émotivité de l'homme n'est possible que grâce au mode vibratoire d'un autre état de matière, que la pensée se sert de matière mentale, absolument comme la lumière ne se propage que grâce au mode vibratoire de l'éther, etc... L'existence de ces différents plans de la nature constitue l'un des points fondamentaux de la doctrine théosophique et elle est, après tout, très plausible, étant donné l'état actuel de notre science.

Et ainsi, de plan en plan, la conscience s'élève jusqu'à s'unir avec le Dieu de son univers, jusqu'à partager la conscience de ce Dieu ; l'homme alors est absolument maître de la vie et de la mort, il a vaincu l'inférieur, la personnalité, il est devenu *réellement* le Dieu qu'il a toujours été *virtuellement*. C'est ce que l'on entend par atteindre la condition *nirvanique*, c'est-à-dire un état complet de béatitude dans « le sein du Père » mais une béatitude des plus actives, l'homme-dieu ou sur-homme, ou Maître, ne songeant qu'à mettre au profit de l'humanité les splendides pouvoirs dont il dispose Voilà ce qu'on entend par *Nirvana*, point que la pensée occidentale s'est plu à travestir et même à défigurer.

Telle est, dans ses grandes lignes, la Loi d'évolution : *c'est le retour de l'homme à Dieu.*

LA REINCARNATION

Ce retour peut-il s'effectuer en une seule vie humaine ? Une seule existence terrestre peut-elle suffire à cette grandiose évolution ? Non, répond le théosophe, elle s'effectue par des retours successifs. — De même qu'un arbre se dépouille chaque année de ses feuilles et revêt chaque printemps le feuillage grâce auquel il reprend de nouveau contact avec l'ambiance, de même l'homme, sans cesser de vivre, à certaines périodes de son évolution, se dépouille de ses véhicules inférieurs pour le repos, pour l'assimilation lente des expériences faites. Puis il renaît, il reprend contact avec le plan physique, jusqu'au jour où, comme l'arbre, ayant grandi, mais grandi en amour, en intelligence, en savoir, en puissance, il a achevé son évolution physique et échappe ainsi à la roue des renaissances, à moins qu'il ne revienne sur terre pour faire profiter ses frères des trésors qu'il possède, servir à l'humanité de guide et d'instructeur sur le sentier de l'évolution.

Nous sommes libres aujourd'hui de choisir entre ces différents concepts :

1° L'homme est créé spontanément par une puissance à tout jamais inconnaissable ; il naît heureux ou malheureux ; il est voué, dès sa naissance, au ciel ou à l'enfer, ou au *néant*, singulier illogisme dans une nature où nous voyons la vie et le mouvement partout, nature dont chaque jour l'homme découvre des lois, (nouvelles pour lui).

2° L'homme n'est simplement que le produit d'influences ancestrales. Mais la théorie de l'hérédité est presque tout à fait tombée en désuétude aujourd'hui, dans les milieux avancés, chez les véritables penseurs, car c'est un fait avéré que *les qualités morales ne se transmettent pas*. La science avance au contraire que le génie est stérile.

Il y a contre ces deux points de vue, de nombreux arguments, et la place nous manque pour les énumérer, mais que vous choisissiez l'une ou l'autre de ces deux théories, vous vous verrez toujours dans l'incapacité absolue d'expliquer l'inégalité des conditions. La Loi de Réincarnation les explique ; elle s'impose en vérité comme une loi naturelle ; elle est, pour ainsi dire, une nécessité : elle est juste, parce que grâce à elle, il est donné à tout homme ici-bas d'atteindre aux niveaux supérieurs, de réparer ses erreurs, de continuer les œuvres auxquelles il s'est attaché, de devenir semblable à ceux qu'il admire le plus ; elle est logique parce qu'elle ne fait intervenir aucun agent extérieur qui, au gré de ses caprices, placerait l'un dans la peine, l'autre dans la joie. C'est l'Ego, c'est la conscience rejetant un à un ses instruments, ses corps, pour en prendre d'autres, plus appropriés aux caractéristiques qu'il développe au cours de ses vies successives. Elle n'est contraire à aucune religion, car toutes les religions ont enseigné cette grande loi qu'on retrouve dans le christianisme du début de notre ère et chez les Pères de l'Eglise ; elle est réconfortante parce qu'elle nous fait dire aussi que ce que tout homme sème, il le récoltera dans une vie ultérieure, que tout ce dont nous souffrons ou jouissons aujourd'hui résulte de causes générées par nous-mêmes dans le passé. C'est là, cette autre loi, celle du *Karma*.

LE KARMA

Le *Karma* des théosophes ne consiste pas en un fatalisme grossier ; c'est une loi qui nous place là où nous devons être pour progresser, tout en nous laissant notre libre arbitre, notre liberté de choix. Le *Karma* n'a jamais obligé un homme à accomplir telle ou telle action, *il fournit simplement les circonstances et l'homme dispose à son gré de ces circonstances.*

En cette matière, là encore, nous sommes libres de choisir entre ces différents concepts :

1° L'idée de la destinée ; dans sa stricte signification, c'est la plus grossière que l'on puisse adopter ; c'est celle des Musulmans, le fatalisme.

2° L'idée de Providence, opposée à celle de la destinée, et qui implique que Dieu a combiné le fonctionnement de son univers selon certaines lois, mais qu'il est toujours prêt à modifier ces lois quand la chose lui est demandée, par une prière sincère. Cette conception est inadmissible sans qu'il soit besoin de le démontrer.

La doctrine du Karma, tout en différant des deux que nous venons d'indiquer, les réconcilie pourtant. Nous apportons avec nous une partie des causes générées dans nos existences antérieures, l'autre partie devant se répartir sur des incarnations ultérieures ; d'autre part, nous pouvons modifier, neutraliser les causes générées dans le passé, selon la conduite que nous tiendrons dans notre vie actuelle.

Nous sommes donc ainsi les créateurs de notre propre destinée. Sachant cela, libre à nous d'employer les méthodes préconisées par la théosophie pour hâter notre évolution.

L'ETHIQUE

La partie éthique de l'enseignement théosophique consiste à cultiver la pensée, à méditer, à contrôler la pensée et les sens, à acquérir les vertus. Il y a là tout un entraînement que le théosophe appelle *Le Sentier du Disciple*, sentier au terme duquel les aînés de l'humanité, les Maîtres, vous confèrent l'Initiation, la première, car d'autres suivent avant de parvenir à l'état de Maître réel. L'état de Maître n'est lui-même qu'une étape dans l'évolution ; après cette étape, commence l'évolution supra-humaine.

On pourrait donc définir la théosophie comme étant la science de l'âme, qui assigne à l'homme la place qu'il occupe dans l'univers, qui lui dessille les yeux sur le passé, le présent et l'avenir, tant au point de vue des races humaines que de l'individu lui-même.

En tout, la théosophie a son mot à dire. En matière religieuse, elle sait dégager les vérités communes à toutes les grandes religions et elle prépare actuellement la naissance d'une religion mondiale (Voir le journal *Le Théosophe* des mois de juin 1911 et suivants. Voir aussi *L'Avenir Imminent* par Annie BESANT). En science, elle déclare qu'à mesure que nous avancerons sur la voie du Progrès, nos corps acquerront de nouveaux sens qui suppléeront aux instruments actuels dont la délicatesse a atteint la limite extrême ; le chimiste verra l'atome, il verra l'éther puis d'autres états de matière. En psychologie, elle explique tous les phénomènes de néo-psychologie grâce, notamment, à sa frappante définition de la conscience. En sociologie elle affirme que nous sommes tous issus de la même source et par conséquent tous frères, que les croyances religieuses ne sauraient nous séparer attendu que toutes les religions sont les rayons diversement colorés de la lumière blanche unique. Nous sommes tous frères, dit-elle, mais des frères inégaux en qualités, en vertus, en aptitudes, car nous sommes tous à différents degrés de l'échelle évolutive ; il y a les aînés et les cadets, et c'est aux aînés à prendre en mains les rênes d'une nation ; aussi longtemps que les âmes jeunes prétendront au pouvoir, que les hommes se refuseront à connaître la loi *d'inégalité* et la *hiérarchie humaine*, les nations demeureront loin du bonheur auquel elles aspirent

La théosophie dit encore que l'humanité a toujours été conduite, guidée, instruite, éduquée par les aînés des aînés, que sans les Hermès, les Thot, les Orphée, les Zoroastre, les Bouddha, les Christ, que sans les Messagers de ces grands Etres : les Mahomet, les Bruno, les Paracelse, etc... sans eux, l'humanité serait demeurée ignorante et plongée dans l'obscurantisme le plus profond. Elle va plus loin encore, car elle déclare que tous les grands fondateurs des religions sont *un seul et même Etre* (1) plusieurs fois réincarné chaque fois que le monde a besoin de son message et elle annonce aussi la venue prochaine, parmi nous, de ce même grand Etre qui rétablira dans le monde, cette paix que les hommes ont troublée, qui établira une nouvelle religion (religion mondiale), comme aussi la fraternité universelle, en aidant à la formation d'une nouvelle race, la race de demain.

---

(1). Il n'y a en effet qu'un seul Bodhisatwa par race-mère, Instructeur qui se réincarne, dans chaque sous-race de cette race-mère. Le Bouddha fut l'Instructeur qui précéda le Christ, qui le continue sur terre pour la V° Race.

SECTION I

Les Pouvoirs Psychiques

Leur Évolution

CHAPITRE PREMIER

Du Psychisme

C'est un fait aujourd'hui reconnu : les pouvoirs psychiques existent. Télépathie, psychométrie, vision à distance, autoscopie, rêves prémonitoires, etc... tout cela semble déjà, presque, de l'histoire ancienne bien que ces phénomènes soient toujours à l'ordre du jour et activement étudiés par de nombreuses sociétés. Plus encore, la science actuelle commence si bien à les étudier, afin d'en rechercher les lois, que relativement peu de personnes les nient catégoriquement.

Le monde invisible existe, c'est indéniable ; la science le mentionne à tout instant ; elle voudrait voir ce que le microscope le plus puissant ne peut révéler ; elle voudrait voir ce que le télescope le plus perfectionné ne peut déceler. Toutes les religions relatent l'invisible ; toutes indiquent et postulent l'existence des mondes comme des êtres invisibles. Tous les mystiques, tous les grands saints parlent de choses encore inconnues de la masse, cette masse étant encore aveugle et peu préparée à comprendre — sinon à admettre — qu'il existe des sphères d'existences autres que la sphère purement matérielle. La philosophie traite de la science de l'âme et l'étymologie même du mot : *psychologie* montre clairement qu'il y a des facultés de l'âme, facultés dont le nombre et la puissance s'accroissent à mesure que les génies de la philosophie avancent dans leurs investigations en nous dotant de découvertes nouvelles ; ils pressentent d'autres facultés, d'autres pouvoirs beaucoup plus grands que ceux que la majorité des humains possède aujourd'hui. C'est presqu'un lieu commun, actuellement, que de dire que la conscience est plus étendue que la conscience normale ou cérébrale ; l'intuition prend un rôle de plus en plus important ; les travaux sensationnels de M. de Rochas sont activement repris par d'autres savants et l'on recherche obstinément ce en quoi consistent réellement ces sens étranges que l'hypnotisme révèle. Les phénomènes d'autoscopie sont dûment constatés, catalogués, et l'on en tente une explication.

Il est beaucoup plus facile de nier les faits que de chercher à les observer, et je me permettrai de dire à ceux qui les nient *a priori* ...qu'ils ne suivent pas les règles de la méthode scientifique... Ces phénomènes (d'autoscopie) ouvrent des horizons nouveaux sur l'inconscient d'abord, et ensuite sur le mécanisme des fonctions psychiques. Ils éclairent tout particulièrement les conditions de la conscience normale et de la suggestion. Ils ne choquent pas, à proprement parler, les idées reçues, encore que ce ne serait pas une raison pour les taire, ils ne sont que nouveaux, ce qui est bien suffisant pour gêner les esprits... L'ironie ou la négation systématique ne sont pas des démonstrations scientifiques (1).

Les travaux d'un certain nombre de savants, M. de Rochas entre autres (2), ont prouvé qu'il existe une mémoire autre que la mémoire ordinaire. Le génie apparaît toujours comme une énigme inexpliquée. La question des rêves préoccupe l'esprit de beaucoup de penseurs. Bref, ce que l'on a convenu d'appeler : « *Pouvoirs anormaux* » sont désormais indéniables ; il ne s'agit plus que d'en saisir le mécanisme caché. On sait aussi que plus l'intelligence se développe, plus le système nerveux s'affine et devient plus sensible ; de récentes études ont, croyons-nous, prouvé qu'il y a parallélisme entre les développements de l'intelligence, des sentiments et du corps.

Partout l'on cherche, partout le sourire s'efface sur les lèvres des railleurs d'hier, devant cet *occultisme* (3) si décrié, parce que si incompris, et qui n'est autre qu'une science plus haute, qui sera celle de demain, quoi qu'en disent certains auteurs pour lesquels l'occultisme est fini.

Si l'on veut saisir le pourquoi et le comment de ces vies

---

(1). *Les Phénomènes d'Autoscopie*, par le Dr PAUL SOLLIER (p. p. 1.2.) Félix Alcan, Editeur (1903).
(2) *Les Vies Successives*, par A. DE ROCHAS.
(3) Voir la définition de ce mot dans notre étude : *L'Occultisme, ses origines, sa valeur* (Editions Théosophiques, Prix : 1 franc).

successives dont le récit nous est donné, si l'on désire se rendre compte de la façon dont ces vies ont pu être décrites, vues, analysées, il faut avant tout comprendre la nature de l'homme, il faut se bien pénétrer de cette idée que l'univers est le Logos, — ou Dieu — à l'œuvre dans la matière. De même qu'il y a le Logos, — l'Esprit, — puis la matière qui lui sert de mode d'expression ; de même, pour l'homme, il y a la monade, — l'esprit — puis la matière par l'intermédiaire de laquelle l'esprit se manifeste.

On peut dire que le premier pouvoir de la monade, de l'esprit dans l'homme, est celui qu'elle manifeste en se construisant un premier instrument qui lui permettra de prendre contact avec l'ambiance. J'ai expliqué, ailleurs, pourquoi la matière est indispensable à l'évolution de l'esprit (1) ce dont il est aussi très facile de se rendre compte par la lecture des ouvrages théosophiques.

Ce premier grand pouvoir de la monade, nous pouvons l'appeler : la *volonté*, car la monade *veut* vivre, créer, connaître, sentir, et c'est cette *volonté de vivre* qui la conduira à prendre racine dans les bas-fonds de l'océan de matière. Nous pourrions presque comparer le fait à la germination d'une graine tombée au fond d'un liquide. Pendant longtemps, la graine ne « connaîtra » que le fond, — que la matière la plus dense — puis l'eau, — le liquide — puis l'air, et enfin l'éther, en supposant qu'il y ait pour cette semence une évolution sans fin, ce qui est d'ailleurs le cas pour toutes ces étincelles divines, pour la vie qui anime les formes.

Or, il importe, à présent, de ne pas oublier que, de même que nous avons ici-bas, pour la matière physique, les états : solide, liquide, gazeux, éthérique ; la *matière universelle* a, elle aussi, ses états auxquels la théosophie donne les noms de : physique, astral, mental, bouddhique — ou monde physique, mondes de l'émotion, de la pensée, de l'intuition, de la spiritualité, etc...

Ce sont tous ces mondes de matière que la monade est

---

(1) *Psychisme et Théosophie*, (sous presse en fascicule distinct). A paru dans le journal « *Le Théosophe* ».

appelée à connaître et, dans ce but, elle emprunte à chacun de ces mondes des instruments qui lui permettront d'entrer en contact avec chacun d'eux. Ces instruments seront les intermédiaires indispensables entre l'intérieur et l'extérieur, entre l'infini et le fini. Le corps physique est l'instrument grâce auquel le « *Soi* » — le divin, le facteur impérissable dans l'homme, — prend conscience de ce qui l'entoure, processus qui s'effectue à l'aide de modes vibratoires particuliers, nombreux et bien distincts les uns des autres dont les sens sont une partie. Ces sens, — les cinq sens actuels, — se comptent parmi les premiers pouvoirs de la monade. Nous touchons, nous sentons, nous goûtons, nous entendons, nous voyons, mais la science commence à s'apercevoir que ces sens du corps humain, et le corps lui-même, sont des *transmetteurs de perception et non des récepteurs* ; les philosophes commencent à s'apercevoir que le vrai récepteur n'est pas le cerveau, que ce dernier n'est lui-même qu'un transmetteur des perceptions au « *Soi* », et nous voyons William James déclarer :

Nous sommes plongés dans un invisible milieu spirituel, d'où une aide nous vient, notre âme ne faisant mystérieusement qu'un avec une âme plus grande dont nous sommes les instruments (1).

Dans le même ouvrage, le célèbre philosophe dit encore :

...L'intellectualisme (2) a perdu tout ce qui faisait sa force, il ne peut qu'approximer la réalité, et sa logique est inapplicable à notre vie intérieure, qui méprise ses vetos et se moque de ses impossibilités. A tout instant, chaque parcelle de notre *moi* est en même temps l'une des parcelles d'un *moi* plus vaste...

Il nous serait aisé de multiplier les citations de ce genre, mais qu'on lise Bergson, Eucken, W. James et autres, que surtout l'on cherche, que l'on médite, et l'on arrivera inévitablement à poser en principe que notre véritable *moi* n'est ni le corps, ni le sentiment, ni l'émotion, ni la pensée, qu'il y a un *moi* et des instruments ; une conscience et des véhicules de matière à différents états. Que ceux que les assertions

---

(1). *La Philosophie de l'expérience*, par WILLIAM JAMES (Alcan 1909).
(2). Voir notre étude : *L'Intellectualisme et au-delà* (*sous presse*).

des meilleurs philosophes ne satisfont pas, consultent l'enseignement religieux, sous toutes ses formes ; ils verront que, là aussi, il est affirmé que nous n'appartenons pas à un seul milieu, que le visible n'est qu'une faible partie d'une sphère plus vaste encore et invisible. Pour l'aveugle, tout est invisible, mais il sait qu'il existe, pour les hommes sains, des choses visibles ; de même, pour le mystique ou l'occultiste, nous sommes des aveugles, nous ne voyons pas encore ce qu'ils voient.

Cette aptitude à voir ce que la majorité ne peut distinguer, se rattache à une pure et simple question de vibrations ; il y a des vibrations plus rapides et plus lentes les unes que les autres et nous ne les percevons pas toutes ; la science nous le prouve avec l'extrémité violette du spectre et les rayons Rœntgen. Or, les états de matière auxquels nous faisions allusion plus haut sont constitués par des modes vibratoires déterminés et différents les uns des autres que nous nommons : les mondes physique, intellectuel, spirituel, etc...

C'est afin d'être en mesure de répondre à ces différents modes vibratoires que le « *Soi* » se construit des instruments appropriés, aptes à enregistrer ces vibrations diverses. De même que l'on ne voit pas avec la main, que l'on ne respire pas un parfum avec les organes de la vue ; de même, la monade se crée des organes à l'aide desquels elle pourra spécialiser et enregistrer des modes vibratoires particuliers tels que ceux par exemple qui concernent l'émotion, la pensée, la spiritualité.

Cet aspect du processus évolutif de la conscience est fort bien indiqué par M. Chatterji, dans son opuscule *La Vision des Sages de l'Inde :*

Pour l'Hindou, la nature se compose d'un ensemble de mondes et de royaumes. Chacun de ces mondes et de ces règnes n'étant lui-même qu'un ensemble de vibrations ou de mouvements ; de même l'homme est une organisation complexe composée de mouvements divers. Un certain nombre de vibrations, dans sa nature, pourra, par exemple, représenter certain facteur de la nature ; ces facteurs, dans la composition de l'être humain, sont les suivants :

1° D'abord le corps physique, formé de substances physiques ou d'un ensemble de mouvements de la nature, que nous appelons la matière physique ;

2° Un autre ensemble organique composé de substances plus subtiles que la substance physique. Les modifications que subit ce deuxième facteur donnent lieu à ce que nous appelons les sensations, les émotions, les plaisirs, la douleur, etc... Aussi, ce deuxième organisme dans l'être humain peut être appelé le corps des sensations ou des émotions ;

3° Un autre mécanisme, dont les mouvements s'expriment sous forme de pensées ou d'idées concrètes ; ce troisième facteur se compose d'un ensemble de matières ou de vibrations d'un ordre encore plus subtil que la matière émotionnelle ;

4° Un quatrième facteur, dont les mouvements s'expriment sous forme de pensées, de notions abstraites, de raison pure, etc..., notions abstraites par opposition aux idées concrètes qui sont la production du facteur précédent ; et ce facteur, qui s'exprime par la série des concepts abstraits, peut être nommé le mental abstrait ou le mental supérieur, par opposition au précédent que nous nommerons le mental concret ou mental inférieur ;

5° La nature humaine comporte un élément spirituel, c'est-à-dire tout ce qui exprime les idées de fraternité, de désintéressement absolu. Ces phénomènes de sa nature ne sont encore, eux aussi, que des mouvements d'un nouveau facteur que nous pouvons appeler le corps spirituel, l'organisme spirituel, composé de tout ce qu'il y a de plus subtil dans la substance de l'univers manifesté...

Or, tous ces facteurs de la nature humaine sont sujets à des changements : vous savez que le corps physique se transforme constamment, que les émotions, elles aussi, changent à tout moment, que notre mental concret, que nos idées abstraites, que nos sentiments, que nos idées spirituelles, sont sujets à un développement, à une transformation continuels. Tout, dans notre nature, implique le changement, car, qu'est-ce que la croissance même, sinon un changement, une transformation déterminée ?

Par le fait que ces choses changent, et que vous avez la notion de ces changements, il est certain qu'il doit y avoir en nous quelque chose qui ne change pas et qui perçoit, par conséquent, les changements de tous ces facteurs. Cet élément immuable en nous, ce témoin de tous ces changements, est appelé par les Hindous le Soi divin dans l'homme, ou, en sanscrit Atma.

Il y a donc, en somme, cinq facteurs qui se transforment et un principe éternel immuable, qui est la substance divine dans l'homme.

Tout homme est composé de ces principes, et la croissance, l'évolution de l'être humain, signifie simplement l'organisation successive de ces différents facteurs de sa nature, et, en même temps, la purification, l'affinement, en quelque sorte, de ces différents facteurs.

A mesure que l'homme accomplit cette organisation, cette purification, il devient capable de répondre aux mouvements des différents mondes de l'univers, et, par conséquent, de les percevoir.

Vous êtes conscients de l'univers physique, comme vous le savez, en premier lieu et directement par votre corps physique, c'est-à-dire que, lorsque vous percevez un objet physique, vous répondez, par l'intermédiaire de votre corps physique, à certaines vibrations du monde matériel.

Mais vous savez qu'il existe, dans l'univers physique, des infinités de vibrations dont vous n'êtes pas conscients actuellement. Pourquoi? Simplement parce que votre corps physique n'a pas encore l'organisation nécessaire ; il n'a pas ce qu'il faut pour répondre à ces vibrations, qui sont trop subtiles pour lui.

Si vous pouvez organiser votre corps physique de manière à le rendre sensible à ces vibrations, qui, actuellement vous échappent, vous deviendrez conscients de ces vibrations...

Et ce que nous appelons la croissance de l'homme, c'est, en réalité, la coordination de ces éléments successifs de sa nature, nécessaire pour que l'homme devienne conscient de toutes les vibrations de l'univers physique... (1).

*
* *

Dès lors que tous nos corps ne sont que des instruments au service du « *Soi* », ce sont, par conséquent, ces instruments qui permettront au « *Soi* » de manifester ses pouvoirs ; dans chacun des corps sont créés des organes spéciaux correspondant aux pouvoirs du « *Soi* ». C'est ainsi que, dans notre corps physique, existent d'ores et déjà des organes qui correspondent à ces pouvoirs, que d'autres organes seront créés demain, dans notre corps physique comme dans nos autres véhicules de conscience, car nous n'avons pas terminé notre évolution ; il y a, dans l'univers, des modes vibratoires auxquels nous serons sensibles dans l'avenir.

Nous ne pouvons entrer ici dans tous les détails du mécanisme de la conscience (2) ; nous nous contenterons d'affirmer que si l'on veut réellement comprendre et apprécier à sa valeur le *Psychisme*, il est absolument indispensable de considérer *toute la vie* de la monade à l'œuvre dans la matière, et non pas seulement *une partie du travail de la monade*.

La conscience, en effet, toute la conscience, se compose :
1° De la sub-conscience, c'est-à-dire de tout ce dont nous avons été conscients antérieurement, au début de l'évolution

---

(1). *La Vision des Sages de l'Inde*, par J. C. CHATTERJI (*Publications Théosophiques*)

(2) Pour les détails, consulter les ouvrages de Annie Besant, C. W. Leadbeater, Th. Pascal, L. Revel (père), de Noircame, etc...

des fonctions physiologiques tombées aujourd'hui dans la vie végétative, autrement dit : dans le domaine du subconscient.

2° De la conscience normale à l'état de veille, c'est-à-dire de tout ce qui parvient à notre connaissance par l'intermédiaire du cerveau.

3° Il est enfin toute une sphère encore inexplorée, celle de l'hyper-conscience, celle du « *Soi* » et des mondes supérieurs sur lesquels nous sommes appelés à devenir pleinement conscients dans un avenir plus ou moins éloigné. C'est dans cette hyper-conscience que gît la mémoire de nos évolutions antérieures, c'est dans le « *Soi* », — ce témoin de toutes les vies qui rejette tour à tour les instruments temporaires, — c'est dans le « *Soi* » que l'on trouve le souvenir des incarnations passées. Avoir ce souvenir implique un perfectionnement des organes existants et la création de nouveaux organes dans les corps de l'homme.

Ces différentes données étant admises, en principe, nous pouvons dès lors entreprendre une esquisse sommaire de ce que l'on appelle communément « *pouvoirs psychiques* ».

En réalité, le moindre de nos actes, la moindre de nos pensées est le produit d'un pouvoir psychique, le psychisme n'étant qu'*une manifestation de la conscience de l'Ego dans ses véhicules de matière organisée* (1).

D'après cette définition, ce que l'on appelle encore *pouvoirs anormaux* ne sont autres que ces pouvoirs qui se manifestent chez un petit nombre d'individus ; pour la majorité des hommes, ils sont *anormaux*, mais au point de vue de la nature, ils sont parfaitement *normaux*.

En dehors des pouvoirs qui sont actuellement l'apanage de la plus grande partie de l'humanité, nous pouvons dire qu'il existe deux autres grandes classes de pouvoirs :

1° Ceux qui sont obtenus artificiellement ;

2° Ceux qui sont les fruits de l'évolution naturelle.

---

(1) Définition de Mme ANNIE BESANT, (*Revue Théosophique Française*).

Sont artificiels tous les pouvoirs développés par des moyens autres que ceux employés par la méthode dite : *Rajah-Yoga* que nous définirons plus loin.

Il existe aussi une autre classe de pouvoirs qui sont intermittents : rêves étranges, phobies, cas incidentels de télépathie, de psychométrie, de clairvoyance, de clairaudience, etc. Ces derniers cas, sont indépendants de la volonté et sont dus à des retours passagers de la conscience normale dans le domaine de la sub-conscience ; il en résulte une prédominance accidentelle et plus ou moins longue du système sympathique. Ce système est le premier système nerveux créé par la monade et il est important de ne pas oublier que la monade construit son véhicule physique en centrant sa conscience sur le plan de la sensation — ou monde astral. — Les sens sont donc *astraux* avant d'être *physiques*, c'est du monde astral que partent les premiers rudiments et la construction des organes étherico-physiques. Or, le système sympathique, au début de l'évolution humaine, est intimement et directement relié aux sens astraux. C'est pourquoi des animaux, des sauvages, certaines races d'hommes, sont psychiques et voient dans l'astral. Plus tard, quand la monade centre sa conscience sur le monde de l'intellect, un autre système nerveux s'organise, le système *cérébro-spinal* dont les cellules s'interposent entre les sens physiques et les sens astraux correspondants ; la communication est alors rompue, l'individu cesse d'être psychique. Mme Annie Besant nous dit :

> Tout ce qui est renfermé dans le système sympathique est un amas d'étranges et de vagues reliquats du passé qui, par exemple, viennent à nous par nos parents et par nos propres atomes permanents. Les choses sont vagues, sourdes, difficiles à saisir — restes de vies sauvages, de vies animales même, de vagues recherches à tâtonnements que la conscience de l'homme a depuis longtemps laissés derrière elle, de souvenirs indéfinis et aveugles qui, cependant, ont laissé leur empreinte sur notre système physique. C'est à cela qu'appartient le plus grand nombre des terreurs sans cause auxquelles sont exposés les sensitifs, des craintes dont ils ne connaissent pas l'origine et qu'aucun raisonnement ne peut dominer. La raison arrive pourtant quelquefois à les maîtriser un moment, mais lorsque la peur est très grande, le corps se laisse entraîner malgré la raison. Cette peur sans cause — je ne parle pas ici de

la panique qui s'empare quelquefois de toute une foule, chose bien différente — se montre en nous le plus souvent lorsque nous sommes en mauvaise santé, par l'épuisement du système cérébro-spinal. Elle surgit donc du passé et prend chez certaines personnes la forme de la crainte du surnaturel...

Il est une autre partie de la sous-conscience, qui est un peu plus difficile à définir. Sa place serait plutôt entre le sous-conscient et le super-conscient. Cependant, comme elle vient du système sympathique, elle porte la marque du sous-conscient. D'un autre côté, elle n'appartient pas au passé. Certaines vagues intuitions apparaissent parfois dans la conscience à l'état de veille ; certaines craintes indéfinies — pas celles que j'ai déjà dites, mais d'autres que nous ne pouvons saisir. La crainte d'un malheur imminent, qui est souvent suivie de la nouvelle d'un malheur, la demi-connaissance de la mort de quelque ami, d'un accident arrivé à quelqu'un qui nous est cher, ou de sa maladie, tout cela nous vient de la sous-conscience dans cette condition intermédiaire. Nous pouvons remonter à leur source, et, après avoir étudié la manière dont elles se produisent, on décidera soi-même de leur classification en sous-conscient, ou en super-conscient. En fait, elles nous arrivent du plan astral, de phénomènes affectant du dehors les vibrations du plan astral. Un malheur qui vient d'arriver, crée, en effet, sur l'astral, une vibrante image. Cette image, qui vibre dans la matière astrale, est perçue par le corps astral, comme le bruit par le corps physique, et jette en vibration la surface de ce corps. Ces vibrations, par la voie du plexus solaire, passent au système sympathique et de là au cerveau ; elles pénètrent alors dans la conscience à l'état de veille et la crainte se fait sentir. Elle a donc parcouru ce chemin ; du dehors, au corps astral vibrant, du corps astral au système nerveux sympathique, au plexus solaire, et du plexus solaire au cerveau par les liens connexes, pour émerger enfin dans la conscience à l'état de veille. Si la vibration est très forte, l'on éprouve alors comme des nausées, et cette sensation est très caractéristique du point par lequel elle pénètre, le plexus solaire étant constamment relié au mécanisme de l'estomac. Qu'on observe avec soin, et l'on remarquera, comme je viens de le dire, que ces sentiments de crainte sont souvent accompagnés de nausées.

Il en est de même de beaucoup d'autres sensations, mais surtout de celles provenant de craintes différant de celles déjà mentionnées. Bien des gens ont un sentiment de terreur qui n'a rien à faire avec celui transmis par nos ancêtres, ni avec celui qui provient de couches profondes du cerveau, mais dont la source est sur le plan astral et qui arrive jusqu'au plan physique, de la même manière que la vibration précédemment décrite et chemine jusqu'au cerveau. Il y a, sur le plan astral, une foule d'êtres dont la présence est antipathique à l'homme, dont les sentiments nous sont hostiles, en grande partie, parce que l'homme lui-même est un animal très destructeur. Les éléments de la nature qui ont à faire avec le monde physique et avec le règne animal, sont plus ou moins les ennemis de la race humaine, à cause du mal que leur fait cette même race. Considérons, en effet, les actes follement destructeurs de certaines gens et nous comprendrons comment est engendrée cette hostilité sur le plan astral, qui est l'habitat de ces élémentals particuliers. C'est ce sentiment de haine qui, suscitant un tremblement dans le corps astral, cause la vibration du grand sympathique, et le changement qui lui correspond dans la conscience est l'apparition de la crainte dans le cerveau physique. C'est souvent la nuit que cette sensation se produit, parce que la vitalité physique est alors moins forte que durant le jour. De plus, lorsque les systèmes nerveux et musculaires sont en désordre, on peut être souvent troublé par certaines craintes des sens, qui donnent naissance à ce qu'on appelle souvent l'hallucination et qui ne sont autre chose que des visions vagues et confuses d'êtres existant dans le monde astral. Pour s'en défaire, il faut améliorer sa santé, et, sachant ce que sont ces choses-là, s'opposer en connaissance de cause à leur influence sur le cerveau (1).

Nous nous contenterons de ces quelques aperçus donnés avec la simple intention de fournir quelques détails sur le rôle du système nerveux sympathique ; la question, pour être traitée à fond exigerait un trop long développement, développement que contiennent d'ailleurs nos ouvrages théosophiques.

.

Les pouvoirs de notre première classe sont ceux qui, avons-nous dit, sont obtenus *artificiellement* ; c'est-à-dire qu'alors, les individus s'attachent plus au développement des véhicules qu'à l'épanouissement de la conscience, ce qui n'est pas la voie normale, car la monade n'est pas en ce cas en mesure de se servir *intelligemment* des sens psychiques ainsi développés. C'est un peu comme si nous voulions nous livrer à des manipulations, à des expériences dangereuses sans avoir aucune connaissance scientifique. C'est s'engager là dans une voie néfaste ; il faut savoir attendre l'épanouissement de la conscience et s'y attacher ; procéder autrement, c'est rétrograder.

« Dans le cours de l'évolution, continue Mme Annie Besant, on remarque que la conscience se manifeste toujours quelque peu avant l'apparition des organes ; c'est l'action de la conscience qui amène leur construction ; c'est là un point d'une importance capitale. La fonction de la vie précède toujours la formation de l'organe,

---
(1). *La Théosophie et la nouvelle psychologie* par ANNIE BESANT. (Revue Théosophique française, mai 1911).

et l'organe se construit par l'exercice de la fonction. Une autre chose nous frappe dans l'étude de l'évolution, c'est tandis que la conscience se développe et que le penseur évolue de plus en plus le pouvoir de la pensée, on le voit mettre de côté, les unes après les autres, des choses qu'il a créées par la force de la volonté. Il les passe à l'automatisme du corps et tourne son attention vers des choses plus hautes et plus utiles. Le *Hatha-Yogui* qui ramène sous le contrôle de sa conscience les choses qu'il avait abandonnées dans le cours de l'évolution, retourne donc simplement en arrière en se chargeant de choses qui étaient beaucoup mieux faites par l'automatisme du corps. De plus, pour les conduire avec la même perfection que ce mécanisme naturel créé par l'évolution, il est désormais obligé de leur accorder beaucoup de peine et d'attention...

Certaines méthodes occidentales peuvent être rapprochées de cette Hâtha-Yoga, puisqu'elles stimulent le corps, et éveillent dans l'astral certains pouvoirs. Toute méthode qui consiste à contraindre l'un quelconque des sens à l'observation étroite d'un objet, fait partie de la *Hâtha-Yoga*. L'un des systèmes favoris en Occident consiste à faire une tache noire sur un fond blanc et à regarder attentivement ce point pendant des heures, ou bien encore à fixer les yeux sur un cristal. J'ai reçu une quantité de livres américains suggérant dans cette voie toutes sortes d'idées ; elles appartiennent à la *Hâtha-Yoga* et sont fondamentalement mauvaises, non seulement parce qu'elles marquent un mouvement rétrograde dans l'évolution, mais à cause des maux qu'elles occasionnent au corps. Le premier des résultats que l'on obtient en fixant un point noir, c'est d'abîmer la vue. Les axes des yeux peuvent se déplacer et produire le strabisme. La vue baisse graduellement à la suite de la tension des nerfs de la rétine, et cette tension passant graduellement du nerf optique au centre optique, produit au bout de quelques années l'atrophie de ce nerf, suivie de la perte presque totale ou même totale de la vue. » (1)

Les pouvoirs qui résultent de l'évolution normale sont de beaucoup préférables ; ils sont en premier lieu grandement supérieurs à ceux obtenus artificiellement.

Or, l'évolution normale consiste, pour la conscience normale, à monter toujours plus haut dans l'hyper-conscience, vers le Divin en soi. Là aussi, sans doute, il y a quelques dangers, mais ces dangers sont facilement évités lorsque les moyens préconisés par la méthode *Rajah-Yoga* sont exactement suivis, c'est-à-dire, et surtout, lorsqu'ils sont mis en pratique selon leur ordre graduel et sous la direction spéciale d'un instructeur qualifié. Ce point est important à retenir car : « *lorsqu'on s'efforce d'attirer l'influx de la vie de la super-conscience dans la conscience à l'état de veille, il faut*

---

(1) *Op. Cit.* (*Revue Théosophique Française, Septembre 1911*).

veiller à la pureté des canaux qui doivent recevoir cette vie spirituelle (1) ».

C'est en suivant la méthode de la *Rajah-Yoga* et en se conformant strictement aux conseils de ses instructeurs qu'Alcyone est parvenu, — comme plusieurs de ceux qui revivent aujourd'hui en même temps que lui, — c'est grâce à ces méthodes qu'il est parvenu jusqu'à la première Initiation ; c'est grâce aussi à la *Rajah-Yoga* que les auteurs ont pu lire ces vies passées qu'ils nous décrivent.

Sans doute, on objectera qu'Alcyone était clairvoyant il y a quelque 25.000 ans, mais clairvoyance n'implique pas le moins du monde : initiation. D'ailleurs la clairvoyance d'Alcyone s'oblitéra par la suite ; dans ses dix-sept premières vies il n'est clairvoyant que dans cinq vies qui ne sont pas consécutives. L'étude de ces existences antérieures nous montre que les facultés psychiques sont dues à des causes karmiques provenant elles-mêmes, généralement parlant, d'un entraînement psychique prématuré dans des vies antérieures. Ces facultés ne sont nullement transmises d'une existence à l'autre, tandis que celles qui sont acquises après une ou plusieurs Initiations peuvent se développer à nouveau et très rapidement en n'importe quelle existence où leur emploi devient indispensable.

---

(1). *Op. Cit.*

CHAPITRE II

CLASSIFICATION DES POUVOIRS PSYCHIQUES

Méthodes de Développement

Nous avons déclaré, dans notre précédent chapitre, que le psychisme n'était que la manifestation des énergies de la monade divine dans des véhicules de matière organisée, ce qui nous amena à conclure que le moindre de nos actes, de nos gestes, la moindre de nos pensées, étaient du psychisme.

Nous avons fait une distinction entre le psychisme inférieur et le psychisme supérieur et brièvement résumé l'évolution des pouvoirs psychiques.

Nous nous proposons maintenant d'étudier rapidement quelques-uns de ces pouvoirs en essayant de procéder en même temps à une sorte de classification générale ; cette classification sera plutôt l'esquisse d'un cadre très large qui pourra peut-être servir aux étudiants qui poursuivent cette étude.

La classification est inévitablement soumise à l'ordre selon lequel l'évolution des pouvoirs s'effectue, c'est-à-dire que nous diviserons ceux-ci en trois grandes classes :

        Pouvoirs inférieurs ;
        Pouvoirs normaux ;
        Pouvoirs supérieurs.

POUVOIRS INFERIEURS

Les pouvoirs inférieurs sont ceux que l'on obtient par des voies contraires à la Loi d'Evolution ; ils sont ceux aussi qui résultent soit d'un degré inférieur d'évolution, soit encore d'un retour de la conscience normale dans le subconscient. Ayant déjà traité cette dernière partie de la question, nous n'envisageons que les pouvoirs volontairement développés en suivant une voie contraire à celle selon laquelle s'effectue l'évolution graduelle et normale des pouvoirs de la conscience.

Les méthodes sont nombreuses sur cette voie : fixation d'un point noir — auto-hypnotisation — passivité — vision dans le cristal — absorption de drogues — incantations — pouvoir de la pensée — anesthésie des sens provoquée par l'ascétisme — médiumnimisme — méthodes de respiration, etc...

Fixation d'un point noir. — Cette méthode a pour but une exaltation de la vue, ce qui, par correspondance, fait vibrer un centre astral correspondant.

Auto-hypnotisation. — A pour objet d'anesthésier les sens par la volonté pour obtenir l'état de transe.

Drogues. — L'opium, le haschisch et autres substances annihilent la prédominance du système nerveux cérébro-spinal et réveillent la subconscience par l'intermédiaire du système sympathique relié aux centres astraux correspondant aux sens ordinaires. Excitent aussi la glande pinéale, organe physique de la clairvoyance.

Incantations. — Il y a des formules, dites magiques, qui, répétées, créent des vibrations d'une nature telle que des centres astraux sont mis en activité.

Cérémonies. — Des cérémonies, certains rites, basés sur la connaissance de l'astrologie, des métaux, des parfums, etc... provoquent des phénomènes où, parfois, les élémentals jouent un assez grand rôle.

Pouvoir de la pensée. — Certaines personnes s'appliquent aujourd'hui à développer la force de la pensée dans un but exclusivement égoïste, avec l'intention d'exercer une pression sur la volonté d'autrui.

Magnétisme. — D'autres personnes, trop nombreuses, à notre avis, s'exercent à la transfusion de l'énergie vitale sans développer au préalable les vertus morales ; aussi communiquent-elles à leurs patients un magnétisme vital qui, parfois, guérit ou soulage, mais qui apporte en même temps chez le malade des germes de maladies morales qui ont souvent, plus tard, une fâcheuse répercussion sur le corps.

Le magnétiseur, en effet, en donnant de son fluide vital éthérico-physique, donne aussi de son fluide astral et mental, si bien que si ses idées et sa moralité sont malsaines, il transmet des germes morbides au patient.

De plus, toute méthode concernant la cure des maladies physiques, morales ou mentales, et employée dans un but lucratif, est une méthode mauvaise en soi et peu recommandable, car c'est disposer d'une vie qui ne nous appartient pas, c'est vendre une vie dont nous ne sommes que les dépositaires, que nous pouvons *donner*, mais non pas *vendre*. Cette particularité suffit à elle seule pour attirer sur le magnétiseur égoïste, une réaction dont ses malades souffriront à leur tour.

Le Médiumnimisme (1). — Le médiumnimisme ainsi que nous le dit fort justement M. C. W. Leadbeater, s'acquiert et l'on peut apprendre à faire du spiritisme comme on apprend à jouer d'un instrument de musique ; il suffit d'y mettre le temps voulu. Certains y réussissent plus vite que d'autres, selon leurs dispositions naturelles.

Un médium ne remplit vraiment les conditions que l'on attend de lui que s'il s'est créé, par un entraînement approprié, un corps éthérique d'une cohésion très faible et peu stable.

On sait que la matière éthérique est l'intermédiaire indispensable entre l'astral et le plan physique ; un morceau de charbon ne s'enflamme pas à l'aide d'un simple morceau de papier, il lui faut du bois ; par analogie, l'entité astrale ne peut se manifester sur le plan physique que par l'intermédiaire de la matière éthérique, matière qu'elle emprunte au

---

(1). Voir *L'Occultisme dans la Nature*, par C.W. Leadbeater (Tome II.) (*sous presse*).

médium. Comme le double éthérique est, dans l'homme, le véhicule de la vitalité, il en résulte que la vie du corps est affaiblie. C'est pourquoi des médecins hésitent souvent à chloroformer des malades, le chloroforme dégageant le corps éthérique.

Dans le cas de matérialisation, la matière est empruntée au corps physique du médium (qui diminue de poids). Le médium rentre sans doute en possession de la matière ainsi prêtée, mais combien imprégnée et souillée souvent par le magnétisme de l'entité qui l'emprunte. Nous ne prêtons pas nos vêtements à n'importe qui, nous éprouvons même certaine répugnance à donner la main au premier venu, et il y a pourtant des personnes qui n'hésitent pas à prêter les vêtements mêmes de leur âme !

A ces dangers, s'en ajoutent d'autres fort bien énumérés dans les ouvrages de M. Leadbeater (1).

Tels sont, fort résumés, quelques pouvoirs psychiques inférieurs sur lesquels ni l'intelligence ni la volonté n'ont de contrôle. Quant aux méthodes, nous le répétons, elles sont nombreuses. En Occident, le médiumnimisme est le plus commun ; en Orient, la recherche des pouvoirs s'effectue par l'emploi de méthodes de respiration.

Développer les pouvoirs par des moyens agissant sur le corps physique, c'est encourir les plus graves dangers : maladies nerveuses, folie... etc... ; en outre, non seulement les facultés ainsi obtenues ne se transmettent pas d'une vie à l'autre, mais seuls les troubles physiques et moraux qui en résultent se transmettent d'une existence à l'autre jusqu'au jour où la *Loi de Karma* prouve à l'expérimentateur qu'il a fait fausse route.

POUVOIRS NORMAUX

La seule méthode convenable — (et nous y insistons à dessein) — consiste non pas à procéder de l'extérieur à l'inté-

---

(1). Voir la note précédente.

rieur, mais, au contraire, de l'intérieur à l'extérieur, ce qui implique au début,

> Contrôle des pensées,
> Contrôle des sens,
> Développement des vertus.

Cela fait, l'homme est maître de lui ; il n'a plus à craindre l'obsession, la déchéance physique ou morale ; il n'a plus à craindre d'être victime des lois cachées de la nature, il a appris à s'en servir, il ne peut plus être victime de l'illusion, il n'est plus un terrain propice au développement de germes morbides ; il est courageux, il est aimant, il est fort par le cerveau et par le cœur ; il peut dès lors tendre à hâter son évolution. A ce degré, il ne cherche plus les pouvoirs pour les pouvoirs, il pense plus à aider qu'à s'aider ; il sait que les pouvoirs viendront en temps opportun pour le rendre plus apte à s'instruire, à secourir, à protéger, dans ce monde, comme dans les autres mondes.

Le véritable occultiste ne désire pas les pouvoirs lorsqu'il a développé en lui la puissance d'aimer et de comprendre ; durant longtemps, cette puissance lui suffira à lui, comme à ceux qu'il veut aider.

Le Sensitivisme. — Mais il arrive que, durant cette période, la conscience dirige peu à peu son attention sur d'autres points de développement. Quand les facultés d'aimer et de comprendre sont devenues automatiques, elles tombent dans le subconscient, et la monade s'applique dès lors à créer des centres par l'intermédiaire desquels ces facultés d'aimer et de comprendre grandiront en puissance.

On s'aperçoit de ce fait, dans les débuts, par l'apparition d'un sensitivisme, assez vague d'abord, puis de plus en plus manifeste.

En effet, l'homme qui sait contrôler ses sens, ses émotions, ses pensées ; l'homme qui apprend pour enseigner, qui développe les vertus pour mieux aider, qui prend soin de son corps pour en faire un instrument docile à la volonté, un tel homme devient inévitablement un sensitif ; c'est-à-dire qu'au point de vue de l'intellect, il acquiert une puissance de travail et de compréhension extrême ; son corps astral vibre plus facilement au contact d'impressions astrales ; ses nerfs sont plus sensibles aux vibrations de l'ambiance ; des parfums l'incommodent ; le voisinage d'un être amoral le fait souffrir ; le voisinage d'un ignorant lui fait éprouver une sensation confuse d'étouffement. Au contraire, la présence d'un génie, d'un instructeur spirituel, fera si bien qu'il pourra momentanément se hausser presque jusqu'au niveau de l'instructeur spirituel. Comme il a appris à contrôler ses pensées et ses émotions, il ne souffrira toutefois pas de certains voisinages dans le sens que l'on donne habituellement au mot : souffrir. Il percevra une sensation, mais cette sensation ne le maîtrisera pas au point d'accaparer toute son attention ; il en sera le maître et ne permettra pas aux sentiments qu'il éprouve de provoquer des troubles en lui et c'est alors qu'il pourra aider efficacement, tout comme le chirurgien dont la main ne tremble pas sous l'influence de la pitié qui l'envahit en présence de la douleur.

Ce sensitivisme constitue par lui-même un pouvoir assez dangereux car, lorsqu'il est développé, il devient une chose *de plus* à contrôler. — Le développement et l'apparition en sont si insensibles qu'on ne s'y attend généralement pas, mais il arrive un moment où on le subit avec une certaine surprise ; on se voit doué d'une chose qu'on ne prévoyait pas et qui, peu à peu, devient une véritable gêne. Il en est un peu ainsi de tous les pouvoirs ; il faut apprendre à les contrôler tous les uns après les autres.

Dans la période durant laquelle l'homme apprend à contrôler ce sensitivisme, celui-ci peut entraîner à quelques chutes. C'est ainsi que le voisinage d'un instructeur spirituel, en rayonnant sur les corps d'un sensitif, provoque dans les corps subtils une vague de vibrations intenses et inusitées qui, ensuite, va frapper le système nerveux. Ce choc se traduit parfois par des accès de nervosité chez celui qui n'est pas entièrement entraîné à dominer les impressions ainsi reçues. Au contraire, chez celui qui a appris à se servir de son sensitivisme, au lieu de le subir, la présence d'un instructeur hautement évolué ne se traduira plus par un choc nerveux sur le plan physique, mais par une ascèse de la conscience vers les plans supérieurs. C'est là le sensitivisme contrôlé qui ne permet pas au corps physique d'être affecté par de fortes vibrations ; nous l'appellerons : le sensitivisme astral contrôlé avec réfléchissement direct sur le corps spirituel — ou bouddhique — sans intervention du mental. Nous appellerons l'autre le sensitivisme astral non contrôlé réagissant sur le mental et, par correspondance, sur les nerfs et le caractère.

Ce sensitivisme, avec le temps, se complique en se perfectionnant ; les intuitions arrivent plus claires, plus décisives, on devine les pensées d'autrui, on lit — ou plutôt on pressent — le caractère des personnes qui nous entourent, autant de choses qui, elles aussi, sont gênantes au début et qu'il faut apprendre à contrôler.

Ce sensitivisme s'étend ensuite au sommeil dont la nature change, si bien qu'au réveil des impressions fugitives vous amènent à penser que vous avez vécu d'une autre vie.

Lorsque tout cela est automatiquement contrôlé, d'autres pouvoirs apparaissent que nous passerons rapidement en revue en y comprenant ceux qui nous intéressent particulièrement, c'est-à-dire ceux qui ont permis de lire les vies passées qui font l'objet de cet ouvrage.

En réalité, tous les pouvoirs ne sont que du sensitivisme à des degrés différents, c'est-à-dire que tout psychisme revient, en dernière analyse, à la question des vibrations dont nous avons parlé dans notre précédent chapitre.

L'évolution des pouvoirs peut donc se définir ainsi :

C'est le développement graduel d'un sensitivisme répondant à des modes vibratoires de plus en plus nombreux.

Le fait de se rendre insensible aux vibrations d'ordre inférieur, équivaut à porter l'attention sur un autre mode vibratoire supérieur. Nous voyons ce que nous voulons voir comme nous pouvons aussi « regarder sans voir ». Tout entier au sujet que je traite, je distingue confusément les objets qui m'environnent, je les vois sans les voir, mon attention étant exclusivement portée sur mon manuscrit. L'attention peut se porter d'un mode vibratoire à un autre ; ceux qui désirent entendre mieux ferment les yeux ; ceux qui regardent attentivement n'entendent pas ce qu'on leur dit, ils sont « absorbés » pour employer l'expression courante ; en réalité, leur conscience s'est fermée à un certain ordre de vibrations pour mieux percevoir une autre série de vibrations déterminées.

Par analogie, le fait de monter consciemment vers l'hyperconscience, vers le soi, de chercher au delà de la pensée, équivaut à se fermer aux vibrations d'ordre mental pour percevoir d'autres vibrations plus rapides. Se dédoubler, c'est donc négliger les vibrations inférieures pour se rendre sensible aux mouvements d'une matière plus subtile ; la clairvoyance ne s'explique guère autrement.

.*.

POUVOIRS SUPERIEURS

L'ordre selon lequel apparaissent les pouvoirs supérieurs de la conscience, varie selon les tempéraments individuels il serait donc quelque peu arbitraire d'en tenter une classification par ordre d'apparition, bien que, cependant, il doive être possible aussi de les faire cadrer avec une classification générale ; nos connaissances très limitées nous obligent à ne pas tenter semblable classification.

Dédoublement. — Nous avons mentionné le dédoublement ; nous pouvons dire qu'il en existe plusieurs sortes sans parler des dédoublements fortuits, accidentels, mais uniquement de ceux qui sont dus aux pouvoirs acquis et conscients selon la voie normale.

Il y a le dédoublement dont l'Ego est conscient mais dont l'homme ne peut rapporter le souvenir dans la conscience normale à l'état de veille.

Il y a le dédoublement dont l'Ego rapporte le souvenir dans le cerveau physique.

Il existe enfin un autre moyen de faire usage du corps astral tout en conservant l'état de veille, ce qui est plus difficile car la chose implique, de la part de l'Ego, la faculté de pouvoir, rapidement et librement, transférer la conscience d'un mode vibratoire à un autre.

Clairvoyance. — Cette question est trop bien traitée par notre célèbre occultiste : M. C. W. Leadbeater, pour que nous en entreprenions ici l'étude (1). Nous énumérerons plus loin les phénomènes de clairvoyance supérieure.

Lévitation. Pour l'explication de ce phénomène, nous renvoyons le lecteur au Tome I de « *L'occultisme dans la Nature* ».

Dématérialisation. — Phénomène connu familier à Mme H. P. Blavatsky.

Précipitation. — Pouvoir permettant de précipiter la matière, comme par exemple faire apparaître des signes écrits ou dessinés sur une feuille de papier par d'autres moyens que ceux ordinairement employés. Ce pouvoir comporte naturellement celui de matérialiser l'éther ambiant en empruntant à la matière physique ; il implique aussi une pensée précise, une volonté puissante ; il ne s'agit, somme toute, que de la matérialisation d'une ou plusieurs pensées en caractères écrits.

COMMENT ON PEUT LIRE LES VIES ANTERIEURES

Il s'agit là d'une clairvoyance supérieure ; la clairvoyance n'est vraiment utile à l'homme que le jour où il est absolument dénué d'orgueil, de curiosité malhonnête, d'ignorance, d'impureté. La chose se conçoit d'elle-même sans qu'il soit utile d'y insister. A quoi bon la clairvoyance si l'on ne comprend pas ce que l'on voit, si l'on manque de discernement, de courage, de science, etc..., si l'on risque de prendre une simple forme-pensée pour un désincarné et *vice-versa* ?

---

(1). Consulter *L'Occultisme dans la Nature* par C.-W. LEADBEATER (Tome II) (*sous presse*), voir aussi *Clairvoyance* du même auteur.

Il y a plusieurs genres de clairvoyance : la clairvoyance éthérique, astrale, mentale, spirituelle.

Il en est d'autres, tel le *pouvoir de grossissement* qui permet par exemple d'examiner un atome, comme l'on observe les infiniment petits avec un microscope.

Il y a deux moyens de procéder dans ce sens : soit en intensifiant simplement la clairvoyance ordinaire, soit en adjoignant à l'organe de la vision une sorte de prolongement, fermé par un atome de matière faisant office de lentille.

Une extension de ce même pouvoir permet à l'opérateur de centrer sa conscience dans la lentille elle-même. C'est grâce à l'emploi de ce pouvoir particulier que l'ouvrage sur la chimie occulte a pu être écrit (1).

Une modification de ce pouvoir permet aussi de rapetisser un ensemble de tableaux ou d'objets pour les embrasser d'un regard.

Nous arrivons maintenant à un autre genre de pouvoir, grâce auquel il est possible de retrouver un Ego situé en un point quelconque et inconnu de l'espace.

Nous ne pouvons mieux faire que de résumer ici quelques pages du second volume de « *L'occultisme dans la Nature* » par C. W. Leadbeater, résumé dont il n'est guère possible de nous dispenser, dès l'instant où il s'agit d'informer le lecteur sur les moyens employés pour reconstituer la vies passées d'un ou plusieurs individus.

« Les énergies et caractéristiques de l'homme qui sont, dans le corps, autant de modes vibratoires différents, émettent dans chacun de ses corps, ce que nous pourrions appeler une note fondamentale. Des radiations habituelles à un corps astral, se dégage une sorte de tonique moyenne qui est la note fondamentale de ce véhicule. Le même phénomène a lieu dans tous les corps, si bien que toutes ces notes forment un accord, accord qui varie avec chaque individu. C'est ce que l'on désigne sous les termes *accord mystique*. Les vibrations qui le produisent constituent le véritable nom occulte de tout homme. Le clairvoyant entraîné peut le connaître en psychométrisant un objet quelconque ayant appartenu à l'individu que l'on recherche, et, cela étant, il accorde ses propres véhicules synchroniquement avec l'accord connu qu'il émet. Quel que soit le monde

---

(1). *Occult Chemistry*, par Annie Besant et C.-W. Leadbeater (ouvrage non encore traduit en français).

où se trouve la personne cherchée, celle-ci répond immédiatement et un lien magnétique s'établit entre les deux personnes.

Il faut toutefois bien comprendre que les notes ainsi perçues ne peuvent être considérées comme étant un ensemble de sons musicaux : c'est plutôt l'aperception d'un mode vibratoire déterminé. Le fait est assez analogue à celui des raies spectrales ; tout élément dont le spectre nous est connu, peut être immédiatement reconnu jusque dans l'étoile la plus lointaine.

Il existe d'autres méthodes permettant de trouver les gens à distance. L'une des meilleures exige un développement supérieur. Tout individu capable d'élever sa conscience au niveau du plan spirituel — bouddhique — se trouve là en union parfaite avec tous ses frères en humanité, et, par conséquent, parmi eux, se trouve la personne cherchée. Il centre sa conscience sur ce plan et s'unit avec la conscience de la personne cherchée.

Investigations dans les Annales du Passé. — Il n'est guère aisé d'expliquer en quoi consistent ces *Annales du Passé* que l'on veut lire. Ce qui pourrait peut-être en donner la meilleure idée serait de s'imaginer une chambre à l'une des extrémités de laquelle se trouverait un vaste miroir. Tout ce qui se passerait dans cette chambre serait reflété dans ce miroir. Si, en outre, nous supposons ce miroir doué de propriétés semblables à celles d'un cinématographe perpétuel enregistrant tout ce qui se passe devant lui, nous aurons fait un grand pas pour arriver à comprendre comment s'effectue l'enregistrement du passé. Mais il nous faut ajouter à ces conditions des qualités qu'aucun miroir n'a jamais possédées : — le pouvoir de reproduire tous les sons, — comme le fait un phonographe, — de même que le pouvoir d'enregistrer, et de reproduire les pensées, les sentiments, les sensations...

Ce que nous avons supposé s'être produit dans les particules de notre miroir, se produit réellement dans les particules de toutes les substances. Chaque pierre de la route contient, en caractères occultes ineffaçables, l'enregistrement de tout ce qui s'est passé sur cette route, mais cet enregistrement ne peut encore — (pas que nous sachions du moins) — être rendu visible aux sens physiques ordinaires ; toutefois, les sens plus développés du psychomètre peuvent les percevoir sans difficulté.

Comment peut-il se faire, demandera-t-on, que des particules inanimées puissent enregistrer et reproduire des impressions ? A cela, nous répondrons que la particule de matière *n'est pas inanimée* et que la vie qu'elle contient est une partie de la Vie Divine. En fait, une autre manière de décrire l'enregistrement peut être tentée en disant que l'objet est partie de la mémoire même du Logos, et que chaque particule matérielle impressionnée est quelque peu en contact avec la partie elle-même de cette mémoire qui renferme les évènements ayant eu lieu dans son voisinage. Il est probable que ce que nous appelons *notre mémoire*, n'est autre chose que le pouvoir similaire de se mettre en rapport — (bien souvent d'une manière imparfaite) — avec cette partie de la mémoire du Logos qui se rapporte aux évènements que nous avons vus ou appris.

Nous pourrions donc dire que tout homme possède, sur le plan physique, deux mémoires de tout ce qui parvient à sa connaissance : la mémoire du cerveau, qui est bien souvent inexacte, et la mémoire contenue dans toutes les particules de ses corps ou des vêtements qu'il porte ; cette mémoire est toujours parfaite et fidèle, mais ne peut être utile qu'à ceux qui ont appris à la lire. Rappelez-vous aussi que la mémoire du cerveau peut être inexacte non seulement du fait de son imperfection, mais aussi parce que les observations originelles ont été défectueuses. Elle peut aussi avoir été colorée par des préjugés ; nous ne voyons dans une large mesure que ce que nous désirons voir, et nous ne pouvons nous rappeler un évènement que *tel qu'il nous est apparu*, bien que nous n'ayons pu le voir que partiellement ou sous un faux jour. L'enregistrement, dont j'ai parlé n'est, lui, sujet à aucune de ces défectuosités.

Il est évident que le corps physique de l'homme ne peut posséder ni la mémoire ni l'enregistrement d'une incarnation antérieure à laquelle il ne peut pas avoir participé ; il en est de même pour les corps astral et mental puisque ces véhicules sont nouveaux à chaque incarnation. Cela nous indique immédiatement que le niveau le plus inférieur sur lequel nous pouvons espérer obtenir des informations vraiment valables sur les vies passées, est celui qui appartient au corps causal, aucun des trois plans inférieurs ne pouvant nous fournir des faits exacts et de première main. Dans ses vies antérieures, l'Ego était présent dans son corps causal — ou tout au moins une certaine partie de lui-même ; — aussi est-il un témoin réel ; tandis que tous les véhicules inférieurs *n'ont pas* été témoins et ne peuvent rapporter que ce qu'ils ont reçu de la part de l'Ego. Si nous nous rappelons combien, chez l'homme ordinaire, la relation entre l'Ego et la personnalité est imparfaite, nous verrons de suite combien peu valables doivent être les renseignements provenant de seconde, troisième ou quatrième main. On peut quelquefois obtenir par le corps astral et mental des images isolées représentant certains événements de la vie antérieure d'un individu, mais il est impossible que ces corps puissent nous donner une description suivie et cohérente de cette vie ; ces images elles-mêmes ne sont que des réfléchissements du corps causal et encore ne laissent-elles pas que d'être en général très vagues et très altérées.

Or, pour lire dans les vies passées, la première chose nécessaire consiste à développer les facultés du corps causal. L'utilisation de ces facultés sur le corps causal de l'homme à examiner, comporte ces deux mêmes possibilités dont nous avons parlé au sujet de l'homme au point de vue physique. Nous pouvons lire dans la mémoire de l'Ego tout ce que cette mémoire a enregistré, ou nous pouvons, pour ainsi dire, psychométriser l'Ego et assister nous-mêmes à toutes les expériences par lesquelles il a passé. Cette dernière méthode est la plus sûre, car l'Ego ayant vu lui-même ces faits par l'entremise d'une personnalité antérieure, peut très bien n'en avoir que des souvenirs imparfaits, qui seraient sources d'erreurs pour l'observateur.

Tel est donc le procédé ordinairement employé pour des investigations dans les vies passées : faire usage des facultés du corps causal et, par l'intermédiaire de celui-ci, psychométriser le corps causal du sujet.

La chose pourrait être effectuée sur les niveaux inférieurs par la psychométrie des atomes permanents, mais comme ce procédé offre beaucoup plus de difficulté que le développement des sens du corps causal, il est peu probable que toute tentative dans ce sens soit couronnée de succès.

Une autre méthode, — qui exige un plus grand développement — consiste à faire usage des facultés du corps bouddhique, en s'unissant complètement à l'Ego soumis à l'investigation et de lire les expériences par lesquelles il a passé comme si elles étaient les nôtres, — procédant ainsi de l'intérieur et non plus de l'extérieur.

Ces deux méthodes ont été suivies par les auteurs des séries de vies publiées dans « *The Theosophist* », et les investigateurs ont eu, de plus, l'avantage d'avoir la collaboration intelligente de l'Ego, dont les incarnations ont été décrites.

La présence physique du sujet dont les vies doivent être lues est certes une aide, mais non une nécessité ; le sujet n'est d'ailleurs utile que s'il peut garder ses véhicules dans un état de calme parfait ; si, au contraire, il manque de calme, il rend le travail beaucoup plus difficile.

L'ambiance n'a pas une importance capitale ; ce qui importe le plus c'est une tranquillité parfaite, le cerveau physique devant être calme pour recevoir nettement les impressions qui doivent lui être transmises. Tout ce qui descend du corps causal sur le plan physique *doit* passer par les véhicules mental et astral et si l'un de ceux-ci est troublé, il ne reflète qu'imparfaitement les images, de même que le moindre remous à la surface d'un lac brise ou déforme l'image des objets qui se trouvent sur ses bords. Il est indispensable aussi de se débarrasser complètement de tous préjugés car ceux-ci produiraient l'effet d'une glace déformante et coloreraient tout ce qui passe au travers d'eux en donnant des images faussées.

En examinant les vies passées, nous avons toujours pris l'habitude de conserver complètement notre conscience à l'état de veille, de façon à pouvoir noter chaque chose pendant qu'elle est soumise à l'observation. Nous avons constaté que cette méthode était beaucoup plus sûre que de quitter le corps physique pendant les observations, se fiant ensuite à sa mémoire pour transcrire les faits. Il y a toutefois un cas où cette dernière façon d'opérer est la seule possible, quand l'étudiant ne peut faire usage des facultés du corps causal que lorsque son corps physique est endormi.

L'identité des divers caractères rencontrés au cours de ces recherches dans le passé, présente une légère difficulté, les Egos se transformant considérablement en l'espace de quelque vingt mille ans. Par bonheur, avec un peu de pratique, il est possible de réviser l'enregistrement aussi rapidement ou aussi lentement qu'on le désire ; aussi, dès qu'il y a le moindre doute quant à l'identité du personnage, nous adoptons toujours la méthode qui consiste à parcourir rapidement les vies de l'Ego à l'étude, jusqu'à ce que nous le retrouvions ici-bas. Certains investigateurs, lorsqu'ils voient un Ego dans ses vies antérieures, ont immédiatement l'intuition de la personnalité qu'il revêt actuellement ; mais, bien que cet éclair d'intuition puisse souvent être exact, il peut aussi parfois être erroné ; il s'ensuit donc que la méthode la plus laborieuse est encore la plus sûre.

L'une des tâches les plus ennuyeuses relative à cette branche d'études est de déterminer les dates exactes ; certains investigateurs se sont même refusé à entreprendre ce côté de la question sous prétexte que la chose n'en valait pas la peine et qu'un chiffre rond pouvait pratiquement suffire. Peut-être est-ce vrai, mais l'on n'éprouve pas moins un sentiment de satisfaction à recueillir les détails aussi exactement que possible, fût-ce au prix de laborieux calculs. Notre méthode consiste naturellement à établir certaines données fixes et de s'en servir ensuite comme base pour des calculs ultérieurs.

Une de ces données fixes est la date 9.564 ans avant J.-C., époque à laquelle eut lieu l'engloutissement de Poseidonis. Une autre date : 75.025 ans avant J.-C. marque le commencement de la grande catastrophe antérieure... Dans certains cas, des calculs astronomiques furent aussi employés (1).

Les langues employées dans les vies passées sont presque toujours incompréhensibles pour l'investigateur, mais comme les pensées qui se cachent derrière les paroles lui sont intelligibles, la chose importe peu. En plusieurs circonstances, ceux qui effectuaient les recherches ont pris note de certaines inscriptions qu'ils ne pouvaient comprendre et les ont fait traduire par des linguistes à qui les langues de l'antiquité sont familières (2).............,,...............
....

Nous terminons ici, et à regret, cette longue citation qui était indispensable afin d'aller ainsi au devant des objections soulevées par nombre de personnes qui n'entreprendront pas la lecture de ce livre sans se demander par quels moyens les auteurs sont parvenus à retracer les vies antérieures d'un groupe de personnages. La citation ci-dessus n'est qu'une faible partie d'un long et instructif chapitre

---

(1) Consulter *Clairvoyance*, par C.-W. LEADBEATER.

(2). *L'Occultisme dans la Nature* par C.-W. LEADBEATER (Tome II), (*sous presse*). — Les citations tirées de cet ouvrage, comme celles qui suivront, sont empruntées au *manuscrit* de la version française et ne seront probablement pas absolument conformes au texte définitif, texte auquel nous prions le lecteur de vouloir bien se reporter.

que nous ne pouvons reproduire *in extenso* ; nous en recommandons vivement la lecture à tous ceux qui désireraient en apprendre davantage.

Nous espérons que notre bref aperçu sur les pouvoirs psychiques facilitera la lecture des pages qui suivent ; nous espérons aussi que nous en avons assez dit sinon pour convaincre, du moins pour rendre plausible et logique l'évolution de ces pouvoirs et la possibilité de leur existence

SECTION II

Les Vies d'Alcyone au point de vue de la Statistique

CHAPITRE I

Considérations Générales sur les Personnages

Nombre de Personnages (1).

Sauf une légère erreur de notre part, le nombre des personnages jouant un rôle dans les vies d'Alcyone, n'atteint pas un nombre supérieur à

CENT CINQUANTE-NEUF

sans compter

1° les 4 Koumaras

2° le Manou

3° le Mahagourou

4° Zoroastre

5° Les père et mère d'Alcyone dans la 29ᵉ vie, et dont seuls les vrais noms sanscrits sont donnés, en sorte que nous ignorons si ces deux personnages ont ou non paru précédemment.

Groupe des Serviteurs. —
Ces 159 personnages et ceux dont nous venons d'établir la liste constituent fort probablement et en partie, le noyau du groupe appelé : « *le Groupe des Serviteurs* ». Celui-ci, sous la direction des Koumaras, du Bodhisattva et des Maîtres, est celui qui contribue, sur terre, à l'évolution des races humaines (2).

A mesure que cette évolution se poursuit, les personnages de second ordre remplacent peu à peu les Guides de l'évolution qui ont terminé leurs fonctions et qui passent en

---

(1) Les récentes additions faites par M. C.-W. Leadbeater modifieront sensiblement nos chiffres qui sont cependant assez exacts pour la première édition des *Déchirures dans le voile du Temps*.

(2) Voir *L'Evolution de notre race* par ANNIE BESANT.

d'autres sphères d'activité. A leur tour, par conséquent, ceux qui ont été instruits deviennent des instructeurs, ceux qui ont été guidés deviennent des guides lorsqu'ils ont appris à diriger.

Il semble que ce groupe soit spécialement destiné à servir en quelque sorte de véhicule à la Vie supérieure. On peut dire qu'il est le reflet sur terre de la volonté du Logos. C'est par l'intermédiaire de ce groupe que le Logos accomplit le plan qu'il a conçu. C'est dans ce sens que l'on peut dire aussi que la Société Théosophique date de temps immémorial et a toujours existé car elle est vraiment un canal de la Vie supérieure, de la Vie spirituelle.

De tous temps, si loin que l'on remonte dans le passé, des représentants de Dieu ont foulé le sol terrestre pour aider et contribuer à l'évolution de l'humanité.

Les Koumaras. — Ces représentants divins forment, on le sait, une vaste hiérarchie en plusieurs ordres. Parmi ces ordres se trouvent les quatre Koumaras, chefs suprêmes des Manous et des Bodhisattvas, qu'on appelle encore « Seigneurs de la Flamme » et qui appartiendraient d'après « *La Généalogie de l'Homme* » de Mme Besant à la troisième classe de Manasaputras. Ces Etres radieux viendraient de la planète Vénus, planète dont l'évolution est beaucoup plus avancée que la nôtre, « hommes d'une science et d'un pouvoir merveilleux, envoyés pour être les instructeurs de l'humanité en même temps que ses guides. Ils descendirent en radieuse et splendide compagnie ; ils s'enveloppèrent de matière translucide comme d'un manteau au travers duquel brillaient leurs subtils corps stellaires. Le premier d'entre leur chef, est connu, dans les écrits archaïques sous de multiples noms mystiques. H. P. B. parle de lui comme de la racine-base de la hiérarchie occulte (sur terre) ; pour elle, c'est encore le Banyan aux branches étendues, parce que c'est lui qui, en créant les fils de la volonté et de la Yoga, a formé la hiérarchie occulte qui ombrage la terre, l'arbre de vie sous lequel nous sommes abrités » (1).

---

(1) *La Généalogie de l'homme* par ANNIE BESANT.

Ce grand être paraît une fois dans les vies d'Alcyone, une seule fois, et c'est celui que H.-P.-B. (1) appelle aussi « le Grand Initiateur parce que de ce dernier seul provient le pouvoir de conférer la véritable initiation... Autour de lui se range un groupe, un très petit groupe d'êtres de sa propre sphère qui viennent avec lui sur terre pour travailler à l'évolution humaine... Ce petit groupe forme ce qu'on appelle la pépinière des Adeptes ; c'est le noyau de la première grande Loge Blanche sur terre... C'est la Loge suprême de tous les guides et de tous les instructeurs de l'humanité, sans laquelle l'évolution spirituelle serait pratiquement impossible, et sans laquelle la terre continuerait d'errer dans les ténèbres... » (2)

Manou et Bodhisattva. — C'est donc de l'Unique Initiateur dont il s'agit dans la 10ᵉ vie d'Alcyone lors d'une émigration importante qui fait l'objet d'un splendide tableau. Avec Lui sont aussi présents trois autres Koumaras. Sous les ordres des Koumaras, le Manou et le Bodhisattva poursuivent la réalisation du plan tracé par le Logos.

Dans les vies d'Alcyone, le Manou a pour représentant : Mars.

Le Bodhisattva, appelé encore Mahagourou, a pour représentant sur terre : Sourya.

Le premier est spécialement chargé de l'évolution physique de l'homme, de l'organisation des hommes en nations, nations qu'il gouverne, dont il fait les lois.

Le deuxième est chargé de l'instruction, du domaine religieux, de la partie spirituelle.

Le Manou paraît seulement deux fois dans les vies d'Alcyone :

La première fois dans la 6ᵉ vie et encore ne fait-il qu'apparaître dans un rêve de son disciple direct : *Mars*.

---

(1) Abréviation habituellement employée pour désigner Helena Petrowna Blavatsky.
(2) *La Doctrine Secrète* par H.-P. BLAVATSKY.

La seconde fois, dans la 10° vie, où il apparaît avec les Koumaras, visible à toute l'assemblée.

Le Bodhisattva qui fut le Bouddha apparaît 5 fois.

Dans la 1re vie, dans la 3°, dans la 6°, dans la 10° et enfin dans la 20° où il devient le Bouddha.

Le Bodhisattva-Bouddha a pour disciple direct : *Sourya*.

Mars apparaît 17 fois dans les vies d'Alcyone et toujours comme homme, comme guerrier en chef, comme chef d'expéditions, comme Roi.

Il a comme principal lieutenant : *Vulcain*.

Sourya apparaît 6 fois, toujours comme homme lui aussi. Il a pour principal disciple : *Mercure*.

Sourya est le Bodhisattva actuel, l'instructeur que nous attendons.

Mars sera le Manou de la VI° Race-Mère.

Mercure sera Bodhisattva au cours de la VI° Race-Mère.
Ces deux personnages sont actuellement des Maîtres.

Mars apparaît dans les vies :
1. 3. 4. 5. 6. 8. 9. 10. 11. 14. 15. 17. 19. 21. 23. 24. 29.

Sourya apparaît dans les vies :
1. 2. 6. 8. 9. 15.

Ces deux êtres sont donc apparus *ensemble* 5 fois, soit dans les :

1re. 6°. 8°. 9°. 15° vies.

Si Mars a été chaque fois de sexe masculin, Mercure apparaît

13 fois dans le sexe masculin.
9 fois dans le sexe féminin.

Le monde et la famille. — Peut-être pourrions-nous nous hasarder à dire qu'il en est du monde comme d'une famille humaine et, qu'à la tête de la famille, comme à la tête du monde sont deux êtres qui représentent :

L'un le côté direction,

| IV.ᵉ Race Mère et sous races | V.ᵉ Race Mère | VI.ᵉ Race Mère | VII.ᵉ Race Mère |

Manou de la IV.ᵉ Race
Manou de la V.ᵉ Race
Mars
Manou de la VI.ᵉ Race

Bodhisattwa: Bouddha
Bodhisattwa: Sourya
Bodhisattwa: Mercure

DE L'AN 25.000 AVANT JÉSUS-CHRIST A NOS JOURS

TABLEAU 2

Unique Initiateur — Les Koumaras			
Bodhisattvas			
NOMS	PARAISSENT	DANS LES VIES	SEXES
Mahagourou : Bouddha	5 fois	1, 3, 6, 10, 29.	Masculin
Sourya	6 fois	1, 2, 3, 8, 9, 15.	Masculin
Manou			
NOM	PARAIT	VIES	SEXE
Vaivasvata	2 fois	6, 10	Masculin

L'autre le côté instruction.

Celui qu'on voit le plus c'est le Père, c'est le Manou, parce que c'est le plus actif ; la mère, le Bodhisattva a un rôle plus caché, plus intérieur. Le Manou et le Bodhisattva ne sauraient se passer l'un de l'autre, et l'harmonie qui règne entre eux est parfaite ; aucun d'eux ne cherche à empiéter sur le domaine de l'autre. Il devrait en être ainsi parmi les hommes et les femmes dont les devoirs diffèrent, ce qui s'oublie parfois. Ce sont les droits qui doivent être les mêmes et non pas les devoirs.

Autour du père et de la mère se développe la famille. A ce groupe viennent souvent se joindre les ancêtres ou tout au moins les souvenirs que les vivants sur terre ont d'eux.

Telle est donc une leçon qu'il importe de dégager ici : lorsque la famille ne suit pas la loi naturelle, c'est le désordre. Il en est de même pour les nations du monde ; il doit y avoir la *nation-père* et la *nation-mère*, vivant dans une parfaite harmonie, ou c'est la guerre. La nation qui, demain, dirigera, celle qui remplira dans le monde un rôle semblable à celui de Manou, du père, sera probablement l'Angleterre ; du côté mère, ou Bodhisattva, nous aurons les Indes. C'est de cette façon que le Manou et le Bodhisattva s'appliqueront bientôt à remettre de l'ordre dans le monde en ce qui concerne les nations (1).

(*Voir Tableau n° 1.*)

Deux Bodhisattvas par race. — Il y a dans le tableau n° 1, une chose qui peut surprendre ; nous voyons en effet que deux Bodhisattvas ont apparu durant les 30 vies d'Alcyone et nous ne voyons qu'un seul Manou. La chose s'explique aisément si l'on a soin de se rappeler que les Manous et les Bodhisattvas n'entreprennent pas leur œuvre dans le même temps.

Un Manou commence toujours avec la première sous-race de la Race-Mère, tandis que le Bodhisattva a toujours son

---

(1) Lire : *L'Ère d'un nouveau Cycle*, par ANNIE BESANT.
L'Avenir Imminent, du même auteur.

œuvre à cheval sur deux grandes races. Je ne puis dire pourquoi, mais c'est ainsi.

(*Voir Tableau n° 2.*)

Disciples directs du Manou et du Bodhisattva. — Il est intéressant aussi de constater qu'*Alcyone* est préparé depuis longtemps à une œuvre importante comme étant disciple de SOURYA et de MERCURE.

La filiation du côté Manou, apparaît moins nette, mais nous pensons que le personnage désigné sous le nom de *Mars* sera le continuateur de *Vaivasvata* pour la VI° Race-Mère.

Vaivasvata est le Manou de la V° Race et il n'est question que de celui-ci dans la série des vies d'Alcyone. Il importe de ne pas oublier que les 3° et 4° Races étant encore existantes, les Manous de chacune de ces races sont donc encore en activité ; mais aucun de ces deux n'intervient dans les vies d'Alcyone d'où nous concluons qu'Alcyone est tout désigné pour jouer son rôle le plus important dans la V° Race et non dans la 3° ou la 4°.

Personnages importants. — Autres faits à noter :

Autour des êtres que nous venons d'énumérer gravitent d'autres personnages. Un certain nombre d'entre ceux-ci sont aujourd'hui des adeptes comme Mars et comme Mercure. Voici leurs noms :

PERSONNAGES
AYANT ACTUELLEMENT ATTEINT L'ADEPTAT

Jupiter.	Uranus.	Viraj.
Saturne.	Vénus.	Vulcain.
Brihaspati.	Neptune.	Osiris.
	Mars, et Mercure.	

Tels sont les Egos les plus évolués des vies d'Alcyone. Nous verrons plus tard les rapports que ces divers personnages ont eu entre eux et quelle influence ils exercèrent sur Alcyone.

Ces noms doivent autant que possible ne pas être oubliés en lisant la série de vies ; nous aurons souvent à en reparler.

Ils sont comptés dans le nombre 159 que nous énoncions au début.

Nombre total des incarnations. — Ces 150 personnages représentent, au cours des 30 vies, un certain nombre d'incarnations.

NOMBRE TOTAL DES INCARNATIONS : 1823.

dont : 1.003 sexes masculins.
820 » féminins.

PÉRIODE DE TEMPS ÉCOULÉ
POUR CES 1823 INCARNATIONS : 24.558 ANNÉES

Au cours de ces 24,558 années c'est naturellement Alcyone qui s'est incarné le plus grand nombre de fois puisque c'est le personnage dont on suit les vies.

Autres personnages importants. — Quelques autres personnages se sont incarnés ailleurs, dans les intervalles qui séparent les vies d'Alcyone. Nous vérifierons le fait quand nous étudierons les vies d'Orion lequel ne s'est incarné que 24 fois dans une période de temps qui est de 25.472 ans. Les personnages les plus importants qui, après Alcyone, apparaissent le plus souvent sont :

Uranus........	} 27 fois	Persée	16 fois
Mizar........		Lion........ }	15 »
Orphée ...... }	25 »	Albiréo...... }	
Neptune......		Viraj .... }	
Hercule......	24 »	Vulcain..... }	13 »
Mercure......	22 »	Hector...... }	
Vajra	19 »	Vénus ...... }	
Osiris........ }		Jupiter....... }	11 »
Brihaspati ... }	18 »	Sirius........ }	
Cygnus.......		Corona ...... }	10 »
Ulysse ...... }		Orion........ }	
Siwa .... }	17 »	Pallas (Platon)	6 »
Saturne ...... }			
Mars			

Forces d'opposition (1). — Il y a d'autres personnages importants, mais importants plus par leur œuvre pour le mal que pour le bien. En réalité, il n'y a ni mal ni bien, car ces personnages sont les instruments nécessaires du mauvais Karma. Il faut remarquer de suite, par crainte de l'oublier, que ce sont les caractères les plus indépendants et orthodoxes qui incarnent le plus souvent les forces de réaction, les forces d'opposition. Au contraire, les esprits qui ne sont ni orthodoxes, ni indépendants, qui ont l'esprit de soumission, d'obéissance, de tolérance envers les lois naturelles, incarnent toujours les forces du bien. Les indépendants évoluent sans nul doute et passent de l'autre côté, comme il y a aussi des soumis, des obéissants qui se transforment et passent du côté de l'opposition. Comme il y aura toujours assez d'esprits indépendants et orthodoxes dans le monde, je pense que ce que nous avons de mieux à faire est de passer tout de suite dans la classe des tolérants, des obéissants (2). Comme c'est par là qu'il faudra finir, le plus tôt on commencera mieux cela vaudra, non seulement pour nous, mais pour le monde entier.

Les forces d'opposition sont principalement :

Cétus....	17 incarnations.	Cancer..	8 Incarnations..
Pollux...	14 »	Thétis...	
Phocée..	13 »	Ursa.....	4 passent plus
Castor...	11 »	Hespéria.	3 tard dans le
Scorpion.	10 »	Gamma..	2 Service.
Alastor...	9 »	Caméléon.	2

Ce qui nous fait une quarantaine de personnages principaux. Tous les autres interviennent au point de vue de Karma, tout comme ceux que nous venons de désigner, mais de manière moins directe et surtout de manière moins évidente.

---

(1) Voir à la fin de l'ouvrage une réponse à une question importante posée à ce sujet.
(2) Voir à la fin de l'ouvrage une réponse à une question posée sur l'obéissance.

Groupement des personnages. — En outre, ces Egos ne se répartissent pas également dans chaque vie ; cette répartition est fort intéressante à étudier. Voici comment elle s'est effectuée :

Vies	Nombre de Personnages	Vies	Nombre de Personnages	Vies	Nombre de Personnages
1	111	11	47	21	127
2	9	12	57	22	3
3	76	13	72	23	117
4	63	14	35	24	27
5	67	15	146	25	118
6	55	16	16	26	23
7	74	17	109	27	57
8	66	18	51	28	43
9	62	19	65	29	20
10	67	20	20	30	19

On voit, par ce tableau, que, de temps à autre, les Egos se rassemblent après s'être dispersés. La fondation de la S. T. (1) ; coïncide avec un nouveau rassemblement ; si ses membres sont dispersés, cette fois, aux quatre coins du monde, ils n'en sont pas moins unis dans leur amour et leur fidélité aux Maîtres et aux disciples qui les guident ; ils sont en outre unis par les faciles communications des temps modernes. Ce rassemblement actuel est le plus important qui ait jamais eu lieu car, à mesure que l'humanité progresse, la fondation des races prend une importance toujours plus grande et plus splendide.

∴

Les races avant la première des trente vies. — A l'époque où débute la première vie d'Alcyone, la V° Race était

---
(1) Société Théosophique.

fondée depuis plus de 50.000 ans ; sa fondation remonte en effet à 79.997 ans avant J. C.

Il est certain que tous nos personnages avaient joué déjà leurs rôles respectifs avant la date qui correspond à la première vie d'Alcyone. C'est ainsi que nous trouvons Mars quittant l'Atlantide en l'an 79.997 av. J. C., avec un groupe de 9.000 âmes, groupe avec lequel Mars émigra en Arabie. Le Manou avait constitué ce premier groupe en l'empruntant à trois sous-races de la IV° Race ; les croisements de ces sous-races équivalaient à un mélange de sangs : 5/6 du sang sémite mêlé à 1/12 de sang akkadien et 1/12 de sang toltèque. Il arriva, à la suite d'une destruction partielle des individus de ce groupe, que le sang toltèque était trop pauvre. Le Manou envoya Mars, qui avait été tué, se réincarner dans la plus pure famille toltèque avec l'ordre de rejoindre ensuite la communauté encore enfant. Nous retrouvons là des personnages de nos vies d'Alcyone en Viraj qui, alors devint le fils de Mars, en Saturne qui épousa Viraj. Viraj et Saturne étaient donc des Egos fort avancés bien avant l'époque à laquelle notre récit commence car cela se passait en effet 60.000 ans avant notre ère. A cette époque, le Manou s'incarnait de temps à autre ; plus tard, il ne dirigea plus que des plans supérieurs par l'entremise de Mars et de ses lieutenants.

40.000 ans av. J. C. la seconde sous-race de la V° Race-Mère, était déjà fondée ; 10.000 ans plus tard vint le tour de la 3° sous-race.

Causes des rassemblements importants d'égos. — Le récit des vies d'Alcyone commence donc un peu avant la formation de la 4° sous-race qui eut lieu vers 20.000 avant J. C., époque à laquelle commencèrent les grandes expéditions dans l'Inde. Un peu avant, tandis que le Manou veillait en Asie centrale au développement de la souche mère, un premier grand rassemblement avait lieu en Atlantide. « Il semble, disent les auteurs des vies d'Alcyone, que les Seigneurs de Karma aient utilisé cette vie pour rassembler un grand nombre de personnes du groupe théosophique à venir. » Cette déclaration suffit pour confirmer l'idée que nous suggéra la lecture des vies d'Alcyone quant aux mouvements auxquels Alcyone participa. Celui-ci ne prit aucune part active dans les formations des cinq premières sous-races, conclusion à laquelle nous fûmes amené en comparant les dates. Nous sommes dès lors conduit à nous demander le pourquoi de ces rassemblements importants d'Egos. Il y aurait à cela quatre raisons principales :

1re Celle qui concerne les expéditions aryennes dans l'Inde ;
2° La conservation de la race-racine ;
3° Le développement d'un groupe d'Egos réunis par le Karma ;
4° La formation du noyau de la VI° Race-Mère et de la 6° sous-race de la V° Race-Mère.

Tels sont les principaux événements qui motivèrent ces rassemblements d'Egos.

Quand le Manou eut terminé toutes ses colossales migrations et surveillé le développement des cinq premières sous-races de la V° Race-Mère, la nôtre, il tourna son attention sur le cœur du Monde, en Asie centrale, sur la Cité sacrée, Shamballa, qu'il isola du reste du monde, puis il voulut que l'Inde devînt Aryenne.

Alcyone et ceux qui l'entouraient contribuèrent principalement à ces expéditions dans l'Inde. Nous verrons que les Indes ont toujours été un centre de ralliement pour ce groupe d'Egos qui appartient aussi au cœur du Monde.

La Société Théosophique. — En résumant tout ce que nous venons d'établir à ce sujet, nous en arrivons donc à la déduction suivante :

Alcyone et ceux qui l'entourent appartiennent au *cœur du Monde ;* de plus ils sont les promesses de l'avenir.

C'est donc vraiment une grande chose que d'appartenir à la Société Théosophique. Beaucoup pensent qu'il n'y a pas de différences entre les membres de notre Société et ceux d'autres sociétés. Il n'en est pas ainsi, car le fait d'entrer dans la Société Théosophique équivaut à se placer sous la protection directe des guides suprêmes de l'humanité, c'est se ranger au nombre de leurs serviteurs et peut-être n'est-il rien au monde qui soit plus appréciable ni plus enviable. C'est ce qui a fait dire à Madame Besant :

« Il n'y a aucune raison pour venir à nous, à moins qu'on ne considère comme le plus grand des privilèges de prendre place dans nos rangs, à moins qu'on ne désire *faire partie des pionniers de la pensée des âges futurs*. Il n'y a pas de raison positive ; ce n'est qu'un privilège. Nous ne demandons pas aux gens de venir ; nous disons simplement : venez si vous le désirez et partagez nos privilèges.... Si vous venez avec nous, vous serez parmi ceux auxquels s'adressera la reconnaissance des siècles à venir, de ceux que tous remercieront d'avoir répandu la lumière quand tous les hommes ne voyaient que les ténèbres, d'avoir prévu l'approche de l'aurore quand tous croyaient que le monde était plongé dans la nuit. Je ne sais pas d'inspiration plus belle, d'idéal plus sublime et qui élève l'homme plus haut ; d'espoir plus resplendissant, de pensée plus profonde, que l'inspiration, que l'idéal, que l'espoir, que la pensée qu'on travaille pour l'avenir, pour l'heure qui n'a pas encore sonné. Il y aura ainsi tant d'êtres dans l'avenir qui verront la vérité, tant d'êtres qui, dans les générations futures vivront, dès leur naissance, dans la lumière de la Sagesse divine ! N'est-ce point une grande joie de sentir que l'on travaille dans ce but ; de sentir que cet inestimable trésor est placé dans nos mains pour en enrichir l'humanité ; de savoir que la faillite de l'humanité est impossible et que la richesse sera répandue dans le monde entier ? Quel privilège n'est-ce pas de savoir que les générations futures, dans la joie de la lumière qui les éclairera, ressentiront un peu de gratitude envers ceux qui leur auront apporté cette lumière, envers ceux dont la foi dans le Soi fut si puissante qu'ils n'ont pas cessé de croire, même lorsque tout était contre eux, de croire en ceux pour lesquels la réalité de la connaissance divine était si grande, qu'ils n'ont pas craint d'en affirmer la possibilité à un monde d'agnostiques.

Voilà la seule raison qui doit encourager à faire partie de

l'avant-garde, à prendre place dans les rangs des pionniers. Dur labeur, et peu de récompenses ; reproches immérités et peu de louanges, tel sera leur sort, mais par contre aussi, ils auront acquis la certitude d'avoir travaillé pour l'avenir et, avec l'aide divine, d'atteindre certainement le but un jour. »

Les rassemblements d'Egos au point de vue des races. — Revenant maintenant à nos rassemblements d'Egos, nous verrons qu'ils se sont tous effectués, sauf deux, dans la Ve Race, ce que l'on peut constater facilement en consultant le tableau des différentes sous-races où Alcyone s'incarna. (*Voir tableau N° 3*). Nous voyons de plus qu'Alcyone s'incarne vingt fois dans la race Aryenne où il s'imprègne du pur idéal d'Orient. Bientôt, un pont sera jeté entre cet idéal et celui d'Occident.

Ce tableau nous permet aussi de voir que Karma rappela Alcyone dans les différentes races de la manière suivante :

Nombre des incarnations dans les races	Nom de la Sous-Race	Sous-races des Races-Mères
3	Tlavatli	2e s.-race de la IVe r.-m.
2	Toltèque	3e — IVe —
2	Touranienne	4e — IVe —
1	Sémitique	5e — IVe —
2	Akkadienne	6e — IVe —

20 incarnations dans la Ve Grande Race Aryenne.

Passage des Egos dans les races. — Il importe de remarquer que les passages d'Alcyone dans ces sous-races Atlantes ne sont pas consécutifs (voir tableau 3) ; il saute d'une race à l'autre et nous sommes amenés à nous demander si la majorité des Egos procèdent de la même façon.

Non ! et il est inutile de faire ici une distinction qui a

TABLEAU N° 3

Dates	Vies	Sous-races de la IV° Race					Sous-races de la V° Race	
		Tlavatli 2	Toltèque 3	Touranienne 4	Sémitique 5	Akkadienne 6	Aryens 1	Iraniens 2
22.662	1	Atlantide						
21.759	2					Indes		
21.667	3	Indes						
20.574	4			Indes				
19.556	5			Chine				
18.663	6						Asie Centrale	
18.205	7				Afrique N.			
17.454	8						Asie Centrale	
16.076	9					Poseidon		
15.995	10						Asie Centrale	
15.602	11						Indes	
14.551	12						Indes	
13.651	13	Poseidon						
12.077	14						Indes	
12.093	15		Pérou					
11.182	16						Indes	
10.429	17						Indes	
9.672	18					Poseidon		
8.775	19						Indes	
7.852	20						Indes	
6.944	21						Egypte	
5.964	22						Indes	
5.433	23						Indes	
4.970	24						Indes	
4.433	25						Egypte	
3.053	26						Indes	
2.180	27						Indes	
1.520	28							Perse
630	29						Indes	
Ap.JC 624	30						Indes	

sa valeur. Il nous est encore impossible d'entrer dans des détails absolument précis à cet égard, mais il se dégage une théorie très nette qui nous conduit à dire qu'il existe différents types d'Egos :

1° Les Egos très évolués qui s'incarnent là où le Manou et le Bodhisattva ont besoin de leurs services. Ces égos ne suivent pas l'ordre des races.

2° Les Egos moins évolués mais qui sont les promesses de l'avenir et qui s'incarnent là où ils pourront développer des qualités spécialement requises pour leur œuvre future et pour une collaboration parfaite avec les guides de l'humanité.

3° Les Egos d'une évolution supérieure à la moyenne qui acquièrent les qualités de chaque sous-race dans une seule incarnation, et passent à la sous-race suivante. Ce cas est précisément celui d'un des personnages des vies d'Alcyone : *Erato*.

4° Les Egos d'une évolution moyenne qui se réincarnent plusieurs fois dans une seule et même sous-race avant d'être prêts à passer à la suivante.

5° Il y a enfin les Egos inférieurs pour lesquels de très nombreuses incarnations dans la même race s'imposent.

Quant au lieu géographique, en thèse générale, nous dirons, avec M. Leadbeater, que trois facteurs principaux entrent en jeu pour décider de l'endroit auquel doit s'effectuer la réincarnation :

1° L'action de la Loi divine qui veut le progrès de l'homme, et qui tend toujours à placer celui-ci dans les milieux les plus propices au développement des qualités qui peuvent lui faire défaut, sans tenir compte le moins du monde de ses goûts ou de ses mérites.

2° Le Karma individuel.

3° Une autre variété de Karma entre en jeu : ce sont les liens par lesquels l'homme s'est rattaché à d'autres Egos durant des vies antérieures. (*Voir la préface de M. C. W. Leadbeater aux vies d'Alcyone.*)

Ces trois facteurs entrent en jeu dans l'évolution de nos personnages et Alcyone appartient, en plus, à ce groupe d'Egos qui sont les promesses de l'avenir, ce qui expliquerait ces sauts d'une sous-race à une autre.

Perfectionnement de l'homme. — Il découle de tout cela que nous sommes réellement placés là où nous devons évoluer, là où nous devons acquérir des qualités qui nous manquent, là aussi où nous pouvons aider. Se plaindre du milieu dans lequel nous sommes c'est refuser d'acquérir une qualité qui nous est indispensable, c'est se révolter contre notre propre volonté qui nous a amenés là où nous sommes, c'est aussi se créer un Karma plus lourd pour l'avenir.

Ceux qui ne savent rien de ces choses encourent des dommages moins graves, mais ceux qui les connaissent encourent, eux, de bien lourdes responsabilités. Savoir et ne pas suivre le chemin, est plus dangereux que l'ignorance ; c'est pourquoi l'Initiation ne se confère pas ainsi au premier venu. Plus l'on s'élève, plus dangereuse est la chute et c'est vouloir le bien même de l'homme que de lui refuser l'entrée du premier portail avant qu'il n'ait développé les qualités requises, qualités qui le mettent à l'abri des chutes.

Lieux géographiques. — Passons maintenant aux lieux géographiques dans lesquels les incarnations se sont effectuées. (*V. tableau 3*).

Nous ne dirons rien de ces différents pays dont nous reparlerons peut-être ultérieurement dans un autre ouvrage

Alcyone s'est donc incarné :

17 fois dans les Indes.
3   »   » l'Asie Centrale.
3   »   » Poséidonis.
2   »   » l'Egypte.
1   »   » la Perse.
1   »   » le Pérou.
1   »   » l'Afrique du Nord.
1   »   » la Chine.
1   »   » l'Amérique du Nord.

Correspondances entre les pays et les races. — Chose intéressante à constater, les différents pays ne correspondent pas aux mêmes sous-races ; nous trouvons en effet ce qui suit :

Pays	Sous-races de la IVᵉ race					Sous-races Vᵉ race	
	2	3	4	5	6	1	3
Indes	+	+			+	+	
Poséidonis	+				+		
Amérique du Nord	+			+			
Pérou		+					
Chine			+				
Afrique du Nord							
Egypte				+		+	
Perse							+

Les signes + indiquent les correspondances entre races et pays.

Nous voyons donc que, tout en s'incarnant dans un même lieu, Alcyone changea pourtant de sous-race et vice-versa. Ce qu'il est intéressant de connaître, ce sont les dates qui correspondent à ces différentes races dans un même lieu ; la chose peut avoir son utilité pour les étudiants qui désirent avoir le plus possible d'informations sur la question des races quant au point de vue chronologique, chose que nous pouvons esquisser ici, ces premières pages de notre étude étant principalement consacrées à la statistique, aux dates, aux chiffres.

Nous trouvons ainsi :

Sous-races	Race-Mère	Pays	Dates av. J.-C.
2ᵉ	IV	Amérique d. Nord	22.662
»	»	Indes	21.467
»	»	Poséidonis	13.651
3ᵉ	IV	Indes	20.574
»	»	Pérou	12.093
4ᵉ	»	Chine	19.554
5ᵉ	»	Afrique du Nord	18.209
«	»	Poséidonis	9.672
6ᵉ	»	Indes	21.759
»	»	Poséidonis	16.876

Le tableau suivant nous indique les sous-races différentes dans les mêmes lieux aux dates suivantes :

Pays	Dates av. J.-C.	Sous-races de la IVᵉ race	Vies
Poseidonis	16.876	6	9
»	13.651	2	13
»	9.672	5	18
Indes	21.759	6	2
»	21.467	2	3
»	20.574	3	4

En s'incarnant dans Poseidon, Alcyone s'incarna dans les 6ᵉ, 2ᵉ, 5ᵉ sous-races de la IVᵉ Race.

En s'incarnant dans les Indes, Alcyone s'incarna dans les 6ᵉ, 2ᵉ 3ᵉ sous-races de la IVᵉ Race.

Je laisse ici ce qui concerne la Vᵉ Race, nous étant déjà suffisamment étendu à ce sujet.

Il convient dès lors de poursuivre notre analyse en indiquant brièvement les intervalles qui séparèrent les incarnations d'Alcyone dans une même sous-race.

Il y eut :

Entre les Incarnations :

Dans la 2ᵉ sous-race, IVᵉ Race-Mère, un intervalle de 1.111 ans
2ᵉ » » » 7.731 ans
3ᵉ » » » 8.372 ans
5ᵉ » » » 8.446 ans
6ᵉ » » » 4.866 ans

Pour ces calculs j'ai naturellement pris les intervalles entre la mort dans une incarnation et la naissance dans la suivante.

Ces chiffres peuvent avoir une certaine importance plus tard lorsque nous pourrons les comparer avec les autres vies d'autres personnages.

Dates des rassemblements importants. — Les grands et principaux rassemblements s'effectuèrent :

Pays	Race-Mère	Sous-races	Dates av. J.-C.
Amérique du Nord (Atlantide)	IV	2	22.662
Pérou	IV	3	12.093
Indes	V	1	10.429
Egypte	V	1	6.986
Indes	V	1	5.635
Indes	V	1	3.059

Un intervalle de 10.569 ans s'écoule entre les 1ᵉʳ et 2ᵉ rassembl.
» 1.664 » » 2ᵉ et 3ᵉ »
» 3.443 » » 3ᵉ et 4ᵉ »
» 1.351 » » 4ᵉ et 5ᵉ »
» 2.576 » » 5ᵉ et 6ᵉ »
» 4.934 » » 6ᵉ et 7ᵉ **ACTUEL**

Ce dernier grand rassemblement, le 7ᵉ, est celui qui correspond à la fondation de la Société Théosophique en 1875 ; rassemblement qui s'effectue, et se continue, non plus dans une seule et unique race ou sous-race, mais dans toutes les races et sous-races existantes dans le monde.

La réelle fondation de la Société Théosophique remonterait donc à l'an 22.662 av. J.-C. ; elle serait donc âgée de 22.662 + 1.875 = 24.537 années, plus même si l'on ajoute la période écoulée depuis l'année 1875 ; soit par conséquent : 24.573 ans.

Egos supérieurs incarnés avec Alcyone. — Avant de passer à un autre ordre d'idées, peut-être serait-il intéressant de noter dans quelle mesure les Egos supérieurs se sont incarnés avec Alcyone, soit dans sa famille, soit dans son entourage immédiat.

Nous pouvons nous en rendre compte par le tableau n° 4, qui nous permettra de voir, plus tard, si le Karma d'Alcyone est bon, passable ou mauvais, selon que ces Egos supérieurs l'auront plus ou moins entouré. Il est certain que la vie commune sur un même plan est de beaucoup plus importante que la vie où les Egos se trouvent séparés par un plan d'existence. Aussi longtemps en effet que l'homme qui est incarné, n'a pas éveillé en lui le pouvoir de répondre aux vibrations supérieures, l'aide qui peut lui venir des plans supérieurs a une influence moins grande sur lui.

Ce tableau nous donne l'occasion de constater que tout égo avancé a toujours le bonheur de vivre avec ou dans le voisinage d'Egos supérieurs. Nous voyons effectivement qu'en dehors de quelques cas fort rares, Alcyone est toujours bien entouré. Une seule vie, sur trente, il n'a personne dans son entourage, — mauvais Karma à épuiser avant son entrée vraiment définitive sur le Sentier.

Une importante leçon se dégage de ce fait :

Sachons toujours reconnaître les Egos supérieurs quelles que soient leurs apparences extérieures ; sachons les écouter quand ils nous conseillent. C'est le meilleur moyen d'avoir

EGOS SUPÉRIEURS INCARNÉS AVEC ALCYONE (Tableau n° 4)

VIES	1	2	3	4	5	6	7	8	9	10	11	12	13	14	15	16	17	18	19	20	21	22	23	24	25	26	27	28	29	30
Mercure	o	o	o	o	o	o	o	o	o	Pr.	o	o	o	o	Pr.	o	o	o	o		o	o	o	o						
Mars	o		o	o	o		o	o	o	o		o	o		o	o		o		o		o	o					o		
Jupiter	o		o	o		o			o			o		o		o		o		o		o								
Brihaspati	o	o	o	o	o	o	o	o	o		o		o		o	o	o	o	o	o		o		o	o					
Saturne	o		o	o	o	o	o	o	o			o	o		o		o	o	o		o		o							
Uranus	o	o	o	o	o	o	o	o	o	o	o	o	o	o	o		o	o	o	o	o		o	o	o		o	o	o	o
Vénus	o		o	o	o		o			o			o	o		o			o		o		o		o					
Neptune	o	o	o	o	o	o	o	o	o	o	o	o	o	o	o		o	o	o	o	o	o		o	o	o	o			
Viraj	o	o		o	o	o			o	o	o			o	o				o	o		o								
Vulcain		o			o	o			o	o			o	o			o		o	o	o		o							
Osiris	o		o	o	o	o	o	o	o				o	o	o	o		o			o		o		o					
Sourya	o	o			o					o					o															
Mahegouro	Pr.		Pr.		Pr.					Pr.																Pr.				
Manon			Pr.			Pr.				Pr.																				
Koumaras											Pr.																			
TOTAUX	12	6	9	10	12	10	8	9	10	13	8	4	9	11	3	8	6	7	7	11	11	4	9	1	6	1	3	1	4	9

(1) Le signe O indique la présence de chacun des égos supérieurs incarnés avec Alcyone.
(2) Le signe PR signifie que le personnage était présent sans être incarné.

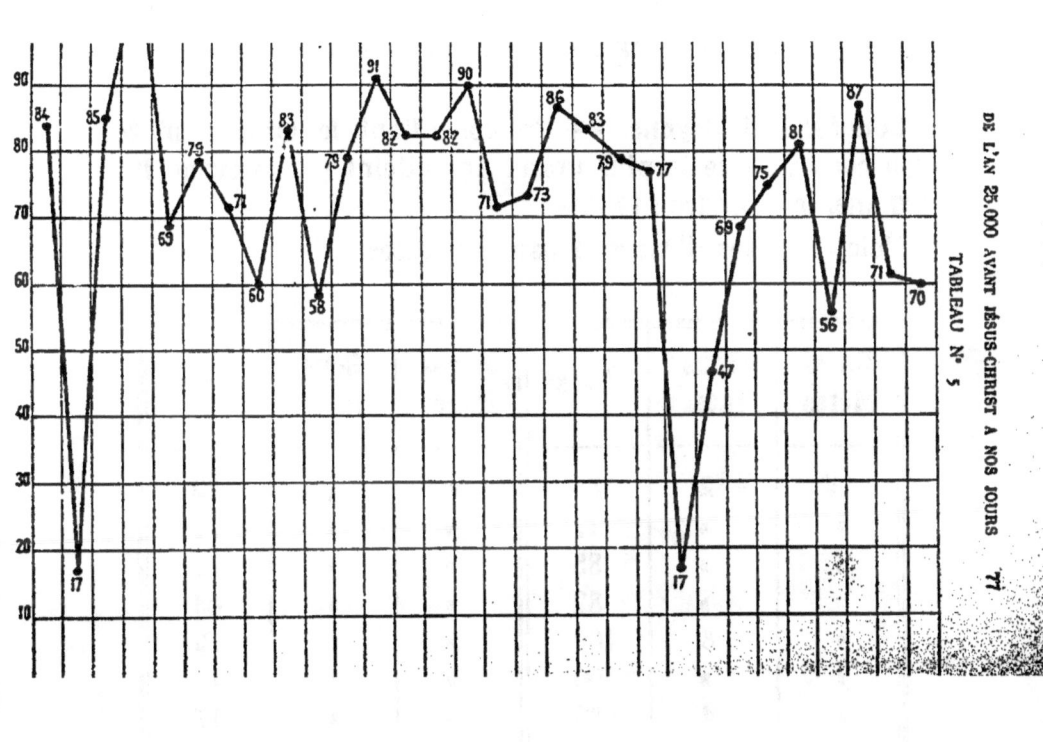

l'occasion de revivre avec eux quand nous revenons ici-bas. Ne pas les apprécier à leur valeur c'est nous séparer d'eux, c'est les priver de notre service, ou bien, chose plus grave, c'est revenir avec eux, mais pour les combattre, en tant que forces négatives et de contre-évolution.

Alcyone a toujours su aimer et respecter ceux qui lui étaient supérieurs ; partout où il a été, il a toujours recherché leur présence, plus pour l'amour de la vérité que pour lui-même. Il a toujours été aidé parce qu'il a cherché l'aide, parce qu'il a toujours demandé à suivre un idéal. Ajoutons que cette aide, de la part des Egos supérieurs, est toujours à la disposition de ceux qui savent la demander.

Longévité d'Alcyone. — En consultant le tableau n° 5, l'on constate que le plus grand âge atteint par Alcyone fut **109 ans**, le moindre : **17 ans**.

Voici les âges d'Alcyone par sous-races

Races Mères	Sous races	Ages	Races Mères	Sous races	Ages
IV	2	84	V	1	82
»	»	17	»	»	71
»	»	85	»	»	73
»	»	82	»	»	83
»	3	109	»	»	79
»	»	90	»	»	77
»	4	69	»	»	17
»	5	71	»	»	47
»	»	86	»	»	69
»	6	83	»	»	75
V	1	79	»	»	81
»	»	60	»	»	56
»	»	58	»	»	71
»	»	79	»	»	70
»	»	91	»	3	87

La moyenne de l'âge atteint par Alcyone dans la IV⁰ Race-Mère fut de 77 ans.

Dans la V⁰ Race-Mère cette moyenne fut de 70 ans.

Comme il ne s'incarna que dix fois dans la IV⁰ Race-Mère et vingt fois dans la V⁰, il en résulte que la longévité fut sensiblement plus grande dans la IV⁰ Race que dans la V⁰.

Dix vies dans la IV⁰ Race équivalent pour Alcyone à : 776 années de vie physique.

Vingt vies dans la V⁰ Race à : 1.405 années.

Nous pensons que la V⁰ Race-Mère (actuelle) est celle où la longévité atteint le chiffre le moins haut, à cause, croyons-nous, de la délicatesse et de la fragilité plus grandes du système nerveux et du développement du mental qui conduit à une vie plus agitée, plus fiévreuse. Le mental ne sait pas encore ménager les nerfs, économiser la force nerveuse ; il dépense sans compter les forces vitales (1). Cette dépense ne sera plus aussi exagérée dans la VI⁰ Race-Mère, aussi pensons-nous que la longévité augmentera dans cette race et plus encore dans la VII⁰ où l'homme sera davantage maître de ses corps.

Alcyone vécut donc 2181 ans sur terre en l'espace de 24.558 années et Alcyone est l'un de ces Egos qui se réincarnent le plus souvent.

Les auteurs des vies d'Alcyone nous apprennent « que tous ceux dont ils ont étudié les incarnations appartiennent aux classes supérieures dont la vie a une durée moyenne supérieure à celle des classes inférieures. » Nous supposons que les auteurs entendent par *classes supérieures*, les *classes d'Egos supérieurs* et non pas les classes de la société telles qu'on les conçoit ordinairement. Il y a d'ailleurs des Egos inférieurs et supérieurs dans toutes les classes de la société.

« C'est ainsi, continuent les auteurs, que :

17 vies d'Erato donnent une moyenne de 48 ans de vie physique.

24	»	d'Orion	»	»	53 ans 1/2	»
18	»	de Sirius	»	»	59 2/3	»
30	»	d'Alcyone	»	»	72,7	»

(1). *La Pensée, sa puissance, son emploi*, par C.-W. Leadbeater
Le pouvoir de la pensée, par Annie Besant.

Cette question de la longévité a de tous temps passionné l'esprit humain. Un ouvrage de M. Jean Finot, la *Philosophie de la Longévité* (1), contient à ce sujet des données assez curieuses ; nous croyons devoir en reproduire ici quelques-unes.

« D'après Strabon on vivait dans le Pendjab plus de 200 ans. Epimémide de Crète, aurait, suivant les écrivains romains, vu se succéder trois siècles. Lorsque, sous le règne de Vespasien, on procéda à une statistique des centenaires vivant dans la partie de l'Italie entre les Appennins et le Pô, on y aurait découvert, toujours d'après Pline, plus de 170 individus ayant dépassé 100 ans sur une population de trois millions. Leur doyen, Marcus Apponius, aurait eu à son actif plus de 150 ans.

La Vie des saints est tout aussi riche en affirmations de cette sorte. Saint Siméon, le neveu de la Vierge Marie, aurait été martyrisé à l'âge de 107 ans ; saint Narcisse serait mort à 165 ans ; saint Antoine à 105 et l'ermite Paul à 113 ans. Les moines du mont Athos arrivaient souvent à l'âge de 150 ans. Le vénérable Albuna, premier évêque d'Ethiopie aurait vécu même au delà d'un siècle et demi !...

D'après les recherches de Haller, l'un des rares savants qui se sont occupés de la question des limites de notre existence (Elementa physiologiæ, v. VIII, lib. XXX), l'homme compte parmi les animaux qui vivent le plus longtemps. La limite de son séjour sur terre serait non point 90 à 95 ans, dont on nous parle aujourd'hui, mais 200 ans. Il cite à l'appui de sa thèse deux macrobes dont l'un, Thomas Parr, a cessé de vivre à 152 ans et l'autre à 169, tous deux morts par *accident*... Le second exemple se rapporte à Henry Jenkin, du comté d'York, pauvre pêcheur, qui, à 100 ans, traversait encore les rivières à la nage et mourut en 1670, à l'âge de 169 ans, à la suite d'un refroidissement...

Non moins authentique est le fameux paysan norvégien J. Gurrington, qui, mort à l'âge de 160 ans, aurait laissé de son dernier mariage un fils de 9 ans, dont le frère en avait 108.

....

Le Dr P. Foissac cite quantité d'exemples de gens qui auraient vécu plus de 150 ans. Tels furent un chanoine de Lucerne qui s'éteignit en 1346 après avoir accompli sa 186ᵉ année, un archevêque hongrois nommé Spodisvoda, un abbé écossais et un cultivateur croate qui atteignirent leur 185ᵉ année.

J.-B. Belley garantit l'authenticité du *dixième* mariage contracté par John Weck à l'âge de 106 ans. Le même auteur raconte la vie de John Kovin, mort à 170 ans, et de sa femme, morte à l'âge de 164 ans. Mlle Durieux (de la Hte-Savoie) est morte à l'âge de 118 ans. D'après le Dr C.-W. Evans, Thomas Caru avait, le jour de sa mort, 207 ans bien sonnés.

Le Dr Van Oven, qui a étudié 231 décès survenus entre 110 et 130

---

(2) Chez Schleicher.

ans d'âge, a pu constater que 91 de ces centenaires sont morts entre 120 et 130, 37 à 110, 11 à 105 et 17 au-delà de 100 ans.

Prosper Lucas signale également dans son *Hérédité naturelle* plusieurs macrobes intéressants.

Un cultivateur de Temesvar (en Hongrie), Pierre Czortan, mort en 1724 à l'âge de 185 ans, laissa après lui un fils de 155 ans et un autre de 97.

Lancet, le journal médical bien connu de Londres, a publié, il n'y a pas longtemps, l'interview d'un centenaire de Bogota qui avait 180 ans ! Le même journal raconta un jour l'opération d'une hernie étranglée, faite par Morris, sur une femme âgée de 109 ans. Disons enfin que, d'après la statistique de M. Solaville, il y avait en Europe, en 1870, 62.503 individus ayant dépassé l'âge de 100 ans !

Le Dr Emerson prétend qu'on rencontre parmi les noirs, dans certaines provinces des Etats-Unis, plus de 2.000 personnes sur 100.000 ayant atteint au delà de 100 ans. Cette assertion est confirmée, d'une façon indirecte, par Prichard, dans son *Histoire physique du genre humain*.

Il mentionne plusieurs faits surprenants relatifs à la longévité des nègres.

Rappelons entre autres les cas si curieux de deux noirs : Joseph Bon et Robert Linch, morts à la Jamaïque l'un à 146 ans, l'autre à 160 ans, et de deux négresses : Rebecca Tury, morte à 140, et Catherine Hiatt, à 150 ans.

D'après Lopez Casteguod, l'historiographe royal du Portugal (donnée confirmée par Maffens, l'historien des Hindous), un certain Niemens de Cugna, né dans la province de Bengale, aurait vécu 370 ans. Ce macrobe singulier faisait l'admiration de son entourage : ses cheveux auraient changé plusieurs fois de couleur ; devenus gris vers l'âge de 100 ans et blancs ensuite, ils auraient regagné leur teinte noire au moment où Cugna dépassa un siècle et demi d'existence.

Mais, si le cas de Cugna paraît bien douteux, celui de Robert Tylor, mort en 1898, est d'une authenticité incontestable. Le grand vieillard de Scarbe était né en 1764 et remplissait les fonctions de receveur des postes sous Georges IV et Guillaume IV. La reine Victoria, à qui on avait parlé du plus vieux receveur des postes de l'univers, lui a envoyé son portrait avec cette dédicace :

« Cadeau de la reine Victoria à M. Robert Tylor, en souvenir de son âge si avancé qu'il n'a pas eu de précédent, de mémoire d'homme. » Ce souvenir de la reine a tellement émotionné le brave vieillard qu'il en est mort trois mois après, à l'âge de cent trente-quatre ans. Etc., etc.

« Si la richesse, continue M. Jean Finot dans son si intéressant ouvrage, nous épargne certaines privations qui déciment les classes pauvres, elle endort d'autre part nos facultés de résistance. Les maladies qui nous menacent constamment, sauf les maladies contagieuses, ont plus de prise sur les classes riches que sur les pauvres. Les riches ne jouissent de la longévité que dans les pays anglo-saxons, où ils tâchent de développer par l'exercice des différents sports leur énergie vitale. Mais la richesse produit souvent une influence néfaste sur la santé par les abus de toutes sortes auxquels elle invite. Sans parler de l'alcoolisme, qui s'empare sous ses formes élégantes des classes privilégiées, il y a surtout l'abus de la nourriture, souvent plus nuisible que les privations. D'après la judicieuse remarque du professeur Charles Richet et du comte Tolstoï, nous mangeons tous presque trois fois plus que ne le réclame notre organisme. D'où les maladies incalculables qui raccourcissent avant le terme la vie des humains. »

M. Jean Finot recherche aussi les causes de la mort, ou plutôt son pourquoi, et il se demande, avec plusieurs savants, s'il ne serait pas possible de prolonger la vie humaine. On ne croit certes plus au fameux *Elixir de longue vie.* Pourtant les Metchnikoff, Marinesco, et autres savants, à l'Institut Pasteur, croient pouvoir prolonger l'existence à l'aide de sérums qui rétabliraient un favorable équilibre entre les leucocytes et les phagocytes de notre corps. Il est certain que nous cherchons tous, par tous les moyens, à vivre le plus longtemps possible ; les médecins font de leur mieux pour nous y aider et, malheureusement hélas, ce qu'on leur demande ce sont des remèdes à nos maux bien plus que les causes de ces maux. Nous voulons bien vivre longtemps, mais nous éprouvons de la répugnance à nous priver des poisons de l'alimentation tels que viande et alcool.

D'après un disciple des Maîtres qui consacra toute une étude à l'Elixir de vie : (1)

« Le candidat à la longévité doit commencer par ne plus avoir de désirs physiques, non en vertu d'une théorie sentimentale du bien et du mal, mais pour la bonne raison suivante. Comme, d'après une théorie bien connue et définitivement établie, son corps visible et matériel renouvelle constamment ses molécules, il atteindra, en s'abstenant de gratifier ses désirs, la fin d'une certaine *période* durant laquelle ces molécules qui composaient l'homme du vice et possédaient une disposition mauvaise, auront disparu. Ces fonctions étant tombées en désuétude, l'entrée ne tardera pas à être fermée aux nouvelles molécules disposées à la répétition des dits actes, qui devaient remplacer les anciennes. Outre ce résultat particulier en ce qui regarde certains *vices*, le résultat général de l'abstention d'actes *grossiers* sera, par applica-

---

(1). *L'Elixir de la vie*, par un *Chéla*, La traduction de ces passages est empruntée au *Lotus* de mai 1887. (*Epuisé et presque introuvable*) L'original comporte une longue étude publiée dans *Five Years of Theosophy*, ouvrage non épuisé.

tion spéciale de la célèbre loi darwinienne de l'atrophie par non-usage, la diminution de ce que nous pouvons appeler la densité relative ou cohérence de cette enveloppe extérieure dont les molécules auront moins servi ; tandis que la diminution quantitative de ses parties constituantes sera *compensée* (en poids et mesure) par l'admission croissante de molécules moins denses.

Par où faut-il commencer et quel ordre faut-il suivre dans l'abandon des désirs physiques ? Tout d'abord, il faut renoncer à l'alcool sous toutes ses formes : car non seulement il ne fournit aux éléments même les plus grossiers du corps physique aucun aliment ni aucun plaisir direct (sauf la douceur ou le parfum que l'on peut trouver au goût du vin, qui n'est pas dû essentiellement à l'alcool même), mais il produit une violence d'action, un élan de vie pour ainsi dire, dont la tension ne peut être supportée que par des éléments essentiellement lourds, denses et grossiers, action qui, en vertu de la loi bien connue de réaction (l'offre et la demande dirait-on en termes commerciaux), tend à se procurer ces éléments dans l'univers environnant et par conséquent s'oppose directement à l'objet que nous avons en vue.

Il faut ensuite renoncer à la viande, et cela pour une raison semblable, sinon tout à fait la même. Elle augmente la rapidité de la vie, l'énergie de l'action, la violence des passions ; elle peut être bonne pour un héros qui doit combattre et mourir, non pour un futur sage qui doit vivre...

Il ne faut pas s'imaginer que des *austérités*, telles que généralement comprises, puissent, dans la majorité des cas, servir beaucoup à hâter le processus *d'éthérisation*...

Et même il ne servirait à rien, pour notre but spécial de longévité, de nous abstenir d'immoralité tant que nous le désirons au fond du cœur ; et ainsi des autres désirs non satisfaits. L'essentiel est de se débarrasser du désir intime ; l'imitation de la réalité n'est qu'une impudente hypocrisie et un esclavage inutile.

La purification morale doit marcher de pair : les inclinations les plus *grossières* doivent s'en aller d'abord, puis les autres. En premier lieu l'avarice, puis la peur, puis l'envie et le respect humain, le manque de charité, la haine, enfin l'ambition et la curiosité doivent être abandonnés successivement. Il faut renforcer en même temps les parties qui, dans l'homme sont les plus éthérées, qu'on nomme spirituelles. Raisonnant du connu à l'inconnu, on doit pratiquer et encourager la méditation...

« Mais, demandera le lecteur, en supposant remplies toutes les conditions requises, ou sous-entendues, (car les détails et variétés du traitement voulu sont trop nombreux pour être énumérés ici), quelle devra être ensuite la marche à suivre ? » Voici quels seront les résultats physiques du procédé indiqué, s'il n'y a eu ni apostasie, ni négligence. »

D'abord le néophyte prendra plus de plaisir aux choses spirituelles et pures. Il en viendra peu à peu à considérer les occupations grossières et matérielles, non seulement comme indifférentes et interdites, mais comme purement et simplement répugnantes. Il trouvera plus de charme aux simples sensations de la nature, — ce genre de sentiments que l'on peut se souvenir d'avoir éprouvés dans l'enfance. Il se sentira plus léger de cœur, plus confiant, plus heureux...

En dehors de tout cela, tout ce qu'il mange et boit ne sert qu'à maintenir en équilibre les parties grossières de son corps qui doivent encore, par le médium du sang, réparer leur dépense cuticulaire. Plus tard, le processus cellulaire du développement de son corps subira un changement : un changement en mieux, le contraire de celui qui a lieu, en mal, dans la maladie ; il deviendra *tout entier*, vivant et sensitif, et tirera sa nourriture de l'éther. Mais cette époque est encore bien loin pour le néophyte.

Mais il y a une autre portion du grand secret à laquelle le moment est venu de faire allusion, et qu'il est permis aujourd'hui, pour la première fois dans une longue série d'âges, de révéler au monde.

Le lecteur est assez instruit pour savoir que l'une des grandes découvertes qui ont immortalisé le nom de Darwin est celle de cette loi, qu'un être organisé a un penchant inévitable à répéter l'action des ancêtres de sa race, à une époque analogue de sa vie, d'autant plus sûrement et complètement qu'ils sont plus voisins de lui dans l'échelle des êtres. Une des conséquences est qu'en général les êtres organisés meurent à une époque moyenne, la même que pour leurs ascendants. Il y a sans doute de grandes différences entre les âges actuels auxquels meurent les individus d'une même espèce : la maladie, les accidents, les famines sont des facteurs dont il est important de tenir compte. Mais, dans chaque espèce, la *vie de la race* est bornée à une limite bien appréciable que l'on ne voit dépasser à aucun individu (1). Cela s'applique à l'espèce humaine tout comme aux autres. Supposons un homme de constitution ordinaire, qui ait rempli toutes les conditions sanitaires possibles, évité tous les accidents et toutes les maladies, les médecins savent qu'il arrivera un moment, un cas particulier, où les molécules du corps sentiront la tendance héréditaire aux actions qui doivent inévitablement produire leur dissolution, et obéiront à cette tendance. Il est évident pour quiconque réfléchit, que si cette limite, cette époque critique pouvait par quelque moyen être décidément dépassée, le danger subséquent de mort diminuerait en même temps que croîtrait le nombre d'années. Ce fait qui ne serait possible à aucun esprit ordinaire, à aucun corps non préparé, peut le devenir pour un être dont la volonté et la constitution ont reçu une éducation spéciale ; il reste moins de molécules grossières pour entretenir le penchant héréditaire ; il y a l'assistance offerte à l'enveloppe visible extérieure par les *hommes intérieurs* devenus plus forts (la durée normale de ceux-ci est toujours plus longue que celle du corps, même dans la mort ordinaire) ; il y a enfin la volonté, exercée et indomptable, pour diriger et gouverner le tout (2).

A partir de ce moment, la carrière de l'aspirant est plus facile. Il

---

(1) Sauf dans le cas de rares exceptions (G. R.).
(2) Voir première note page suivante.

a vaincu « le gardien du seuil », l'ennemi héréditaire de sa race, et, bien qu'exposé à des dangers toujours nouveaux dans son progrès vers Nirvana, il est enivré de sa victoire, et peut s'avancer hardiment vers la perfection, secondé par une confiance nouvelle et par de nouveaux pouvoirs. » Etc.

Cette curieuse théorie a sa valeur : nous n'avons fait qu'en indiquer certains côtés qui tendent à démontrer que l'élixir de longue vie des anciens chercheurs n'était pas, après tout, une aussi grande utopie. Un fait reste certain : la science de demain nous réserve plus d'une surprise à cet égard ; pour l'instant, nous ne serions pas éloigné de croire que la longévité humaine augmentera proportionnellement à notre degré de spiritualisation, ce que semble confirmer M. C.-W. Leadbeater dans le passage suivant :

... « les Maîtres peuvent conserver leur corps physique beaucoup plus longtemps que nous ne pouvons le faire, grâce sans doute à la parfaite santé dont ils jouissent et aussi à cette absence de préoccupation dont nous avons déjà parlé. Presque tous les Maîtres que nous connaissons, paraissent des hommes dans la force de l'âge ; cependant, en bien des cas, des témoignages prouvent que leur corps physique a dépassé depuis bien longtemps l'âge ordinaire de l'homme. J'ai entendu dire à Mme Blavatsky que son Maître ne lui paraissait pas, dans les derniers jours de sa vie, d'un jour plus âgé que lorsqu'elle l'avait vu pour la première fois, dans son enfance, soixante ans auparavant (2). »

Intervalles entre les vies. — Alcyone passa donc 22.377 ans hors du plan physique. Ainsi que nous le verrons plus tard, il dort, pour un motif déterminé, pendant 7 ans ; ce qui diminue d'autant sa durée de vie physique.

---

(1) Autant montrer à ce propos ce que la science moderne et spécialement la physiologie, nous dit du pouvoir de la volonté humaine. « La force de la volonté est un élément puissant dans la détermination de la longévité ! Un point peut être accordé sans conteste, c'est que de deux hommes se ressemblant sous tous les rapports et placés dans des circonstances identiques, celui qui a le plus de courage et de fermeté vivra plus longtemps. Il n'y a pas besoin d'avoir beaucoup pratiqué la médecine pour savoir que des gens meurent qui pourraient tout aussi bien vivre s'ils y étaient résolus, et que des milliers d'invalides pourraient devenir forts s'ils avaient la volonté innée ou acquise de se vouer à cette tâche. Des gens qui n'ont aucune autre qualification pour la vie, dont presque tous les organes corporels sont attaqués, pour qui chaque jour est un jour de peine, et qui sont cernés de circonstances propres à raccourcir l'existence, vivent cependant, par la seule volonté. » (Dr George M. Beard) (*Note de l'auteur*).

(2) *L'Occultisme dans la Nature* par C.-W. LEADBEATER, Tome I (p. p. 19-20).

Sexes d'Alcyone. — Alcyone s'incarna 19 fois dans le sexe masculin, 11 fois dans le sexe féminin.

La durée de ses existences physiques dans le sexe masculin est de : 1.485 ans.

Dans le sexe féminin de : 698 ans.

Séjour céleste. — Le Dévachan après les incarnations masculines est de : 14.833 ans ;

Après les vies féminines de : 7.544 ans.

Nous sommes enclin à penser que la femme a généralement une vie céleste plus longue que l'homme ; cela tiendrait uniquement à ce qu'elle développe plus spécialement les qualités spirituelles.

Les 1202 années qui suivent la dernière incarnation d'Alcyone nous mène à l'an 1896, année de naissance de notre héros. Il ne s'est donc pas incarné entre la 30ᵉ vie et la vie actuelle ; d'autres personnages se sont incarnés dans cet intervalle, à en juger d'après les vies d'Orion, celui-ci s'étant incarné en 1597 ap. J.-C. à Venise.

La moyenne des années de vie céleste pour Alcyone est de : **745 ans.**

On pourrait donc déduire que la vie céleste est en moyenne, 10 *fois* plus longue que la durée de la vie physique. Ce n'est pas là toutefois une règle absolue. La chose varie selon le type d'Egos. « Alcyone appartient au type, ou à la classe des monades dont les réincarnations s'effectuent après des intervalles d'environ 700 ans », écrivent les auteurs.

LES SEXES

Les auteurs de « *Déchirures dans le Voile du Temps* » nous disent aussi, au début de la 26ᵉ vie, que la règle générale en ce qui concerne les sexes est celle-ci :

Un Ego ne prend pas moins de 3 et pas plus de 7 incarnations successives dans un même sexe. Alcyone suit cette règle. Plusieurs de nos personnages y font pourtant exception.

Voici, en ce qui concerne les sexes, dans quel ordre les incarnations féminines et masculines d'Alcyone se présentent :

Vies	Incarnations	Vies	Incarnations	Vies	Incarnations
1	Féminine	11	Féminine	21	Féminine
2	»	12	»	22	»
3	Masculine	13	»	23	»
4	»	14	Masculine	24	»
5	»	15	»	25	»
6	»	16	»	26	Masculine
7	»	17	»	27	»
8	»	18	»	28	»
9	»	19	»	29	»
10	Féminine	20	»	30	»

En ce qui concerne le cas le plus frappant, en tant qu'exception à cette règle, pour les Egos supérieurs, (mais inférieurs toutefois à ces Egos arrivés aujourd'hui à l'Adeptat), nous trouvons :

MIZAR
10 incarnations féminines consécutives

Dans les vies : 9, 10, 11, 12, 13, 14, 15, 16, 17, 18

Nous dégageons ici l'ordre des incarnations masculines et féminines des Egos les plus avancés.

MERCURE. 13 fois (non consécutives) sexe masculin.
9 » » » féminin.
JUPITER. 7 fois consécutives dans le sexe masculin.
BRIHASPATI. 6 » » » » »
SATURNE. 6 » » » » »
URANUS. 6 » » » » »
URANUS. 6 » » » » féminin.

VÉNUS.	6 »	»	»	»	»	
VIRAJ.	10 »	»	»	»	»	
VULCAIN.	6 »	»	»	»	féminin.	
SOURYA.	6 incarnations, toutes masculines.					
NEPTUNE.	6 fois consécutives dans le sexe masculin.					
NEPTUNE.	6 »	»	»	»	féminin.	
MARS.	17 »	»	»	»	masculins.	

Seuls, parmi ces Egos supérieurs, Viraj et Mars font exception à la règle en s'incarnant 10 et 17 fois de suite dans le sexe masculin.

Les autres Egos qui font exception à cette règle sont :

PERSÉE.	14 fois consécutives dans le sexe masculin.				
ARCTURUS.	12 »	»	»	»	féminin.
OLYMPE.	12 »	»	»	»	masculin.
CANOPUS.	11 »	»	»	»	féminin.
PSYCHÉ.	11 »	»	»	»	masculin.
ULYSSE.	11 »	»	»	»	masculin.
BETELGEUSE	10 »	»	»	»	masculin.
SCORPION.	10 »	»	»	»	masculin.
VAJRA.	10 »	»	»	»	masculin.
VESTA.	10 »	»	»	»	masculni.
AUSONIA.	9 »	»	»	»	fémininn.
FIDES.	9 »	»	»	»	masculin.
LION.	9 »	»	»	»	masculin.
ALASTOR.	8 »	»	»	»	masculin.
ALETHEIA.	8 »	»	»	»	masculin.
CONCORDIA.	8 »	»	»	»	féminin.
IRÈNE.	8 »	»	»	»	masculin.
LÉTO.	8 »	»	»	»	masculin.
MIRA.	8 »	»	»	»	féminin.
PHÉNIX.	8 »	»	»	»	féminin.
POLARIS.	8 »	»	»	»	masculin.

Nous aurions donc 24 exceptions à la règle sur 159 personnages. Il est probable que ces chiffres seront quelque peu modifiés par l'étude des vies d'Orion (1).

En général, on reviendrait en moyenne quatre fois consécutives dans le même sexe. La loi qui intervient dans ces changements de sexe nous échappe encore ; la loi du Karma en est certainement l'un des principaux facteurs, mais nous ignorons dans quelle mesure.

Parents d'Alcyone. — Pour les 30 vies, le nombre des parents fut naturellement de 60, mais ce chiffre ne représente en réalité que

45 Egos

plusieurs d'entre ceux-ci s'étant incarnés plusieurs fois comme pères et mères d'Alcyone.

Ces derniers sont au nombre de 6, et sont :

Vies	Birhaspati	Neptune	Lion	Uranus	Mercure	Orphée
2		Mère				
3			Père			
4				Père	Mère	
6					Mère	
7			Père			
9	Mère				Père	
10					Père	
12			Père			Mère
13					Père	
15				Père		
17	Père			Mère		
18		Père				
19					Mère	
23			Mère			
24						Mère
27			Mère			

---

(1) Et surtout par les nouvelles recherches de M. C.-W. Leadbeater.

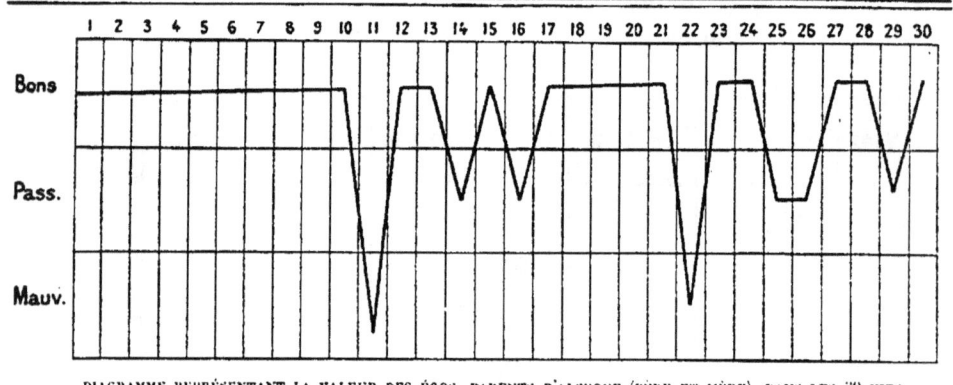

DIAGRAMME REPRÉSENTANT LA VALEUR DES ÉGOS, PARENTS D'ALCYONE (PÈRE ET MÈRE), DANS LES 30 VIES

Ces six personnages se sont donc incarnés 21 *fois* comme parents d'Alcyone. Quatre d'entre eux sont aujourd'hui des Adeptes :

Brihaspati, Neptune, Uranus, Mercure.

Les deux autres sont des Egos fort évolués

(*Voir tableaux à la fin de cette section pour l'ordre selon lequel ces 44 Egos se sont incarnés comme parents d'Alcyone.*)

Valeur des Egos des parents d'Alcyone. — Les tableaux 6, 7 et 8 indiquent qu'Alcyone naquit en général de parents ne pouvant que contribuer grandement à son évolution. Les 11e et 22e vies correspondent à un Karma particulièrement mauvais. Il faut toutefois se garder de croire que le fait d'avoir d'excellents parents implique un bon Karma sous d'autres rapports. Le Karma peut être excellent sous le rapport de la famille mais très mauvais quant au point de vue individuel.

Tableau des Parents d'Alcyone

1 Mizar-Hélios.
2 Brihaspati-Neptune.
3 Lion-Orion.
4 Uranus-Mercure.
5 Mira-Sélene.
6 Mars-Mercure.
7 Lion-Achille.
8 Psyché-Arcturus.
9 Mercure-Brihaspati.
10 Mercure-Saturne.
11 Cétus-Cancer.
12 Lion-Orphée.
13 Mercure-Pindare.
14 Algol-Thésée.
15 Uranus-Hesperia

16 Olympe-Tolosa.
17 Brihaspati-Uranus.
18 Neptune-Hercule.
19 Protée-Mercure.
20 Aurora-Vajra.
21 Sirius-Ursa.
22 Phocée-Caméléon.
23 Corona-Lion.
24 Siwa-Orphée.
25 Ajax-Bellatrix.
26 Taurus-Virgo.
27 Albiréo-Lion.
28 Hector-Béatrice.
29   ??
30 Antar-Irène.

TABLEAU indiquant l'ordre
selon lequel les parents d'Alcyone se sont incarnés

Les chiffres indiquent les vies.

Exemple : *Brihaspati s'est incarné comme père ou mère d'Alcyone dans les vies :* 1, 9, 17.

Mizar, 1.
Hélios, 1.
Brihaspati, 1-9-17.
Neptune, 2-19.
Lion, 3-7-12-23-27.
Orion, 3.
Uranus, 4-15-17.
Mercure, 4-6-9-10-13-19.
Mira, 5.
Sélène, 5.
Mars, 6.
Achille, 7.
Psyché, 8.
Arcturus, 8.
Saturne, 10.
Cétus, 11.
Carcer, 11.
Orphée, 12-24.
Pindare, 13.
Algol, 14.
Thésée, 14.
Hespéria, 15.

Olympe, 16.
Tolosa, 16.
Hercule, 18.
Protée, 19.
Aurore, 29.
Vajra, 20.
Sirius, 2˙
Ursa, 12.
Phocée, 22.
Caméléon, 22.
Corona, 23.
Siva, 24.
Ajax, 25.
Bellatrix, 25.
Taurus, 26.
Virgo, 26.
Albiréo, 27.
Hector, 28.
Béatrix, 29.
? ?
Antar, 30.
Irène, 30.

Enfants d'Alcyone (1)

Nom		Nom	
Achille, 1-17-18	3	Andromède, 6	1
Hector, 1-3-17-24	4	Ulysse, 7-18-21	3
Véga, 1-9-23	3	Béatrice, 7	1
Alethéia, 1-3	2	Aquarius, 7-19	2
Irène, 1-9-15-19	4	Cassiopée, 8	1
Bellatrix, 1-9-18	3	Wenceslas, 8-14	2
Aldébaran, 1-7-18	3	Taureau, 8-12-25	3
Demeter, 1-10-13-21-27	5	Thésée, 8-23	2
Albireo, 1-17	2	Vesta, 9-17	2
Persée, 1-6-10-15-18-20	6	Libra, 9-21-27	3
Ajax, 1-10-12	3	Aurore, 9-13	2
Rigel, 1-10-18-24	4	Protée, 9-16	2
Crux, 1-3-8	3	Virgo, 9-23	2
Régulus, 1-4-15-18-23	5	Algol, 10-19	2
Cygnus, 1-4-26	3	Selene, 13-18-23	3
Neptune, 1-6-9-10-13	5	Mira, 13-18-21-23	4
Sourya, 2	1	Altaïr, 14	1
Vajra, 3-13-18	3	Capella, 15	1
Uranus, 3-13-18-23	4	Ausonia, 15	1
Pindare, 3-17	2	Osiris 16	1
Mizar, 3-4-13-16-20-27	6	Hélios, 17-21-24	3
Fidès, 3-23	2	Dorado, 17	1
Centaure, 3	1	Melete, 17-27	2
Hercule, 4-7-13	3	Proserpine, 17	1
Polaris, 4-16-26	3	Auriga, 17	1
Psyché, 4-10-12-26	4	Phénix, 17	1
Canopus, 4-19-21-26	4	Sirius, 18	1
Arcturus, 4-6-12-19	4	Siwa, 19	1
Betelgeuse, 4-6-19	3	Sagittaire, 19-27	2
Arcor, 4	1	Leto, 21	1
Capricorne, 4	1	Lomia, 21	1
Fomalhaut, 4-6-12-14-17	5	Antar, 23-29	2
Lion, 5-15-21	3	Orphée, 26	1
Mercure, 5-7	2		

Les **167** enfants d'Alcyone ne représentent que **67 égos** différents.

---

(1) Les chiffres qui suivent les noms indiquent les vies ; ceux des colonnes de droite indiquent le nombre d'incarnations.

Exemple : **ACHILLE** s'est incarné 3 fois dans les vies 1-17-18.

94   DE L'AN 25.000 AVANT JÉSUS-CHRIST A NOS JOURS

Les égos qui se réincarnent le plus souvent comme enfants d'Alcyone sont :

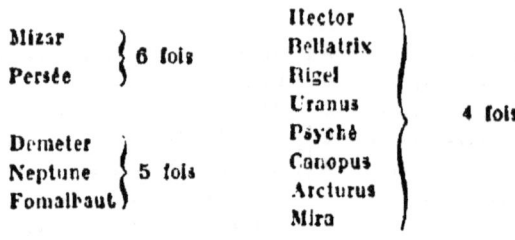

Frères et sœurs d'Alcyone

	fois		fois
Hercule, 1-6-10	3	Aletheia, 7	1
Selene, 1-9-10	3	Polaris, 7	1
Aurore, 1	1	Cygnus, 8	1
Dragon, 1	1	Achille, 9	1
Lion, 1-10-18	3	Calypso, 9	1
Procyon, 1-8	2	Orphée, 9	1
Leto, 1-8-12	3	Vajra, 10	1
Andromède, 1	1	Castor, 10	1
Uranus, 2-6-12-25	4	Pégase, 12	1
Mizar, 2-5-10-17-19	5	Aquarius, 12-15-23-26	4
Albireo, 3-8-18	3	Sagittaire, 12-15-23	3
Thésée, 3	1	Bérénice, 12	1
Béatrix, 3-8	2	Centaurus, 15	1
Démeter, 4-6	2	Psyché, 18	1
Elsa, 4	1	Mercure, 18	1
Neptune, 4-17	2	Hector, 18	1
Protée, 4	1	Egeria, 21	1
Sirius, 5-7-15-23	4	Algol, 25	1
Ajax, 5-8	2	Vesta, 25	1
Véga, 5	1	Pollux, 26	1
Brihaspati, 6	1	Siwa, 17	1

42 égos, 72 incarnations

Les **72** frères et sœurs d'Alcyone représentent **42 égos**.

Les égos qui se réincarnent le plus souvent comme frères et sœurs d'Alcyone sont :

Mizar — 5 fois

Uranus, Aquarius, Sirius — 4 fois

Hercule, Sélène, Lion, Léto, Albiréo, Sagittaire — 3 fois

Mariages d'Alcyone

Les chiffres indiquent les vies.

Exemple : *Sirius s'est incarné comme mari ou épouse d'Alcyone dans les 1re, 9e et 13e vies.*

Sirius, 1-9-13.
Saturne, 2.
Hercule, 3.
Persée, 4.
Albiréo, 5-10.
Thesée, 6.
Hélios, 7.
Rigel, 8-20.
Mizar, 9-14-15-23.
Scorpion, 11-25.

Neptune, 12.
Cygnus, 16.
Ajax, 17.
Véga, 18.
Uranus, 19-24.
Antar, 21.
Arcturus, 26.
Algol, 27.
Irène, 29.

Alcyone se marie **28 fois**, dont 2 fois dans une seule et même vie : la 9e.

Ces 28 mariages représentent **19 égos**

Alcyone épouse :

Mizar — 4 fois
Sirius — 3 —
Uranus, Scorpion, Rigel, Albiréo — 2 fois

RÉCAPITULATION

Du tableau des proches parentés

Les personnages qui se sont réincarnés le plus grand nombre de fois comme père, mère, frère, sœur, mari, femme, fils ou fille d'Alcyone, sont :

Mizar	16 fois	Albiréo................	8 »
Uranus	13 »	Demeter...............	7 »
Lion....................	11 »	Ajax...................	7 »
Neptune.................	10 »	Selene.................	7 »
Sirius	9 »	Hector	6 »
Mercure	9 »	Irène..................	6 »
Hercule	8 »		

Les pères, mères, époux, frères, sœurs, fils et filles d'Alcyone, sont au nombre de :

327

Total qui représente **93 égos**.

TABLEAU des personnages s'étant incarnés comme père, mère, époux, frères, sœurs ou enfants d'Alcyone

Les chiffres qui suivent les noms indiquent les vies ; ceux des colonnes de droite indiquent le total des incarnations d'un même personnage pour les parentés ci-dessus.

Exemple : *Hélios s'est incarné comme père, mère, époux, enfant, frère ou sœur d'Alcyone, dans les 1re, 7e, 17e, 21e et 24e vies ; au total : 5 fois.*

Mizar, 1-2-3-4-5-9-10-13-14-15-16-17-19-20-23-27	16
Hélios, 1-7-17-24-21	5
Sirius, 1-5-7-9-13-15-18-21-23	9
Hercule, 1-3-4-6-7-10-13-18	8
Selene, 1-5-9-10-13-18-23	7
Aurore, 1-9-13-20	4
Dragon, 1	1
Lion, 1-2-5-7-10-12-15-18-21-23-27	11
Procyon, 1-3	2
Leto, 1-8-12-21	4
Andromède, 1-6	2
Achille, 1-7-9-17-18	5
Hector, 1-3-17-18-24-26	6
Véga, 1-5-9-18-23	5
Alethela, 1-3-7	3
Irène, 1-8-15-19-29-30	6
Bellatrix, 1-9-18-25	4
Aldébaran, 1-7-18	3
Demeter, 1-4-6-10-13-21-27	7
Albiréo, 1-3-5-8-10-17-18-27	8
Persée, 1-6-4-10	4
Ajax, 1-5-8-10-12-17-25	7
Rigel, 1-8-10-18-20-24	6
Crux, 1-3	2
Régulus, 1-4-15-16-23	5
Cygnus, 1-4-8-16-26	5
Neptune, 1-2-4-6-9-10-12-13-17-18	10
Brihaspati, 2-6-9-17	4
Saturne, 2-10	2
Uranus, 2-3-4-6-12-13-15-17-18-19-23-24-25	13
Sourya, 2	1
Orion, 3	1
Thésée, 3-6-8-14-23	5
Béatrice, 3-7-8-28	4
Vajra, 3-10-13-18-20	5
Pindare, 3-13-17	3
Crux, 3	1
Mercure, 4-5-6-7-9-10-13-18-19	9
Persée, 4-10-15-18-20	5
Elsa, 4	1
Protée, 4-9-16-19	4
Polaris, 4-7	2
Psyché, 4-8-10-12-18-26	6
Canopus, 4-19-21-26	4
Arcturus, 4-6-8-13-19-26	6
Bételgeuse, 4-6-19	3
Arcor, 4	1
Capricorne, 4	1
Fomalhaut, 4-6-12-14-17	5
Mira, 5-13-18-21-23	5
Mars, 6	1
Ulysse, 7-18-21	3
Aquarius, 7-12-15-19-25-26	6
Cassiopée, 8	1
Wenceslas, 8-14	2
Taurus, 8-12-25-26	4
Calypso, 9	1
Orphée, 9-12-24-26	4
Vesta, 9-17-25	3
Libra, 9-21-27	3
Virgo, 9-25-26	3
Castor, 10	1
Algol, 10-14-19-25-27	5
Cétus, 11	1
Cancer, 11	1
Scorpion, 11-25	2
Pégase, 12	1
Sagittaire, 12-15-19-25-27	5
Bérénice, 12	1
Altaïr, 14	1
Hespéria, 15	1
Centaure, 15	1
Capella, 15	1
Ausonia, 15	1
Olympe, 16	1
Tolosa, 16	1
Osiris, 16	1
Polaris, 16-26	2
Siwa, 17-19-24	3
Dorado, 17	1
Melete, 17-27	2
Proserpine, 17	1
Auriga, 17	1
Phénix, 17	1
Ursa, 21	1
Antar, 21-23-29-30	4
Egéria, 21	1
Lomia, 21	1
Phocée, 22	1
Caméléon, 22	1
Corona, 23	1
Pollux, 26	1
Fidus, 26	1

Tableau des proches

VIES	PÈRE	MÈRE	MARIAGES	FRÈRES
I	Mizar	Hélios	Sirius H.	Hercule, Sélène, Aurore, Dragon.
II	Brihaspati	Neptune	Saturne H.	Uranus.
III	Lion	Orion	Hercule F.	Albireo.
IV	Uranus	Mercure	Persée F.	Demeter, Elsa.
V	Mira	Selene	Albireo F.	Sirius, Ajax
VI	Mars	Mercure	Thésée F.	Uranus, Hercule.
VII	Lion	Achille	Hélios F.	Sirius (frères jumeaux)
VIII	Psyché	Arcturus	Rigel F.	Albireo, Leto, Ajax.
IX	Mercure	Brihaspati	Sirius F. Mizar F.	Achille, Sélène.
X	Mercure	Saturne	Albireo H	Selene, Lion, Vajra, Castor.
XI	Cetus	Cancer	Scorpion H.	
XII	Lion	Orphée	Neptune H.	Uranus, Pegase, Leto, Aquarius.
XIII	Mercure	Pindare	Sirius H.	
XIV	Algol	Thésée	Mizar F.	
XV	Uranus	Hesperia	Mizar F.	Sirius, Centaure.
XVI	Olympe	Tolosa	Cygnus F.	
XVII	Brihaspati	Uranus	Vaux F.	
NVIII		Hercule	Vega F.	Albireo, Psyché, Lion.
XIX	Proteus	Mercure	Uranus F.	Mizar
XX	Aurore	Vajra	Rigel F.	
XXI	Sirius	Ursa	Antar H.	Egeria.
XXII	Phocéa	Caméléon		
XXIII	Corona	**Lion**	Mizar H.	Sirius.
XXIV	Siwa	Orphée	Taurus H.	
XXV	Ajax	Bellatrix	Scorpion H.	Uranus, Sagittaire.
XXVI	Taureau	Virgo	Uranus F.	Pollux.
XXVII	Albireo	Lion	Algol F.	
XXVIII	Hector	Beatrix		
XXIX	?	?	Irène F.	
XXX	Antar		Irène	

(1) Les lettres H et F, dans la 4e colonne, indiquent : la première, que le personnage est du sexe *masculin*; la deuxième, que le sexe est *féminin*.

Parentés d'Alcyone

SŒURS	FILS	FILLES
Lion, Procyon, Leto, Andromède.	Achille, Hector, Vega, Aletheia, Irène, Bellatrix, Aldebaran, Demeter.	Albireo, Persée, Ajax, Rigel, Crux, Regulus, Cygnus, Neptune.
Mizar.	Sourya (fils unique).	
Thésée, Beatrix.	Vajra, Aletheia, Uranus, Hector.	Pindare, Crux, Mizar, Fidès, Centaure.
Neptune, Protée.	Hercule, Mizar, Polaris, Psyché, Canopus, Cygnus.	Arcturus, Betelgeuse, Regulus, Arcor, Capricorne, Fomalhaut.
Vega, Mizar.	Lion.	Mercure.
Brihaspati, Demeter.	Andromède, Betelgeuse, Fomalhaut, Persée.	Neptune, Arcturus.
Aletheia, Polaris.	Hercule, Aldebaran.	Mercure, Ulysse, Béatrice, Aquarius
Béatrice, Procyon, Cygnus.	Cassiopée, Crux, Wenceslas.	Taureau, Irène, Thésée
Calypso, Orphée.	Bellatrix, Vesta, Neptune, Libra.	Vega, Aurore.
		Protée, Virgo.
Hercule, Mizar.	Neptune, Psyché, Persée, Ajax.	Rigel, Demeter, Algol.
Sagittaire, Bérénice.	Ajax, Fomalhaut, Psyché.	Arcturus, Taureau.
	Uranus, Aurore, Selene, Vajra, Neptune.	Hercule, Mizar, Demeter, Mira.
	Fomalhaut, Altaïr, Wenceslas.	
Aquarius, Sagittaire.	Persée, Lion, Capella, Regulus, Crux.	Ausonia.
	Osiris, Régulus, Polaris.	Mizar, Proteus.
Neptune, Siwa, Mizar.	Hélios, Achille, Vesta, Dorado, Pindare, Melete, Proserpine.	Hector, Fomalhaut, Albireo, Auriga, Phénix.
Mercure, Hector.	Ulysse, Vajra, Achille, Persée, Rigel, Bellatrix.	Uranus, Selene, Aldebaran, Mira, Sirius.
	Siwa, Betelgeuse, Irène Sagittaire.	Aquarius, Algol, Canopus, Arcturus.
	Persée, Mizar.	
	Lion, Ulysse, Hélios, Leto.	Mira, Canopus, Libra, Demeter, Leonis
	Vega, Mira, Thésée, Antar, Hélios, Hector.	Selene, Uranus, Regulus, Rigel.
Algol, Aquarius, Vesta, Aquarius.	Taureau.	Virgo.
	Psyché, Orphée, Fides, Libra, Sagittaire.	Canopus, Polaris, Cygnus, Demeter, Melete, Mizar.
	Antar.	

SECTION III

Commentaires

sur les Vies d'Alcyone

CHAPITRE PREMIER

PREMIERE VIE

Vécue en 22.662 ans avant Jésus-Christ.

Alcyone naît dans un corps féminin en Atlantide, ancienne Amérique du Nord. Elle est fille de Mizar et d'Hélios. Aux environs de leur demeure est un temple, en forme d'étoile à cinq branches : c'est dans ce temple qu'Alcyone est consacrée à l'âge de six mois. La cérémonie est présidée par Mercure, assisté de trois prêtres, Osiris, Vénus, Brihaspati ; le Mahagourou plane au-dessus en forme astrale, visible pour les clairvoyants. Alcyone est déjà sous la protection spéciale du Mahagourou.

Sa consécration semble avoir été surtout astrologique ; Uranus est à l'ascendant au moment de la naissance d'Alcyone. Un déva prend aussi l'Ego d'Alcyone sous sa protection pour cette fois et pour toujours.

Alcyone refuse de devenir reine en épousant Vajra, fils du roi Mars ; elle aime Sirius, de famille beaucoup plus modeste que la sienne, et obtient le consentement de ses parents.

La cérémonie a lieu en grande pompe, présidée par Mercure et Brihaspati, père de Sirius. Les époux boivent tour à tour dans une coupe dont le contenu a été fortement magnétisé par le Mahagourou : c'est une sorte d'Eucharistie. Ils ont seize enfants, plus un orphelin Olympe, qu'ils adoptent, à cause de l'intérêt spécial que lui porte Mercure.

Les relations sont tendues entre la cour de Mars et les autorités du temple par suite de malentendus créés par Thétis et Scorpion. Ceux-ci demandent une entrevue au Roi, par l'intermédiaire de Castor afin de lui dévoiler un complot tramé contre lui. Leur lettre est égarée, trouvée par Hercule, qui la montre à Alcyone. Alcyone psychométrise cette lettre et déchiffre le complot dans le mental de Thétis et Scorpion. On décide de leur accorder audience, sous la surveillance d'une bonne garde ; en effet, ils tentent d'assassiner le Roi, on les arrête à temps et ils sont bannis du royaume. Le Roi remercie Hercule et Alcyone publiquement.

Sirius fait deux expéditions dans ce qui est aujourd'hui la Californie. Pendant une de ces expéditions, il se produit des faits étranges dans la maison où habite son fils Demeter, qui a épousé Elsa ; la maison est hantée. Alcyone, mère de Demeter prend la résolution d'y passer une nuit seule et de faire cesser ces phénomènes. Elle est elle-même assaillie par les entités, fait preuve de grand courage, appelle enfin Sirius à son secours. Celui-ci est au loin ; mais, à ce moment même il tombe en catalepsie et se trouve transporté dans la chambre où Alcyone se trouve ; il la délivre et disparaît aussitôt.

Alcyone va demander à Mercure des explications au sujet de ces phénomènes ; en étudiant la question, Mercure découvre que l'endroit est un ancien centre de magie noire.

Alcyone part en expédition à la suite de Sirius, Mizar, Hélios, Mercure, Uranus, dans une ville alors visitée par Sourya. Assistent là à une cérémonie d'initiation, dans un temple dont Saturne est le grand prêtre.

Alcyone perd sa mère Hélios pendant le retour, mais elle ne s'en sent pas séparée, car elle voit en astral.

Sirius meurt à 64 ans et reste aussi en rapport avec Alcyone.

Alcyone écrit vers la fin de sa vie, un grand ouvrage en quatre volumes sur des questions religieuses, Mercure le fait transporter dans la crypte du temple. Alcyone en fait une copie pour Sourya, qu'elle lui envoie à Atlantis : cette copie se trouve actuellement en possession de la Grande Loge Blanche.

Alcyone retrouve au moyen de ses pouvoirs psychiques un petit-fils, enlevé par une sorcière. Elle laisse la vie sauve à cette femme.

Par des rêves, elle trouve de l'or en quantité, ce qui lui permet d'accomplir beaucoup d'actes de charité.

A l'âge de 84 ans elle organise une réception splendide en l'honneur d'une ambassade du temple central d'Atlantis, puis elle meurt aimée et respectée.

COMMENTAIRES

Les Parentés. — Alcyone est fille de Mizar et d'Hélios. On sait que Mizar est actuellement le frère d'Alcyone et, déjà, il est à constater qu'il existe, dans le cours de ces trente vies, des parentés aptes à surprendre sensiblement les esprits non préparés. Étrange, en effet, peut paraître cette assertion d'après laquelle notre fils d'aujourd'hui peut avoir été notre père autrefois et être appelé à devenir notre mère ou notre sœur dans l'avenir. La chose n'a pourtant rien que de très plausible en soi, pour peu que l'on y réfléchisse.

En premier lieu, si vous admettez le Karma, il est certain que ce Karma s'applique de bien des manières différentes, parmi lesquelles peut se rencontrer le cas d'un père de caractère tel que ses enfants en souffrent et se trouvent avoir eux-mêmes le caractère aigri, l'évolution entravée. Or, au point de vue de la loi de justice, ne faut-il pas en arriver à admettre, comme dans l'Evangile, que celui qui a fait endurer à autrui certaines peines, souffrira des mêmes peines. Il est donc parfaitement raisonnable de penser, en lecteur intelligent de la Bible, que le père trop rigoureux envers l'un de ses enfants deviendra un jour, à son tour, le fils de celui qu'il maltraite aujourd'hui.

D'autre part, et c'est un des points qui se dégage très clairement de la lecture des vies d'Alcyone, — les égos évoluent en appartenant à un groupe déterminé dont ils ne se séparent pas. Or, ces égos doivent apprendre, par dessus toutes choses, à s'aimer de l'amour le plus pur. Les humains sont faits pour se respecter, pour s'aimer, pour se servir les uns les autres en suivant les lois divines. Or, un tel amour peut-il être parfait s'il n'a pas passé par toutes les phases, depuis la plus grossière jusqu'à la plus idéale ? C'est ainsi qu'Alcyone en arrive à éprouver pour certains des êtres qui l'ont entouré, un amour idéalement grand qui renferme de cet amour d'une mère pour son enfant, d'un enfant pour ses parents, d'une sœur pour son frère, d'un mari pour son épouse, et ainsi de suite.

Lisez les vies d'Alcyone, et vous observerez le fait ; cherchez autour de vous et vous verrez des amis éprouver l'un pour l'autre une pure et profonde affection plus grande souvent que celle éprouvée pour leurs familles respectives. Observez, dans votre vie de chaque jour, les rapports des hommes entre eux ; là, vous verrez des familles désunies pour une cause en apparence futile, mais allez au fond des choses, et vous aurez l'impression que la cause vraie demeure aussi profonde que mystérieuse. Voyez, autour de vous, comment s'effectuent les fiançailles ; que ceux qui sont mariés se rappellent les leurs et qu'ils scrutent, dans leur souvenir, les motifs, les causes, les tendances, les sentiments auxquels ils ont obéi. Analysez vos sympathies et vos antipathies ! Comment pouvez-vous, dès le premier abord, éprouver pour tel ou tel de la sympathie ou de la répulsion, sans connaître la personne en présence de laquelle vous vous trouvez pour la première fois, si une cause profonde, si un lien mystérieux et lointain ne vous rattachait pas à cette personne ? Quelqu'un que nous observons pour la première fois, ne peut que nous laisser indifférent, si nous n'avons pas aimé ou souffert par lui dans le passé. Cherchez attentivement dans votre entourage les causes déterminantes de vos affections et de vos haines, vous en arriverez inévitablement à ces conclusions qui s'imposent à tout étudiant des vies d'Alcyone.

Un égo, pour être parfait, au point de vue volonté, sagesse, intelligence, spiritualité, doit avoir traversé toutes les expériences de la vie tant au point de vue spirituel qu'intellectuel ; un égo ne peut comprendre ses frères qu'à la condition d'avoir eu les mêmes expériences, il ne peut créer qu'à la condition d'avoir appris à créer, il ne peut être vraiment actif qu'à la condition de s'être exercé à l'activité sous toutes ses formes.

N'avez-vous jamais remarqué combien certains auteurs dramatiques et romanciers excellent à dépeindre des sentiments qu'ils n'ont jamais éprouvés ni observés. On appelle cela de *l'imagination*, mais qu'est en ce cas *l'imagination* sinon le rappel de lointains souvenirs. Peut-on imaginer des choses qu'on n'a jamais senties ou observées ? L'imagination est encore l'une de ces facultés dont on prononce bien souvent le nom sans en comprendre le véritable sens, parce qu'on ignore la *loi de Réincarnation*.

Déva protecteur. — Dans cette première vie, Alcyone est déjà sous la protection spéciale de Mahagourou et, aussi, sous la protection spéciale d'un déva qui se charge désormais, et pour toujours, de veiller sur Alcyone qui n'en est pas consciente. Nous pensons que, en général, lorsqu'un Ego paraît offrir, pour l'avenir, des conditions pleines de promesses pour le service de l'humanité, il est mis en rapport par un lien magnétique, avec un centre de force spirituelle, très longtemps avant que la première initiation ne soit même conférée. C'est là sans doute ce que l'Église appelle un ange gardien ; dans le cas d'Alcyone, il s'agit d'un déva. Nous savons que les dévas sont aussi les agents de la Loi Karmique, or, il serait assez logique de croire que sur chaque être humain veille un déva chargé de l'accomplissement du Karma de celui dont il a charge d'âme au sens réel de l'expression ; ce déva est lui-même sous le contrôle de tout une hiérarchie d'êtres spirituels. Là encore le Karma d'un homme se complique donc d'une manière à laquelle nous n'avions sans doute pas songé ; se révolter contre ses conditions d'être, c'est rendre la tâche de ce déva plus difficile, c'est lutter contre lui, inconsciemment sans doute, mais il n'en résulte pas moins des effets inévitables.

Mariage. — Alcyone refuse le titre de reine en refusant le parti qu'on lui propose, c'est-à-dire Vajra, prince héritier et roi futur ; elle lui préfère Sirius, lequel est issu d'une famille plutôt modeste. Pourquoi cette préférence et comment l'expliquer sans faire intervenir les lois de *Réincarnation* et de *Karma?*

Affaire Thétis. — L'affaire Thétis-Scorpion nous montre qu'Alcyone avait à cette époque quelques pouvoirs psychiques, alors qu'elle était loin encore de l'heure où son initiation devait avoir lieu. Voici donc déjà qui nous prouve que les pouvoirs inférieurs peuvent être l'apanage de tout homme sans qu'il soit initié ; ils dépendent des vies antérieures et ne sont pas transmissibles de vie en vie ; ils devront même disparaître totalement pour réapparaître beaucoup plus tard sous d'autres aspects.

Magie noire. — Le second évènement important va nous expliquer en partie le pourquoi de l'existence de ces pouvoirs. Alcyone prend part en effet à une scène atroce de magie noire. Il est à constater qu'Alcyone semble être alors le point de mire d'entités malfaisantes qui sentent qu'une proie leur échappe en la personne d'Alcyone qui trempa autrefois dans la magie noire. Le passage suivant, extrait de la 6ᵉ vie d'Alcyone l'indique clairement :

« On la transporta (Cygnus) en présence d'Alcyone et lorsque celui-ci l'eût reconnue, elle demanda à être laissée seule avec lui pendant quelques instants avant de mourir. Elle lui avoua à ce moment-là son amour qui l'avait poussée à le suivre sous ce déguisement. Ce récit le surprit beaucoup et il regretta amèrement de n'avoir pas connu plus tôt cet amour. Comme il se tenait auprès d'elle, son esprit ne cessa d'être hanté du souvenir le plus vivace de son antique vision au sujet des sauvages orgies de la magie atlantéenne et l'idée lui vint subitement que Cygnus n'était autre que la compagne de ces antiques et étranges scènes de sorcellerie. Il fut si frappé par cette révélation que ses manières le laissèrent voir et Cygnus, qui, dans son enfance, avait entendu parler de ces visions, devina de suite qu'il voyait quelque chose qui n'était pas physique et, avec toute la force de volonté qui lui restait, elle chercha à voir aussi. Elle n'avait jamais été psychique durant sa vie, mais, maintenant que la mort était proche, le voile se déchira en partie grâce à ses efforts et lorsqu'elle lui prit la main, la vision se déroula devant ses yeux. Elle fut épouvantée par le caractère horrible de cette vision, mais elle fut, en même temps, inondée de joie et s'écria :

— « Au moins vous m'aimiez alors et, bien que je vous aie entraîné au mal par ignorance, je jure que dans l'avenir je rachèterai cette faute et regagnerai votre amour en vous servant sans cesse loyalement et de bon cœur. »

Après avoir dit cela elle expira et Alcyone la pleura en regrettant de n'avoir pas eu connaissance de l'amour qu'elle éprouvait pour lui, car s'il l'avait connu il eût pu empêcher sa fin prématurée. Lorsque l'occasion s'en présenta, il raconta cette étrange histoire à sa mère et elle reconnut avec lui que ses visions représentaient sans aucun doute des événements qui s'étaient passés dans des incarnations précédentes et qu'elle-même, ainsi que son père, ses sœurs, ses frères aînés et Cygnus, y avaient réellement rempli les rôles qui leur étaient assignés dans ces visions. » (1)

Les résultats qui suivent la participation à des scènes de magie noire sont toujours horribles et s'étendent sur bien des vies. Nous en avons un exemple avec Alcyone, et un autre exemple peut-être plus frappant encore avec Orion. Il ne faut pas oublier que cette magie était habituelle à la plupart des Atlantéens et qu'elle fut même la cause de l'engloutissement de l'Atlantide.

Que ceux qui auraient une tendance à exercer cette magie lisent les vies d'Alcyone et d'Orion ; cette lecture faite, j'ose croire qu'ils abandonneront vite leurs expériences à moins que la curiosité ne l'emporte sur la volonté, ce pour quoi ils auront à répondre, karmiquement, dans leurs existences ultérieures. La chose est absolument réelle ; vous pouvez ne pas y croire, mais les lois naturelles sauront bien vous obliger à compter avec les fautes commises. La Théosophie, sous ce rapport, n'est pas avare d'avertissements et de conseils, tant pis pour ceux qui en riront ou les mépriseront.

---

(1) *Déchirures dans le voile du Temps.*

Pour si nouveaux, pour si extraordinaires que tous ces renseignements puissent paraître, ils n'en sont pas moins vrais et il ne dépend que de nous d'en faire l'expérience à nos risques et périls.

Prédiction de Sourya. — Théorie sur les prédictions
Alcyone part en expédition en compagnie de Mizar, Hélios, Mercure, Uranus et un certain nombre d'autres personnages. C'est ainsi que, au cours de ce voyage, Alcyone et Sirius assistent à une cérémonie d'initiation présidée par Sourya. C'est alors, dans ces 30 vies, que se place le premier contact d'Alcyone avec Sourya, le successeur de Bouddha sur terre. C'est durant cette cérémonie que Sourya prédit le nom que choisira Alcyone 28 incarnations plus tard, au moment de son admission dans les ordres monastiques de la Shanga. Cette prédiction au sujet d'Alcyone ne sera pas la seule : il en existe un assez grand nombre que nous avons rassemblées à la fin de cet ouvrage. Notons ici que cette prédiction s'étend sur 22.000 ans environ.

Voici encore qui sonnera de manière assez désagréable aux oreilles des personnes peu au courant des données théosophiques.

Il est certain que le temps et l'espace changent avec chaque état de matière ; nous savons cela pour le son selon qu'il se transmet par l'air, les liquides ou les solides, électriquement ou non. Des lois analogues existent sur les autres plans de l'univers et l'Initié sait appliquer ces lois, qui, après tout, sont toujours des lois de la physique, physique des mondes matériels de moins en moins denses, car il s'agit toujours de matière à des degrés différents.

Nous savons que les plans de matière s'interpénètrent les uns les autres, mais ce que l'on est parfois tenté d'oublier, c'est que ces plans, tout en s'interpénétrant, se dépassent les uns les autres, si bien que l'on peut les considérer, dans l'espace, comme une série de 7 sphères concentriques, le plan astral dépassant le physique, le plan mental dépassant l'astral et ainsi de suite jusqu'au plus haut plan de matière.

(V. fig. 1) Notre fig. 1 est purement schématique ; en réalité, l'espace qui sépare les points A. B. du plan Adi est beaucoup plus étendu que celui qui sépare les points B. C. c'est-à-dire que plus nous avons affaire à des plans élevés, plus le rayon de ceux-ci est proportionnellement plus grand que celui des plans inférieurs.

On représente généralement ces sphères d'existence par une série de parallèles horizontales qui, somme toute, constituent une coupe des sphères concentriques.

Nous savons de plus que notre champ de conscience s'étend à mesure que notre conscience devient active sur les plans supérieurs ; ce champ de conscience est proportionnel au degré d'évolution atteint par l'Ego et à l'étendue même du plan sur lequel œuvre l'égo.

Nous pouvons donc représenter ces champs de conscience par un cône renversé P. V. E. F. (fig 2), P. V. étant le plan physique, S. le plan astral, M. le plan mental, E. O. F. le plus haut plan d'existence.

Si maintenant nous désignons le temps et l'espace par la ligne X Y, le plan physique P se projette, pour le *présent*, en A. B. avec un passé C. A. et un avenir B. D.

Pour l'être humain n'œuvrant que sur le plan physique, C. A. B. D., constitue le passé, le présent et l'avenir de sa sphère d'existence ; il ne peut en connaître davantage.

Par contre, l'homme qui est devenu consciemment actif sur le plan astral, en O', voit beaucoup plus loin dans le passé, et beaucoup plus loin dans l'avenir. Ce passé sera en G. A. ; le futur en B. H.

En supposant le cas d'un initié évolué dont la conscience travaille librement sur le plan bouddhique I, en O", le passé de A. B. devient R. A. ; son futur D. V" sur la ligne du temps X. Y.

En O, le Logos et ceux qui partagent sa conscience, voient tout le passé et tout l'avenir des sphères physique, astrale, mentale, etc...

Plus la conscience s'étend, plus elle se rapproche d'un éternel Présent, plus l'avenir et le passé des plans d'existence tendent à se fondre en cet éternel Présent.

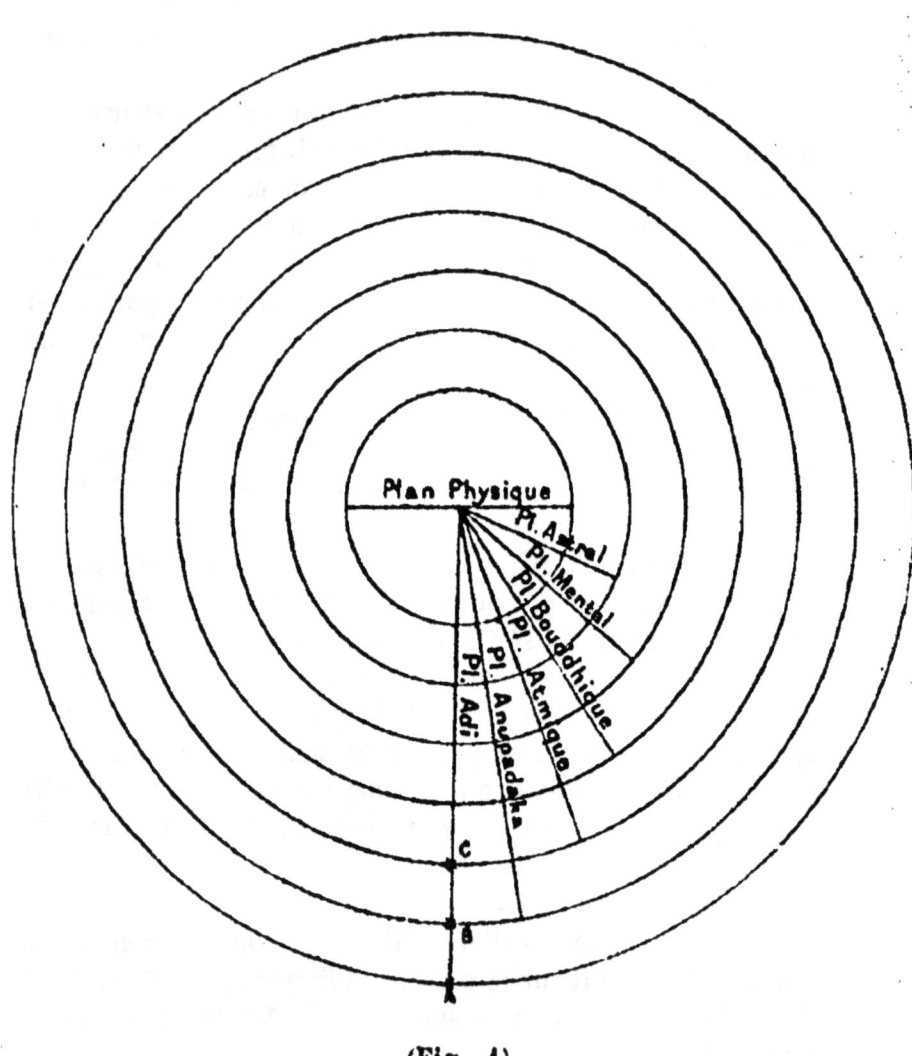

(Fig. 1)

Pour l'être placé en O" sur le plan I, le passé N' V' du plan astral se projettera en R, si bien que R. A. représentera le passé astral et physique du présent A. B. Le passé physique N" N. V. est naturellement plus étendu pour l'observateur en O" que le passé astral N. V. D'autre part, l'avenir S. Q. représente l'avenir astral ; P. Q' Q" l'avenir du plan physique P. dont nous trouvons la projection en V", si bien que B. V" nous donne l'avenir astral et physique de A. B.

Une importante distinction reste à faire entre deux observateurs placés l'un aux centres O' O" ou O et l'autre en S' ou V'. L'un en O' par exemple est au centre de sa sphère et, de là, rayonne dans toutes les directions ; l'être ainsi placé est donc entièrement conscient sur son plan.

Au contraire l'observateur placé en V' n'est *qu'en partie* conscient sur son plan ; il se promène en un espace déterminé de la circonférence et sa vision n'a plus la même étendue que celle de l'observateur en O' ; il ne peut embrasser d'un regard l'horizon O' G. H. Pourtant, il s'est élevé au-dessus du plan physique et le passé A. C. sur la ligne X. Y. s'étend jusqu'en C' ; sa vision du futur s'étend jusqu'en D'.

C'est le cas qui se présente pour les clairvoyants non complètement entraînés et dont la conscience n'est pas encore pleinement active sur le plan astral S. Pour s'exercer librement sur ce plan il leur faudrait être au point O'.

Ce qui précède constitue une tentative d'explication rationnelle plutôt qu'une théorie à proprement parler ; nous serions heureux si cette modeste tentative incitait de plus autorisés que nous à établir une théorie plus scientifique.

En résumé, il y a dans chaque univers un éternel présent ; le Logos d'un univers vit dans un éternel présent ; comme il est au centre de sa sphère il connaît toute l'histoire de son univers, il en connaît aussi les fins. Il ne peut y avoir pour lui de passé que l'univers qui l'a précédé, de futur que l'univers qui succèdera au sien. Notre passé se chiffre par les quelques années de notre vie terrestre actuelle, nous pouvons savoir ce que nous ferons demain, dans huit jours, plus

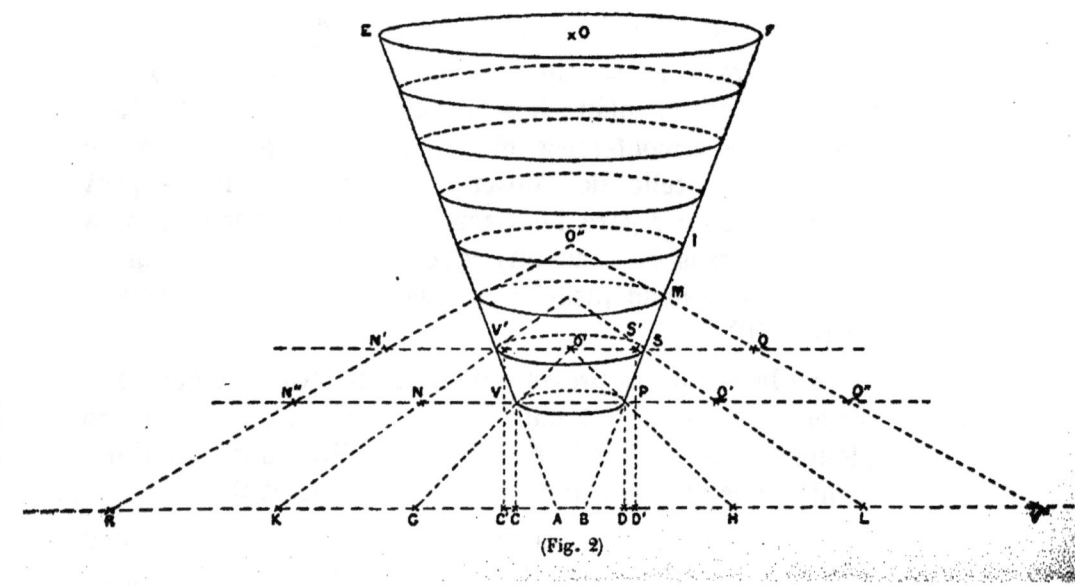

(Fig. 2)

même ; nous ne connaissons pas notre fin puisque nous ne sommes encore que des ignorants, mais, pour celui qui sait et qui a développé les sens voulus, il connait non seulement son passé actuel, mais encore ses existences antérieures et la connaissance qu'il a de l'avenir s'étend dans les mêmes proportions.

L'attitude à prendre. — Perdons une fois pour toutes l'habitude de crier à l'impossible devant des faits qui dépassent nos facultés. Agir ainsi, c'est avouer son impuissance et son ignorance, c'est nous mettre dans la situation d'un parfait ignorant à qui l'on raconterait les merveilles de la science actuelle et qui rirait en s'écriant qu'elles dépassent son imagination. On croit avoir tout dit lorsqu'on s'est exprimé de la sorte ; mais on ne se doute guère qu'il se peut fort bien que les choses dépassent notre imagination pour cette raison que notre imagination est petite. Ce qui est petit est toujours dépassé par ce qui est plus grand. Si tous les hommes criaient à l'impossible, il n'y aurait jamais eu d'inventeurs ; tout ce qui nous paraît aujourd'hui si naturel passait pour fantastique il n'y a pas si longtemps encore. On oublie cela trop souvent. Au risque de manquer quelque peu de courtoisie envers les rieurs, je persiste à affirmer que le fait de nier la possibilité d'un phénomène encore inconnu à la masse, est une preuve indéniable d'ignorance. Une seule chose est permise devant des assertions inaccoutumées, c'est l'expectative ; non pas le doute, ni la foi, ni la négation, mais cette expectative qui consiste à attendre patiemment, sans rire, sans doute, sans négation, sans croyance aveugle. C'est d'ailleurs l'attitude du véritable homme de science ; ce peut être aussi l'attitude de tout homme ordinaire qui cherche à faire preuve de sagesse.

L'élite humaine de l'avenir. — Il y a toujours, de tous temps, une élite qui dépasse la masse ; nul ne l'ignore. Il peut y avoir aussi l'élite de l'élite, c'est-à-dire celle qui se livre à une science accessible à un très petit nombre. Il y a toujours eu une science plus haute que la science du temps présent et vous en avez chaque jour une preuve par les progrès incessants des gens de science. A tout instant on avance plus loin, toujours plus loin dans un domaine dont on ne voit et dont on n'a encore jamais vu les bornes ; demain apportera de nouvelles découvertes ; le siècle prochain apportera les siennes, et ainsi de suite, de millénaire en millénaire et, si, au lieu de se confiner dans notre petit présent, nous essayons de nous faire une légère idée de ce que l'avenir nous réserve, si nous pensons aux progrès réalisés, si, ayant constaté que le progrès n'a jamais cessé sa marche en avant, il n'y a pas de raison pour que ce qui nous paraît aujourd'hui impossible soit *toujours impossible* ; les impossibilités d'aujourd'hui seront les possibilités de demain.

Si ces quelques lignes suffisent à encourager quelques-uns à aspirer à cet avenir, ils liront alors avec profit une autre œuvre de l'un de nos instructeurs, M. C.-W. Leadbeater ; je veux parler ici de la *Race Future* où l'auteur nous met au courant de la fondation de la VIe grande Race, dans 700 ans.

Qualités d'Alcyone

Dans cette vie, Alcyone témoigne des qualités suivantes :
Fidélité dans ses affections ;
Se sert pour le bien des pouvoirs psychiques dont elle dispose.
Aime l'étude des questions religieuses,
Aptitudes littéraires très marquées,
La magnanimité,
Un grand courage,
Son mépris de l'honneur et de la richesse.

Valeur réelle d'un égo. — Conduite vis-à-vis d'autrui. — De la critique.

Nous verrons, par la suite, si ces qualités se transmettent. Pour l'instant nous pouvons constater qu'Alcyone semble n'avoir aucun défaut. Lorsqu'on a lu les autres vies, il est cependant nécessaire de dégager ce principe :

On ne peut apprécier la valeur réelle d'un Ego en se basant sur une seule de ses incarnations.

De mauvaises actions n'impliquent pas nécessairement une infériorité de l'Ego.

Les résultats pratiques a tirer de cette loi consistent donc à éviter de porter des jugements sur autrui. Il n'y a sans doute nul inconvénient à exprimer des jugements bienveillants ; même si ces jugements ne sont pas entièrement mérités, les bonnes pensées aident toujours ceux à qui elles s'adressent comme elles aident aussi celui de la part de qui elles émanent. Au contraire, les critiques malveillantes, même justes, sont un obstacle sérieux tant aux progrès de la personne critiquée qu'aux progrès mêmes de l'auteur de la critique.

En occultisme, les préjugés actuels ne comptent pas ; n'est pas un occultiste celui qui rend le mal pour le mal ; rendre le mal pour le mal, c'est ajouter des vibrations mauvaises à des vibrations mauvaises, c'est en augmenter le nombre et la rapidité si bien que le plus faible succombe fatalement quand les vibrations ainsi générées ne se cristallisent pas en un acte mauvais. Cette théorie des vibrations est absolument scientifique.

Rendre le bien pour le mal, c'est neutraliser les mauvaises vibrations, c'est les éteindre ; ce n'est pas le moins du monde encourager autrui à persister dans le mal, ainsi qu'on le suppose à tort de nos jours. C'est pourquoi les théosophes n'admettent pas la peine de mort, non plus que les autres systèmes de pénalité actuellement en vigueur. C'est pourquoi aussi, le Christ recommandait à ses disciples de tendre l'autre joue quand l'une avait été frappée.

Vous ne verrez jamais un véritable occultiste critiquer autrui, sinon soyez bien persuadés qu'il n'en est pas un, surtout s'il se livre à des critiques malveillantes.

Il ne faut pas croire que l'absence de toute critique implique l'impossibilité d'émettre son opinion, mais si cette opinion doit porter préjudice, il vaut mieux s'abstenir de la donner, sinon c'est créer un mauvais courant dans l'atmosphère.

On me demande souvent, comme directeur du « *Théosophe* » pourquoi je n'entreprends pas de polémique ardente et régulière contre nos détracteurs, pourquoi je ne flétris pas tous ceux qui démarquent nos enseignements pour leur propre compte tout en vilipendant nos instructeurs et la S. T. ? Je me suis toujours refusé, en général, à répondre à de semblables désirs, pour les raisons que je viens d'indiquer.

A quoi bon répondre à des insultes par des insultes ? Jamais les critiques portées contre notre société n'ont entravé la marche de celle-ci. Nous savons où nous allons, ceux qui nous guident voient pour ceux qui ne voient pas et ils savent que nous atteindrons le but poursuivi ; ils savent que tous ceux qui nous salissent ne font de tort qu'à eux-mêmes. Au surplus, tout mouvement sérieux dans la poursuite de la vérité a toujours à subir les assauts des ignorants ; plus d'une attaque sera faite encore contre la Société Théosophique. mais nous avons le cœur tranquille ; nous n'en poursuivrons pas moins notre route, nous sommes sûrs des guides qui sont à notre tête et qui ont fait leurs preuves.

CHAPITRE II

DEUXIEME VIE

Alcyone naît dans un corps féminin, en l'an 21.759 av. J.-C., dans les Indes Orientales. Elle est fille de Brihaspati et de Neptune.
Uranus, son frère et Mizar, sa sœur meurent très jeunes. Brihaspati est chef et prêtre d'une petite communauté. L'horoscope d'Alcyone est dressé avec soin et destine celle-ci à épouser Saturne, parent éloigné ; elle doit donner le jour à un enfant remarquable par sa sainteté ; on organise donc sa vie de façon à la préparer à cet événement. Elle est spécialement instruite par les prêtres dans ce but.
Elle a une enfance heureuse, troublée seulement par la mort de son frère Uranus auquel elle est très attachée.
A quinze ans, elle est mariée en grande pompe à Saturne, et un an plus tard naît Sourya. Sourya est entouré des plus grands soins et de grandes réjouissances ont lieu à l'occasion de sa naissance.
Alcyone, très sensitive, quand elle est sur le point d'avoir son enfant, a un rêve merveilleux ; elle voit une brillante étoile quitter le ciel pour entrer en elle, et elle a conscience de la puissance de l'Ego auquel elle va donner naissance. Tout semble promettre une longue et brillante existence à Alcyone : mais ses espérances sont déçues, car à l'âge de dix-sept ans, sa vie est brusquement tranchée par le sacrifice volontaire qu'elle en fait pour sauver son enfant en s'élançant dans les flammes au cours de l'incendie de sa maison.
N'est-ce pas le Karma qu'Alcyone se fit en mourant pour Sourya, qu'elle recueille à l'heure présente et qui lui fournit l'occasion de servir encore l'Etre béni ?
L'enfant est confié à Viraj, Ego très avancé, sœur de Saturne et tante de Sourya. C'est une psychique et par son intermédiaire Alcyone peut continuer à veiller sur lui.
Sourya devient prodige et enseigne déjà dans le temple à l'âge de sept ans.

COMMENTAIRES

Alcyone naît encore une fois dans le sexe féminin ; elle est fille de Brihaspati et de Neptune, deux égos fort évolués qui, aujourd'hui, sont des adeptes.

Dans la 1ʳᵉ vie, Brihaspati était grand-prêtre du Temple et, sous les ordres de Mercure, participa aux cérémonies religieuses que nous avons déjà mentionnées. Quant à Neptune elle était fille de Sirius et d'Alcyone. Nous voyons donc d'ores et déjà une parenté toute nouvelle ; d'une incarnation à l'autre Neptune devient, dans la seconde, la mère de celle qui fut sa mère précédemment.

Astrologie. — Un horoscope d'Alcyone est tiré avec le plus grand soin. Nous verrons, au cours de ses vies, l'astrologie entrer fréquemment en jeu. On sait que l'astrologie n'est somme toute que le côté occulte de l'astronomie.

Nous ne sommes pas seuls dans l'univers ; l'homme a à subir l'influence de sa race, de sa patrie, de l'humanité en général ; il a aussi à subir les influences terrestres, celles mêmes de l'esprit de la terre lequel est en étroite et constante communication avec les esprits des autres globes de la chaîne terrestre ; l'esprit de la chaîne terrestre est à son tour en rapport étroit avec les esprits des autres chaînes planétaires ayant pour centre et gouvernant le Logos solaire. Tout cela constitue un immense accord dont les vibrations déterminent des états particuliers, c'est la musique des sphères au sein de laquelle nous vivons, à laquelle nous participons.

« Tout l'ensemble de notre système solaire est une manifestation du Logos solaire et chaque particule qui le compose fait intégralement partie de ses véhicules. Toute la matière physique du système solaire, prise dans son ensemble, constitue son corps physique ; toute la matière astrale, son corps astral ; toute la matière mentale, son corps mental et ainsi de suite. Bien au-dessus et au-delà de son système, il a un champ de conscience beaucoup plus grand qui lui est propre, mais ceci n'affecte en rien ce que nous venons d'exposer.

Le Logos solaire comporte sept Logoï planétaires qui sont, pour ainsi dire, ses centres de force, les canaux à travers lesquels il déverse cette force. Dans un certain sens, on peut dire aussi qu'ils sont les parties constitutives du Logos lui-même. La matière que nous venons de décrire comme composant les véhicules, compose aussi les véhicules des Logoï secondaires, aucune particule de la matière qui constitue le système ne pouvant être considérée comme ne faisant pas partie de l'un ou des autres. Ceci est vrai pour tous les plans ; prenons, pour un instant, le plan astral comme exemple, la matière qui le compose étant assez subtile pour répondre au but de nos recherches, et en même temps assez proche du monde physique pour que la chose ne soit pas entièrement au-dessus de notre compréhension.

Chaque particule de la matière astrale du système étant partie intégrante du corps astral du Logos solaire, il s'ensuit qu'elle est aussi partie intégrante de l'un ou de l'autre des sept Logoï planétaires. Rappelez-vous que ceci implique aussi la matière astrale dont votre corps astral et le mien sont composés. Nous n'avons aucune particule que l'on puisse dire nous appartenir exclusivement. Dans chaque corps astral il y a des particules appartenant à chacun des sept Logoï planétaires, mais les proportions varient à l'infini. Les corps des monades originellement issues d'un Logos planétaire, continueront, au cours de toute leur évolution, à s'approprier *plus* des particules propres à ce Logos que de celles propres à aucun des autres, et c'est ainsi qu'il est possible de distinguer les individus comme appartenant primitivement à l'une ou l'autre de ces sept grandes puissances.

Certains changements psychiques surviennent dans ces sept Logoï planétaires ; peut-être correspondent-ils à l'inspir et à l'expir, ou aux battements de cœur pour nous, ici-bas, sur le plan physique. Quoi qu'il en soit, il semble y avoir chez eux un nombre infini de permutations et de combinaisons possibles. Or, puisque nos corps astrals sont construits de la matière même qui constitue leurs corps astrals, il devient évident qu'aucun changement astral de quelque nature ne peut intervenir dans les Logoï planétaires sans affecter, de ce fait, le corps astral de chaque homme dans le monde, et plus spécialement ceux chez qui prédomine la matière exprimant ce Logos particulier ; et si nous voulons bien nous rappeler que nous avons pris seulement le plan astral comme exemple, et que la même chose se reproduit exactement sur tous les autres plans, nous commencerons à nous faire une idée de la haute importance qu'ont pour nous les activités de ces Esprits planétaires.

Mme Blavatsky parle d'un certain ordre d'Etres célestes qu'elle appelle les Lipika, ou seigneurs du Karma. Elle nous dit que leurs agents dans l'administration du Karma sont les quatre (sept réellement) gouvernants connus comme les Devarajas ou Régents de la Terre. Chacun d'eux est à la tête d'un certain groupe très grand de dévas et d'esprits de la nature et même d'essence élémentale. Une fois encore, pour les besoins de nos explications, restons-en au plan astral, mais en nous souvenant que la même chose s'applique aussi à tous les autres plans. La matière astrale, dans son ensemble, est spécialement sous le contrôle de l'un de ces Grands Etres, mais le second sous-plan de *chaque* plan est aussi, jusqu'à un certain point, sous la direction du même Grand Etre, ce sous-plan ayant avec le plan dont il fait partie, les mêmes rapports qu'a le plan astral avec toute la série des plans. Par conséquent, chaque sous-plan est soumis à deux influences : l'influence du gouvernant qui dirige le plan dans son ensemble, et la sous-influence de celui qui gouverne le sous-plan.

Chaque particule de cette matière astrale appartient aux véhicules de l'un ou l'autre des sept Logoï planétaires et se trouve en même temps soumise à l'influence prédominante du Devaraja du plan astral et aussi à l'influence subordonnée d'un autre Davaraja qui régit son sous-plan ; c'est de cette matière, que nos corps astrals doivent être construits. Afin de bien saisir ceci, pensons aux sous-plans du plan astral comme formant des divisions horizontales, et aux types de matière appartenant aux grands Logoï planétaires comme formant des divisions perpendiculaires coupant les autres à angles droits. (Il y a encore d'autres subdivisions, mais nous n'en tiendrons pas compte pour l'instant afin que l'idée générale se présente à nous plus clairement.) Cette figure imaginaire pourra déjà nous donner quarante-neuf variétés distinctes de matière astrale, chacun de ses sous-plans comportant la matière appartenant à chacun des Logoï planétaires.

Même en ne tenant pas compte des autres subdivisions, nous voyons qu'il nous est déjà possible d'arriver à un nombre presque infini de combinaisons ; en sorte que, quelles que soient les caractéristiques de l'Ego, celui-ci trouve toujours une matière correspondant à ses caractéristiques (1).

Ce qui précède nous montre l'astrologie comme étant basée sur des principes absolument exacts lorsqu'elle avance que chaque individu est placé sous les influences planétaires.

Dans quelle mesure ? C'est là un point assez difficile à déterminer et qui, selon nous, dépend entièrement du degré d'évolution atteint par un égo.

Nous pourrions considérer le Karma d'un homme comme une sphère A. B. la partie gauche représentant le Karma mauvais à acquitter, la partie droite comme étant le bon Karma (Fig. 3).

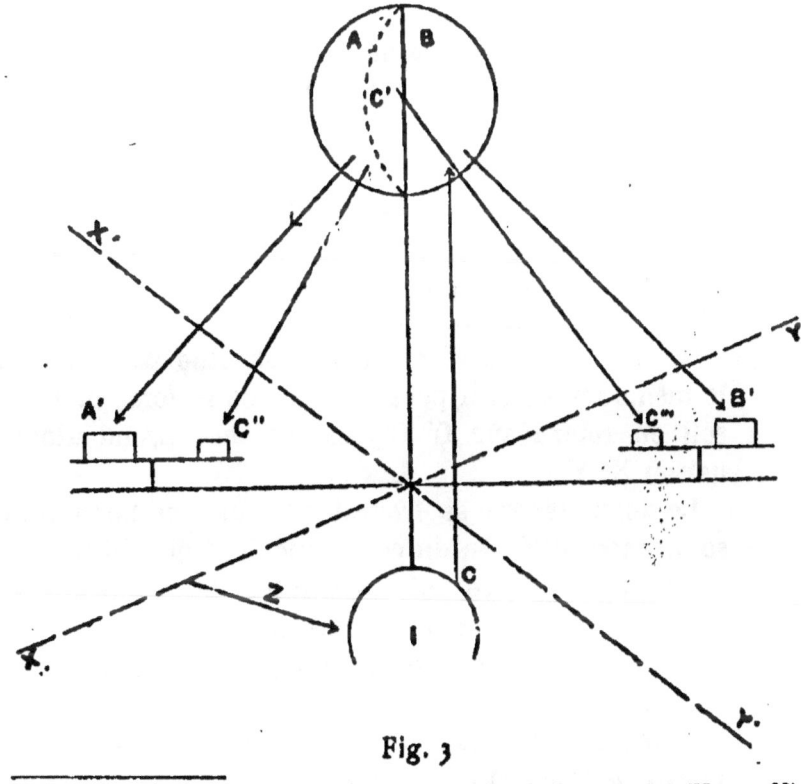

Fig. 3

(1) *L'Occultisme dans la Nature* par C.-W. Leadbeater (Tome II).

En I, une personnalité humaine quelconque.

En A' B' les deux plateaux de la balance karmique pour une incarnation donnée.

I. Ce que les astrologues peuvent calculer ce sont les poids A' B'. Pour le cas d'un égo médiocrement évolué, et en se basant sur les influences planétaires, on peut savoir que la balance oscillera d'un côté ou de l'autre.

II. Pour le cas d'un homme dépourvu de toute bonne influence, il est possible de prédire que le fléau de la balance prendra l'inclinaison X. Y., poids sous lequel fléchira I dans la direction Z.

III. Au contraire, un individu dont les influences seront particulièrement bonnes, verra le fléau de la balance prendre l'inclinaison X' Y'.

Tels sont les faits qu'il est possible à un astrologue de calculer.

IV. Ce que, par contre, l'astrologue ne peut calculer, c'est la mesure selon laquelle la personnalité I neutralisera, diminuera ou augmentera les oscillations de la balance dans tel ou tel sens.

Si I, dans sa vie présente, génère un Karma particulièrement bon, en C, il augmente son bon Karma total de C', ce qui, naturellement, exerce une pression en A et provoque une double réaction, l'une en C" l'autre en C'" si bien que l'équilibre ne sera pas rompu.

V. Cette double réaction ne s'effectue pas toujours dans le même temps et il peut arriver que la force de bien C' C'" soit en retard sur C' C". La balance prend alors l'inclinaison X. Y.

Le bien généré se traduit par une certaine somme de souffrance en Z. On dit communément que Dieu châtie bien ceux qu'il aime, ce qui, en d'autres termes, signifie que, à mesure que l'homme augmente son bon Karma il s'acquitte du mauvais, ce qui se traduit par un accroissement de peines.

Lorsque tout mauvais Karma a disparu, l'homme est maître de la vie et de la mort

∗

Il ne faut pas méconnaître l'Astrologie. C'est une science tout aussi réelle que l'Astronomie, et, au temps où les prêtres étaient des initiés versés dans cette science sacrée, l'Astrologie était sagement appliquée autant qu'entièrement comprise. Comme de tout, le temps aidant, la véritable clef en fut perdue, des charlatans s'en emparèrent et bientôt l'Astrologie fut reléguée au rang des sciences maudites. Le discrédit jeté sur elle ne devait cependant pas durer bien longtemps car, aujourd'hui, en présence des travaux récents de savants à l'abri de toute partialité, l'Astrologue renaît et, plus nous irons, plus cette science tendra vers des progrès et des résultats aussi curieux qu'inattendus.

Dans ce domaine, la Théosophie, comme en toute chose, dira son mot et les théosophes spécialisés dans l'astrologie travaillent activement à élucider les problèmes demeurés jusqu'à présent insolubles. Les influences planétaires sont indéniables, l'expérience le prouve. Toutefois, il convient de ne pas se faire un jeu de cette science ; je ne saurais trop mettre en garde les curieux contre ses dangers, ceux-ci étant tout aussi nombreux et tout aussi graves que dans le développement des sens psychiques. Pour être un véritable astrologue, il faut des années d'études très longues sous la direction d'un astrologue avancé, il faut de plus avoir développé en soi les vertus de prudence, de silence, de courage, de discernement.

N'oublions pas de dire qu'il est faux de traiter les astrologues de fatalistes. Un horoscope ne donne jamais que les lignes générales, que les probabilités, car la volonté peut toujours intervenir et neutraliser les influences planétaires. Un horoscope, du moins actuellement, ne fait et ne doit pas faire loi. Il faut d'ailleurs se rappeler que les chances d'erreurs sont nombreuses et que les astrologues vraiment dignes de ce nom se comptent. Quoi qu'il en soit, j'émets cet espoir qu'un jour viendra bientôt où l'on ne médira plus de l'Astrologie ; sagement appliquée, lorsqu'elle sera devenue une science dont on connaîtra toutes les lois, elle pourra être d'une utilité incontestable pour l'éducation des enfants notamment. En ce qui concerne l'enseignement de l'Astrologie, je pense qu'il est excessivement dangereux de donner au hasard les secrets de cette science, de tirer les horoscopes de toutes les personnes curieuses de connaître leur avenir. Je sais d'ailleurs que nos astrologues théosophes sont très prudents. C'est dans le perfectionnement moral que l'horoscope est utile, tout le reste doit absolument demeurer dans le domaine *ésotérique*; nous n'avons pas besoin de savoir si nous serons riches, si nous ferons un beau mariage, de quoi et quand nous mourrons. Pour l'instant, je crois qu'il vaut mieux demeurer ignorants de ces choses si nous ne voulons pas entraver ou gêner le développement de la volonté et l'accomplissement du Karma. Il faut être très fort pour ne pas être, consciemment ou non, influencé par un horoscope; il faut être très fort pour se dire, quand nous connaissons l'avenir, que nous sommes maîtres quand même de notre destinée et que ce que l'on nous a prédit peut fort bien ne pas se réaliser. Donner des renseignements inconsidérés à un individu sur son avenir, c'est encourager, — c'est provoquer plutôt, — une tendance au fatalisme et, par conséquent, c'est inciter à la veulerie, à la faiblesse, à la paralysie morale. Les vrais astrologues ne l'ignorent pas et c'est pourquoi ils sont toujours prudents dans ce sens, c'est pourquoi ils se bornent à ne donner que des indications concernant l'évolution morale, ce en quoi d'ailleurs ils sont très utiles. Là, comme ailleurs, si l'on veut en connaître davantage, c'est par le développement, par le perfectionnement du caractère qu'il faut commencer.

Sourya. — A l'âge de 15 ans, Alcyone est mariée en grande pompe à Saturne et, un an plus tard, à *Sourya*, cet être si avancé que nous avons vu déjà présider une cérémonie initiatique à laquelle assistait Alcyone. Cette naissance est célébrée par de grandes réjouissances. Cette coutume des réjouissances s'est perpétuée jusqu'à nos jours; quand un couple royal met au monde l'héritier présomptif le peuple célèbre l'évènement par de grandes réjouissances. Je ne sais jusqu'à quel point on a lieu aujourd'hui de se réjouir; toujours est-il qu'autrefois les Rois et les Reines étaient des adeptes ou des disciples et que, lorsque l'enfant naissait dans la famille royale, c'était toujours un nouvel adepte ou un nouveau disciple de plus sur terre.

Cette vie, pour si courte qu'elle soit, offre à l'étudiant de profonds enseignements ; nous n'en entrevoyons que quelques-uns qu'il nous est impossible de dégager avec cette clarté que nous désirerions, mais j'espère que le lecteur saura suppléer à notre manque de précision.

Qualités. — Nous voyons que, dès la première de ses dernières 30 vies, Alcyone est spécialement guidé, instruit, élevé par des êtres hautement évolués ; ses qualités sont avant tout le courage, l'amour du service, l'espoir du sacrifice, un psychisme assez développé, une grande magnanimité, une puissante intelligence. Toutes ces qualités se retrouvent dans cette seconde vie avec cette différence qu'Alcyone n'en bénéficie pas. Il semble, en effet, que ce n'est point pour nous seuls que nous devons développer des qualités déterminées, mais que, lorsque nous possédons ces qualités, celles-ci doivent devenir des facteurs importants entre les mains des êtres qui dirigent l'évolution de l'humanité.

Et c'est vrai, profondément vrai. Cherchez autour de vous tous ceux qui possèdent réellement des qualités données, des vertus déterminées, et vous verrez que ces qualités ne leur servent pas à eux personnellement, mais bien à tous ceux qui les entourent. Une intelligence développée écrira, instruira, professera, inventera ; le génie bénéficie bien rarement de ce qu'il apporte au monde ; l'homme vertueux ne bénéficie réellement de ses vertus que dans la mesure où il les applique. En général, tous ceux qui cherchent à tirer profit de leurs activités intellectuelles et morales en sont encore à développer ces qualités en eux, mais, du jour où elles sont pleinement évoluées, c'est *autrui* qui en profite. Le sage n'est un sage que si tous ceux qui l'entourent trouvent la paix à ses côtés ; le sage n'est un sage que s'il est prêt à mettre les qualités acquises au service de ceux qui le dépassent.

Plus l'homme a de qualités, plus il est susceptible d'être

désigné par les vrais guides de l'Humanité pour devenir leur disciple.

C'est ainsi que nous trouvons en H.-P. Blavatsky et en H.-S. Olcott des qualités bonnes à secouer le joug du matérialisme, des qualités, bonnes entre les mains des Maîtres de sagesse et propres à être semées sur toute la surface du globe pour protéger le monde contre le feu desséchant de l'intellectualisme exagéré.

C'est ainsi qu'Alcyone fut douée de qualités physiques et morales telles que, par son union avec Neptune, Sourya pouvait renaître sur terre, Sourya pouvait vivre.

Alcyone devait-elle fatalement sauver Sourya ? — Il est un fait certain, c'est que, si Alcyone n'avait pas sauvé Sourya, celui-ci aurait été retardé dans son œuvre et sa mort n'aurait pas empêché qu'un autre corps ne fut trouvé pour son incarnation. Il ne faut pas oublier en effet que, dans l'univers, les hommes sont les ouvriers du grand Architecte, et que, le jour où l'un de ces ouvriers se révolte ou manque à ses devoirs, un autre est toujours là, prêt à le remplacer. Voilà pourquoi il importe de ne pas faillir à la tâche qui nous incombe ; ce que nous refuserons de faire pour le bien de l'humanité, un autre le fera ; *quelle que soit la situation dans laquelle Karma nous place* nous avons toujours une tâche à remplir, une occasion de bien faire à saisir ; nous avons toujours notre pierre à apporter à l'édifice, petite ou grande ; celui qui faillit à cette tâche est immédiatement remplacé et il faut attendre alors quelquefois bien des vies, selon le travail à accomplir, qu'une occasion nouvelle se présente.

Nous avons souvent remarqué que nombre de personnes s'écrient : « Ah ! si j'étais ceci ou cela, je ferais telle ou telle chose », elles pleurent sur leur sort, elles sentent qu'elles pourraient être utiles, mais les moyens ne leur en sont donnés et elles se consument en perpétuels regrets. Cette épreuve attend probablement tous ceux qui auront failli à leur tâche ; ils regretteront longtemps l'occasion manquée et, au lieu de faire partie du groupe des maçons constructeurs, ils attendront, dans la *chambre des réflexions*, dans la détresse, dans l'isolement angoissant, jusqu'au jour où, ayant enfin compris la leçon, ils viendront de nouveau frapper à la porte qui, alors, leur sera ouverte une fois de plus.

Il est un autre aspect de la question au point de vue du Karma :

« Certaines personnes, écrit M. Leadbeater, se plaignent sans cesse des circonstances qui les entourent et s'écrient :

« Je ne puis rien dans la situation où je me trouve, avec tant de soucis, tant d'affaires à traiter, avec une famille si nombreuse. Si seulement j'étais aussi libre que tel ou tel ! »

L'on ne comprendra jamais trop bien que ces entraves sont précisément d'importants facteurs dans l'évolution et qu'elles se trouvent sur le chemin de l'homme pour que celui-ci apprenne à les surmonter. Il désire faire montre de facultés qu'il a déjà développées et recherche les occasions de les exercer, ne se rendant pas compte qu'il devrait plutôt chercher à développer les qualités qui lui manquent, ce qui implique un labeur opiniâtre, des peines, mais aussi des progrès très rapides. Il n'y a rien de ce que l'on est convenu d'appeler châtiment ou récompense, il n'y a que le résultat de nos actions, résultat qui peut être agréable ou désagréable. Si nous cherchons, d'une manière quelconque, à détruire l'équilibre de la nature, cet équilibre devra être rétabli à nos dépens.

Il arrive parfois qu'un égo choisit, pour une incarnation déterminée, la somme de karma qu'il désire épuiser, mais comme l'homme est inconscient de ce choix, dans la conscience cérébrale à l'état de veille, les circonstances pénibles dont pareil homme se plaint, sont justement celles qu'il a choisies dans le but d'accélérer son évolution. » (1)

Alcyone aurait pu manquer cette possibilité, chose qui doit être envisagée ; sans doute Ceux qui savent et qui lisent l'avenir n'ignoraient pas qu'Alcyone sauverait Sourya et pourtant, dans le livre de l'Avenir, cet événement pouvait être écrit et ne pas avoir lieu. Seul, le Logos pouvait avoir une certitude car il savait s'il changerait ou non ses plans à cette époque ; tout Initié, même fort élevé, aurait donc pu lire l'acte d'Alcyone dans le livre de l'Avenir, mais il n'empêche qu'une modification légère dans le plan du Divin Architecte aurait pu désorienter certains groupes d'âmes au point qu'Alcyone aurait pu, dans une seconde de faiblesse, soit mourir avant

---

(1) *L'Occultisme dans la Nature* (Tome II) par C.-W. LEADBEATER.

d'avoir pu sauver Sourya, soit vivre en ne réussissant pas dans son acte d'héroïsme.

C'est là, sans doute, une des raisons pour lesquelles les instructeurs Théosophes sont toujours avares de détails en ce qui concerne leurs prophéties. Comme ils ne sont eux-mêmes que des ouvriers dans la réalisation du plan du Logos, il peut toujours se faire qu'une chose qu'ils n'avaient pas présurvienne. Pour prendre un exemple concret, nous savons, lorsque nous voyons bâtir une maison, qu'elle aura fort probablement tel ou tel aspect, mais nous ne pourrons nous prononcer avec plus de certitude qu'à mesure que les plans de l'architecte se réaliseront. Le maçon qui travaille à l'édifice connaît les plans mais il peut se faire que l'architecte lui donne, à un moment donné, des instructions telles qu'elles modifieront l'aspect auquel le maçon s'attendait.

C'est donc avec une certaine raison que le poète a dit :

« *L'avenir n'est à personne, l'avenir est à Dieu.* »

Supposer qu'*Alcyone* devait *fatalement* sauver Sourya serait une erreur ; il y avait des chances, sans doute, mais pas de certitudes. Alcyone était *libre* de sauver ou de ne pas sauver son fils ; la moindre hésitation lui aurait fait manqu'elle se proposait. Pour elle, c'était une épreuve en même en même temps qu'une dette karmique.

Double aspect du Karma. — Toutes nos difficultés sont à la fois des épreuves et des dettes karmiques, la moindre de nos difficultés a un double rôle dans l'évolution en ce sens que, par elle, nous purgeons une partie du mauvais karma et que, par elle aussi, nous éprouvons nos forces.

Alcyone s'acquitte donc courageusement de ses dettes karmiques ; de plus, l'épreuve si héroïquement acceptée lui vaudra, ainsi que nous le verrons plus tard, un glorieux Karma.

Karma de la mort. — Nous ne pouvons résister au désir d'emprunter une fois de plus à M. C.-W Leadbeater les intéressantes lignes qui suivent sur le *Karma* de la Mort.

« Il n'est rien moins que certain que, dans la majorité des cas, une époque déterminée soit désignée par les seigneurs du Karma. Le processus tout entier est beaucoup plus élastique, et beaucoup moins facile à adapter que maints étudiants ne le supposent. Le fil qui nous permettra d'arriver à comprendre ce processus réside dans le fait, qu'il ne faut jamais perdre de vue, qu'il y a trois types principaux de Karma ; ces types sont désignés par les Indous sous les noms de sanchita, prarabdha et kriyamana.

Le premier consiste dans la masse énorme de bon ou de mauvais karma non épuisé, et qui attend encore des occasions de se manifester ; appelons-le le Karma en réserve. Le second est cette partie spéciale du premier qui a été choisie pour se manifester dans cette incarnation ; appelons-le la destinée qui doit être celle de l'homme dans sa vie présente. Le troisième est le nouveau Karma sans cesse généré par nos actions actuelles.

C'est le Karma du second type que l'astrologue ou le chiromancien essaye de lire, mais leurs calculs sont souvent infirmés par l'intrusion des deux autres. Il est absolument certain que rien ne peut arriver à un homme qui ne soit compris dans son Karma total, mais il peut se faire aussi que quelque chose qui n'était pas compris comme devant entrer dans la destinée de sa vie présente, puisse survenir.

Supposons le cas d'un homme à bord d'un vaisseau sur le point de faire naufrage ou dans la première voiture d'un train tout près d'entrer en collision. Il se peut que, dans sa vie actuelle, sa destinée le conduise, ou non, à mourir en cette circonstance. Si l'évènement est prévu l'homme sera infailliblement tué ; s'il ne l'est pas, il peut être sauvé, à la condition que le sauvetage n'implique pas une intervention trop importante des lois ordinaires de la nature. Je crois qu'on peut dire qu'il *sera* sauvé si la prolongation de sa vie physique doit contribuer, dans une mesure appréciable, à accélérer son évolution. Il a été dit que, dans chaque vie, l'homme doit apprendre une leçon, développer une qualité quelconque. Si le travail que comportait sa vie actuelle est déjà accompli, ou si, d'autre part, il est de toute évidence que l'homme ne pourra réussir à accomplir ce travail cette fois-ci, quelque longue que puisse être sa vie, n'ayant rien à gagner par la prolongation de son existence, mieux vaut qu'il meure.

Egalement, s'il y a dans l'énorme masse de son Karma antérieur quelque dette qu'il puisse justement éteindre au prix d'une souffrance physique ou mentale, la mort, dans ces conditions, ne peut qu'être salutaire, et l'occasion d'acquitter cette dette peut très bien être saisie quand elle s'offre, quand bien même elle n'aurait pas été comprise dans le plan original dressé pour cette vie particulière. Mais si dans la masse du Karma, il n'y a rien qui puisse justifier la mort dans des conditions semblables, l'homme ne *mourra pas* ; il sera sauvé fût-ce même par des moyens soi-disant miraculeux. Des cas de ce genre nous ont été relatés, comme par exemple celui au cours duquel une immense poutre tomba de façon à éviter qu'un homme fût écrasé par cette masse décrochée des parties supérieures du navire naufragé ; une autre fois c'est un vapeur à la dérive dont un homme est amené au rivage en flottant sur une cage à poules.

Il ne faut pas oublier l'influence qu'a sur notre destinée cette troisième variété de Karma que nous générons tous les jours..... Nous avons tendance à attacher une bien trop grande importance quant à l'époque où nous devons mourir et quant au genre de mort qui nous est réservé. Si nous voulons bien, pour un instant, essayer d'imaginer comment cette question de la mort se présente aux Grands Etres qui dirigent notre évolution, nous acquerrons une notion plus exacte de la question. Pour eux, le progrès dont ils ont la charge est la seule question qui importe. Ils savent quelles sont les leçons qui doivent être apprises, les qualités qui doivent être développées.

Ils doivent considérer la mort à peu près comme un maître d'école voit la somme de travail qu'un jeune garçon doit achever avant d'être en état d'entrer à l'université. Le Maître d'école divise ce travail selon le temps qu'il a à sa disposition ; tout doit être fait chaque année et le travail de l'année est lui-même subdivisé par trimestres et ensuite par jours. Mais il se réserve une grande latitude en ce qui concerne ces petites divisions ; il décide, par exemple, de consacrer deux jours, au lieu d'un seul, à quelque point spécialement difficile, ou il peut abréger le temps qu'il avait l'intention de consacrer à une leçon si le sujet a été bien compris.

Nos vies sont exactement identiques à ces jours de la vie scolaire, et la leçon peut être ou allongée ou raccourcie selon que l'instructeur aura jugé de ce qu'il y aura de mieux pour nous. La mort n'est simplement que la délivrance de l'école après la leçon d'un jour. Il ne faut pas nous préoccuper de la mort, mais l'accepter avec reconnaissance lorsque le Karma veut bien nous donner un laisser-passer. Nous devons comprendre que la seule chose qui importe c'est que la leçon que nous avions à apprendre soit sue. Les sections qui doivent diviser la leçon, la longueur des diverses heures de leçons, et le moment exact où elles doivent commencer ou finir, ce sont là autant de détails que nous ferons tout aussi bien d'abandonner aux soins des agents de la Grande Loi.

Considérée sous ce point de vue, la mort ne peut jamais être dite prématurée, car nous pouvons toujours être absolument certains que ce qui nous arrive est toujours ce qu'il y a de meilleur pour nous. Notre devoir consiste à faire de notre mieux dans chacune de nos vies, et à nous efforcer de les conserver aussi longtemps que possible. Si nous abrégeons notre vie par insouciance ou par une vie impropre, nous sommes responsables et l'effet de cette insouciance sera assurément préjudiciable ; mais si notre vie est abrégée par un fait absolument en dehors de notre contrôle, nous pouvons être sûrs que la chose n'a lieu que pour notre bien.

Il n'en est pas moins vrai que ce qui a été dit dans nos livres au sujet de la mort « prématurée » est absolument exact. A un âge très avancé, les désirs s'émoussent, et quelque peu du travail relevant du plan astral se trouve ainsi déjà fait quand l'homme quitte le plan physique. Un résultat similaire est produit par une longue maladie, aussi, dans les deux cas, il est à présumer que la vie astrale sera relativement courte et exempte de souffrances vraiment sérieuses. Ceci peut être appelé le cours ordinaire de la nature, et ce n'est que comme terme de comparaison avec elle que la mort peut être dite « prématurée » quand elle survient à un âge peu avancé. Chez une personne qui meurt en pleine jeunesse, les passions étant encore très puissante, une vie astrale plus pénible et plus longue est à prévoir pour elle — condition en somme moins désirable. Mais si les Puissances qui sont à l'arrière-plan décident qu'une mort anticipée est salutaire, nous pouvons être sûrs qu'elles ont en vue d'autres considérations qui l'emportent sur la prolongation de la vie astrale.

Il semble probable, par conséquent, que, dans la majorité des cas, ni l'époque exacte de la mort d'un homme ni le mode de cette mort ne soient *pas* fixés avant la naissance ni au moment de cette naissance. Les astrologues nous disent qu'il leur est bien souvent impossible de prédire exactement le moment de la mort du sujet dont ils font l'horoscope. Ils disent qu'à un certain moment les influences maléfiques étant très puissantes, l'homme peut mourir mais que, s'il ne meurt pas, sa vie se prolongera jusqu'à une certaine autre occasion où des aspects de mauvais augure le menaceront, et ainsi de suite. De la même manière, un chiromancien nous dit qu'il y a dans la ligne de vie certaines brisures ou marques indiquant la mort ou bien seulement une maladie grave. Il est à présumer que ces éventualités ont pour but de laisser la porte ouverte à des décisions ultérieures, décisions qui dépendront en grande partie des modifications introduites par les actions de l'homme durant sa vie et par l'usage qu'il fera des occasions qui lui sont offertes. De toute façon, nous pouvons être bien sûrs que quelle que soit la décision prise à notre égard, cette décision sera sage et que, soit dans la mort, soit dans la vie, toutes choses travaillent ensemble à notre bien. » (1))

Nous voyons donc combien variés sont les éléments qui entrent en jeu dans le moindre évènement de notre vie. Dans le cas présent et pour la mort d'Alcyone, nous distinguons les facteurs suivants :

1° Le Karma du passé dont l'accomplissement s'effectue à l'aide des agents karmiques. Dans cette partie du Karma, se trouvent les résultats du bon et du mauvais Karma d'Alcyone.

En effet, c'est une partie du mauvais Karma qui conduit Alcyone à endurer l'épreuve, mais c'est aussi une partie de bon Karma qui la conduit à sauver un être glorieux, à sacrifier sa vie pour celle, plus utile en ce moment, d'un égo puissant ; c'est une partie de son bon Karma qui lui vaut la création de nouveaux liens avec Sourya.

2° En plus de ces facteurs, il y a aussi le libre arbitre d'Alcyone qui pouvait accepter ou refuser l'épreuve ; ce n'est

---

(1) *L'Occultisme dans la Nature* par C.-W. LEADBEATER (Tome II).

pas une volonté étrangère qui la conduisit à son acte d'héroïsme, c'est la sienne.

Un grand prêtre initié aurait pu sans doute, au moment de l'incendie, lui intimer l'ordre de sauver Sourya, mais Alcyone n'aurait eu que le Karma de son obéissance, et non le Karma d'un acte voulu par elle.

Aussi, M. C.-W. Leadbeater rapporte-t-il les paroles suivantes d'un Maître :

« Je vous dirais bien la manière de faire telle ou telle chose, mais vous ne bénéficieriez seulement que du karma dû à l'obéissance ».

Ne nous attendons donc pas à ce que les Maîtres nous disent ce que nous devons faire pour effectuer telle ou telle œuvre. Nous sommes aidés, conseillés, instruits, mais à nous à mettre à profit ce que l'on nous a enseigné. Nous ne faisons pas les problèmes de nos enfants, on leur apprend les règles ; à eux de les appliquer.

En résumé, cette seconde vie d'Alcyone est féconde en leçons de toutes sortes, elle comporte une foule d'enseignements que nous avons bien imparfaitement tenté d'exposer ici ; nous serions vraiment très heureux si les quelques points que nous avons dégagés encouragent certains à poursuivre eux-mêmes cette étude, en complétant et en rectifiant nos commentaires.

Les nouveaux liens qui lient Alcyone à Sourya nous font présumer, Sourya étant sur la ligne des Bodhisattvas, qu'Alcyone lui-même est destiné à suivre cette même ligne. Ce qui doit suivre confirmera cette déduction, mais nous verrons qu'avant d'arriver au portail de l'Initiation, tout homme doit s'être acquitté de toutes les dettes contractées dans les vies antérieures et, en outre, avoir appris à faire en sorte qu'à l'avenir le bon karma l'emporte toujours de beaucoup sur le mauvais. La chose est très simple : pour s'en convaincre il suffit de lire *Aux Pieds du Maître* ; (1) par contre, si la chose est simple, en théorie, la pratique en est des plus difficiles. Mais où serait le mérite si nous ne devions accomplir que des choses faciles ?

---

(1) *Aux Pieds du Maître*, par J. KRISHNAMURTI (Alcyone).

CHAPITRE III

TROISIÈME VIE

Vécue aux Indes de l'an 21.467 à l'an 21.382 av. Jésus-Christ.

Alcyone naît dans un corps masculin. Il est fils du roi Lion et d'Orion. Il s'intéresse plus à ses études qu'aux affaires de l'Etat, devient très habile dans les sports. Il épouse Hercule fille d'un rajah, et font ensemble des études religieuses. Ils ont neuf enfants.

Il a pour amis Sirius et Mercure ; leurs enfants se marient entre eux et bientôt les trois familles n'en forment plus qu'une, ce qui facilite le gouvernement de la province. Ils discutent ensemble d'intéressants problèmes religieux, et plusieurs fois le Mahagourou projette les réponses dans le mental de Mercure.

Un de ses fils Vajra lui cause quelque souci : il montre du goût pour la vie errante et devient un explorateur cherchant partout le savoir et l'expérience. Il écrit le récit de ses voyages et Alcyone en est si intéressé qu'il entreprend trois expéditions dangereuses pour visiter les localités si bien décrites par son fils.

Au cours de l'une de ces expéditions, il est arrêté par des bandits qui demandent une forte rançon, mais il réussit à s'échapper en se déguisant en femme.

Une autre fois il manque de se noyer en voulant traverser un fleuve grossi par les pluies. Alcyone accompagne Sirius dans plusieurs tournées officielles et celui-ci lui délègue quelques-uns de ses pouvoirs. Des liens étroits d'affection unissent ces deux hommes, qui s'entendent à merveille bien qu'étant de races différentes (Sirius était Atlantéen).

Alcyone perd sa femme Hercule, âgée de soixante-dix ans, et se décide à suivre Sirius à Poseidonis où celui-ci retourne, après s'être démis de ses fonctions. Alcyone a alors soixante-quinze ans. Les deux vieillards sont reçus avec de grands honneurs par Mars, qui gouvernait alors. Mars se sentit attiré vers eux, et après avoir consulté les astrologues de sa cour, il leur fit savoir qu'ils avaient collaboré plus d'une fois dans le passé avec lui et qu'ils collaboreraient de nouveau à une œuvre importante dans l'avenir, à peu près 25.000 ans plus tard.

Alcyone et Sirius vécurent ainsi pendant dix ans et moururent la même année ; ils écrivirent en commun un ouvrage sur les Indes méridionales qui fut longtemps considéré comme une œuvre classique. Le premier volume traitait des races et de leurs coutumes, le second, de leurs religions ; ce dernier renfermait une grande partie des enseignements qu'ils avaient reçus du prêtre Mercure.

COMMENTAIRES

Alcyone est fils du roi Lion et d'Orion, deux égos fort évolués.

Notons qu'il renaît dans l'Inde, 275 ans après avoir trouvé la mort en sauvant Sourya.

Parentés. — Son père Lion, fut sa sœur dans la première des trente vies.

Hercule, sa femme, fut son frère dans la première vie.

Mizar, sa fille, fut sa mère dans la première vie et sa sœur dans la seconde.

Nous trouvons donc 3 parentés différentes pour ce seul personnage, en l'espace de trois vies. Après avoir été mère puis sœur d'Alcyone, elle devient *fille* d'Alcyone ; ce qui, par conséquent, nous fait compter avec trois genres d'affection bien déterminées. Alcyone a pour Mizar l'affection d'une fille pour sa mère, d'une sœur pour sa sœur, d'une mère pour sa fille.

Alcyone est grand ami de Sirius, son mari de la 1re vie, grand ami aussi de Mercure, ami des vies antérieures. Les deux familles vivent en termes très amicaux et les mariages de leurs enfants les rapprochent.

Epreuves et aventures. — **Le règne animal.** — Ces épreuves peuvent avoir plusieurs causes, parmi lesquelles les suivantes.

On sait que, lorsque l'animal est parvenu au terme de son évolution, il se réincarne dans un corps mi-animal mi-humain et, croyons-nous, sur une autre planète que la nôtre ; puis il se réincarne, plus tard, dans un corps de sauvage terrien. Or, tout homme ayant maltraité des animaux, dans une vie passée, tout homme ayant fait par exemple des sacrifices inutiles d'animaux, est susceptible de rencontrer plus tard ces mêmes êtres inférieurs dans le règne humain inférieur et se trouve, à son tour, la proie de ceux qu'il a fait souffrir autrefois.

De là, — en dehors des devoirs qui sont dûs envers les animaux — l'importance qu'il y a, pour l'homme, de ne traiter ce règne inférieur qu'avec douceur s'il ne veut pas que le karma l'amène plus tard à souffrir des maux qu'il aura infligés à nos frères inférieurs du règne animal.

C'est par son contact avec l'homme que l'animal évolue ; si nous dressons le chien à la chasse, à la cruauté, le chien sera inévitablement un sauvage cruel, avide de sang, anthropophage ou absolument insensible à l'influence éducatrice d'une civilisation supérieure.

Autre fait à noter : les animaux évoluent ; ils n'ont pas comme l'homme, toujours eu les mêmes formes. C'est ainsi que nous voyons, dans la 1re vie, une sorte de chèvre massive, aux longs poils, dont la tête, le cou et les cornes ressemblaient assez à ceux d'un bœuf en miniature.

Nous profiterons de ce que nous abordons cette question pour réfuter cette erreur qui consiste à dire que nous avons été minéral, végétal, animal puis homme ; la chose faisant l'objet d'une étude importante, nous n'hésiterons pas à faire cette digression. Nous expliquerons en même temps un axiome scientifique d'après lequel « nous retraversons de l'embryon à l'organisme achevé, toute l'histoire de la vie sur terre, depuis des milliers d'années. » (Myers-Personnalité humaine). « Un être quelconque, dit l'embryologie, présente pendant sa période de développement, les marques indubitables de ses origines ancestrales... Cette évolution qui a mis des milliers de siècles à s'effectuer, nous la voyons se renouveler en quelques jours, sous nos yeux. » (Transformisme. Dr Geley). On distingue en effet, en observant l'évolution de l'embryon humain les phases minérale, végétale, animale.

La monade est triple dans son essence : nous savons que ses trois attributs sont ceux même de la source d'où elle émane : ce sont :

La Volonté

La Sagesse-Amour

L'activité ou intelligence (Voir Fig. 4).

Tel est le trépied fondamental. Tout le reste, tous les états de conscience observables, expliqués ou non, dérivent de là et ne sont que des aspects inférieurs de ces trois attributs fondamentaux, des réfléchissements.

La monade ne peut évoluer ses pouvoirs qu'à la condition d'être semée dans la matière de son univers et nous avons

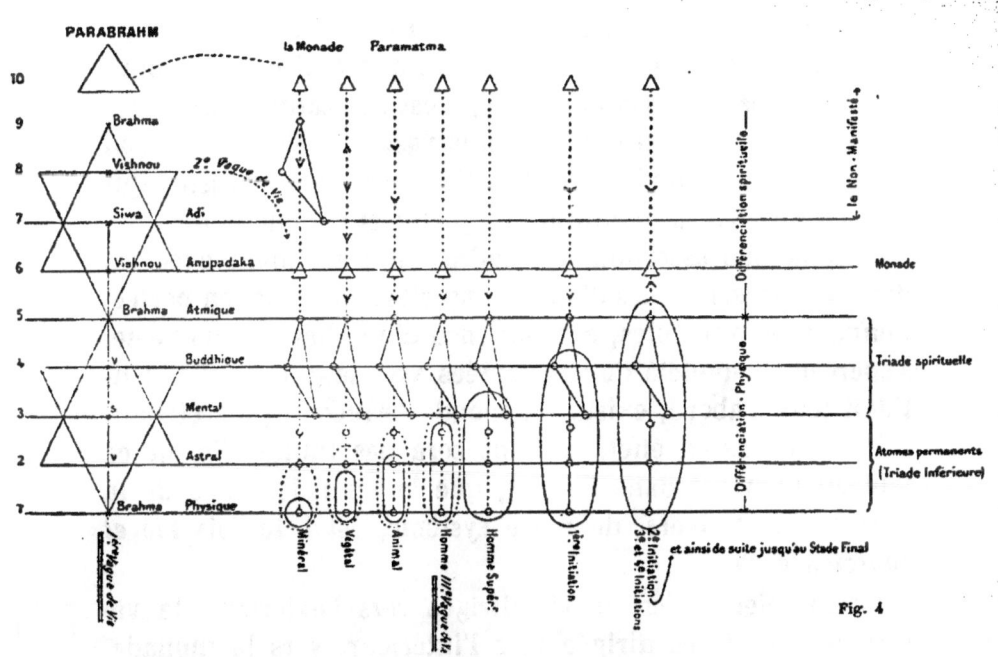

Fig. 4

vu précédemment que cette matière existe à tous les degrés de densité depuis l'état solide, physique, jusqu'à la matière du plan divin.

La philosophie contemporaine, croyant expliquer certains phénomènes dont la cause lui échappe, en vient à mentionner l'existence d'une subconscience, de marges de la conscience ordinaire, d'associations marginales, etc...

Myers a choisi d'autres termes et dit qu'il y a le seuil de la conscience, que tout ce qui est au-delà de ce seuil est supraliminal, que tout ce qui est au-dessous est subliminal. De là les termes qu'il emploie de conscience normale, subliminale et supraliminale. Pour lui, la conscience est comme le spectre solaire et il a soin de dire que tout « Moi » dont nous pensons avoir connaissance, n'est en réalité autre chose qu'un fragment d'un « Moi » plus vaste, révélé d'une façon qui est à la fois *modifiée et limitée* par notre organisme qui n'en permet pas la manifestation pleine et complète. »

C'est là une assertion qui cadre admirablement avec les données théosophiques d'après lesquelles l'homme, en perfectionnant ses véhicules, a conscience d'un champ plus vaste, s'aperçoit qu'au-delà de ses pensées avec lesquelles il s'identifiait tout d'abord, existe un monde beaucoup plus étendu.

Nous disons en effet, et il ne sera pas inutile d'avoir ce tableau bien net dans l'esprit, que la monade, issue de la source d'un univers, de notre système, est à la fois *vie et conscience*.

La conscience c'est la vie dirigée vers l'extérieur, la vie c'est la conscience dirigée vers l'intérieur, vers la monade. En d'autres termes, la monade cueille la sensation dans l'ambiance, et rapporte la sensation à elle-même pour la percevoir, la sentir, la connaître. C'est un perpétuel mouvement de va-et-vient de l'intérieur à l'extérieur, de l'extérieur à l'intérieur.

Comment cette vie descend-elle dans les plans de matière ? En s'attachant un atome de chaque plan qu'elle traverse. Il lui faut effectivement un centre vibratoire capable de vibrer synchroniquement avec le monde auquel appartient ce centre. Cette vie est en quelque sorte comme un fil, une radicelle de la monade qui plonge dans l'océan de matière. L'on nous dit que ce fil est fait d'une matière très subtile, l'on pourrait dire divine. Ce fil est le *canal* par lequel s'épanche la vie de la monade ; il est aussi le *transmetteur* des expériences faites dans l'ambiance. En descendant, il s'empare donc d'un atome appartenant au plus haut plan de matière, c'est un premier voile, puis un second et ainsi de suite jusqu'au dernier plan, le plan physique, en sorte que, sur le plan physique, nous pouvons concevoir ce fil de vie comme s'étant approprié une partie de la matière de l'univers depuis la matière physique grossière jusqu'à celle du plan divin.

Sans ce fil de vie, la monade ne peut évoluer ses potentialités à l'état actif ; c'est cette vie qui, en façonnant la matière va développer ses pouvoirs, pouvoirs dont, en général, nous ne pouvons pas même nous faire une idée tant ils dépassent nos facultés actuelles, aspects très inférieurs des véritables pouvoirs de la conscience.

La vie-conscience trouve donc, dans son univers, des matériaux tout prêts fournis par le Logos, créateur des plans d'existence ; elle s'en enrobe, elle se limite pour analyser une par une les vibrations qui l'entourent et, pour ne pas en être aveuglée, elle procède de l'inférieur au supérieur ; elle débute par le monde physique.

« En récapitulation, dit Myers, en résumé, en symbole, nous retraversons de l'embryon à l'organisme achevé, toute l'histoire de la vie sur terre depuis des milliers d'années. » C'est là un fait scientifiquement reconnu.

En effet, la monade prend successivement connaissance du monde physique, du règne minéral, puis du règne végétal, du règne animal, et, enfin, du règne humain. Une erreur est souvent commise qui consiste à croire que l'homme, avant d'être homme, a d'abord été minéral, puis végétal, puis animal. Il n'en est rien. Sans doute, la monade a passé par ces stades successifs *mais pas en tant que monade* **humaine.**

Il y a, somme toute, trois évolutions.

1° Une évolution spirituelle qui correspond à la descente de la monade dans l'océan de matière.

2° Une évolution physique qui correspond aux premières expériences faites par la monade sur le plan physique.

3° Une évolution intellectuelle qui relie les deux.

Ainsi que l'écrit Mme Besant (*Généalogie de l'Homme*), « l'une descend des sphères célestes, l'autre s'élève des boues et du limon de la terre, mais entre elles s'étend un gouffre et aucun pont ne le franchit qui leur permettrait de se mettre en contact l'une avec l'autre... Pour distinguer et comprendre l'homme et sa généalogie, il faut distinguer trois champs d'évolution, (ceux que nous venons d'énumérer). A l'un des pôles : l'esprit ; à l'autre : la matière, les corps. Alors, considérant ces deux lignes, l'une descendante et l'autre montante, nous arrivons au point où une troisième ligne les rejoint et les unit pour former l'être humain : c'est l'évolution intellectuelle, la venue de l'Ego qui prend possession de son tabernacle physique et relie l'esprit à la matière, planant au-dessus, après *l'avoir formé et ouvert par sa subtile influence.* » C'est ce qui correspond à la descente de la III° vague de vie.

Nous voyons donc, — point important — que la vie-conscience de la monade façonne ses véhicules, ses instruments, mais qu'elle demeure au-dessus de ces instruments par l'intermédiaire desquels elle perçoit.

La monade, triple, se réfléchit dans les niveaux inférieurs mais cette réflexion ne se produit pas plus bas que le plus haut sous-plan du plan mental supérieur et, là, elle demeure. Pour prendre contact avec les plans inférieurs, son fil de vie descend, s'empare d'un atome du plan mental inférieur, un atome du plan astral, un atome du plan physique. A ce dernier point, commence l'évolution physique avec le règne minéral. La monade est inconsciente des sensations qu'elle reçoit, sensations vagues, obscures, à peine déterminées.

Insensiblement, le minéral développe non pas une conscience, mais un certain degré de sensibilité ; les expériences du Professeur Bose à Calcutta le prouvent ; certaines pierres précieuses changent de couleur selon les individus qui les portent. Peu à peu, au cours des siècles, une organisation plus délicate se poursuit ; l'on assiste tout d'abord à une période intermédiaire entre le règne minéral et le règne végétal — le corail par exemple — pour arriver finalement à la plante. A ce point commence la formation très rudimentaire de ce qui sera plus tard le corps astral ; continuant l'ascension, l'organisation de la matière, sous l'influence de la vie de la monade, s'indique un embryon de système nerveux.

« La vie, dit le docteur Geley, réside en puissance dans le minéral, et se réalise par l'évolution. Il n'y a pas de différence essentielle caractéristique entre animaux et végétaux : il n'y en a pas pour la sensibilité et la motricité, car beaucoup de plantes réagissent aux excitations sensitives exécutent des mouvements, comme l'héliotrope, le tournesol, dont les fleurs tournent sur leur tige pour suivre le mouvement du soleil.

Certaines ont des organes reproducteurs mobiles pour faciliter la fécondation.

Les végétaux dorment, comme les animaux ; les anesthésiques agissent également sur eux. Sans doute motricité et sensibilité sont peu marquées : mais, d'autre part, toute une série d'animaux, les zoophiles, n'ont pas plus de sensibilité ni plus de motricité.

La différence n'est pas plus considérable pour la *nutrition* : les plantes ne se nourrissent pas exclusivement de substances minérales. Il en est qu'absorbent de la viande. Les plantes carnivores bien connues : le drosera, la dionea, le népenthès, secrètent des sucs qui dissolvent la viande comme le fait le suc gastrique des animaux.

Pour la respiration il y a ressemblance absolue entre les animaux et les végétaux ; les uns et les autres absorbent l'oxygène et rejettent l'acide carbonique...

Pour la reproduction, il n'y a pas de différence essentielle avec les animaux ; on trouve chez les végétaux la reproduction sexuelle, par bourgeonnement et par spores, etc... » (*Les Preuves du Transformisme par le docteur Geley.*)

Nous voyons donc combien ce processus est graduel, comment il nous amène peu à peu à l'évolution du système nerveux, le premier système nerveux qui apparaisse au début : le système sympathique.

Nous voyons aussi que nous n'avons pas été successivement minéral, plante et animal ; *ce sont nos corps qui ont passé par ces phases ; ce n'est pas l'Esprit en tant qu'homme* ; c'est la vie de l'Esprit qui a édifié ces corps ; l'esprit a fait sa demeure, puis il en a pris possession. Il l'a construite avec une partie de lui-même, en patient architecte qui n'a pas été ni les pierres, ni les jardins, ni les animaux qui font partie constituante de son édifice, de sa propriété.

Quand sa maison est achevée il y entre puis la meuble, l'agrandit jusqu'au moment où, par la voie des initiations successives, il passe dans l'évolution *supra-humaine*.

Disons enfin quelques mots au sujet des sacrifices d'animaux en empruntant quelques lignes à un petit ouvrage : *Questions on Hinduism*, par Annie Besant.

« Pourquoi l'Hindouisme admet-il les sacrifices d'animaux ?
Les sacrifices d'animaux ne sont plus justifiables aujourd'hui, et il est dit que le seul sacrifice qui soit permis est la charité ou les présents. Il est malheureusement vrai que quelques Hindous immolent encore des animaux en sacrifice, mais le fait n'est pas plus justifiable qu'il ne le serait pour des Chrétiens qui immoleraient des animaux sous prétexte que la chose est recommandée dans leur Bible.

Comment se fait-il que les Védas sanctionnent les sacrifices d'animaux alors qu'ils préconisent constamment l'ahimsa ?
Autrefois, les conditions étaient bien différentes de celles qui prévalent aujourd'hui, et ce que l'on entendait alors par « sacrifices d'animaux » n'est pas du tout ce que l'on croit aujourd'hui. En outre, la plupart des grands sacrifices décrits dans le *Purusha Sukta du Rigveda* étaient évidemment allégoriques et représentaient les procédés cosmiques. D'autres préceptes, tels que la défense de manger d'autre viande que celle qui provenait des animaux immolés en sacrifice, abolirent les massacres faits sans discernement, prévinrent cette dégradation humaine qui font des bouchers de certains hommes et qui nous vaut des abattoirs ; on restreignit la seule « chair » que l'on pût manger à la chair d'un très petit nombre d'animaux, et ainsi on prépara la voie pour arriver à l'abolition complète de la nourriture animale. Enfin, il fut clairement établi que le seul sacrifice doit consister en dons et en charité ; ce qui fait que

nul précepte ayant trait aux sacrifices d'animaux, n'a plus maintenant aucune valeur.

Pourquoi offrons-nous des chèvres en sacrifice à Durgâ ?

Probablement parce que « nous » sommes assez ignorants pour supposer que la Mère du Monde éprouve du plaisir à voir le massacre de ses faibles créatures sans défense. Voyez pourtant comment *Surabhi* pleure les mauvais traitements infligés à son bétail et vous apprendrez comment les Devas et les Devis considèrent la cruauté humaine. Dans le Temple de Bénarès où l'on immole encore des chèvres en sacrifice, les offrandes souillées vont entre les mains de ceux qui ne sont pas des Hindous.

Puisqu'il est dit que les Devas et les Devis désirent le bien de tous les êtres vivants, pourquoi des animaux sont-ils offerts en sacrifice à Durga ?

Ces sacrifices ne devraient pas avoir lieu. Les meilleurs adorateurs de *Durgâ* et de *Kâli* n'offrent pas de sacrifices d'animaux, mais seulement des formes symboliques faites de farine ou d'autres substances. D'aucuns, et ceux-ci sont nombreux, achètent les animaux destinés à être immolés et les mettent ensuite en liberté — sacrifice beaucoup plus agréable à la Mère du Monde que du sang innocent.

Un homme peut-il tuer un animal ? Les Hindous peuvent-ils offrir des sacrifices de chèvres, etc., aux Kali Devi et autres dieux ?

Un chef de maison peut tuer un animal dangereux qui s'introduit dans sa maison pour en protéger les habitants. Un gouvernant peut tuer les animaux dangereux qui menacent la vie de ceux qui sont sous sa dépendance. Mais tuer les animaux pour le seul plaisir de manger leur chair, voilà qui n'est pas juste. Le seul sacrifice agréable, dans le *Kaligula*, est la charité, ce qui veut dire que les animaux ne devraient pas être massacrés, si les hommes voulaient bien s'adonner à tuer leurs vices au lieu de pauvres bêtes innocentes, les *Devi* en seraient beaucoup plus satisfaites.

Pourquoi les buffalos sont-ils offerts à la Déesse Durgâ ou Kali ? Quel est l'objet de ce sacrifice et pourquoi est-il sanctionné par les Shastras ?

Il ne devrait plus, dans notre siècle, y avoir de sacrifices d'animaux. Il fut un temps où les animaux et les hommes bénéficiaient d'une forme élevée de sacrifice, mais aujourd'hui, il n'existe personne ayant l'autorité et la connaissance requises pour accomplir ces sacrifices. La Mère du Monde ne se réjouit pas de la terreur des pauvres animaux ni de voir verser leur sang. Mieux vaut les acheter et les mettre en liberté en Son Nom, et lui rendre un culte en lui faisant le sacrifice de vos passions au lieu d'égorger d'innocentes victimes. Mais il est absolument absurde aux missionnaires chrétiens de condamner ces sacrifices occasionnels tant qu'eux-mêmes continueront à tolérer les sacrifices de troupeaux d'animaux pour satisfaire le sens du goût. Des océans de sang sont versés, des millions d'animaux sont sacrifiés chaque année pour satisfaire l'appétit des chrétiens, aussi est-il vraiment grotesque de leur entendre faire des objections pour quelques animaux tués dans un sentiment de dévotion mal comprise par quelques Hindous. Ceux-là seuls qui protestent contre les massacres perpétrés dans les abattoirs peuvent aussi protester contre le sang versé dans les temples. » (1)

Nous verrons ultérieurement qu'Alcyone aura encore à souffrir, de manière très douloureuse, de tribus sauvages ; et il n'y aurait rien d'impossible à ce que ce karma ne soit pas le résultat des œuvres de magie noire auxquelles il se livra dans un lointain passé, œuvres au cours desquelles les sacrifices d'animaux étaient chose courante.

Karma immédiat. — Après avoir été arrêté par des bandits, Alcyone perd pied en voulant passer un fleuve à gué et il risque de se noyer.

Nous ne reviendrons pas sur ce que nous avons dit précédemment au sujet du Karma de la mort ; mais une nouvelle question se pose.

Pourquoi Alcyone ne s'est-il pas noyé ?

C'est tout simplement, à notre avis, un Karma immédiat. Alcyone est très courageux et il a un peu, dans ses premières vies, le défaut de cette qualité, il est parfois imprudent. Il apprend, en risquant de perdre sa vie, qu'il faut être prudent. Ce peut être là un Karma immédiat. Si l'on approche sa main d'un objet brûlant, on se brûle ; résultat de la loi, Karma immédiat. Une autre fois, on sera plus prudent et, dans les vies à venir, l'égo sera prudent *automatiquement*, on dira alors qu'il est très adroit, habile, etc... Cela fait, croyons-nous, partie des petites expériences et épreuves de la vie journalière. C'est dirons-nous, le Karma immédiat des pensées et actions de tous les jours.

Sources d'inspiration. — **Evolution des corps.** — Quelles leçons se dégagent de cette vie, en dehors des remarques que nous avons déjà faites ?

La plus importante est, à notre avis, celle qui se rapporte à l'ouvrage écrit en collaboration avec Sirius. C'est la seconde fois en trois vies, que nous voyons Alcyone écrire un important ouvrage et, comme le dernier a pour principale source

―――――――――
(1) *Questions on hinduism*, par ANNIE BESANT.

d'inspiration le souvenir inconscient des enseignements que Mercure donna dans un lointain passé, il en résulte que ce que nous attribuons souvent à notre propre mérite, n'est souvent dû qu'aux enseignements reçus dans des existences antérieures.

Généralement parlant, il existerait quatre grandes sources d'inspiration :

1° Celle que l'Ego doit à ses propres efforts ;

2° Celle qu'il doit à la mémoire qu'il a du passé ; ce qui fait qu'en réalité nous réapprenons souvent plutôt que nous n'apprenons ;

3° Celle à laquelle nous puisons plus ou moins durant le sommeil ;

4° Celle que mettent à notre portée les aides invisibles.

Les connaissances issues de ces quatre grandes sources ne se distinguent pas aisément ; c'est-à-dire qu'il est fort difficile de dire à quelle source d'inspiration appartient telle ou telle connaissance.

En thèse générale, tout étudiant sérieux fait appel à ces quatre facteurs ; il trouvera toujours ce qu'il cherche dans l'un des quatre domaines, même dans les quatre à la fois, et nous sommes souvent aidés dans nos études, dans nos recherches, pour peu que l'on témoigne de patience, de volonté. Nous dirons même que nous sommes *toujours aidés*, à la condition, naturellement, que nous soyons persévérants. Dans le domaine spirituel, comme dans le domaine intellectuel, ces quatre grandes sources d'inspiration se retrouvent. L'étude intellectuelle attire d'abord dans le corps mental la matière mentale correspondant à la question envisagée ; plus l'on s'élève dans l'étude des problèmes scientifiques, religieux, philosophiques, etc..., plus la matière mentale du corps mental devient souple, affinée, sensible. Plus l'on développe de vertus, plus la matière des corps astral et spirituel tend à se modifier, à changer ses molécules denses en molécules moins denses.

Pour développer le corps mental, il ne faut pas fuir l'étude intellectuelle. Pour organiser le corps astral il faut développer les vertus.

Pour développer la spiritualité, ou Bouddhi, il faut apprendre à être impersonnel, à être altruiste en développant l'amour d'autrui.

Ces trois voies font partie de la *Rajah-Yoga*.

Dans ces trois voies, nous sommes aidés :

Par notre travail personnel,

Par le souvenir inconscient du passé,

Par les aides invisibles,

Par la vie de l'Ego durant le sommeil.

Que nous en ayons conscience ou non, le fait n'en est pas moins vrai.

Par les aides invisibles, beaucoup d'hommes d'état sont aidés ; c'est-à-dire qu'une pensée est projetée dans leur mental ; ils la prennent ou ne la prennent pas ; libre à eux.

On confond souvent avec l'intuition ces éclairs de pensées qui traversent l'esprit et qui sont jetées dans le mental par les aides invisibles. D'autre part, on est quelquefois trop porté à dire qu'on est aidé par un être invisible.

Notre avis en cette matière est qu'il faut être très circonspect, ne rien affirmer au hasard en indiquant, au jugé, la source d'un enseignement donné. Le parti le plus sage est de travailler avec ardeur, avec la certitude de trouver ce que l'on cherche.

>   Cherche et tu trouveras,
>   Aide-toi, le ciel t'aidera.

sont deux préceptes toujours vrais.

Une attitude à prendre. — Il ne faut jamais se diminuer ; il est mauvais, très mauvais, de se dire qu'on est trop vieux, ou trop nul, pour entreprendre tel ou tel travail qui paraît hors de sa portée. Ce faisant, on attire à soi la matière la plus dense des plans dans ses corps. Le viveur qui ne se croit pas mûr pour le végétarisme et l'abstention d'alcool n'attire dans son corps physique que la matière physique la plus grossière, car l'acte suit sa pensée ; il en est absolument ainsi sur les autres plans, pour les autres corps, à des degrés différents.

On risque de se mentir à soi-même en se mésestimant, en se diminuant ; il n'y a pas d'orgueil à se dire qu'on peut ce que l'on veut, à adopter cette devise : *Quo non ascendam ;* ou cette autre devise : « Ce qu'un autre peut faire, pourquoi ne le ferais-tu pas ». Dès l'instant où Dieu est en nous, nous avons le droit de prétendre à tout ce qui, pour l'instant, se trouve immédiatement supérieur à nous, et, par conséquent, à notre portée. Et ainsi de suite, d'échelons en échelons.

Au surplus, nous ne savons pas ce que nous avons fait dans nos existences antérieures ; nous pouvons précisément avoir développé telle ou telle qualité que nous croyons totalement absente en nous ; et il suffit parfois d'un petit effort pour ramener cette qualité à la surface. *Se diminuer, c'est en même temps diminuer sa propre divinité.*

Il ne s'agit pas là d'orgueil, mais d'hygiène morale. On ne se dit pas qu'on est trop laid pour être propre ; beau ou laid, on n'en suit pas moins les règles de l'hygiène. Le même fait se présente, sous un angle différent, sans doute, mais avec les mêmes rapports au point de vue intellectuel et moral. Evolué ou non les règles de l'hygiène morale sont les mêmes pour tous ; il faut penser à la propreté, à l'éclat de son *aura*, comme l'on pense à l'hygiène physique. Nous pensons que l'on doit toujours agir comme si nous nous trouvions sans cesse en présence de clairvoyants qui verraient notre *aura*, qui liraient nos pensées. Alcyone dit, dans « *Aux Pieds du Maître* », « fais toutes choses comme si le Maître te regardait ».

Or, des pensées pures, des idées claires et élevées, des vertus, font une *aura* splendide à voir.

Nous pouvons ici proposer une petite expérience facile à tenter. Inspirez-vous d'une des planches de « *L'Homme visible et invisible* » et imaginez-vous que vous rayonnez les couleurs les plus pures, les plus éclatantes ; par la pensée étendez aussi loin que possible, autour de vous, l'*aura* telle que vous vous l'imaginez ; vous éprouverez aussitôt un sentiment de bien-être inconnu ; vous sentirez que, sans une parole, vous réchauffez tous ceux qui s'approchent de vous, vous vous sentirez réellement comme des ailes, impression commune aux occultistes qui pensent à la beauté de leurs corps subtils ; les yeux s'illuminent, la physionomie s'éclaircit, et, par correspondance, l'on éprouve un sentiment de joie intense parce que la conscience sort un instant de sa caverne obscure pour respirer le souffle divin de l'Ego.

Se diminuer, c'est éteindre les vibrations les meilleures pour ne laisser subsister que les vibrations inférieures. Il n'y a pas d'orgueil à vouloir rayonner comme un petit, un très petit soleil, sans doute, mais, tout de même, comme un centre lumineux de toutes les activités intellectuelles, morales, physiques.

Les planches de « *l'Homme visible et invisible* » n'ont pas seulement été faites pour les clairvoyants, pas plus d'ailleurs que les planches de l'ouvrage intitulé « *les Formes-Pensées* ». Sans être clairvoyants, nous pouvons nous en servir, nous les imaginer, employer ces images dans un but parfaitement déterminé comme nous prenons de confiance la potion du médecin entre les mains duquel nous nous remettons.

Vous ne verrez jamais Alcyone se diminuer à ses propres yeux ; au contraire, il lutte avec toute la force du Dieu en soi.

Nous devons faire de même ; avoir davantage confiance en nous parce que nous sommes divins.

Dans cette vie encore nous n'assistons qu'au bon Karma d'Alcyone ; jusqu'à présent, nous ne pouvons dire qu'il ait souffert, qu'il ait eu des existences tourmentées. Cela n'a rien d'ailleurs qui doive nous étonner car nous savons que, à l'inverse de certains égos, (Orion, par exemple) le Karma d'Alcyone est à longue échéance.

CHAPITRE IV

QUATRIÈME VIE

Vécue aux Indes de l'an 20.574 à l'an 20.465 av. J.-C.
Cette vie fut une vie de pèlerinage, qu'Alcyone entreprit vers le milieu de sa vie et qui dura plus d'un demi-siècle.
Alcyone naît dans un corps masculin et atteint l'âge de 109 ans.
Uranus, père d'Alcyone est chef de tribu, propriétaire foncier, dépendant de Mars, son seigneur suzerain. Courageux et juste, il exerce ses enfants à la pratique de ces deux vertus. Alcyone a beaucoup d'attachement pour sa mère Mercure, qu'il consulte toujours avant d'accomplir un acte important.
A vingt ans, il épouse Persée, qui lui donne douze enfants. Il a tout ce que la richesse peut donner et cependant ses désirs le poussent à vivre en ermite ; sa mère lui conseille d'attendre que ses enfants soient devenus adultes avant de les quitter.
Alcyone prend part à trois expéditions militaires. La première fois, il était tout jeune et accompagne son père, pour le service de Mars : il reçoit une distinction honorifique.
Mars prie Alcyone de céder ses fonctions à son fils Hercule, lui prédisant qu'il subirait une grande perte et que lorsqu'il reviendrait visiter la ville, il serait revêtu de la robe du pèlerin.
Il lui prédit aussi que, au cours des siècles suivants il sera appelé à fonder avec lui, un royaume qui durera des milliers d'années et dont les résultats ne s'effaceront jamais.
La perte prédite par Mars était celle de Mercure, mère d'Alcyone. Celui-ci éprouve un violent chagrin, remet ses pouvoirs à Hercule, et ses devoirs de propriétaire à son autre fils Mizar, et part, accompagné d'un ami et de son jeune fils Cygnus, visiter un temple ; ils sont reçus par le prêtre Jupiter qui leur dit des paroles consolantes et leur permet d'assister à des cérémonies secrètes, ressemblant aux mystères d'Eleusis. Au cours d'une de ces cérémonies, Alcyone, redevenu psychique pour un moment, eut une vision de sa mère et communiqua avec elle. Frappé par la beauté du sanctuaire, Alcyone se promet de visiter tous ceux de l'Inde. Il continue à être guidé par sa mère.
Cygnus est toujours très dévoué à son père, mais noue partout des intrigues, et crée des ennuis à Alcyone, qui est obligé de fuir dans la nuit avec Cygnus pour éviter d'être lynché. Ils se réfugient dans la jungle où ils sont attaqués par un tigre ; Cygnus, conscient de ses torts, se jette au devant de la bête et trouve la mort. Profond chagrin d'Alcyone.
Il se dirige ensuite vers la Birmanie, visite le grand prêtre Vénus, dans un temple où l'astrologie était particulièrement en faveur.
De là, Alcyone visite un sanctuaire confié à un prêtre chinois, qui devint plus tard Lao-Tseu. Ce prêtre, messager du Mahagourou, offre un talisman à Alcyone, talisman qui le mettait sous la pro-

tection de hautes influences subordonnées au Mahâgourou lui-même.

Il visite encore de nombreux temples, entre autres celui où Alceste occupait les fonctions de grand'prêtre. C'est à cet endroit même que plus tard Alcyone et Orion se trouveront fortement attachés

Autres visites à Viraj, à Pallas.

Voit aussi Phocée et Procyon, son épouse.

Alcyone employa cinquante ans à accomplir son vœu ; à son retour, il s'installe dans la grotte qu'il avait habitée quelque temps avant son départ.

Pendant ses méditations, Mercure lui apparaît constamment, lui donne des conseils, l'aide à recouvrer le souvenir de ses existences antérieures, de sorte que la grotte était peuplé de forme-pensées de beaucoup de personnages que nous voyons dans cette série de vies.

Parentés. — Alcyone, naît encore dans le sexe masculin. Il est fils d'Uranus et de Mercure, deux égos devenus adeptes depuis.

Sa mère, Mercure, était grand-Prêtre du temple où fut consacré Alcyone et où fut béni le mariage de Sirius et d'Alcyone. (Ire Vie.) Dans la IIIe vie, Mercure était prêtre et grand ami d'Alcyone.

Son père : Uranus, dans la 1re vie, était mère de Sirius, belle-mère d'Alcyone, par conséquent :

Dans la 2e vie : Uranus était frère d'Alcyone ;

Dans la 3e vie : fils d'Alcyone.

Cette vie est toute de pèlerinages d'un genre spécial, pèlerinages accomplis dans la seconde moitié de son existence. Les faits principaux sont :

1° Ces voyages dans tous les temples et sanctuaires des Indes ;

2° Les prédictions dont il est l'objet ;

3° La grande influence de Mercure sur Alcyone ;

4° Les rapports d'Alcyone et de Cygnus.

Talismans. — Alcyone reçoit un talisman. Cette question des talismans a toujours intrigué l'esprit du public ; aussi croyons-nous bien faire en lui consacrant les quelques lignes qui suivent.

« On entend par « *Talisman* » un objet fortement chargé de magnétisme en vue d'un but particulier par quelqu'un d'expert en la matière. Lorsque la chose est faite, selon les règles, l'objet peut conserver son magnétisme des années durant.

Nombreux et variés peuvent être les buts que l'on désire atteindre avec l'aide des talismans.

Il est certain, par exemple, qu'une personne fortement encline, de par son passé, à n'avoir que des pensées impures, peut être sérieusement aidée, sur la voie de la pureté, par un talisman chargé d'un puissant magnétisme empreint lui-même de pensées pures et élevées. C'est là une simple question de vibrations ; elles se neutralisent et les bonnes vibrations finissent parfois par triompher des mauvaises. Le talisman n'empêchera nullement d'avoir des pensées impures, mais la personne qui porte ce talisman éprouvera une gêne sensible, une sorte de malaise qui la mettra sur ses gardes ; comme il n'y a pas d'harmonie entre les vibrations de la personne et celles de l'objet magnétisé, un désaccord se produit qui est perçu par le penseur.

Un talisman a un double effet : 1° il irradie les vibrations du magnétisme dont il est chargé ; et 2° il provoque un sentiment de confiance chez la personne qui le porte. Il existe cependant un troisième attribut, lequel a parfois plus d'effet que les deux autres ; le talisman peut être un lien entre celui qui l'a magnétisé et la personne qui le porte, si bien que celle-ci peut, par l'intermédiaire de l'objet magnétisé, attirer sur elle l'attention du magnétiseur ». (1).

Ce fait expliquerait à lui seul certaines coutumes consistant à s'offrir mutuellement des présents ; outre le souvenir qu'évoque la vue d'un objet offert par un ami, il s'établit aussi parfois un lien magnétique entre celui qui a donné et celui qui a reçu, lorsque l'objet a été offert avec une grande intensité de pensée. Une simple fleur desséchée, entre les feuillets d'un livre, peut émaner un magnétisme assez grand pendant plusieurs années ; un objet en or conserve longtemps pareil magnétisme ; un portrait de même. Les livres des bibliothèques publiques sont fréquemment autant de talismans dont l'influence est souvent mauvaise ; occultement parlant, l'étudiant en occultisme, et mê-

---

(1) *The Talisman* par C.-W. LEADBEATER (The Theosophist).

me toute personne désirant se tenir à l'abri de vibrations pernicieuses, a tout intérêt à ne lire que des livres neufs, qui n'ont été lus encore par personne. Voyez aussi la grande différence qui existe entre une lettre à la machine à écrire et une lettre écrite à la main ; n'est-il pas désagréable de recevoir, d'un parent ou d'un ami, une lettre écrite à la machine ; il n'est pas besoin d'être très sensitif pour se rendre compte que bien faible est le lien qui vous unit à l'auteur de la lettre. Il y a beaucoup de psychométrie inconsciente dans toutes les choses de la vie de chaque jour et il suffit de porter quelque attention à ce genre de faits pour s'en apercevoir et développer de la sorte un assez grand sensitivisme. Il y a des lettres que l'on porte avec plaisir sur soi.

Inconsciemment, nous fabriquons tous les jours de petits talismans, bons ou mauvais ; inconsciemment, nous choisissons tel ou tel papier, telle ou telle couleur, selon nos vibrations personnelles ; nous écrivons plus ou moins posément, nous pensons avec amour ou avec haine ; le magnétisme de nos mains imprègne ce que nous touchons, nos regards chargent de vibrations déterminées ce que nous lisons ou écrivons et, quand notre lettre arrive entre les mains de son destinataire, elle est absolument semblable à un petit accumulateur d'énergie dont l'influence sera bonne ou mauvaise. S'agit-il d'un simple paquet, il est toujours possible de l'imprégner d'un bon et sain magnétisme ; il est toujours possible d'éviter de choisir, pour ce paquet, un bout de journal quelconque et une vieille ficelle encore toute salie par les mains qui l'ont saisie avant nous.

Il n'y a pas de petites choses pour l'occultiste, toutes ont leur importance.

« Un talisman n'agit jamais que selon le but pour lequel il a été créé ; pourtant, son action indirecte peut avoir sur le possesseur des effets fort intéressants. Je me rappelle, dit M. C.-W. Leadbeater, avoir fait pour une noble *lady* un talisman propre à la garantir d'une extrême nervosité et d'une crainte maladive.

Or, un jour qu'elle se promenait à cheval, sa bête s'emballe en plein bois. L'amazone pense aussitôt à son talisman, elle a dès lors la certitude que rien ne peut lui arriver puisqu'elle a son talisman, ce qui lui fait conserver son sang-froid, là où mille fois pour une, elle aurait perdu la tête et eût trouvé la mort dans un accident. Elle se dirigea donc de son mieux, intelligemment et bravement, jusqu'à ce que son cheval fut à court de respiration, moment à partir duquel elle put reprendre son entier contrôle sur l'animal. »

Elle remercia chaudement M. Leadbeater qui répondit que le talisman n'avait eu, en l'occurrence, aucun effet direct car c'était la foi de la personne en ce talisman qui avait conduit la cavalière à conserver tout son sang-froid. Sans nul doute, le talisman émettant des vibrations qui incitaient au courage, avait eu quelque action directe, mais l'influence indirecte avait été, en ce cas, le facteur le plus important.

Il y a divers objets qui, dans une large mesure, sont des talismans naturels. On peut dire que toutes les pierres précieuses appartiennent à cette catégorie, et chacune d'elles a une influence distincte pouvant être utilisée de deux façons. En elle-même, l'influence est telle qu'il en résulte une attraction de l'essence élémentale d'une certaine espèce, et, avec celle-ci les pensées et les désirs qui s'expriment par cette essence. En outre, par le fait que cette essence élémentale possède ces particularités naturelles, elle est un véhicule sensible au magnétisme concernant les pensées ou les émotions correspondant aux propriétés d'une telle essence élémentale. Supposons, par exemple, qu'on veuille combattre des pensées impures. Une pensée impure, en général, consiste en une série de vibrations complexes, mais de vitesse déterminée. Pour résister à ces pensées impures, on doit choisir une pierre dont les vibrations n'ont pas la même vitesse, et qui opposent aux vibrations impures la plus grande résistance possible. Si elle est destinée à faire un talisman préservant des pensées impures, la pierre qui leur opposera, de manière toute naturelle, la résistance la plus grande, sera le véhicule indiqué pour être magnétisé dans un sens contraire.

Les vibrations émises par la pierre sont sur le plan physique, tandis que celles des émotions attiennent au plan astral, c'est-à-dire à une octave (ou plutôt à plusieurs octaves) plus haut ; cela n'empêche pas qu'une pierre dont les vibrations physiques seraient en harmonie avec celles de la pureté sur les niveaux supérieurs, opérera, même sans être spécialement magnétisée ; elle sera un obstacle à une pensée ou à des sentiments impurs en vertu de son mode vibratoire ; de plus, elle peut être rapidement chargée, astralement et mentalement, de pensées ou de sentiments purs.

Dans le règne végétal, il y a aussi des exemples où ce magnétisme est bien caractérisé. Entre autres, nous pouvons citer les baies de Rudrasksha dont on fait si souvent des colliers dans l'Inde. Les oscillations qui s'y rapportent, particulièrement quand elles sont toutes petites et pas encore développées, les rendent tout spécialement aptes à la magnétisation, quand on veut se livrer à des pensées soutenues de sainteté ou à la méditation, ou que l'on désire éloigner toutes influences de nature à troubler. Les perles faites avec la plante du Tulti en sont un autre exemple, bien que l'influence qu'elles offrent soit d'un caractère tant soit peu différent.

Une série intéressante de talismans naturels est offerte par les objets qui dégagent de fortes odeurs. Ainsi, dans cet ordre d'idée, l'encens produit un effet très puissant, les gommes dont il est composé étant spécialement choisies parce que les vibrations qu'elles émettent sont favorables aux pensées spirituelles et dévotionnelles, et absolument en désaccord avec toute autre variété. On peut composer un encens qui aura précisément les effets opposés; ce procédé était employé par les sorciers du moyen-âge, et, aujourd'hui encore, dans les cérémonies Lucifériennes. Mais en dehors de ces pratiques essentiellement mauvaises exercées avec intention et dans un but déterminé, il est bon de s'abstenir des parfums grossiers et pénétrants tels que le musc ou un sachet de poudre odorante, la plupart d'entre eux étant intimement en rapport avec les sensations sensuelles de différentes sortes.

Un objet n'ayant pas été intentionnellement chargé d'un magnétisme déterminé, peut cependant avoir la force d'un talisman, c'est ainsi qu'un présent fait par une personne aimée, s'il est de nature à pouvoir être porté sur soi, peut servir à celui qui l'a reçu de souvenir, et lui donner l'impression si forte du donateur qu'il se trouvera empêché à un certain moment de faire des choses qu'il ne ferait pas si le donateur le regardait. J'ai moi-même entendu citer bien des cas où une personne portant une bague ou une chaîne, qui lui avait été donnée par sa mère, fut empêchée de commettre un acte douteux, ou de s'adonner à un plaisir inconvenant du fait que juste au moment de céder à la tentation, ses regards rencontraient l'un ou l'autre objet; l'objet lui avait immédiatement rappelé le souvenir de sa mère et ce que celle-ci ressentirait si elle le voyait si bien qu'il renonçait aussitôt à ses projets. Une lettre gardée dans la poche produisait les mêmes effets, la personne se disant dans ce cas :

« Comment pourrais-je me livrer à pareil acte avec sa lettre dans ma poche ? Comment oserais-je porter cette lettre dans un milieu où je serais honteux que le signataire me vît ? »

Je me rappelle un cas dans lequel la lutte se termina ainsi : l'homme déchira la lettre et en jeta les morceaux afin de pouvoir céder à ses mauvais penchants; mais ceci est assez rare et c'est généralement l'effet contraire qui se produit.

On voit donc que des objets que l'on porte avec soi peuvent avoir une influence décisive sur nous. La montre, par exemple, que l'homme a toujours sur lui, arrive à être fortement imprégnée du magnétisme de celui à qui elle appartient, et si après l'avoir portée quelques années il lui arrive de la prêter ou de la donner à un autre, cette autre personne, si elle est quelque peu sensitive aura constamment à l'esprit le souvenir de son ami, aura la sensation d'avoir son ami présent. Je me rappelle aussi qu'un des membres les plus en vue de la Société Théosophique, mort depuis longtemps, avait l'habitude d'offrir des montres à ceux de ses disciples auxquels il s'intéressait tout particulièrement chargeant, au préalable, ces montres du magnétisme qu'il croyait le meilleur pour chacun d'eux. Comme ses jeunes amis portaient naturellement la montre qui leur était ainsi donnée, il réussit, dans plusieurs cas, à effectuer de grandes améliorations dans leur caractère.

Une chose très désagréable (à un certain point de vue) et que tous nous sommes obligés de faire, c'est de porter de l'argent sur soi. A cela un humoriste dira qu'il supporterait fort bien d'avoir à subir de nombreux désagréments de cette nature. Certes, je comprends ce point de vue, et je reconnais que, dans notre civilisation actuelle, il est souhaitable de posséder une certaine somme de ce métal impur, et qu'on est obligé d'en avoir toujours sur soi pour être prêt à toute éventualité. Le fait n'en reste pas moins vrai que, si l'argent est bon à posséder lorsqu'on sait l'employer sagement, il est le plus souvent sous sa forme concrète, en pièces de monnaie et en billets, imprégné d'un magnétisme des plus nuisibles. Les billets neufs et les pièces nouvellement frappées sont assez inoffensifs ; mais après qu'ils ont été, pendant un certain temps, mis en circulation, ils acquièrent non seulement toutes sortes d'impuretés physiques, mais encore des vibrations de toute nature, toutes infiniment désagréables.

La raison n'en est pas difficile à comprendre, le magnétisme qui entoure les pièces de monnaie étant produit par les pensées et les sentiments de ceux qui les ont maniées ou qui les ont portées sur eux. D'abord, et en général, sans même tenir compte des sentiments particuliers, une pièce de monnaie qui a été maniée et portée par un grand nombre de personnes doit inévitablement être chargée d'un mélange considérable de magnétismes de toutes natures. Elle devient donc, par conséquent, au point de vue des vibrations qu'elle émet, un centre de discorde autour duquel toutes sortes d'influences diverses tourbillonnent dans la plus extravagante confusion ; de l'influence exercée par un fait tel que celui-ci résulte un état de trouble et d'irritation, et, à un degré beaucoup plus intense, elle produit sur les corps astral et mental un effet semblable à celui que produit, sur le corps physique, un bombardement continu d'émanations de radium. Quelques savants ont pu constater, par une expérience douloureuse, qu'un petit fragment de radium, porté dans la poche d'un vêtement produit sur la peau une plaie particulièrement difficile à guérir. De même, mais dans de plus grandes proportions, semblable phénomène est produit sur les véhicules supérieurs par la présence d'une pièce de monnaie très usagée. La monnaie de cuivre et de bronze, est, à cet égard la pire de toutes, sauf peut-être les vieux billets de banque tout maculés. L'or et l'argent absorbent aussi les influences qui les entourent, mais la qualité de ces métaux fait qu'ils sont moins susceptibles d'absorber les pires caractéristiques. De tout ce qui précède, nous pouvons en déduire qu'il ne faut pas prendre sur soi plus d'argent qu'il n'est nécessaire. J'ai connu des étudiants qui, pour parer autant que possible à l'inconvénient que possède la monnaie de cuivre et de bronze, renfermaient celle-ci dans bourse magnétisée à un tel degré qu'elle est pratiquement imperméable à toutes vibrations désagréables.

Je sais que bien des gens diront que toutes ces influences étant extérieures, n'ont aucune importance, et qu'il est absolument ridicule de se préoccuper de questions aussi insignifiantes. Certes, j'admets que les considérations de pensées et de sentiments ont une toute autre importance ; toutefois, je désire indiquer d'abord que ces conditions extérieures que l'on méprise à tort modifient bien souvent les conditions intérieures, et, ensuite, que nous ne sommes pas encore assez avancés sur le sentier, et que le fait de suivre ne nous est déjà pas si facile pour nous permettre de négliger l'étude des moindres choses qui peuvent ou nous aider ou nous entraver. On attribue au Christ d'avoir interpellé sévèrement les Scribes et les Pharisiens sur ce qu'ils portaient trop d'attention aux détails extérieurs au détriment des réalités intérieures ; le fait est exact, mais rappelez-vous aussi qu'il conclut cette critique en disant : « Ce sont là les choses qu'il fallait faire sans néanmoins omettre les autres. »

CHAPITRE V

CINQUIÈME VIE

Vécue en Chine de 19.554 à 19.485 av. J.-C.

De race Touranienne, Alcyone naît dans un corps masculin, est fils de Mira et de Selene. Mira était assez influent dans son district ; c'était un homme impérieux, mais juste et bienveillant. Il professait une grande admiration pour sa femme Selene, sentiment qui fut partagé par Alcyone ; Selene travaillait les questions philosophiques et avait des aptitudes littéraires.

Alcyone fut très influencé par son frère aîné Sirius qu'il considérait comme une sorte de héros ; ils furent inséparables et tout jeunes prenaient plaisir à écouter leur mère, très intéressés par la lecture d'un ouvrage dans lequel elle résumait les enseignements d'une grande antiquité donnés en Atlantide. Il semblerait que ce fut une forme originale de l'un des Oupanihads.

Alcyone sauve Sirius du feu qui avait pris après ses vêtements.

Les deux frères deviennent plus tard les défenseurs des idées de leur mère, ce qui les met en opposition avec les orthodoxes de leur époque ; ils passèrent simplement pour des excentriques, car il semble qu'on ait été assez tolérant à cette époque en matière religieuse.

Ils s'éprennent tous les deux d'Albireo, jeune fille de sang royal ; mais Sirius ayant découvert l'amour d'Alcyone, se sacrifie et lui abandonne sa part de fortune.

Alcyone refuse pendant longtemps ce sacrifice, mais l'attitude d'Ulysse, le père d'Albireo, le force à accepter ou à renoncer à ses projets. Scorpion, autre prétendant à la main d'Albireo, après s'être emporté en se voyant repoussé, imagine une expédition qui a pour but de faire découvrir un trésor à Alcyone ; il s'arrange de façon à isoler celui-ci et reste en arrière avec Sirius qui a la vision très nette d'un complot et force Scorpion à avouer. Ils le remettent entre les mains d'Ulysse, qui le bannit.

Sirius et Alcyone poursuivent pendant deux ans dans toute la Chine, Pollux, qui, après avoir séduit leur jeune sœur Véga, s'était enfui. Alcyone tombe malade en route, et est recueilli et secouru par Orphée, Lama à longue barbe blanche. Un jeune prêtre nommé Auriga s'attache beaucoup à Alcyone et lorsque celui-ci fut remis, accompagne les deux frères pendant quelque temps. Ils découvrent Pollux qui s'était réfugié dans une île, s'emparent de lui, le tuent, et reviennent avec le sentiment d'avoir accompli leur devoir. Ce meurtre, suivant les coutumes, était suffisant pour réhabiliter Véga qui épouse Tiphys.

L'exilé Scorpion revient, déguisé en ascète ; il a acquis un pouvoir mesmérique et des connaissances en un genre peu recommandable de magie. Il prend une grande influence sur Castor, homme d'état influent ; celui-ci réussit à animer Ulysse de mauvais sentiments contre la famille à laquelle s'était alliée sa fille et crée des troubles dans la famille.

Scorpion pratique aussi l'envoûtement. Comme il était déjà suspect aux yeux de Sirius, et que Mercure, très intuitive, avait découvert le complot, on ne tarde pas à découvrir l'identité de Scorpion ; comme il avait été banni, il est passible de la peine de mort et il est d'ailleurs exécuté. L'harmonie est alors rétablie dans la famille.

Ulysse se sentant près de sa fin, prie Mars de désigner Sirius pour son successeur ; Mars consent et Sirius devient gouverneur. Il nomme Alcyone, juge suprême, et tous deux restent en fonctions, aimés et respectés, jusqu'à leur mort.

Ils furent très unis durant toute leur vie ; ils moururent à quelques jours d'intervalle

COMMENTAIRES

Considérations générales sur les cinq premières vies. — Comme nous aurons l'occasion d'entreprendre plus loin les quelques commentaires qu'il y aurait à faire au sujet de la Ve vie, mais qui trouveront plus tard une meilleure application, nous nous bornerons à résumer rapidement ces cinq premières vies qui embrassent une période de 3.177 années. En dehors des quelques remarques que nous avons faites au cours de notre analyse, il y a des faits saillants qu'il importe de dégager de la masse des détails.

Somme toute, ces cinq premières vies, pour le lecteur qui connaît les suivantes, semblent constituer une période qui se distingue des autres groupes d'existences, en ce sens qu'elle paraît devoir être une sérieuse préparation au travail et au Karma à venir.

Jusqu'à la sixième vie, les vies d'Alcyone sont plutôt des leçons apprises par l'exemple que lui fournissent les égos supérieurs qui l'entourent ; il apprend peu à ses dépens, il ne s'acquitte pour ainsi dire pas de mauvais Karma, au point que l'on est presque porté à croire que tout lui sourit et lui sourira, que chacune de ses existences ne sera pour lui qu'honneurs, fortune, estime, affection, etc...

Ces cinq premières vies constituent la période durant laquelle Alcyone puise aux meilleurs sources, acquiert, à un certain degré, les qualités des égos supérieurs qui l'entourent ; il s'arme pour ainsi dire du bouclier dont il aura à se servir pour parer les coups de la destinée à venir.

Mais classons les points particuliers qui le concernent :

Sexe. — Au point de vue du sexe, il naît 2 fois dans le sexe féminin et 3 fois dans le sexe masculin.

Parents. — Sur ses 10 pères et mères, nous trouvons les égos très avancés : Brihaspati — Neptune — Uranus — Mercure — Hélios. Il a pour enfants : Sourya, Mercure, Hercule, autres égos très avancés.

Influence. — Au point de vue de l'influence, il est sous la direction des égos les plus évolués, du Mahagourou, Bouddha et de Sourya, le Bodhisatwa actuel, de Mercure, le Bodhisatwa de la 6ᵉ Race, de nombre de prêtres ou hommes d'Etat qui sont aujourd'hui des adeptes, sans compter des égos de haute valeur tels que Sirius, Lion, etc...

Tendances. — Ses tendances penchent fortement vers l'étude ; il se montre plus apte aux questions d'ordre religieux qu'aux questions purement politiques.

Psychisme. — Il est psychique trois vies sur cinq et le fait d'avoir été psychique devra avoir sur les autres vies un certain résultat ; en effet, bien qu'en étant inconscient dans l'état de veille, l'égo lui, sait et se souvient et les expériences qu'il a traversées impliquent une direction déterminée.

Qualités. — Alcyone témoigne des qualités suivantes :
Un grand courage — Esprit de sacrifice — Tempérament dévotionnel — Intention — Discernement — Obéissance aux ordres de ses supérieurs — Fidélité dans ses affections — Magnanimité — Intelligence profonde — L'audace — Le mépris de la richesse et des honneurs.

Il s'agit maintenant d'appliquer les vertus acquises dans les épreuves Karmiques, dans les difficultés qui surgiront. De même que le lycée et l'éducation inculquent des principes que l'enfant devra plus tard appliquer ; de même l'égo, après avoir épuisé aux meilleures sources, devra appliquer ce qu'il aura appris et les responsabilités n'augmentent que proportionnellement aux qualités acquises ; on ne peut être un disciple avant d'avoir développé les vertus mêmes qui caractérisent tout disciple ; plus encore, on ne peut être disciple avant d'avoir appris à *appliquer* ces mêmes vertus qui caractérisent un tel être.

Faits principaux. — Alcyone assiste à une cérémonie d'initiation présidée par Sourya, le messager du Mahagourou. Il est marié en grande pompe et donne naissance à un grand être : Sourya. Il entreprend de nombreux et instructifs voyages ou pélerinages dans de nombreux temples dirigés par des égos fort évolués.

Ses œuvres. — Il est l'auteur de deux ouvrages remarquables sur les questions religieuses et sur les races ; l'un de ces ouvrages est élaboré avec la collaboration de Sirius ; sans compter les longues méditations à la suite de ses pélerinages de la quatrième vie.

Difficultés. — Les difficultés se résument à

L'affaire Thétis-Scorpion	} 1re vie
Scène de magie noire	
Mort tragique	2e »
Aventures périlleuses	3e »
Affaire Cygnus	4e »
Affaire Pollux-Scorpion	} 5e »
Maladie	

Situation sociale. — 2 fois : mère de famille — 3e vie, ambassades, fonctions honorifiques — 4e vie : soldat puis ermite — 5e vie : juge suprême à la Cour.

Son passif. — A son passif il a le meurtre de Pollux (5e vie).

Son actif. — A son actif : les œuvres, les actes, les pensées que nous avons déjà énumérés.

Prophéties. — Les prédictions remplies de promesses pour l'avenir sont au nombre de 6 dans les cinq premières vies.

Education. — Très bonne dans chacune de ces cinq vies.

Tel est le bilan d'Alcyone jusqu'à présent. Nous nous rendrons compte, par la suite, que tout cela n'est rien encore comparativement au bilan désirable indispensable pour passer le premier portail de l'Initiation. Maintenant qu'Alcyone a été instruit, guidé, protégé, il va falloir marcher une peu seul ; il va lui falloir affronter des difficultés, essuyer des revers, subir des chutes.

CHAPITRE VI

SIXIEME VIE

Vécue dans l'Asie Centrale de l'an 18.885 à l'an 18.806 av. J.-C. Alcyone est de race Aryenne, sexe masculin. Fils de Mars et Mercure.

Ces deux derniers sont chargés par le Manou, fondateur de la race qui n'avait pas apparu depuis fort longtemps, de conduire une partie de cette race vers un territoire sacré, préparé spécialement, d'une fertilité sans exemple. Là sa situation et celle de sa race doit devenir florissante : il lui conseille de ne combattre que le moins possible contre les tribus avec lesquelles il entrera en contact. Il leur est prédit qu'en récompense de la lourde tâche qu'ils auront remplie, ils jouiront dans l'avenir du privilège d'accomplir une tâche plus importante encore, et analogue à celle accomplie par le Manou lui-même. La prophétie fait aussi allusion à leurs fils, Hercule et Alcyone, et mentionne qu'une tâche similaire leur est réservée dans un avenir plus lointain encore.

Alcyone a 10 ans, lors du départ de l'expédition ; sa vie est errante et pleine d'aventures. Son caractère a deux lignes bien tranchées : tantôt il se montre enthousiaste pour tous ces changements et aventures, tantôt il est mystique et rêveur. Dans le premier cas, son amour se porte plutôt vers son père, dans le second vers sa mère.

Tantôt il se met en tête de la caravane, comme éclaireur, tout aux choses physiques tantôt il reste en arrière avec sa mère, perdu dans des visions.

Deux voies semblent se présenter pour lui, celle du Manou, celle du Bodhisattwa.

Au cours de ses rêveries, il a souvent des visions du passé, des souvenirs de ses existences antérieures (bien qu'il ne se rende pas compte de cela). Il n'en parle que rarement à sa mère : toutefois il reconnaît toujours ses parents au milieu de ces scènes qui se déroulent devant lui, à quelque situation ou à quelque sexe qu'ils qu'ils aient appartenu. Parfois, en citant des faits, il réveille la de sa mère, qui se souvient à son tour. Sa vision la plus fréquente est un souvenir de la II° vie étudiée ici : il se voit sous les traits d'une jeune femme se précipitant dans les flammes pour sauver un enfant qui était alors l'espoir du monde.

Il revoit aussi des scènes de magie noire auxquelles il a assisté avec joie autrefois et qui, maintenant, le font reculer de terreur et de dégoût ! A ces scènes se mêle toujours l'apparition du même personnage, qui l'entraînait dans ce culte du mal, non pour le mal en lui-même, mais par amour et par satisfaction de partager quelques instants heureux avec Alcyone. Ce personnage réapparaît dans la vie qui nous occupe, sous le nom de Cygnus, et il est encore attaché à Alcyone par un grand amour. Cet amour le pousse à prendre un costume masculin pour suivre Alcyone dans une expédition dangereuse, afin d'être là pour le protéger. Cygnus est gravement blessé, et, à ce moment, on découvre son véritable sexe. Alcyone, auprès d'elle, hanté par l'idée que ce personnage est celui qui l'accompagnait dans les scènes de sorcellerie, fait qui est confirmé par Cygnus au moment de mourir : celle-ci par un effort de volonté se revoit participant à ces séances ; elle jure de racheter cette faute dans l'avenir et promet de regagner l'amour d'Alcyone en le servant sans cesse loyalement.

Alcyone subit de plus en plus l'influence de sa mère, Mercure. Il sauve son frère Hercule d'un grand danger, par suite d'un acte de transmission de pensée avec sa mère.

Il épouse Thésée et en a sept enfants. Son père le nomme commandant d'une des trois armées ; Hercule et Uranus ses frères commandent les deux autres.

Un roi, que nous connaissons sous le nom de Saturne, et qui régnait dans le sud de l'Inde, ayant entendu annoncer l'arrivée de cette migration dans son royaume, consulte un grand prêtre, Sourya, considéré comme le porte-paroles du Mahagourou. La réponse du grand-prêtre est que cette migration a été ordonnée par les dieux, qu'il faut les accueillir avec les plus grands honneurs et leur assigner des territoires fertiles, afin que ceux qui le désireraient pussent s'y fixer.
par les dieux, qu'il fallait les accueillir avec les plus grands honneurs et leur assigner des territoires fertiles, afin que ceux qui le désireraient pussent s'y fixer.

Mars, heureux de constater que sa vie errante allait être terminée et qu'il avait mené son entreprise à bonne fin, accepte tous les arrangements. Sourya, le grand prêtre, annonce que le clergé serait plus spécialement recruté chez les nouveaux arrivants et que les emplois seraient héréditaires. Le vice grand prêtre, Osiris, était à ce moment très âgé ; il demanda à être relevé de ses fonctions. Sourya fit demander à Mars, un de ses fils pour tenir cet emploi : il propose Alcyone qui est de suite accepté par Sourya. (Uranus, l'autre fils, a déjà adopté la vie d'ermite et refuse de succéder à Osiris.

De sorte qu'Alcyone est le seul qui puisse approcher le grand prêtre et assurer les communications entre ce dernier et le roi. Sa situation exige beaucoup de discernement et il ne tarde pas à jouir d'une grande réputation de sagesse et d'équité.

Il reçoit directement les encouragements du Mahagourou, occupe le poste pendant près de trente ans, jusqu'à sa mort à soixante-dix-neuf ans. Alcyone est âgé de soixante ans quand il perd sa mère ; Sourya l'aide beaucoup à surmonter son chagrin. Thésée, femme d'Alcyone, meurt peu de temps après Mercure, et c'est Mizar, petite fille favorite d'Alcyone qui tient sa maison pendant les dix-sept dernières années de sa vie.

SEPTIEME VIE

Vécue dans le nord de l'Afrique, de l'an 18.209 à l'an 18.138 av. J.-C. Alcyone est fils de Lion et d'Achille, frère jumeau de Sirius. La race qui habitait cette contrée était celle des Sémites Atlantéens : civilisation avancée et instruction très poussée. Alcyone vivait dans le sud de cette contrée : son père était juge et administrateur de la ville et possédait de grands domaines dont l'exploitation était confiée à Sagittaire. Sirius et Alcyone préféraient la campagne et vivaient la plus grande partie dans ces domaines : ils jouaient tout enfants avec Cygnus, fille de Sagittaire. Plus tard, ils travaillent à l'Université de la Ville. Mais les bâtiments étaient insuffisants, l'organisation défectueuse : Alcyone conçoit le projet d'y consacrer sa vie, de réorganiser l'Université et de la rendre fameuse dans le monde entier. Alcyone se consacre à l'éducation, et il est convenu, qu'en cas de décès de leur père, Sirius s'occupera des domaines.

On offre à Alcyone un emploi à l'Université ; il remplit ses fonctions avec tant de zèle et d'intelligence qu'à l'âge de 30 ans, le suprême conseil de la ville l'élit chef de l'Université. Alcyone s'y donne de tout cœur : commence par obtenir de son père une grande partie du domaine pour y établir l'Université et ses jardins. Il stimule le zèle de ses concitoyens de sorte que les constructions s'érigent rapidement. Il invente et installe un nouveau mode de locomotion, mû par l'eau, sorte de tramway qui relie l'Université à la ville. Il fait venir des professeurs de Poseidonis, tous jouissant d'une haute réputation. Fait construire une bibliothèque et classifie la collection que l'Université possédait déjà : établit un système d'échanges avec les bibliothèques de Poseidonis et des Indes, et entre ainsi en relations avec la bibliothèque du temple de Sourya qu'il avait lui-même fondée dans sa précédente incarnation. Alcyone va visiter Vénus, souverain et grand prêtre à la fois, qui habitait au nord de l'Afrique : il obtient de lui la promesse qu'il viendrait en personne présider à la cérémonie d'ouverture de l'Université. Cette inauguration fit en effet au milieu d'une grande splendeur et d'un rituel très compliqué.

Alcyone eût préféré une vie plus tranquille ; il désirait écrire des ouvrages sur la philosophie, mais il sacrifia ses désirs personnels pour mener à bonne fin son œuvre et se consacrer entièrement à l'administration.

Il épouse Hélios, a plusieurs enfants, entre autres Mercure, sa fille aînée qui s'intéresse vivement à l'œuvre de son père. Alcyone sauve la vie de sa fille en l'arrachant aux flammes, incendie dû à un accident de laboratoire. Il est lui-même cruellement brûlé et rapidement guéri par Brihaspathi, qui possède des pouvoirs spéciaux mais c'est alors Sourya qui agit par l'intermédiaire de Brihaspati. Alcyone apprend de lui l'art de guérir au moyen du Mesmérisme, le met en pratique parmi ses étudiants. Brihaspati avertit télépathiquement Alcyone d'un danger d'invasion : fort heureusement les habitants ont le temps de s'organiser et font tomber l'ennemi dans une embuscade. Cygnus n'a pas oublié Alcyone et éprouve un vif chagrin en le voyant épouser Hélios ; elle le lui dit, et Alcyone la conseille si bien que, quelques années plus tard, elle finit par épouser Regulus.

Alcyone et Sirius s'entendent toujours très bien et lorsque Sirius mourut, à soixante-neuf ans, il semble à Alcyone qu'il a perdu une partie de lui-même : toutefois, il reste en communication avec lui par les rêves qu'il a chaque nuit. Il lui survit deux ans, laissant son Université en pleine prospérité et jouissant d'une réputation qui dura encore deux mille ans.

HUITIEME VIE

Vécue dans l'Asie centrale de l'an 17.464 à l'an 17.404 av. J.-C.

Fils de Psyché et Arcturus, choisis par Mars pour faire partie d'une expédition ; Alcyone a alors neuf ans ; ce voyage dure une quinzaine d'années. Dans cette vie Alcyone embrasse la carrière militaire et passe son temps soit aux avant-postes comme éclaireur, soit auprès de sa mère sur laquelle il veille attentivement. Il sauve la vie à Hercule son ami, qui a été surpris par des ennemis ; il le rapporte blessé aux pieds de sa mère Neptune. Mars félicite Alcyone. L'expédition décide de s'intaller dans la région où est maintenant Delhi. Alcyone bien qu'à peine âgé de trente ans, est chargé d'une ambassade auprès du souverain d'une ville Toltèque qui occupe cette contrée ; il s'acquitte adroitement de sa mission et obtient ce qu'il demande. Le souverain invite Mars et lui offre l'hospitalité : celui-ci, sagement, s'y rend entouré d'une escorte dont Alcyone fait partie. Neptune avertit Mars qu'elle l'a vu dans un rêve, être fait prisonnier. Mars se revêt donc pour entrer dans la ville de son pourpoint de combat, se prépare une sortie à une des portes de la ville. Il est effectivement attaqué dans la demeure de Castor, mais ses précautions sont bien prises ; ils échappent tous.

Mars avant de mourir laisse sa succession à Hercule, auquel il adjoint son ami Alcyone, pour gouverner la nouvelle ville fondée. Alcyone a épousé Rigel, il a huit enfants. Il meurt à 60 ans, précédant de peu son ami Hercule qui reste inconsolable de sa perte.

NEUVIEME VIE

Vécue à Poseidonis de l'an 16.876 à l'an 16.792 av. J.-C.

Alcyone est fils aîné de Mercure et de Brihaspati et petit-fils d'Hercule Arrière petit-fils de Sourya et de Mars.

Alcyone ne voit Mars que trois ou quatre fois, ce souverain étant déjà très âgé à l'époque de sa naissance.

Sourya est grand-prêtre et possède la plus grande influence dans tout le pays. Alcyone est en rapports constants avec lui et une étroite affection les unit ; Sourya le considérant comme prometteur beaucoup pour l'avenir consacre la plus grande partie de son temps à son éducation.

Fils d'une mère profondément religieuse, Alcyone est dès son jeune âge, habitué aux cours intérieures des temples. Il devait, croyait-on, considérer la carrière sacerdotale comme la plus enviable.

Il se lie avec des jeunes gens qui lui vantent les voyages, les affaires, les dangers surmontés ; il grandit l'esprit préoccupé par deux idéals et ne sachant trop quelle voie choisir.

Ses parents désirent le soustraire à la compagnie de ces jeunes gens, mais Sourya conseille de le laisser choisir librement.

Arrivé à l'âge requis, pour pouvoir être admis dans le temple, Sourya fait appeler Alcyone pour savoir ce qu'il décidait. Alcyone choisit la carrière sacerdotale, mais Sourya le soumet à une épreuve en ne l'acceptant pas tout de suite et en lui conseillant de retourner près des marins et de se mêler à la vie du port. Alcyone subit un combat moral très pénible, se sent attiré par Phocée, jeune fille très entourée. Là, il a l'occasion de sauver un de ses admirateurs, et, mentalement, blâme Phocée qui a été cause de l'accident. Il retourne définitivement au temple, où Sourya l'accueille en lui prédisant qu'il pourrait encore une fois donner sa vie (comme il l'avait déjà fait dans le passé) et que par ce sacrifice, tous les royaumes du monde seraient bénis.

Alcyone est très impressionné par la transfiguration de Sourya pendant cette prédiction.

Alcyone est invité, ainsi que plusieurs prêtres, à accompagner son père Mercure, dans une mission où il s'agit de visiter une grande bibliothèque et une Université dans le Nord de l'Afrique ; il accepte avec joie et tout le long de la route, il croit reconnaître des choses déjà vues : il s'amuse même à décrire d'avance tous les paysages ; une fois arrivé à la ville et à l'Université, il reconnaît tout et finit par raviver les souvenirs de Mercure ; ils peuvent constater que, dans leur vie antérieure, ils n'étaient pas père et fils, mais fille et père. En revenant de leur mission, une tempête les écarte du bon chemin ; ils font escale dans la ville aux Portes d'Or. Ils rendent visite à Mars, souverain qui a su maintenir son influence, mais la civilisation toltèque est déjà en pleine décadence.

Au retour, Sourya félicite Alcyone sur ses visions du passé ; il est considéré comme le néophyte auquel le plus grand avenir est réservé.

Il subit encore les avances de Phocée ; mais il est peu disposé à l'écouter, maintenant qu'il a rencontré sa cousine Sirius, vers laquelle il se sent attiré. Sourya procède lui-même à la cérémonie du mariage, chose rare, car il se contentait généralement de donner sa bénédiction. C'est la dernière fois qu'il prend part à une cérémonie publique. Quelques mois plus tard Alcyone et Sirius sont appelés près de lui pour recevoir ses adieux. Il leur fait une importante prédiction : « Après avoir épuisé leur mauvais Karma, ils doivent naître dans une race qui les conduira vers les sommets, la race de ceux qui aident le monde. » Sourya meurt, mais Alcyone le voit souvent en rêve et reçoit ses conseils. Mercure lui succède dans la direction du temple et s'efforce d'agir conformément aux principes de Sourya.

Le poste de directeur à l'Université du Nord de l'Afrique étant vacant, on pense à son jeune fondateur réincarné et on lui fait des offres si avantageuses qu'il accepte. On lui ménage une superbe réception. Il retrouve encore beaucoup de souvenirs de son existence passée, ainsi que Sirius et Mizar, sa femme et sa belle-sœur. Mercure, son père, lui a fait promettre de revenir quand il sentirait les forces l'abandonner.

Alcyone se tire avec beaucoup de tact de ses fonctions de directeur, tout en s'apercevant qu'il est plus difficile d'administrer que de fonder.

Il s'aperçoit qu'on n'a pas suffisamment pourvu à l'instruction et à l'éducation de la classe pauvre, il décide d'y consacrer une partie des revenus de l'Université et commence par s'intéresser tout spécialement à Borée, fils d'un de leurs serviteurs.

Il passe vingt-sept ans de sa vie dans le nord de l'Afrique ; toutes les écoles fondées dans la contrée dépendent de l'Université, il est donc une sorte de Ministre de l'Instruction Publique.

Alcyone et Sirius ont envoyé leurs enfants à tour de rôle, au pays natal, faire visite à leur grand'père Mercure. Là, ils se sont choisis des compagnes.

Il est rappelé auprès de ses parents, et il sent qu'il est de son devoir d'obéir ; il laisse son fils Bellatrix diriger l'Université, ayant reconnu chez ce dernier, toutes les capacités voulues. Alcyone fait voile vers Poseïdonis, mais au cours de ce voyage, il a la douleur de perdre sa femme, Sirius ; suivant le désir de celle-ci, il consent à épouser Mizar, sa belle-sœur. Le mariage se fait aussitôt que possible à Poseïdonis, et les époux ont conscience de la présence de Sirius.

Son intérêt pour les questions sacerdotales se réveille et il remplace bientôt Mercure dans le temple. Il fonde des écoles à Poseïdonis, sur le modèle de celles du Nord de l'Afrique. Il entretient une correspondance régulière avec Bellatrix.

Il perd ensuite son père et sa mère, ce qui l'affecte beaucoup, d'autant qu'il est lui-même très fatigué par suite de surmenage.

Pour se reposer, il décide de retourner en Afrique ; la traversée est agréable, et il est accueilli avec enthousiasme. Alcyone trouve la situation florissante et félicite Bellatrix ; il refuse d'intervenir dans la direction. Il passe douze mois en Afrique et ne revient que sur les instances de son fils Vesta. Il a déjà soixante-sept ans, aussi invite-t-il Vesta à continuer à remplir ses fonctions, car il aspire à mener une vie de méditation et de repos. Il est considéré comme un sage et comme un saint. Il guérit plusieurs malades en les magnétisant mais refuse de pratiquer régulièrement, il n'intervient que dans les cas où il est spécialement inspiré d'accorder son aide.

Il vit ainsi dix-sept ans dans la paix et la satisfaction, en possession de toutes ses facultés, ayant à ses côtés Mizar, qui meurt un an avant lui.

On élève deux statues semblables à Alcyone, l'une à Poséidonis, l'autre en Afrique. Là, il avait déjà celle de son incarnation précédente sur le socle de laquelle il fait ajouter son nom de la IX° vie.

Plus tard, quand les statues eurent disparu, le récit fut brouillé : on parla d'un magicien qui avait conservé le même corps pendant quatorze cents ans et avait pu revoir la scène de ses anciens travaux.

DIXIEME VIE

Vécue dans l'Asie Centrale de l'an 15.995 à l'an 15.937 av. J.-C.

Cette vie est l'une des plus belles qui soient grâce à la splendide description que font les auteurs du départ de la plus importante migration. Nous y trouvons réunis tous les égos évolués : Mars, Mercure, Vulcain, Corona, Brihaspati, Jupiter, Hercule, etc., et c'est aussi dans cette vie qu'apparaissent les Seigneurs de la Flamme ; les quatre Koumaras. Le Manou : Vaivasvata, le Mahagourou : Vyasa — Sourya, disciple direct du Manou.

Alcyone, fille de Mercure et de Saturne assiste à l'âge de trois ans à cette splendide cérémonie présidée par les Koumaras, le Bodhisattva et le Manou.

Elle est la fille favorite de Sourya. Sourya, à un moment donné, prend Alcyone et Hercule sa sœur, dans ses bras, et leur prédit que la mort les atteindra toutes deux en même temps, afin d'épuiser le mauvais Karma. Elles n'auront qu'à l'appeler à ce moment, il viendra à elles et elles verront resplendir une éclatante Lumière, comme pendant la cérémonie à l'apparition des Seigneurs de la Flamme. L'expédition se met en route et dure de longues années, au cours desquelles Alcyone épouse Albiréo, frère d'armes de Jupiter.

Hercule et Alcyone, sœurs inséparables, ne restent jamais longtemps éloignées l'une de l'autre. Hercule, très experte dans la magie blanche Atlantéenne commence à l'enseigner dans le royaume conquis par Mars et gouverné par son beau-frère Albiréo ; mais un certain nombre des vaincus appartenant à la magie noire de la religion Atlantéenne, complotent la mort des deux sœurs Alcyone et Hercule ; ils profitent donc d'un voyage d'Albiréo et de Vajra dans une partie éloignée du royaume.

Scorpion grand-prêtre Atlantéen est à leur tête et force la demeure d'Albiréo ; les deux sœurs sont emmenées dans le temple atlantéen et les portes se referment sur elles, les isolant de tout secours humain. On leur promet la vie sauve, si elles consentent à prendre part au culte ; mais elles refusent de renier leur foi.

Elles sont horriblement suppliciées ; au moment de mourir, elles appellent Sourya qui recueille leurs âmes désincarnées et leur ouvre tendrement les bras.

Le temple s'écroule et sert de tombeau à leurs corps : ce fut une nuit de terreur et de tremblement de terre.

COMMENTAIRES

Sexe. — Alcyone naît quatre fois dans le **sexe masculin** (dans le cours de ces VI, VII, VIII, IX et X⁰⁵ vies).

Parents. — Des égos supérieurs sont encore ses parents. Mercure est deux fois son père et une fois sa mère. Brihaspati et Saturne sont mères d'Alcyone. Dans les 10 premières vies, Mercure a été deux fois sa mère et deux fois son père.

Influence. — Dans les vies 6, 7, 8, 9, 10, Alcyone est encore spécialement favorisé car il se trouve sous l'influence **directe des plus hauts égos** : les Koumaras, le Manou, le Maha-Gourou; Sourya, Mercure, Mars, Brihaspati, Sirius.

Tendances. — Ses tendances penchent de plus en plus vers l'étude et vers l'enseignement, comme aussi vers les questions philosophiques et religieuses. Il a pourtant une hésitation dans la 9ᵉ vie ; comme il est doué d'une grande activité il éprouve l'intense désir de se dépenser, d'essayer ses forces en cherchant les aventures périlleuses Il se décide pourtant dans le bon sens.

Psychisme. — Il est psychique 3 vies sur cinq.

Qualités. — Il existe un certain manque d'équilibre dans les nombreuses qualités d'Alcyone ; nous trouvons Alcyone à la fois rêveur et passionné, mystique et soldatesque, instructeur et administrateur, porté vers l'étude et les sports ; nous le voyons enfin inventeur. Ainsi que nous l'avons déjà dit à différentes reprises, les qualités acquises doivent trouver leur application et, là, les chances d'erreurs sont relativement nombreuses. Il est extrêmement difficile de trouver la juste application d'une qualité déterminée. Pour n'en donner qu'un exemple, nous citerons celui que nous fournit la qualité de la bonté, de la générosité. Être simplement bon, sans intelligence, sans discernement, ce n'est pas être vraiment bon et l'homme qui se dépouillerait pour son semblable en devenant une charge pour autrui, n'agirait pas sagement. Il y a des degrés dans la bonté ; il y a la bonté forcée de celui qui donne mais donne à regret, il y a la bonté impulsive qui donne sans réfléchir, il y a la bonté calculée de celui qui aide pour être aidé plus tard à son tour ; il y a la bonté prudente de celui qui n'aide pas sans avoir mûrement étudié le cas ; il y a la bonté physique qui croit avoir tout fait en aidant matériellement ; la bonté morale qui se contente de bonnes paroles compatissantes ; la bonté intellectuelle qui sermonne à grand renfort d'arguments ; il y a enfin la vraie bonté qui pense, aime et aide et elle ne devient réellement une qualité que le jour où elle n'oscille plus entre les plans physique, astral et mental. C'est là une question de discernement et la plus grande difficulté à vaincre consiste à ne pas avoir à se demander si l'on n'a pas été bon dans le but de ne pas être taxé de sans-cœur ; et il ne faut pas craindre le qu'en dira-t-on, lorsqu'il nous est impossible d'être bon dans le sens où autrui le désire.

Faits principaux. — Aventures, expéditions militaires, voyages, missions, mort atroce.

Œuvres. — S'acquitte d'une fonction très délicate comme vice grand Prêtre de Sourya ; fonde une splendide université, apprend l'art de guérir, enseigne une haute philosophie religieuse..

Situation sociale. — Commandant d'armée. — vice grand prêtre et juge suprême — Directeur d'Université — Carrière militaire, puis chargé d'ambassade — Prêtre — Ministre de l'Instruction publique — Mère de famille propagandiste d'idées religieuses élevées.

Difficultés. — Les principales se confondent avec les responsabilités mêmes de ses fonctions aussi variées qu'importantes. Alcyone a à souffrir surtout de son ennemi Scorpion.

Son passif. — Mauvaise fréquentation. — Hésitation et, par conséquent, un certain manque de détermination

Son actif. — Ses œuvres colossales. Il sauve la vie d'Hercule deux fois, celle de Mercure, une fois ; participe à la sauvegarde de Mars attaqué traîtreusement par Castor.

Education. — L'éducation donnée à Alcyone est des meilleures, elle est principalement militaire dans la huitième vie.

Application des qualités. — Ainsi que nous le disions dans un chapitre précédent le groupe des cinq premières vies constitue pour Alcyone un champ de préparation ; il s'arme, il apprend, il acquiert des qualités déterminées. Dans les cinq vies qui suivent, nous assistons à la période d'*application*, de la réalisation pratique. Nous y voyons Alcyone à l'œuvre ; il est encore très aidé, mais de manière moins directe ; on guide ses premiers pas, mais de plus loin ; on le laisse s'essayer, on l'abandonne à ses propres efforts, on éprouve ses qualités. Nous le voyons aussi subir l'épreuve du choix. C'est au cours des 6, 7, 8, 9, 10° vies que se trouve un point tournant important dans l'évolution de l'Ego d'Alcyone. De quel côté se déterminera-t-il à poursuivre son évolution ? Prendra-t-il la ligne du Manou ou celle du Bodhisatwa ? Nous le voyons opter pour cette dernière.

Ses responsabilités augmentent dans une très grande proportion ; ses devoirs, ses charges, ses situations deviennent de plus en plus difficiles et délicates, autant d'épreuves dont il sort victorieux mais au prix de pénibles moments. Il témoigne d'une grande endurance, d'une volonté calme et douce mais extraordinairement puissante.

Ce n'est pas tout encore. Maintenant qu'Alcyone a fait usage de ses armes, qu'il a essayé ses forces, qu'il s'est entraîné, dans une assez grande mesure, à faire face aux dangers et aux difficultés de toute nature, il va lui falloir acquitter des dettes karmiques et c'est par là que se termine sa 10° vie ; mais il ne s'acquitte là que d'une partie de son mauvais karma et, par la suite, nous le verrons aux prises avec des difficultés autrement grandes que celles qu'il a traversées jusqu'ici.

CHAPITRE VII

ONZIEME VIE

Vécue aux Indes de l'an 15.402 à l'an 14.323 av. J.-C.

Alcyone, de sexe féminin dans cette existence, est plongée dès sa naissance dans un milieu grossier ; son père Cétus est grand'prêtre d'une religion qui consiste à sacrifier en l'honneur d'une divinité féminine, assoiffée de sang. Dans certaines cérémonies secrètes, on se livre aux pratiques de la magie noire.

Elle grandit sans recevoir aucune éducation et rien d'important ne marque sa jeunesse jusqu'à seize ans. A cet âge elle rencontre Pollux qui la séduit et qui, mis en demeure de l'épouser, refuse catégoriquement d'abord parce qu'il n'est pas de la même religion, ensuite parce que sa famille est ennemie de celle d'Alcyone. Alcyone se décide à tout avouer à sa mère, et comme elle désire consacrer sa vie à tirer vengeance de lui, celle-ci lui confie que le rituel occulte de leur religion peut l'aider dans son projet. Alcyone a donc hâte de se faire initier. Son père lui fait épouser Scorpion, homme répugnant, prêtre du démon, qui sert de médium aux plus terribles influences.

On lui fait promettre de sacrifier son enfant ; elle accepte. Seconde chute. Mais une fois l'enfant né, son instinct maternel est le plus fort, elle refuse de tenir sa promesse. Peu après l'enfant tombe malade, d'un mal mystérieux, de même Alcyone. Pendant ce temps l'enfant disparaît, on dit à Alcyone qu'il est mort et que son corps a été brûlé comme de coutume. La vérité est que Cétus l'a sacrifié à sa déesse. Alcyone soupçonne la vérité, commence à éprouver de la haine pour son père et lutte contre son influence occulte. Elle a beaucoup à souffrir par son mari, homme méchant et rusé, qui abuse de l'opium et du chanvre.

Une fois mort, son père exerce une influence plus grande encore et réussit à amener Pollux dans la famille ; Alcyone doit elle-même lui verser le poison : au moment d'agir, elle se rend compte de la laideur de l'acte qu'elle va accomplir et elle s'enfuit. Elle se réfugie chez Achille, qui se montre amie hospitalière, et qu'elle ne connaissait pas auparavant. Achille démontre à Alcyone qu'une vie nouvelle s'ouvre pour elle et lui dit qu'elle l'aidera et fera tout pour lui rendre la vie facile.

Alcyone craint que son mari et sa famille ne la réclament. Achille la rassure en lui disant qu'elle ne la livrera à personne et que si son cas était soumis au Roi, en lui dévoilant tous les affreux détails du culte du démon, ils prendront sûrement son parti. Alcyone est très reconnaissante à Achille. Durant la nuit suivante, elle a la vision de Mercure et, pour la première fois en cette vie, reçoit un peu d'aide.

Il lui dit que toute cette vie est une épreuve destinée à établir sa force de volonté et lui prédit qu'à l'avenir, elle fera de rapides progrès. En un mot, il lui montre le Sentier.

Elle étudie la religion Aryenne : elle est très aidée par Véga, Brahmane, ainsi que par Auriga sa femme. Au bout d'un an elle est complètement libérée de l'influence astrale de son père. Elle fait pour ainsi dire partie de la famille qui l'a accueillie.

Elle vit un certain temps avec Cygnus et Iris, leur sert de mère et de conseillère.

Alcyone s'instruit toujours et, pour en savoir davantage, entreprend avec Véga son instructeur, un grand voyage pour retrouver l'ancien instructeur de Véga lui-même. Ils ont la joie de le trouver. Alcyone reconnaît en lui, Mercure, qui lui est déjà apparu deux fois.

D'heureux temps reviennent pour Alcyone auprès de Mercure qui lui donne de nouveaux avertissements. Elle voudrait rester près de Mercure, mais celui-ci lui dit que sa destinée n'est pas là. Un an après, elle le quitte à regret et retourne près de ses vieux amis : elle se retrouve avec Alceste, Phocée, Mélétée, Tolosa, Ausonia, Calypso, Viola, Polaris, Phenix. Les fils de Cygnus et Iris sont Proserpine, Fidès ; leurs filles, Mizar et Orphée. Alcyone devient une autorité en matière de religion et meurt aimée et regrettée de tous.

COMMENTAIRES

Amour entre Alcyone et Pollux. — Comment deux êtres aussi différents purent-ils s'aimer ?

La chose paraît d'autant plus étrange que, dans la V⁵ vie, Pollux est assassiné par Alcyone et Sirius pour avoir séduit une de leurs jeunes sœurs : Véga.

Il ne suffit pas de dire que le karma l'a voulu ainsi ; cela n'explique absolument rien.

La chose s'explique pourtant si l'on a soin de se rappeler qu'il est une loi d'après laquelle il nous faut avoir appris à vivre en bonne intelligence avec tous les êtres avant de passer le premier portail de l'initiation. Il nous faut arriver à voir le dieu qui se cache en tout être, chez l'ivrogne comme chez l'Ego supérieur. Aimer les personnes qui vous sont sympathiques ne suffit pas ; il faut encore aimer et comprendre nos pires ennemis. Ceux qui se destinent à devenir les serviteurs des grands guides de l'humanité, et, plus tard, des guides eux-mêmes, doivent comprendre toutes les faiblesses comme toutes les vertus de la nature humaine. Cela n'est possible qu'avec l'aide de l'expérience personnelle. Telle est la loi.

Causes possibles de l'amour charnel. — On subit l'amour charnel sous des formes diverses et chaque individu y est amené par des chemins parfois différents.

Dans le cas d'Alcyone, il y a plusieurs facteurs à considérer :

1° Les liens du passé qui l'attachent à Pollux comme aussi à Scorpion, ses ennemis.

2° Les quelques qualités qui lui manquent encore.

3° Il est placé dans un milieu où il doit apprendre à faire l'application des qualités acquises.

4° Ses faiblesses, car il n'en est pas exempt, et il a les défauts mêmes de ses qualités.

Tous ces facteurs forment un réseau dans les mailles duquel Alcyone sera pris à un moment donné.

« Si un homme se comporte envers l'un de ses frères de façon à hâter ou à retarder sérieusement l'évolution de ce dernier ; si A commet quelque action qui ait sur B un effet marqué ou permanent, il est absolument certain que les deux êtres devront se rencontrer pour que la dette contractée par l'un soit acquittée. » (*Occultisme dans la Nature, Vol. II.*) Dans le même ouvrage, l'auteur nous dit : « un homme qui tue l'une de ses semblables sera dans une autre existence tué à son tour par sa victime, à moins que le karma ne soit neutralisé comme dans le cas, par exemple, où le meurtrier, dans une vie ultérieure, sauve la vie de sa victime en perdant la sienne ; ou bien encore en consacrant toute une partie de son existence à son service ».

D'autre part, Alcyone participe, bien avant la première d'entre ces trente dernières vies, à des cérémonies de magie noire ; il a donc créé à cette époque des liens avec certains personnages tels que Scorpion pour qui la magie noire semble devoir être et rester une spécialité.

Il y a encore autre chose. « Si l'on néglige d'utiliser les connaissances que l'on possède pour le service d'autrui, on naît sans ces connaissances dans une ou plusieurs vies à venir. » (*Occultisme dans la Nature, Tome II.*)

Somme toute, les conditions d'existence dans une vie déterminée, peuvent résulter de l'une ou même de toutes ces causes, et il est extrêmement difficile de déterminer ces causes d'une manière précise, du moins à l'heure actuelle.

Pour en revenir au cas d'Alcyone, celui-ci est appelé à se trouver aux prises avec tous ses ennemis du passé ; il devra souffrir par ceux qu'il a fait souffrir, être privé de la lumière pour les vies où il aura mésusé des lumières qu'il possédait ou qu'il aura complétement négligé d'utiliser pour le bien de ses frères ; et il s'acquittera de ce Karma sous des formes qui différeront selon les cas ; c'est-à-dire qu'on le verra épouser ses anciens ennemis, ou bien encore ceux-ci naîtront comme ses enfants, seront, ou ses parents ou de simples rivaux en maintes circonstances variées.

Il est encore un point à élucider et qui se rapporte à l'inclination d'Alcyone pour son lâche séducteur : Pollux. Ce fait semble devoir être en contradiction avec ce que l'on a coutume de dire sur les sympathies et antipathies qu'on explique par les rapports agréables ou désagréables des existences passées avec ceux pour lesquels nous éprouvons ou non de l'affection aujourd'hui.

Ce n'est là qu'une contradiction apparente.

1° Il se peut qu'Alcyone n'ait pas toujours éprouvé que de l'antipathie pour Pollux ; il est possible qu'un sentiment étroit d'affection ait uni les deux êtres autrefois ; en ce cas, il resterait encore une certaine somme d'amour mutuel, peut-être même d'amour congénital à liquider. La chose se présente à nos yeux presque journellement ; combien d'individus voyons-nous commencer dans la peine ou la joie et finir dans une haine ou une indifférence réciproques.

2° Il se peut aussi qu'Alcyone ait simplement succombé à une erreur des sens. Il ne faudrait pas en déduire qu'Alcyone fait preuve ainsi d'une faiblesse qui ne s'accorde nullement avec ses qualités des vies précédentes. L'amour charnel est une résultante, il n'est pas, ainsi que certains le croient, un simple vice de caractère ni même de tempéra-

ment physique. Ses causes peuvent être assez nombreuses :
1° L'hérédité physique ;
2° Une constitution spéciale et temporaire du corps astral ;
3° Un rayonnement du corps spirituel (ou bouddhique) ;
4° Un vice du corps mental ;
5° L'influence de l'ambiance.

1 — L'amour charnel a pour cause l'hérédité physique, lorsque l'égo de l'individu se trouve posséder un corps physique grossier qu'il *ne sait ou ne peut pas* maîtriser. Nous rencontrons fréquemment des individus très scrupuleux en morale, mais dont les actes ne répondent pas aux principes. Beaucoup en souffrent, d'autres se laissent entraîner par la nature inférieure indomptable ; l'homme sait qu'il fait mal, mais il n'a pas la force de résister, résultat de ses vies passées.

2 — L'amour charnel a pour cause une constitution spéciale et temporaire du corps astral, lorsque ce dernier, pour une raison karmique, est composé d'une matière qui répond momentanément aux émotions grossières ; il se crée alors, dans le corps astral, une sorte d'élémental qui domine la raison et qui ne lâchera prise que lorsque sa passion aura été satisfaite ; or, comme le système nerveux physico-éthérique est intimement lié au corps astral, l'amour charnel s'ensuit fatalement.

3° Il arrive parfois que le corps bouddhique s'illumine sous les impulsions de l'égo, *avant* que les corps inférieurs n'aient été purifiés ; or, comme l'astral est la réflexion de bouddhi, cette influence bouddhique se répercute sur le corps astral et, par suite, sur le corps physique, en intensifiant les vertus comme les vices. C'est là la raison pour laquelle certains mystiques deviennent hystériques ; de simples dévots sont parfois dans le même cas.

4° Quand il se trouve dans le mental de l'Ego une pensée mauvaise, celle-ci peut entraîner l'homme à un acte répréhensible.

5° L'influence de l'ambiance exerce parfois, sur un ou plusieurs corps, une pression telle que l'égo n'a pas, là non plus, la force de résister et qu'il succombe.

Mais, qu'il y ait chute ou non, quelles qu'en puissent être les causes, que l'acte ait été voulu, ou qu'il soit le résultat d'un Karma antérieur, cet acte est toujours regrettable, autant pour celui qui en est la victime que pour ceux qui y ont contribué et ceux qui en sont les témoins. Il est regrettable, disons-nous, ce qui ne signifie pas que nous ayons à condamner ou à bafouer les auteurs car il en est souvent autour de nous qui tombent dans la débauche et que nous méprisons mais qui nous dépassent de très haut dans les mondes invisibles. Une chute n'est pas toujours un témoignage d'infériorité ; il arrive même que plus l'on s'élève plus les chutes deviennent nombreuses, plus on évolue plus le Karma devient lourd car il s'accroît avec les forces de l'être. C'est pourquoi on dit que « Dieu châtie bien ceux qu'il aime ». C'est ainsi que le Col H. S. Olcott raconte l'anecdote suivante.

« J'ai reçu, un jour, une sévère réprimande d'un Maître à Bombay parce que j'hésitais à recevoir comme membre un homme résolu qui avait été persécuté et même mis en prison sous un prétexte quelconque par des bigots chrétiens. On me fit voir intérieurement l'ensemble de mes collègues et comprendre que malgré l'abondance de leurs bonnes intentions les neuf dixièmes d'entre eux étaient secrètement pécheurs par suite de la faiblesse de leurs fibres morales. Ce me fut une leçon pour toute la vie et, depuis, je me suis toujours abstenu de juger mes associés, pour la plupart ni plus faibles ni plus imparfaits que moi-même, qui, s'ils n'arrivaient pas à franchir la montagne, grimpaient péniblement mais obstinément comme moi vers la cime. Il y a bien des années — en arrivant pour la première fois à Bombay — H. P. B. me dit que plusieurs des Mahâtmas réunis avaient fait passer devant eux un courant de lumière astrale portant le reflet psychique de tous les membres hindous d'alors de la Société théosophique. Elle me pria de deviner quelle était l'image la plus brillante. Je proposai aussitôt celle d'un jeune Parsi de Bombay, alors membre très en vue, dévoué et actif. Elle répondit en riant qu'au contraire il n'était pas brillant du tout, et que le plus resplendissant moralement était un pauvre gentilhomme Bengali qui s'était mis à boire. Le Parsi plus tard nous quitta et nous fit une active opposition ; le Bengali se corrigea et c'est maintenant un pieux ascète ! Elle m'expliqua alors que certaines habitudes vicieuses et sensuelles affectent souvent le moi physique sans laisser de traces permanentes sur le moi intérieur. Dans ces cas-là, la nature spirituelle est assez vigoureuse pour rejeter ces macules extérieures après une courte lutte. » (1)

---

(1) *Ascétisme*, par H. S. Olcott.

Plusieurs autres points restent à établir en ce qui concerne
1° Les défauts des qualités ;
2° Les défauts ;
3° La fuite d'Alcyone dans la 11ᵉ vie ;
4° Achille.

Défauts des qualités. — On peut, nous le pensons du moins, appeler défauts des qualités les réfléchissements des qualités dans les corps inférieurs non suffisamment purifiés. En se transmettant des corps supérieurs aux corps inférieurs, une qualité peut être déformée au point qu'en arrivant dans le véhicule le plus grossier, elle devient pour ainsi dire, son contraire. C'est ainsi que le courage peut devenir une imprudente audace ; l'amour de la vérité peut s'exprimer dans la conscience cérébrale par des pensées de révolte ou de haine devant l'injustice ; l'amour de la justice peut être tel qu'il se traduira, dans le cerveau, par des idées de vengeance quand l'individu se voit en présence d'une chose qui lui paraît injuste. La prudence peut devenir de la dissimulation ; la circonspection de l'hypocrisie, etc.— Aussi les livres sacrés de l'Inde recommandent-ils *la voie du milieu* ; les extrêmes sont funestes ; une qualité exagérée devient un défaut. Si, dans une chaudière vous exagérez la pression, la chaudière éclate ; il faut être mesuré en toutes choses et, de toutes les qualités, celle de *l'équilibre* est une des plus utiles comme une des plus urgentes. La perfection des qualités réside dans *l'exercice mesuré* de ces qualités. Pour prendre un exemple : la franchise est une qualité, mais, exagérée elle devient du cynisme. L'équilibre ne s'obtient que par le contrôle constant du mental, des sens, de la conduite. *Sur le sentier du progrès, les vertus exagérées sont des entraves, au même titre que les défauts.*

Equilibre. — Ce sont là autant de choses qu'Alcyone, en dehors des dettes qu'il doit acquitter, aura à apprendre. Il a acquis de nombreuses et précieuses qualités, mais certaines devront être assagies, ramenées à leur juste proportion, car ce ne sont pas à elles à gouverner ; elles doivent être autant d'instruments dociles pour l'Ego.

Doit-on rompre les liens de famille ? — Alcyone fuit le toit paternel. A-t-elle raison ? et, en principe, a-t-on, ou non, le droit de rompre les liens de famille pour échapper à un mauvais Karma ?

Non ! car dès l'instant où le Karma nous place dans tel ou tel milieu désagréable, il est de son devoir de chercher à arranger les choses au mieux sans rompre les liens de famille qui nous rattachent à nos parents ou à la personne que nous avons épousée. Sans doute, on est toujours libre de le faire, mais alors, ce n'est que partie remise, et nous nous trouverons une fois de plus, en d'autres vies, en rapports étroits avec les personnes que nous aurons voulu fuir. On n'échappe pas au Karma et les difficultés d'aujourd'hui qui n'auront pas été affrontées avec courage, se représenteront dans l'avenir. Briser les liens qui nous unissent aux membres de notre famille, c'est créer, pour l'avenir, des liens plus forts qui nous obligeront, coûte que coûte, à épuiser le Karma que nous cherchons à éviter. Par contre, lorsque ces liens se brisent d'eux-mêmes, tout alors est pour le mieux, c'est que le Karma est épuisé, sinon totalement, du moins pour la partie de la dette que vous aviez à acquitter. — En ce sens, l'Eglise a donc eu raison de ne pas admettre le divorce et elle dit fort justement qu'il ne faut pas défaire ce que Dieu fait. Les choses qui doivent être défaites se défont toujours, même quand nous ne le désirons pas.

Or, que fait Alcyone, dans sa onzième vie ? Elle fuit précisément son Karma mais elle le fuit en sauvant la vie de son séducteur Pollux ; elle part au moment où son mari Scorpion, par la vie qu'il mène, échappe complètement à tout espèce de contrôle ; son père est mort, son enfant n'est plus, sa mère est complètement sous l'influence occulte la plus mauvaise qui soit. — Dans ces conditions, Alcyone est rejetée en marge de sa famille et, en réalité, elle fuit sans briser d'autres liens que ceux qui la rattachent à l'œuvre néfaste du temple. On peut dire qu'elle a bu le calice jusqu'à la lie, qu'elle s'est acquittée de la partie du Karma qui lui était destinée dans cette vie. Elle part donc seule, dénuée de toutes ressources, exténuée par la fatigue, épuisée par la faim. Dans sa course à travers la campagne, elle aperçoit une maison et, à tout hasard frappe à la porte, implorant aide et protection.

Karma et altruisme. — La propriétaire de cette maison n'est autre qu'Achille qui, dans la première vie, a été fils d'Alcyone, dans la 3ᵉ, le fils de son ami intime Sirius ; dans la 0ᵉ vie, ce même Achille est frère d'Alcyone.

Alcyone frappe donc à la porte d'une personne qui lui est totalement inconnue dans cette vie ; elle ne sait pas même qu'elle l'a autrefois connue mais les liens du passé sont toujours là, prêts à se renouer. — Ce petit fait a sa valeur, car il nous montre que ceux qui nous demandent aide et protection, que ceux que nous aidons, peuvent avoir été, dans le passé, notre père, notre fils ou notre frère et peuvent encore le devenir dans l'avenir. Le pauvre pêcheur d'une vie, que le Karma a jeté à la côte, et qui vient faire appel à notre générosité, peut avoir été notre fils et l'être encore plus tard ; c'est un des nôtres qui revient à nous et, lui fermer la porte, équivaudrait à chasser du toit familial celui que nous avons tant aimé autrefois. C'est là une chose à ne pas oublier lorsque la destinée nous met en présence de cas semblables et l'aide que nous pouvons apporter fait partie de notre Karma.

La recherche de la Vérité. — Nous revenons ici sur ce que nous avons déjà dit, à savoir qu'Alcyone, après avoir puisé à toutes les sources de vérité, après avoir été instruit, conseillé par des Egos fort évolués, est brusquement plongé dans les ténèbres de l'ignorance. Il lui faut alors chercher lui-même la vérité ; cette vérité ne se présente plus à lui, elle se cache. Ce qu'en connaît Alcyone doit sans doute suffire à le guider dans la bonne voie, à lui faire éprouver le désir intense de posséder encore cette vérité perdue, mais sera-t-il assez fort ? Alcyone saura-t-il dompter sa nature inférieure ? C'est là une épreuve nécessaire qui renforce la volonté et toutes les facultés. Pour posséder la vérité, il faut non seulement l'admirer, l'accepter et la comprendre lorsqu'elle se présente, il faut encore apprendre à ne plus savoir s'en passer quand elle ne brille plus à nos yeux ; il faut la retrouver, la conquérir par ses efforts personnels et l'on ne peut la faire sienne qu'à ce prix. Combien d'entre nous ont recherché la vérité perdue ! Quand on a vu la lumière une fois, les traces qu'elle laisse sur l'âme sont indélébiles, et l'homme alors ne respire librement que le jour où il a trouvé le port ; aucune tempête ne lui fait peur ; si long que soit le chemin il n'hésite pas à le parcourir, il veut savoir, il veut voir.

Positivisme. — Spiritualisme. — Beaucoup d'entre nous avons été, ou sommes encore, positivistes et matérialistes orthodoxes parce que nous avons le sentiment d'avoir *vu*, réellement *vu* briller la lumière et la vérité ; tout ce qu'on nous offre qui présente un caractère subjectif ne nous convient pas à nous qui voulons revoir et revivre, inconsciemment, ce que nous avons réellement vu et vécu ; ce que l'on nous offre nous paraît être du domaine du rêve et nous le rejetons comme illusoire. Nous ne nous rendons pas compte que toutes les fenêtres de notre maison charnelle ont été ouvertes et que, si nous ne voyons rien, c'est que notre prison est devenue plus épaisse. Mais l'intuition est là pour nous guider ; ces fenêtres, nous apprendrons à les trouver et à les rouvrir et nous nous trouverons une fois de plus en présence de la lumière.

C'est ainsi qu'un spiritualiste du passé, peut être, dans sa vie présente, un matérialiste ; l'égo, en se réincarnant, en perdant le souvenir des expériences antérieures, se refuse tout d'abord à penser qu'il existe d'autres sens, d'autres facultés qui lui permettront d'atteindre la Vérité qu'il pressent et qu'il aime comme s'il l'avait déjà vue ; avant de diriger son attention vers les fenêtres de l'âme il passera une partie de sa vie — ou même plusieurs vies — à nier des possibilités autres que celles auxquelles il s'attache. Cela est un bien, car, ainsi il apprend à s'orienter, il développe toutes ses facultés. Quand nous arrivons pour la première fois dans une grande ville, il nous faut souvent quelques jours avant de connaître les chemins qui aboutissent aux endroits où nous voulons nous rendre ; la chose est plus difficile encore pour celui qui ne sait ni lire ni écrire, ni parler la langue du pays étranger qu'il visite. Il en est de même pour l'homme qui, s'il veut aller vers le Divin doit en apprendre le langage et s'exercer à connaître, de mieux en mieux, les chemins qui y conduisent, ce qui ne saurait se faire en une seule incarnation.

Double effet de Karma. — Un enseignement très net se dégage encore de cette onzième vie. Mercure dit en effet que les terribles souffrances endurées par Alcyone avaient servi à acquitter des dettes contractées durant des existences appartenant à un lointain passé et avaient dégagé la voie qui lui permettrait d'avancer à l'avenir ; en outre, toute cette vie avait le caractère d'une épreuve destinée à établir si Alcyone possédait une volonté assez énergique pour se dégager d'un milieu particulièrement puissant pour le mal.

Tout mauvais Karma est donc en même temps une épreuve.

Le Sentier d'Initiation. — C'est dans cette vie que le Sentier est, pour la première fois, indiqué à Alcyone. Il n'était donc pas encore initié — ce que beaucoup de personnes s'imaginent à tort.

Parentés. — A noter que grâce à l'hospitalité d'Achille, Alcyone revit avec ses anciens parents, fils et amis : Cygnus, Mizar, Polaris, etc...

CHAPITRE VIII

DOUZIEME VIE

Vécue aux Indes de l'an 14.551 à l'an 14.460 av. J.-Ch.

Alcyone est fille d'un riche fermier, Lion marié à Orphée. Elle n'est pas encore favorisée sous le rapport de l'éducation ; son père pratique une religion entièrement dépourvue de philosophie. Cette Religion offre des sacrifices aux forces de la nature et aux morts. Alcyone, dans sa jeunesse, est clairvoyante et prend un grand intérêt aux cérémonies initiatiques.

Avec son frère Uranus, elle cherche la solution de problèmes que leur père ne peut résoudre. Ils cherchent en somme un système pouvant résumer les enseignements isolés et parfois contradictoires qui leur sont donnés, et ils aboutissent à une doctrine analogue à la théosophie moderne. Ils sont traités de rêveurs et incompris de leur famille. Ils partent, à la majorité d'Uranus, à la recherche de la vérité. Ils ont entendu parler d'une communauté où on pourrait leur donner des enseignements. Ils obtiennent le consentement de leurs parents à grand'peine ; il fallait vraiment que leur désir fut intense. Cette soif de vérité s'explique par les incarnations précédentes ; mais ni l'un ni l'autre n'en ont souvenir.

Leur père croit à l'échec du voyage et il est persuadé que ses enfants reviendront bientôt au foyer « vivre de la vie ordinaire ». Ils ont de grosses difficultés à vaincre en cours de route ; ils apprennent aussi que la communauté ne reçoit ni étrangers, ni femmes. Alcyone ne se décourage pas et poursuit sa route ; ils arrivent enfin au but de leur voyage et tous deux sont conduits devant le chef de cette communauté atlantéenne : *Vesta*. Après de nombreuses difficultés pour l'admission d'Alcyone, on leur désigne une hutte vacante et Vesta les instruit lui-même. Ils désirent vivement être admis dans l'Ordre comme novices, ayant trouvé dans ces enseignements tout ce qu'ils cherchaient et au delà. Mais pour Alcyone, son sexe l'en empêche ; quant à Uranus il faut qu'il s'en rende digne pendant plusieurs années de résidence. Il participe toutefois aux travaux généraux. Alcyone s'éprend d'un jeune moine, Neptune. Vesta pensant à l'avenir de sa communauté, œuvre de toute sa vie, les chasse tous trois.

Alcyone ne peut penser à retourner chez ses parents, car elle est mariée d'une façon quelque peu irrégulière. Se trouvant sans ressources, ils s'engagent tous les trois chez un fermier très bon, qui leur assure, au bout de quelque temps, une part déterminée dans le revenu de la ferme. Ils continuent de s'intéresser aux problèmes religieux et consacrent leurs loisirs à en parler.

Un de leurs voisins, Cygnus admire beaucoup Alcyone.

En devenant mère de famille, celle-ci perd sa clairvoyance. Un de ses enfants possède cette clairvoyance.

Douze ans après, ils apprennent que Vesta les a fait rechercher, à la suite de reproches qu'il a reçus de Mercure, son instructeur, pour les avoir chassés.

Ils sont invités à retourner à la communauté, mais leurs devoirs de famille les en empêchent. Uranus y va seul, et demande un exemplaire des livres sacrés.

Le vieux fermier Irène meurt et leur lègue sa propriété. La maison d'Alcyone devient un centre religieux. Neptune et Uranus meurent avant elle ; elle s'éteint à l'âge de quatre-vingt-onze ans.

COMMENTAIRES

Il est à remarquer que l'orageuse vie qui précéda celle-ci ne se continue pas en tant que les ennemis personnels d'Alcyone sont en cause ; mais l'épuisement du mauvais Karma, ne se continue pas moins.

Ce mauvais Karma réside :

1° Dans la privation d'une bonne éducation première ;

2° Dans l'absence de toute bonne influence, tout au moins au début ;

3° Dans la pauvreté et les difficultés endurées au cours d'une expédition rien moins que hasardeuse.

4° Dans les dissentiments qui surgissent entre divers personnages par suite de l'union d'Alcyone avec Neptune ;

5° Dans la privation momentanée de tous moyens de subsistance.

Comme faits intéressants à noter et à interpréter, nous devons remarquer : 1° cette orientation si bien déterminée d'Alcyone et de son frère Uranus vers un point de la terre où résident des égos que tous deux ont si bien connus dans les vies passées.

Il importe aussi de porter l'attention sur :

2° Irène, le fermier chez qui les voyageurs trouvent définitivement leurs moyens de subsistance.

3° Sur les moines de la communauté.

Privation d'éducation première. — On ne peut dire qu'Alcyone fut, dans cette vie, absolument privée d'éducation première, mais l'on peut affirmer que cette éducation ne répondait nullement à sa nature. Là encore, comme toujours, question de Karma à double effet, c'est-à-dire : épuisement de Karma et épreuve. On pourrait comparer l'égo d'Alcyone à une aiguille aimantée qu'on détournerait de sa direction afin de constater si, en l'abandonnant à elle-même, elle reprendra la direction voulue. Ce manque de bonne éducation correspondrait donc au geste fait pour détourner l'aiguille

On pourrait objecter ici que, en ce cas, il importe peu de se préoccuper des jeunes enfants privés d'éducation et d'instruction, dès l'instant où il s'agit pour eux de Karma et d'épreuve. Mais cette objection ne serait pas fondée pour la bonne raison que c'est à la Loi à tourner l'aiguille et à nous à l'aider à revenir dans la bonne direction. Sans doute, on dira que les parents d'Alcyone : Lion et Orphée, ont failli dans ce sens à leur devoir. Non ! car Lion est sur la ligne du Manou, de même qu'Orphée, du moins à ce qu'il nous semble, et tous deux croyaient bien faire en inculquant à leurs enfants le côté matériel de la vie plutôt que son aspect spirituel. En principe, agir mal, aider dans une voie mauvaise, n'implique pas de mauvais Karma lorsque celui qui agit, qui aide, a la certitude de n'avoir que le bien en vue.

Puisque nous en sommes à cette question de l'éducation nous pouvons faire ressortir l'importance capitale qu'il y a pour l'éducateur de s'ingénier à découvrir chez l'enfant les qualités souvent cachées très loin sous les caractéristiques générales qui apparaissent à la surface. Prenez Alcyone, avec toutes les qualités que vous lui connaissez, et demandez-vous comment vous l'auriez jugé au début de sa onzième vie comme au début de celle-ci ? Sans nul doute, en supposant que nous nous trouvions en présence de jeunes gens qui, comme Alcyone dans sa douzième vie, part, avec son frère, à l'aventure, sous prétexte de chercher autre chose de plus conforme à leurs aspirations, il est à peu près certain que la plupart d'entre nous traiterions ces jeunes gens d'écervelés, d'imprudents, d'entêtés, et que nous nous refuserions à croire qu'il existe en leur âme des qualités précieuses que nous ne possédons pas nous-mêmes. Voilà où l'éducation doit jouer un rôle immensément grand et salutaire et c'est l'une des plus belles œuvres pour l'homme que de ramener à la surface les qualités cachées sous les défauts de la jeunesse.

L'influence du milieu. — Nous avons dit aussi qu'Alcyone est totalement privée de toute bonne influence, à l'exception toutefois de l'influence qu'exerce sur elle son frère Uranus.

Combien d'entre nous se plaignent de n'avoir pas à leurs côtés un guide, un vrai guide qui les instruise et les dirige dans la bonne voie. Ce frère d'Alcyone, si sage qu'il soit, n'est après tout qu'un vulgaire mortel, il n'est pas le maître aimé auquel nous aspirons — est-ce sur lui que l'on peut s'appuyer pour espérer trouver la vérité ?

Le cas d'Uranus et d'Alcyone nous indique clairement qu'ils n'est parfois pas nécessaire de chercher ailleurs qu'à ses côtés celui ou celle qui est appelé à nous guider sur la route qui mène au sommet. C'est bien rare si, parmi nos parents, nos frères, nos sœurs ou nos amis, nous ne trouvons pas quelqu'un qui, (inconsciemment sans doute, mais effectivement pourtant) — quelqu'un qui nous conduise au véritable lieu de paix, relative ou complète, qui fait l'objet de notre plus cher désir à presque tous.

Le contraire est vrai aussi car il y a des individus qui sont certains d'être sur la bonne voie et qui regrettent amèrement, non pas de se trouver sans guide pour les conduire, mais sans ami pour les accompagner. « Je suis seul théosophe de ma famille », dit-on parfois en se plaignant amèrement d'un aussi triste sort — Là encore, si peu agréable que puisse être semblable situation, elle a plusieurs raisons d'être que j'énumère ici à la lumière des vies d'Alcyone :

1° Le Karma nous place là où nous pouvons acquérir des qualités qui nous manquent ;

2° Là où nous pouvons éprouver les qualités que nous possédons déjà ;

3° Là où nous avons à renouer avec certains égos les liens Karmiques qui nous rattachent à eux pour les aider ou être aidés par eux.

Dans le cas présent, (celui du théosophe isolé dans un milieu diamétralement opposé à ses aspirations) — les qualités à acquérir sont généralement les suivantes : la patience, l'argumentation intellectuelle, la douceur, l'exemple d'une vie droite et pure, la reconnaissance chez ceux qui l'entourent de qualités qui valent souvent celles qu'on désirerait qu'ils eussent. Enfin, chose la plus essentielle, il faut apprendre à vivre en paix au milieu de ceux qui n'ont pas nos idées, faire preuve de tolérance, apprendre à se persuader que si nous n'avons pas réussi à les amener à nous accompagner sur le chemin que nous parcourons, c'est que notre destinée actuelle nous oblige à développer une tolérance qui, dans l'avenir, sera le facteur le plus puissant de nos progrès, progrès qui nous permettront alors de faire autour de nous mille fois plus de bien que nous n'en aurions fait si nous étions nés dans un milieu plus favorable que celui dans lequel nous nous trouvons actuellement plongés.

Voyez jusqu'à quelle paix intérieure, voyez jusqu'où l'étude des vies d'Alcyone peut conduire ! Après une telle étude, il est absolument impossible d'être le même homme qu'auparavant.

Application et acquisition des qualités dans les milieux défavorables. — J'ai dit aussi que l'individu est placé de telle sorte qu'il peut éprouver les qualités déjà acquises. Quelles peuvent être ces qualités pour le théosophe si péniblement isolé dans une famille hostile à ses idées ?

Il est certain que ce genre d'épreuve varie avec chacun. C'est ainsi que le théosophe, quand il est seul dans une famille catholique et orthodoxe, peut développer les qualités que nous venons d'énumérer s'il les possède, ou les acquérir dans le cas contraire. S'il a déjà appris, dans ses existences antérieures à aimer la vérité, il la trouvera et la montrera dans le christianisme en ayant soin de parler le langage de ceux qu'il veut convaincre ou rendre plus indulgents à la doctrine qu'il professe.

S'il s'agit d'un milieu protestant, il ne manque pas aujourd'hui de pasteurs dont les discours et les livres contiennent de la pure théosophie.

S'il s'agit d'un milieu matérialiste, c'est dans la science qu'alors le théosophe peut trouver la confirmation des enseignements théosophiques.

Naturellement, tout cela ne s'effectue pas sans des travaux souvent aussi ardus que pénibles, mais qui sait si ce n'est précisément pas là le genre de travail auquel il est bon de se livrer pour développer ou appliquer l'intelligence et toutes les facultés qui y attiennent, sans compter les qualités de cœur ? Que l'on soit dans un milieu catholique, protestant ou matérialiste, on n'en demeure pas moins un théosophe en apprenant à aimer la vérité, quelle que soit la forme sous laquelle elle se présente.

Epreuve d'endurance. — Il y a aussi une épreuve à subir pour le théosophe qui nait dans un milieu hostile. Tout vrai théosophe d'aujourd'hui est un théosophe du passé, et la question est de savoir s'il le sera assez pour le *rester* quand il se trouvera plongé au milieu d'ignorants ou d'orthodoxes fanatiques. C'est là une épreuve d'endurance qui est nécessaire pour le jour lointain où il se verra un contre tous, quand il s'agira d'apporter le soleil d'une ou plusieurs vérités à une foule qui ne cherchera qu'à le convaincre de folie et d'erreur et à le bafouer ainsi qu'on le fit pour les instructeurs d'hier. Sans la fermeté, sans le courage de son opinion, sans l'inébranlable foi de celui qui sait ou qui se sent être dans la vérité, nul ne peut se dire un véritable instructeur, nul ne peut dire qu'il est prêt à servir l'humanité, aussi bien qu'un disciple peut le faire, s'il n'est pas encore assez fort pour éviter les pièges de l'ignorance. Voilà donc, entre mille autres choses, en quoi est salutaire l'épreuve du théosophe perdu dans un courant de pensées hostiles à ses caractéristiques personnelles.

Milieu favorable — Responsabilités. — Nous ne pouvons abandonner là ce sujet sans faire remarquer que le fait de naître dans un milieu favorable aux tendances personnelles n'implique pas nécessairement une vie facile et dénuée de tous tracas matériels, moraux, intellectuels. Pour l'égo qui naît dans de semblables conditions, les responsabilités augmentent, car si l'individu se trouve favorisé par un milieu qui favorise le développement de ses dispositions naturelles, il est, s'il néglige d'en profiter, beaucoup plus coupable que celui qui, privé d'une semblable influence, se laisse entraîner dans une voie mauvaise. Il est parfois plus difficile de rester dans la voie droite, lorsqu'on y est, que de s'y engager. Et ce n'est pas là un paradoxe. Prenons par exemple le cas du théosophe né dans un milieu théosophique ; sachant ce qu'il sait sur le Karma, sur la réincarnation, etc., il est de ce fait plus responsable que celui qui ignore. Un homme à qui l'on a inculqué des principes déterminés et qui ne fait nul progrès est plus coupable que celui à qui ces mêmes principes n'ont pas été inculqués, et les reproches sont plus justifiés quand ils s'adressent au premier plutôt qu'au second.

Karma et milieu. — Le Karma, avons-nous dit aussi, nous place là où nous avons à renouer avec certains égos les liens karmiques qui nous rattachent à eux pour que nous aidions ces égos ou pour que nous soyons aidés par eux. Cela ne signifie pas que ces égos se trouvent toujours dans notre entourage immédiat, ce que nous verrons, mais il n'en est pas moins vrai que ceux au milieu desquels nous nous réincarnons ne sont jamais des inconnus pour nous, en tant qu'égos, et si nous pouvions lire dans le passé, nous distinguerions aisément les causes pour lesquelles X ou Y est notre ami, notre père ou notre sœur. Nous faisons partie de cette famille plutôt que d'une autre, soit pour l'aider, soit pour être aidés par elle, ou même contrariés dans notre progrès. Dans ce dernier cas, nous pouvons être persuadés que si nous sommes contrariés dans nos progrès par tels ou tels égos, c'est probablement aussi parce que nous avons nous-mêmes contrarié les leurs autrefois.

Pour nous résumer, la privation d'une bonne influence est un résultat de nos vies passées mais elle est en même temps une épreuve.

Dissentiments entre Alcyone — Neptune — Uranus. —

Comment expliquer maintenant les dissentiments qui surgissent entre divers personnages au sujet de l'union d'Alcyone avec Neptune. Ces dissentiments sont assez graves entre Uranus frère d'Alcyone, Neptune et Alcyone qui sont chassés de la communauté par l'abbé Vesta.

C'est Uranus le plus mécontent et il rend Neptune responsable de l'expulsion. Si Uranus avait été plus sage, plus résigné, s'il s'était dit qu'il ne lui arrivait peut-être là que ce qu'il méritait, il aurait eu grandement raison car, dans la VI° vie, il refusa d'être vice-grand prêtre de Sourya. Ayant manqué cette occasion de s'instruire dans le passé, il en résulte pour lui un Karma dont il aurait tort de se plaindre.

Quant à Vesta, l'abbé, si nous consultons ses vies précédentes, nous verrons que son caractère n'est pas exempt de défauts, qu'il a été maintes fois (9° vie) impulsif et peu sage. Là encore, en chassant les trois jeunes gens, il se montre impulsif ; pourtant, il ne tarde pas à regretter son erreur, mais il est trop tard.

Alcyone et Neptune devaient être inévitablement attirés l'un vers l'autre ; les liens de proche parenté qui les ont unis dans le passé devaient les unir à nouveau.

*
* *

Comment des égos se retrouvent. — Nous disions plus haut que les égos avec lesquels nous sommes appelés à nous retrouver dans une existence donnée ne se trouvent pas toujours dans notre entourage immédiat. Nous en avons un exemple frappant avec Uranus et Alcyone qui partent vers une contrée inconnue, où ils rencontrent des égos tels que Vesta, Cygnus, Mizar, Alétheia et d'autres encore, Irène en particulier, ce fermier chez lequel les jeunes voyageurs trouvent le gite et la paix pour le restant de leurs jours.

Irène fut le fils d'Alcyone dans la première vie, sa belle-fille dans la IV° où elle fut la femme de Mizar alors fils d'Alcyone ; Irène, dans la VI° vie fut arrière petite-fille d'Alcyone ; dans la VIII° vie, sa fille. Nous trouvons là un cas semblable à celui d'Achille dans la XI⁰ vie, cas sur lequel nous nous sommes suffisamment étendu pour qu'il n'y ait pas lieu, ici, à d'autres commentaires. Ces rencontres d'égos seraient dues, à notre avis, à une sorte d'attraction magnétique des égos entre eux sur les plans supérieurs. Pendant le sommeil, sans que nous en ayons conscience, des égos que des liens d'affection unissent entre eux, se retrouvent, et il peut arriver que leurs mutuels désirs de vivre ensemble sur le plan physique, se réalisent. Le cerveau obéit alors à une détermination de l'égo. A l'état de veille, l'homme ne s'explique pas cette détermination, il la subit ; il a bien le vague sentiment d'une orientation donnée, il se doute bien qu'en réalité, et malgré toutes les apparences, il ne s'en va pas complètement à l'aveuglette ; et rien ne le retient, ni aventures, ni péril, ni éloignement. Et c'est ainsi que beaucoup de théosophes retrouvent, dans la société théosophique, des égos qui, depuis longtemps se connaissent entre eux ; c'est ainsi aussi que beaucoup de mariages se font entre personnes qui se rencontrent fortuitement ; certains parents n'arrivent souvent pas à comprendre que leur enfant n'ait pas trouvé à se marier dans leur entourage immédiat. Les égos forment alors entre eux, sur les plans supérieurs, des liens magnétiques contre lesquels les parents ne peuvent souvent rien ; c'est qu'alors le Karma devait s'accomplir.

Ascétisme. — Pour terminer nos commentaires sur cette vie, nous ferons bien de noter une importante déclaration de Mercure et l'attitude d'Alcyone après son expulsion de la communauté.

Alcyone regrette beaucoup que son amour pour Neptune ait provoqué l'expulsion, mais elle assure ne pas regretter son acte sentant, dit-elle, qu'il est parfaitement naturel.

D'autre part, Mercure, l'instructeur de Vesta l'Abbé, reproche à celui-ci d'avoir chassé les trois jeunes gens car, dit-il, bien que l'acte commis par Alcyone et le moine fut inexcusable, ce n'était après tout que le résultat d'une faiblesse physique, tandis que l'ardent désir de s'instruire était une qualité de l'homme interne qui, dans un avenir lointain, aurait une grande importance, non seulement pour eux seuls, mais encore pour l'aide à donner à beaucoup d'autres.

D'un côté donc, Alcyone s'excuse, de l'autre Mercure n'excuse qu'à demi, du moins en apparence, car nous pensons que l'acte d'Alcyone était inexcusable quant à la manière dont il se produisit ; Alcyone a enfreint les règles du couver y est cause d'une grave perturbation et il est certain qu'avant de commettre l'acte, Neptune et elle auraient dû s'en ouvrir franchement à l'abbé.

L'amour physique l'a emporté sur la sagesse, et c'est pourquoi le reproche de Mercure est justifié. Ce n'est d'ailleurs pas leur amour réciproque que Mercure condamne, c'est l'acte, et nous sommes d'autant plus certains de ne pas faussement interpréter ce passage, attendu que nous trouvons dans la vie suivante le même Mercure dire à Alcyone « qu'il était inutile de se consacrer au service spécial de la divinité si l'on n'était pas absolument certain de sa vocation et, *qu'après tout, elle pouvait servir le Dieu-Soleil, moins directement peut-être, mais aussi sincèrement et aussi noblement, en suivant les impulsions de son cœur.* » Et Alcyone quitte le service du temple pour épouser Sirius.

Le sage Mercure est donc loin de prêcher l'ascétisme rigoureux. Dans le cours des 30 vies que nous avons d'Alcyone. Alcyone n'a été célibataire que 3 fois.

C'est aussi une fausse opinion des théosophes que de s'imaginer qu'ils doivent être des anges et que la théosophie prêche un rigoureux ascétisme. Certains théosophes ont même le grand tort de rebuter le public en lui exposant, sur ce point, une ou plusieurs théories incompatibles avec les opinions mêmes du public. Nous avons maintes fois entendu des personnes étrangères à la S. T. s'écrier : « Oh ! vous êtes trop sages ! c'est trop difficile pour nous ! Vos théories sont intéressantes peut-être, mais il faut trop de sainteté à en juger d'après ce que vous nous en dites. »

On confond pureté avec ascétisme ; c'est un tort et, sur ce point, nous croyons le moment venu de rappeler ces instructives paroles de H. P. Blavatsky dans la *Clef de la Théosophie :*

Comme je vous l'ai déjà dit, la plupart de ceux qui entreprennent l'étude sérieuse de la Théosophie et qui se vouent à un travail actif pour la société, désirent ne pas se borner à la simple théorie des vérités que nous enseignons. Ils désirent *savoir* la vérité par leur propre expérience personnelle, et étudier l'Occultisme dans le but d'acquérir la sagesse et le pouvoir dont ils reconnaissent la nécessité, afin d'être capables d'aider les autres, avec jugement et avec efficacité, au lieu de le faire aveuglément et sans connaissance de cause. Et voilà pourquoi, tôt ou tard, ils se joignent à la Section Intérieure.

Question. — Et vous dites que les « pratiques ascétiques » ne sont pas obligatoires, même dans cette Section Intérieure ?

Réponse. — Je le répète ; mais la première chose que les membres apprennent là est une conception vraie de la relation du corps, ou de l'enveloppe physique, avec l'homme intérieur et véritable. La relation et l'action réciproque et mutuelle de ces deux aspects de la nature humaine leur sont expliquées et démontrées, de façon qu'ils sont promptement convaincus de la suprême importance de l'homme intérieur, en comparaison de la boîte extérieure ou du corps. On leur enseigne que l'ascétisme, aveugle et pratiqué sans intelligence, n'est qu'une folie ; et que la conduite de saint Labre, déjà cité plus haut, ou celle des Fakirs hindous et des ascètes de la jungle, qui se brûlent, se macèrent et se torturent le corps de la façon la plus horrible et la plus cruelle, ne vise pas à autre chose qu'un but *égoïste :* celui de développer le pouvoir de la volonté ; mais ce but est tout à fait inutile au véritable développement spirituel ou théosophique.

Question. — Je comprends : c'est *l'ascétisme moral* qui, seul, vous semble nécessaire. C'est le moyen qui conduit vers une fin ; et cette fin est l'équilibre parfait de la nature intérieure de l'homme, ainsi que la complète soumission du corps avec toutes ses passions et tous ses désirs ?

Réponse. — C'est cela même. Mais il faut que ce moyen soit employé avec *intelligence* et *sagesse* et non pas aveuglément et follement. C'est l'athlète qui se forme et se prépare à combattre sérieusement ; ce n'est pas l'avare qui se prive de nourriture, afin de satisfaire sa passion pour l'or.

Question. — J'ai entendu raconter que vos règles exigent de tous vos membres de se soumettre au régime *végétarien*, au *célibat* et à un rigoureux *ascétisme* ; mais, jusqu'à présent, vous ne m'avez rien dit de semblable. Pourrais-je savoir la vérité à ce sujet ?

Réponse. — Voici la vérité : *nos règles n'exigent rien de tout cela.* Non seulement la Société Théosophique n'exige aucune sorte d'ascétisme de ses membres mais elle ne s'y attend pas même, à moins que vous n'appeliez ascétisme les efforts pour se rendre utiles aux autres et pour mener une vie exempte d'égoïsme.

Question. — Pourtant, il y a plusieurs de vos membres qui sont strictement végétariens et qui déclarent franchement leur intention de ne pas se marier ; et cela se trouve surtout parmi ceux qui prennent une part si importante à l'œuvre de notre Société.

Réponse. — C'est tout naturel parce que la plupart de nos travailleurs sérieux appartiennent à la section intérieure dont je vous ai déjà parlé.

Question. — Il est donc vrai que l'ascétisme est obligatoire dans cette section intérieure ?

Réponse. — Nullement : même là, nous n'exigeons et n'ordonnons rien. Mais je crois que je ferai bien de vous exposer nos vues sur l'ascétisme en général, et alors vous comprendrez le but du végétarisme et de tout le reste.

Comme je vous l'ai déjà dit, la plupart de ceux qui entreprennent l'étude sérieuse de la Théosophie et qui se vouent à un travail actif pour la Société, désirent ne pas se borner à la simple théorie des vérités que nous enseignons. Ils désirent *savoir* la vérité par leur propre expérience personnelle, et étudier l'Occultisme, dans le but d'acquérir la sagesse et le pouvoir dont ils reconnaissent la nécessité, afin d'être capables d'aider les autres, avec jugement et avec efficacité, au lieu de le faire aveuglément et sans connaissance de cause. Et voilà pourquoi, tôt ou tard, ils se joignent à la Section Intérieure.

Question. — Et vous dites que les « pratiques ascétiques » ne sont pas obligatoires, même dans cette Section Intérieure ?

Réponse. — Je le répète ; mais la première chose que nos membres apprennent là est une conception vraie de la relation du corps, ou de l'enveloppe physique, avec l'homme intérieur et véritable. La relation et l'action réciproque et mutuelle de ces deux aspects de la nature humaine leur sont expliquées et démontrées, de façon qu'ils sont promptement convaincus de la suprême importance de l'homme intérieur, en comparaison de la boîte extérieure, ou du corps. On leur enseigne que l'ascétisme, aveugle et pratiqué sans intelligence, n'est qu'une folie ; et que la conduite de saint Labre, déjà cité plus haut, ou celle des Fakirs hindous et des ascètes de la jungle, qui se brûlent, se macèrent et se torturent le corps de la façon la plus horrible et la plus cruelle, ne vise pas à autre chose qu'un but *égoïste* : celui de développer le pouvoir de la volonté ; mais ce but est tout à fait inutile au véritable développement spirituel ou Théosophique.

Question. — Je comprends ; c'est *l'ascétisme moral* qui, seul, vous semble nécessaire. C'est le moyen qui conduit vers une fin ; et cette fin est l'équilibre parfait de la nature intérieure de l'homme, ainsi que la complète soumission du corps avec toutes ses passions et tous ses désirs ?

Réponse. — C'est cela même. Mais il faut que ce moyen soit employé avec *intelligence* et *sagesse* et non pas aveuglément et follement. C'est l'athlète qui se forme et se prépare à combattre sérieusement ; ce n'est pas l'avare qui se prive de nourriture, afin de satisfaire sa passion pour l'or (1).

---

(1). *La Clef de la Théosophie*, par H. P. Blavatsky. (Ouvrage épuisé).

CHAPITRE IX

TREIZIEME VIE

Vécue à Poseidonis de l'an 13.651 à l'an 13.569 av. J.-Ch.

Alcyone est fille du prêtre Mercure et de Pindare.

Après avoir été interrompue dans d'autres vies, l'éducation reprend et Alcyone n'est plus abandonnée sous ce rapport. Elle a une enfance heureuse. Elle se destine tout d'abord au service du Temple, toujours très intéressée par les questions religieuses. Elle choisit l'état de Vestale, s'entraîne à la méditation. Un an après, elle rencontre Sirius et s'en éprend ; elle renonce au temple.

Mercure, tout en se sentant attiré vers Sirius, empêche les jeunes gens de se voir et ne favorise pas le mariage d'Alcyone, tant qu'il n'aura pas percé le mystère qui entoure Sirius. Mais Alcyone souffre, malgré tout, elle a grande confiance en son père. Elle se marie enfin à Sirius, celui-ci ayant dévoilé son secret est officiellement nommé héritier du trône d'Ursa. Elle est très heureuse pendant quelques années. Sirius part en guerre contre Corona. Il frise la mort de près par suite de la traîtrise de Thétis. Il est sauvé grâce au sacrifice d'Ursa dont il pleure la mort, d'autant plus qu'il apprend par Mercure, l'acte héroïque de son père. Alcyone et Sirius sont impressionnés par cet évènement et demandent conseil à Mercure. Celui-ci pense que le pays est dévasté par la guerre et qu'il faut conclure un arrangement avec l'empereur Toltèque.

Alcyone se montre excellente collaboratrice de Sirius.

Sirius va être assassiné par Pollux (son demi-frère), quand Alcyone voit en rêve le danger qu'il court. Sirius, d'après la description d'Alcyone, fait saisir Pollux sur qui l'on trouve l'arme dont il devait se servir.

Sirius, qui ne se considérait que dépositaire du royaume, offre à Pollux le poste de gouverneur et, en même temps, l'occasion de racheter ses fautes. Mercure lui conseille de ne pas se fier à l'apparente tranquillité de Pollux. En effet, celui-ci se conduit mal vis-à-vis d'Alcyone. Celle-ci hésite à dévoiler le fait à son mari, mais une scène a lieu qu'il est impossible de cacher à Sirius, qui fait emprisonner Pollux. Celui-ci meurt peu après.

Ils furent ensuite très éprouvés par la mort de Mercure, leur bon conseiller.

Sirius lui-même trouve la mort dans une bataille contre Ulysse, qui était à la tête des Toltèques. Alcyone éprouve un grand chagrin et veut à tout prix se venger d'Ulysse.

Elle envoie son fils Aurora, déguisé, s'acquitter de cette mission. Mais elle a des regrets et invoque constamment Sirius pour savoir si elle a bien agi. Enfin, elle voit Mercure et Sirius en rêve : Mercure la désapprouve, ce qui la rend très triste.

Alcyone revient dans la bonne voie et abdique en faveur de son fils Uranus. Elle demeure inconsciemment sous la conduite occulte de Mercure et de Sirius.

Après la mort d'Ulysse, l'empire toltèque revient ce qu'il était. Alcyone a toujours une très grande influence sur son peuple. Elle survit trente ans à Sirius, meurt à quatre-vingt-deux ans, pleurée par sa nation.

C'est une très belle vie, sauf l'époque où elle poursuivit son idée de vengeance, oubliant la Loi d'amour et de Compassion

COMMENTAIRES

Cette vie est très complexe, tant à cause de l'enchevêtrement des évènements qu'à cause des personnages qui agissent les uns contre les autres.

En réalité, les résultats du Karma sont beaucoup plus compliqués que nous serions tenté de le supposer et nous ne pouvons avoir la prétention d'en pouvoir débrouiller l'écheveau compliqué. Nous ne pouvons saisir que des données très générales. Dans le cas présent, l'étude de la 13ᵉ vie nous indiquerait que les unions, si heureuses soient-elles pour les deux égos en cause, apportent aussi parfois avec elles, outre le bon Karma, le mauvais Karma commun à l'un et à l'autre. Somme toute, à un point de vue plus général encore, nous voyons un groupe d'égos amis lutter contre des ennemis communs ; nous voyons en outre ces ennemis se réincarner ensemble, le plus souvent dans la même famille. Le vieux proverbe : « qui se ressemble s'assemble » est donc bien vrai et le sera toujours.

Quant à Alcyone, elle n'est plus cette fois, sous le rapport de l'éducation, abandonnée à ses propres ressources et elle a pour père un homme éminemment supérieur en la personne de Mercure. Son enfance est heureuse. Dans son mauvais Karma n'entre donc plus cette privation d'éducation dont nous avons longuement parlé précédemment. Par contre, ce Karma ne s'en trouve pas moins très lourd. En effet, cette fois, Alcyone est reine et va pouvoir faire l'application de qualités autres que celles qui ont été mises à l'épreuve jusqu'à présent.

Il importe donc ici de scinder en trois parties distinctes les quelques commentaires que nous jugeons intéressants :

1° Ceux qui sont relatifs aux qualités à appliquer et à acquérir.

2° Les commentaires relatifs aux dettes Karmiques respectives des principaux personnages de cette vie.

3° Ceux qui consisteront simplement à souligner quelques passages typiques de cette vie.

Qualités dans les deux sexes. — En tant que reine, Alcyone peut appliquer les qualités acquises déjà énumérées. Il nous faut tenir compte, dans une certaine mesure, de son sexe ; c'est ainsi que son courage, par exemple, ne peut guère être de la même nature dans les deux sexes. Une mère à moins d'occasions exceptionnelles, ne peut guère faire preuve de courage sur un champ de bataille ; les moyens de défense dont une femme dispose ordinairement, ne sont pas ceux de l'homme et, en ce sens, le courage de la femme est dans la résignation plutôt que dans la lutte.

Toute qualité a deux faces car elle est féminine et masculine. Vous trouverez chez un assez grand nombre d'individus des qualités harmonieusement développées qui présentent nettement ces deux aspects. Pour être parfaites, je pense que ces qualités doivent s'exercer en évitant les extrêmes : main de fer dans un gant de velours, douce sévérité, administration intègre ; prudente audace, etc., sont là autant d'expressions dont on se sert journellement pour indiquer des qualités idéales.

En se plaçant au point de vue du Karma, l'individu dont, par exemple, les qualités seront trop masculines, devra développer ces mêmes vertus sous leur aspect féminin, puis, graduellement, parvenir à l'équilibre des aspects féminin et masculin. Nous avons en quelque sorte une preuve du fait lorsque nous voyons des femmes regretter de ne pas appartenir au sexe fort ; elles sont combattives, sportives, autoritaires, très habiles aux affaires extérieures mais fort peu enclines aux travaux tranquilles de l'intérieur ; elles détesteront par exemple la couture et le ménage ; elles auront plus de patience en dehors de leur foyer, qu'en leur foyer même ; elles ne supporteront que difficilement la maternité. Nous voyons aussi l'inverse : il y a des hommes qui prélèrent les travaux tranquilles du foyer aux affaires : certains sont absolument nuls dans la vie, peu pratiques, patients chez eux mais perdant immédiatement cette patience dès qu'ils se trouvent en contact avec les difficultés de la vie extérieure.

Nous n'avons donc pas à désirer appartenir à un sexe plutôt qu'à l'autre ; profitons au contraire de notre incarnation féminine ou masculine pour développer nos qualités sous leur aspect féminin ou masculin.

Or, les qualités d'Alcyone nous paraissent être très mâles, trop même ; c'est pourquoi sans doute, il est appelé à les tempérer dans des incarnations féminines ; c'est pourquoi peut-être, et jusqu'à présent, ses incarnations féminines sont plus tourmentées, plus orageuses que ses incarnations masculines.

Nous voyons, par ces quelques aperçus, combien nous pouvons hâter notre évolution en profitant mieux des circonstances qui nous entourent. D'ailleurs, chaque fois qu'une chose nous ennuie ou nous est extrêmement difficile, c'est qu'elle nous est utile.

Qualités d'Alcyone. — Pour en revenir à Alcyone, voici les qualités que, comme reine, elle peut appliquer ou acquérir :

Une douce fermeté et non pas une fermeté sauvage.

Une douce patience et non pas un entêtement aveugle.

Une grande tolérance et non pas l'esprit de vengeance.

Une justice parfaite pour tous même pour l'ennemi de son peuple.

Une grande prudence et non des impulsions.

L'amour du peuple mais non un amour touchant au fanatisme.

Un grand courage mais non une audace téméraire.

L'amour des siens pour le bien et non pour le mal.

Ce sont là autant de vertus déjà acquises par Alcyone mais auxquelles manque encore le frein féminin ; Alcyone est ardent, enthousiaste ; ses vertus sont éclatantes, mais ce ne sont pas les vertus qui font le plus de bruit qui sont les meilleures ou les plus parfaites.

Sans doute, c'est là un bien lourd Karma pour Alcyone ;

les responsabilités auxquelles elle doit faire face sont écrasantes ; comment conciliera-t-elle son Karma individuel avec celui de son peuple ? Et tout cela tient, on peut le dire, à un fil, mais au fil d'amour qui unit Alcyone à Sirius. Eût-elle refusé d'épouser Sirius, elle serait demeurée vestale ainsi que l'espérait presque son père Mercure. Il est à présumer que si le même fait se présentait sous nos yeux, la plupart d'entre nous critiquerait Alcyone ; nous dirions qu'elle aurait plus sagement agi en demeurant dans le temple, en ne se mariant pas. Elle aurait pu assurément agir ainsi, mais elle aurait alors perdu d'un côté ce qu'elle acquiert de l'autre ; les dettes Karmiques seraient restées impayées et il aurait fallu qu'une autre vie se présentât pour l'application des qualités.

Alcyone commet à cet égard plus d'une faute, comme nous en commettons tous, comme nous en commettrons encore plus tard au fur et à mesure que nos responsabilités augmenteront. Dans cette treizième vie, Alcyone est toujours le mystique et le guerrier des vies précédentes et, depuis sa dixième vie, époque à laquelle remonte son entrée sur le Sentier de la Sagesse, nous n'assistons à aucun acte concernant directement l'acheminement d'Alcyone sur ce Sentier. Les raisons en sont données par les auteurs dans les phrases suivantes :

« On doit se souvenir que, durant la neuvième vie de cette série, Sourya avait prédit la mort tragique qui mit fin à la dixième et avait aussi prédit que de grandes épreuves et de grandes difficultés marqueraient celle qui la suivrait. D'autre part, il avait promis que si les épreuves étaient noblement supportées et les difficultés surmontées avec succès, il en résulterait un progrès marqué. En effet, sans parler de ce cas particulier, nous pouvons considérer comme une règle générale, que lorsqu'un homme approche de l'entrée du Sentier, il passe par un certain nombre d'existences impliquant beaucoup de souffrances et certaines situations désagréables.

Il y a deux raisons à cela. D'abord sa route doit être débarrassée aussi vite que possible de tout ce qui peut lui rester de mauvais Karma, afin que ce Karma ne le gêne pas lorsque s'approchera le moment de l'effort final. Ensuite, tous les défauts qu'il possède doivent être domptés, afin qu'il puisse acquérir les gratifications nécessaires et que sa voie soit libre.

Dans les existences que nous avons déjà décrites, notre héros a joui du privilège de se trouver fréquemment et étroitement associé à la vie d'hommes et de femmes qui sont devenus depuis des Maîtres de Sagesse, et tout a été fait pour fortifier son caractère par l'exemple et par les préceptes. Dans la vie que nous allons raconter maintenant, notre héros est plongé dès sa naissance dans un milieu grossier et mauvais et le secours de la présence de ces grands êtres lui est enlevé, dans le but évident de liquider du mauvais Karma et de lui donner ainsi l'occasion de montrer s'il possède en lui assez de force et de connaissance pour rompre la mauvaise tradition, même si elle s'appuie sur l'autorité religieuse et paternelle, sur la coutume immémoriale et sur la passion personnelle. » (1)

Voici, d'autre part, ce qu'écrit M. C. W. Leadbeater :

« On a souvent dit que le disciple qui se met en marche pour hâter ses progrès appelle à lui la souffrance. Ce n'est peut-être pas la meilleure façon d'expliquer ce cas. Quand le Maître se charge d'un disciple, il prend sérieusement en mains ce disciple ; il s'efforce aussi rapidement que possible de déraciner le mal et de développer ce qu'il y a de bon dans son élève pour en faire un canal vivant de plus en plus parfait par lequel s'épanchera l'amour divin. Sans doute, ce fait est de nature à attirer l'attention des seigneurs du Karma et comme la réponse qu'il obtiendra d'Eux tendra assurément à lui offrir des occasions plus grandes, ceci implique souvent pour le disciple un accroissement considérable de souffrances provenant de divers côtés.

Si nous voulons nous donner la peine de réfléchir sérieusement, nous verrons que c'est justement ce à quoi nous devrions nous attendre. Nous avons tous derrière nous, plus ou moins de Karma à liquider, et jusqu'à ce que celui-ci soit épuisé, il sera toujours pour nous un obstacle dans tout travail d'un ordre supérieur. Un des premiers pas à faire dans la voie du progrès réel à réaliser, est donc de travailler à arracher tout ce qui reste de mauvais en nous ; la réponse faite par les Grands Etres à nos efforts vers le bien se traduit donc, le plus souvent, par des occasions d'acquitter toujours de plus en plus notre dette (puisque nous avons acquis assez de force pour cela) afin qu'elle ne se trouve plus sur notre chemin quand nous entreprendrons notre futur travail. Quant à la façon dont cette dette sera payée, elle repose tout entière dans leurs mains et non dans les nôtres ; mais nous pouvons nous fier à eux pour organiser les choses sans infliger aux autres des souffrances supplémentaires, à moins que ces autres n'aient encore en suspens quelque dette Karmique qu'ils puissent acquitter de cette façon. En tout cas, les grandes divinités Karmiques ne peuvent agir autrement qu'avec une justice absolue envers les personnes en cause, que ce soit au temps présent ou dans le passé.

Rapports réciproques de quelques personnages. — Nous ne nous étendrons pas davantage sur les qualités ; il suffit de lire la treizième vie pour se rendre compte de la façon dont Alcyone se conduit.

---

(1) *Déchirures dans le voile du temps.*
(2) *L'Occultisme dans la Nature,* par C.-W. Leadbeater (Tome II).

Ce qui nous frappe le plus, après les quelques remarques que nous venons de faire, ce sont les rapports des principaux personnages entre eux. Nous ne pourrons en donner ici que des explications très sommaires basées sur les vies de ces personnages dans les existences antérieures, ce qui exige, non seulement des recherches assez longues mais encore une intuition très sûre, très développée, celle même qui nous fait défaut ; c'est pourquoi nous serons très réservé quant à l'explication possible des faits surgissant entre les personnages principaux de cette treizième vie.

Les noms de ces personnages sont les suivants :

Alcyone.	Ulysse.
Sirius.	Pollux.
Mercure.	Hespéria.
Aurore.	Thétis.
Ursa.	Alastor

Nous voyons d'abord Alcyone chagrinée par les décisions son père Mercure.

Sirius n'a pas eu une enfance heureuse et son mauvais Karma se continue car il est mis en prison et condamné à mort par Alastor et Ursa. Mais Alastor meurt et Ursa, revenant à de meilleurs sentiments, abdique en faveur de Sirius ; tous deux ont alors contre eux Pollux, le prétendant déchu, et Hespéria mère de Pollux, femme d'Ursa.

Hespéria se livre à des voies de fait puis se suicide de rage.

Ursa déjoue le complot de Thétis, sauve la vie de Sirius en sacrifiant la sienne, acte auquel il est certainement conduit par les révélations que vient de lui faire Mercure sur ses vies antérieures.

Sirius devait quand même trouver la mort au cours de l'une de ses expédition contre les Toltèques gouvernés par Ulysse.

Alcyone jure de venger la mort de Sirius et envoie l'un de ses fils, Aurore, assassiner Ulysse.

Tous ces faits sont trop importants pour que nous les passions sous silence et il ne sera pas inutile de rechercher dans les vies précédentes si nous ne trouverons pas, tout au moins en partie, la justification de ces faits.

Prenons tout d'abord Ulysse contre lequel lutte Sirius, et qu'Alcyone fait assassiner.

Dans la 1ʳᵉ vie, Ulysse est femme de Vajra et ils ont pour fils Alastor. Il est assez curieux de rencontrer ces trois égos de caractère fort indépendant réunis ensemble comme père, mère et fils.

Dans la 3ᵉ vie, Ulysse est femme de Mercure.

Dans la 5ᵉ, Ulysse est l'époux de Vajra. Dans cette vie il est influencé par Scorpion et nourrit de mauvais sentiments envers Alcyone, mais il reconnait peu après son erreur. Ulysse rend Vajra très malheureuse.

Dans la 7ᵉ vie, Ulysse, fille d'Alcyone et d'Hélios, se montre irascible, emportée, passionnée au point de tuer Vajra qu'elle aime et qui, lui, aimait Mercure sœur d'Ulysse. Hercule, mari d'Aurore, autre sœur d'Ulysse, pour sauver celle-ci se déclare coupable du crime, mais la vérité se fait jour et Ulysse se suicide après avoir laissé Hercule s'avouer coupable d'un forfait qu'il n'a pas commis. De plus, par cet acte, la pauvre Mercure perd en Vajra un fiancé qu'elle affectionnait profondément.

Dans la 9ᵉ vie, Ulysse fait preuve de grandes qualités d'administration ; elle est belle-sœur d'Alcyone.

Dans la 10ᵉ vie, elle est femme de ce même Vajra qu'elle assassine dans la 7ᵉ vie ; la question religieuse l'intéresse fort peu ; elle devient reine dans une contrée conquise par Mars.

Ulysse a donc surtout, pour mauvais Karma, le meurtre de Vajra et son suicide. Etait-ce le résultat des vies antérieures ou créait-il un nouveau Karma ? Nous ne pouvons répondre à ce point d'interrogation ne connaissant rien des vies antérieures aux trente que nous avons sous les yeux.

En tous les cas, Ulysse et Vajra sont pour ainsi dire deux inséparables au même titre qu'Alcyone et Sirius, au même titre aussi que Mars et Mercure que nous voyons bien souvent ensemble ; mais leur ligne d'activité est tout autre. Ulysse et Vajra, Vajra surtout, sont des tonnerres, comparativement à l'exquise douceur d'Alcyone et de Mercure ; ils sont la force, la puissance, l'autorité, tandis qu'Alcyone et

Mercure sont tout amour. Les égos qui suivent la ligne d'Ulysse et de Vajra sont toujours des caractères prompts, résolus, décidés, impulsifs, emportés, peu conciliants lorsqu'ils n'ont pas encore atteint l'équilibre dans l'exercice de leurs qualités. Ils sont comme des taureaux qui foncent droit sur l'obstacle, qui renversent sans pitié toutes les barrières qui les gênent. Les égos de ce genre font de puissants rois dans les mondes visibles et invisibles ; ce sont, plus tard, d'admirables génies, dont la splendeur remplit les foules d'étonnement ; mais, à leurs côtés, brillent aussi dans l'éclat de leurs soleils, ces autres soleils d'amour tels que Sourya et Mercure.

Si nous nous plaçons au point de vue du Karma, c'est Vajra, fils d'Alcyone, dans la 13ᵉ vie, qui, à son tour, aurait dû assassiner Ulysse. Or, rien de semblable ne se présente dans les autres vies et nous savons de plus que ce Karma peut être neutralisé en partie ou complètement au cas où Ulysse s'acquitte de sa dette envers Vajra.

Devons-nous considérer ce meurtre comme un résultat du suicide antérieur d'Ulysse ? Là encore nous ne pouvons répondre. Mais nous pouvons tout au moins faire une remarque importante. Ulysse est le souverain d'une nation qui est l'ennemie de celle où sont nés les Alcyone, Sirius, Mercure. Il est séparé de Vajra, son armée est battue, et il trouve la mort au moment même où il avait reconstitué son royaume sur des bases plus stables. De plus, Ulysse était fille d'Alcyone lorsqu'elle tua, et c'est encore un fils d'Alcyone Aurore, qui tue sur l'ordre de sa mère.

Il était dans le Karma d'Ulysse d'être assassiné, mais la chose entrait-elle dans le Karma d'Alcyone et d'Aurore ? Non! car il est de notre devoir de toujours refuser d'être les instruments d'un mauvais Karma.

Pendant longtemps encore il se trouvera suffisamment d'instruments du mauvais Karma prêts à remplacer ceux qui refuseront. Plus tard, dans la sixième race, ils ne seront plus guère utiles, car les hommes auront souvenir de leurs incarnations et pourront rendre le bien à ceux qu'ils auront fait souffrir dans des vies antérieures. Nous nous plaçons ici au point de vue du Karma individuel. Le Karma national est autre, de même le Karma des continents, de même aussi le Karma collectif d'un groupe donné d'individus.

En résumé, le meurtre d'Ulysse commis par Aurore sous l'instigation d'Alcyone ne s'expliquerait que par le suicide antérieur d'Ulysse qui perd la vie au moment où il désire la conserver.

Au surplus, nous savons que ce ne sont pas tant les actes que les pensées qu'il importe de considérer au point de vue du Karma. En effet, l'acte est le résultat de la pensée, et l'acte n'accompagne pas invariablement la pensée générée. Je puis penser à me venger d'un individu, mais reculer devant l'acte à commettre ; par contre, en pensant avec intensité, je puis créer une forme-pensée, laquelle peut trouver chez un homme un terrain si préparé que cet homme la reçoit et commet l'acte auquel j'ai simplement pensé. Le Karma le plus lourd incombe naturellement à l'auteur de la pensée. Les détails de ce processus sont très clairement exposés dans « *le Karma* » par Annie Besant.

Il ne faut pas oublier que la loi du Karma n'agit pas avec cette simplicité que nous serions tentés de lui supposer.

« Je sais qu'il existe des livres où sont exposés avec une grande précision le genre de Karma qui résulte de certaines actions. Si, par exemple, dans une incarnation donnée, un homme maltraite son père, il deviendra dans une autre, boiteux de la jambe droite, et si c'est sa mère qu'il a rudoyée, ce sera de la jambe gauche qu'il sera infirme, et ainsi de suite. Cependant, dans les nombreuses vies que nous avons examinées pour en dégager l'œuvre du Karma, nous n'avons pas trouvé une telle rigueur. Au contraire, nous avons été spécialement frappés tant de l'extraordinaire élasticité du Karma que de la justice infaillible avec laquelle il est appliqué. Aucun effet possible ne peut faire que l'homme puisse échapper aux souffrances qui lui sont destinées, fût-ce même du poids d'une plume : s'il peut quelquefois les éviter sous une certaine forme, il les verra fondre inexorablement sur lui sous une autre forme et cela, d'une manière tout à fait inattendue.

De même qu'une dette de dix livres peut être acquittée en une seule fois, ou en deux fois, en or ou en argent, ou même en monnaie de cuivre, de même une certaine somme de Karma peut se liquider d'un seul coup terrible, soit par un nombre successif de coups de différentes sortes, mais moins pénibles, ou encore par une longue suite d'ennuis relativement minimes ; mais dans tous les cas et de quelque nature qu'il soit, le compte tout entier doit être payé. » (1).

---
(1) *L'Occultisme dans la Nature* par C. W. Leadbeater (Tome II).

Pendant qu'Ulysse est en cause, nous dégagerons le fait suivant :

En tuant Vajra (dans la 7ᵉ vie) il contracte une dette envers Vajra, Hercule, Mercure, Aurore, Alcyone. Or, dans la treizième vie d'Alcyone, nous retrouvons tous ces personnages, mais non plus unis pas les liens du sang ; Ulysse est seul de son côté contre tous les autres.

On dirait aujourd'hui que plusieurs personnages se liguent *injustement* contre un seul ; mais il n'y a pas d'injustice et nous sommes conduit à dire que le préjudice porté à une personne sépare en général, ultérieurement, l'auteur du préjudice de tout son groupe d'égos. Dans le cas d'Ulysse, la chose est relativement grave car il se trouve séparé d'un groupe presque uniquement constitué d'égos très évolués ; la même situation se répétera plus tard encore, dans d'autres vies, et il se trouve précisément qu'Alcyone rachète magnifiquement sa faute en arrachant Ulysse de son milieu néfaste pour le conduire sur le Sentier de Sagesse.

De là encore nous pouvons déduire que le préjudice causé par l'un de nos membres à un instructeur éminent de la S. T. le séparera de cette société pendant une ou plusieurs incarnations dans un avenir plus ou moins éloigné.

Nous ne parlerons pas des autres ennemis d'Alcyone et Sirius ; Ursa et Hespéria paraissent pour la première fois dans cette treizième vie : quant à Pollux, Thétis, Alastor, nous savons qu'ils se sont jusqu'alors séparés du groupe d'égos supérieurs et qu'ils sont toujours les instruments du mauvais Karma d'Alcyone. Nous aurons peut-être l'occasion d'en reparler plus tard et mieux vaut attendre d'avoir sur leur compte des données plus importantes et plus précises.

Des défauts et des vices. — M. C. W. Leadbeater nous dit qu'une vie mal remplie a pour résultat d'intensifier la personnalité inférieure dans une autre vie. En d'autres termes, lorsqu'une occasion de bien faire n'est pas saisie et qu'elle est rejetée par l'individu, celui-ci sera, dans une autre vie, privé de l'occasion de bien faire ; s'il se sert de son intelligence pour le mal, et qu'il persiste délibérément dans cette vie, il hypertrophie les principes inférieurs au détriment des principes supérieurs. Le fait est d'autant plus curieux que l'on serait généralement porté à croire que l'intelligence, par exemple, peut se développer dans le mal comme dans le bien. Nous voyons même autour de nous, grand nombre de gens malhonnêtes, très rusés, très intelligents ; il y a même des occultistes, dits magiciens noirs, dont l'intelligence est extraordinairement brillante. Oui ! sans doute, mais cette brillante intelligence ne subsiste que dans les débuts, c'est-à-dire avant que les principes inférieurs n'aient été complètement hypertrophiés par un exercice constant et prémédité.

D'autre part, il faut bien se garder de confondre les malhonnêtes gens avec les magiciens noirs. Les premiers sont des âmes jeunes que le Karma se charge de faire évoluer, tandis que les seconds sont des âmes au contraire très âgées qui ont derrière elles tout un long passé ; ce sont des êtres qui sont arrivés jusqu'à un certain degré de développement sur le Sentier de la Sagesse mais qui refusent d'aller plus avant. Ils restent donc très longtemps ce qu'ils sont, mais un jour viendra ou leurs principes inférieurs prendront le dessus au point d'en perdre leur âme. Il y a enfin une autre catégorie d'égos adonnés aux sombres coutumes atlantéennes. Nous en avons un exemple dans Scorpion, très versé dans les actes occultes. Chez lui, ce n'est pas l'intelligence qui s'atrophie, c'est le sens moral. Il y a effectivement bien des façons de persévérer dans le mal, ou de faire simplement le mal. On peut être fourbe, cruel, brutal, impulsif, menteur, immoral, paresseux, égoïste, grossier, meurtrier, voleur, orgueilleux, moqueur, etc... Chacun de ces états d'être attire, dans les corps inférieurs, une matière correspondante.

Prenez par exemple l'individu qui ment constamment ; il fausse chez lui le sens de la vérité et, selon la loi, renaîtra pendant une ou plusieurs vies au cours desquelles il souffrira fort probablement du doute. Il voudrait bien croire, mais il ne le peut. Il doute et il en souffre ; l'intuition est arrêtée pour un temps ; on abusera de lui comme il a abusé de la crédulité d'autrui ; de plus, il a faussé en lui une faculté qui garde le pli qu'il lui a donné, et il mentira encore. Pour nous servir de l'expression d'Alcyone, l'homme doit être une plume entre les mains de Dieu. Malheureusement l'homme est plus souvent une plume entre les mains de la personnalité ; si la personnalité fausse la plume dans un sens ou dans l'autre, l'homme sera bien obligé de se servir d'une plume faussée jusqu'au moment où il souffrira à un tel degré de l'état de choses qu'il s'arrangera de manière à redresser l'instrument défectueux. « Qui a bu boira » est très vrai, occultement parlant.

Tout cela se conçoit aisément si nous avons bien soin de nous rappeler que nous créons nous-mêmes les instruments qui permettent à notre conscience de s'exprimer. Si donc nous sommes immoraux, nous nous façonnons des véhicules qui répondront à notre état d'esprit. Lorsque nous dressons un animal dans une certaine voie et, qu'ensuite, nous cherchons à le contrarier dans les choses que nous lui avons apprises, l'animal s'étonne, ne comprend plus, et il faut tout un nouveau dressage pour l'amener à oublier ce qu'on lui a enseigné. Il en est absolument de même avec nos véhicules inférieurs.

Ecoutez encore M. Leadbeater (Occultisme dans la nature. Vol. II). « Prenons par exemple un défaut très répandu : l'égoïsme, et essayons d'en considérer les résultats. Ce défaut est surtout le fait d'une attitude mentale. C'est donc sur le plan mental que nous chercherons pour déterminer les résultats subséquents ; résultats qui se traduiront probablement par une intensification de la personnalité au détriment de l'individualité. (Personnalité, dans le sens de nature inférieure de l'individu ; individualité : nature supérieure.) Cette intensification sera telle que l'égoïsme se trouvera lui-même intensifié. Les principes supérieurs se perdront ainsi de plus en plus de vie en vie, submergés qu'ils seront par les principes inférieurs ; aussi, persister dans l'égoïsme, c'est créer des entraves au progrès. La réaction la plus pénible qu'occasionne la nature est précisément dans la privation des occasions qui contribuent aux progrès, de même que sa réaction la plus agréable est celle qui offre le plus grand nombre d'occasions facilitant le progrès. Nous voyons donc comment persister dans l'égoïsme peut endurcir l'homme, le conduire aux pires résultats en le rendant insensible à toute bonne influence, entravant ainsi tous ses progrès ultérieurs jusqu'au moment où il sera enfin parvenu à vaincre ce défaut. »

Karma de l'esprit de révolte. — Nous avons cité plus haut le cas du personnage qui, dans les vies d'Alcyone, porte le nom d'Alastor. Nous y reviendrons maintenant. Dans la treizième vie, celle que nous commentons présentement, Alastor est un homme méticuleux mais remarquablement stupide et, à cause de son caractère, ses affaires de famille ont été fort mal conduites. En outre, il ne témoigne que de mauvais sentiments : haine, injustice, rancune, cruauté, colère... Or, si nous nous reportons à la V° vie, nous lisons ce qui suit :

Il s'agit d'une rébellion dans l'armée de Mars, au moment où celui-ci dirige une importante migration.

« Il y avait parmi ses sujets un parti considérable qui considérait ce projet de migration comme une idée folle et la vision de Mars comme une illusion. Alastor était à la tête des récalcitrants et il déclara que sa conscience ne lui permettait pas de suivre un chef qu'il croyait soumis à l'influence d'une puissance mauvaise ou diabolique qui le trompait, l'égarait et le poussait à se lancer dans une entreprise insensée qui ne pouvait avoir comme dénouement que la ruine complète de ceux qui seraient assez fous pour le suivre. En réponse à cette tirade, Mars se borna à déclarer qu'il n'entendait forcer personne à l'accompagner, attendu qu'il ne voulait que des coopérateurs loyaux et de bonne volonté, et qu'Alastor ainsi que ses partisans, pouvaient rester où ils se trouvaient si tel était leur désir. Un nombre comparativement restreint des partisans d'Alastor était disposé à pousser la résistance jusqu'à ce point et la majeure partie d'entre eux lui conseilla de réfléchir encore avant de prendre une détermination. Il s'entêta cependant en déclarant que lui et son groupe d'Adullamites étaient les seuls véritables observateurs des commandements du Manou, puisqu'ils restaient dans le pays où il les avait installés et refusaient de se laisser détourner de leurs devoirs les plus manifestes par des rêves hystériques et par de prétendues révélations.

Mars ne voulant pas perdre son temps avec lui, se borna à lui dire qu'il pouvait marcher à sa perte par la route de son choix Alastor resta sur place et se montra assez ingénieux dans les efforts qu'il fit pour tirer le meilleur parti de la situation. Ainsi que nous l'avons déjà dit, Mars avait organisé un raid contre les orthodoxes et il va de soi que leur chef organisa une expédition chargée de punir les audacieux montagnards. Alastor se porta audacieusement à la rencontre de cette armée, s'annonça comme le chef de l'un des deux partis rivaux qui existaient dans le royaume de la montagne et offrit son appui aux envahisseurs à condition que lui et son peuple seraient bien traités. Il déclara qu'il était convaincu depuis longtemps que les hommes de sa propre tribu avaient eu tort de s'allier jadis aux Atlantéens, et qu'il avait souvent désiré rentrer dans le sein de l'empire orthodoxe, mais que Mars l'avait empêché de le faire. Il indiqua la route que celui-ci avait prise lors de son départ et offrit de montrer aux envahisseurs comment ils pourraient, en prenant un chemin de traverse, au milieu des montagnes, le rejoindre et infliger probablement une défaite à son peuple. Le chef orthodoxe estima bon d'accepter son offre et lui promit la vie sauve pour ses partisans en récompense de sa trahison. L'expédition, guidée par Alastor, s'enfonça dans les montagnes pour tenter de barrer la route à Mars mais les hommes, qui n'étaient pas habitués aux hautes altitudes, souffrirent énormément, et, lorsque après de cruelles fatigues, ils rencontrèrent les troupes de Mars, celui-ci leur infligea une défaite et en fit un grand carnage. Leur chef put cependant s'échapper et se hâta de faire mettre à mort Alastor et ses myrmidons. » (1)

On dira peut-être qu'il ne méritait pas un tel Karma, que l'on ne voit rien là qui justifie des facultés aussi inférieures dans une autre existence (la 13ᵉ vie).

Nous comprendrons que le Karma n'a rien d'exagéré si nous faisons cette autre constatation que Mars est le disciple direct du Manou ; c'est l'instrument du Manou sur terre. Or, se révolter contre un être aussi élevé, plus encore, le trahir, signifiait pour Alastor un Karma très lourd. C'est encore M. Leadbeater qui va nous en donner les raisons.

« Toutefois, certaines actions génèrent exceptionnellement un terrible Karma. Par exemple, le Karma généré par la cruauté, quelle que soit la forme de celle-ci, qu'elle soit exercée sur les hommes ou sur les animaux a toujours des résultats atroces. Un tel Karma suscite souvent des maladies chroniques dans le corps physique, maladies qu'accompagnent des souffrances aiguës ; souvent aussi, il provoque la folie quand la cruauté offre un caractère de raffinement inusité et qu'elle est exercée consciemment. Nous avons pu constater aussi qu'un grand nombre de ces ignorants qui martyrisèrent Hypathie à Alexandrie se sont réincarnés en Arménie, et ont dû, de ce fait, subir toutes sortes de cruautés de la part des Turcs. Ceux qui, aujourd'hui, meurent accidentellement brûlés, dans les plus horribles souffrances, sont souvent ceux qui en ont brûlé d'autres au moyen-âge ou qui se sont réjouis du spectacle des scènes lugubres que présentaient ces martyrs.

Toute injure faite à une personne hautement développée provoque une terrible réaction sur son auteur. Il nous faut donc porter la plus grande attention à notre attitude envers le Grand Etre annoncé ; il faut y prendre d'autant plus garde que sa supériorité sur nous étant très grande, nous le méconnaîtrons ; nous pourrons aussi ne pas le reconnaître s'il arrive qu'il se présente à nous sous un aspect auquel nous ne nous attendions pas.

Une des raisons pour lesquelles les Grands Etres ne viennent pas

---

(1) *Déchirures dans le voile du Temps.*

plus souvent parmi les hommes c'est que terrible est le Karma des critiques injustes et des mauvais traitements dont ils sont l'objet ; malheureusement nombreux, dans l'humanité, sont ceux qui s'attireront ce Karma. J'ai vu moi-même un cas dans lequel une grande âme, née dans un milieu où on ne la comprenait pas, tomba entre les mains d'un pédagogue brutal et incapable qui abusa d'elle honteusement. Il m'a été donné aussi de voir le Karma de cette action, et j'en frémis encore en y pensant. En vérité, c'est à ce misérable que peuvent être appliquées ces paroles attribuées au Christ quand Il dit qu'avant d'avoir « offensé un de ces petits êtres, il eût mieux valu pour lui qu'on lui attachât une pierre au cou et qu'il fut précipité dans les profondeurs de la mer. »

Un autre Karma, analogue à ce dernier, étroitement associé avec celui-ci, est celui de l'ingratitude ; il est toujours exceptionnellement sévère et plus particulièrement quand l'ingratitude se manifeste envers un instructeur occulte. Bien des personnes sont toujours pressées d'aller de l'avant, désirant se mettre en contact avec les Maîtres, cherchant à attirer sur elles leur attention ; bien souvent, elles se figurent que ce sont les disciples de ces Maîtres qui cherchent à les retenir ou qui, tout au moins, se refusent à les aider dans leurs efforts pour les approcher. Le disciple du Maître n'existe que pour aider les autres et rien certes ne le réjouit davantage que d'attirer une autre âme aux Pieds de Ceux dont il a tant appris lui-même. Mais quand il voit que l'aspirant n'est pas encore en état de comprendre ces Grands Etres, que son attitude envers eux est captieuse, irrévérencieuse, présomptueuse, il ne veut pas prendre la responsabilité de le guider vers les Maîtres, car il sait combien sera sûrement désastreux le résultat produit. Un homme de ce caractère peut être sûr de générer un mauvais Karma n'importe où il se trouvera, et il serait absurde de le mettre dans une situation où il aurait l'occasion de le rendre cent fois plus mauvais.

J'ai remarqué, par exemple, des cas, où certaines gens ayant témoigné à un moment donné le plus grand dévouement à notre Présidente, ont maintenant changé d'attitude, et commencent à l'outrager et à la calomnier. C'est là une méchante action dont le Karma sera bien pire que si elle avait été commise envers une personne à qui ils ne devaient rien. Je ne veux pas dire qu'on n'a pas le droit de changer d'avis. Qu'un homme pense consciencieusement qu'il lui est impossible de suivre plus longtemps notre Présidente, il a entièrement le droit de ne plus se compter au nombre de ses disciples ; nous pouvons déplorer l'aveuglement dont il fait preuve, mais sans qu'il nous soit permis de lui adresser le moindre blâme, chacun devant agir selon ce qu'il pense être juste. A cette retraite ne s'attache aucun mauvais Karma sauf celui de perdre une occasion : résultat qui suit ordinairement le fait de n'avoir pas su répondre à une épreuve et d'avoir commis une erreur grave. Mais, si après s'être retiré, l'homme commence méchamment à l'attaquer, à faire circuler sur elle les plus affreux mensonges, comme l'ont fait tant de gens, il commet alors une erreur très grave dont le Karma sera spécialement lourd. La vengeance et le mensonge ont toujours un caractère de méchanceté, mais si l'homme les dirige contre une personne des mains de laquelle ils ont reçu la coupe de vie, ces fautes dégénèrent en un crime dont les effets sont toujours terribles. » (1)

L'appel aux grands Etres. — La fin de cette treizième vie nous montre aussi que l'aide vient toujours lorsqu'on tend de toutes ses forces vers un idéal élevé. L'invocation d'Alcyone, son ardente prière, n'est pas égoïste ; Alcyone éprouve des doutes sur sa conduite, elle veut faire mieux, elle veut s'engager sur des voies meilleures. Or, un tel appel est toujours entendu, tôt ou tard, lorsque l'on désire vraiment faire un pas en avant sur le sentier du progrès.

---

(1) *L'Occultisme dans la Nature* par C.-W. Leadbeater (Tome II).

CHAPITRE X

QUATORZIÈME VIE

Vécue aux Indes, de l'an 12.877 à l'an 12.795 av. J. CH.

Alcyone est fils d'Algol et de Thésée, et né dans une tribu errante, dans le voisinage de ce qui est aujourd'hui l'Afghanistan. On lui apprend à prier Pushan, l'Indicateur de la Route, le *Path-Finder* Sa mère meurt peu après sa naissance ; son père est de race Aryenne et fanatique. Alcyone se fait des amis parmi les Atlantes, entre autres Psyché, qu'il n'ose inviter dans sa demeure. Il s'initie à la civilisation atlantéenne par l'intermédiaire de cet ami et acquiert ainsi une éducation supérieure à celle que son père aurait pu lui donner.

Il s'éprend de Mizar, sœur de Psyché. Mais la situation est très pénible à cause de l'antagonisme des deux races auxquelles ils appartiennent. Algol apprend enfin que son fils Alcyone fréquente les Atlantéens et le chasse de chez lui. Alcyone se rend chez ses amis et décide de fuir avec Mizar, ce qu'il réussit à faire avec l'aide de Psyché qui lui prête une forte somme d'argent. Ils se joignent à une tribu Aryenne qui traversait le pays à ce moment.

Alcyone rend service à l'un des chefs de la tribu par un acte de bravoure durant une attaque de nuit. Ce chef fut tué quand même peu après dans une bataille. En retour de ce service, Vesta, autre chef, comble Alcyone de présents et lui fait deux offres : soit de continuer leur voyage, soit de le recommander à Dragon, un membre de sa famille qui s'est installé dans le pays qu'ils traversent. Comme Mizar allait devenir mère, Alcyone accepte la seconde proposition. Ils se rendent auprès de Dragon et Cassiopée, épouse le Dragon, se montre particulièrement charmante avec Mizar. Ils mènent une vie très heureuse, ont un fils : Fomalhaut.

Alcyone est blessé dans un accident de navire aérien piloté par son ami Aletheia, chute de laquelle il ne se remit jamais bien.

Il s'intéresse beaucoup à la philosophie atlantéenne. Mizar et lui vivent en bons termes avec des prêtres tant Aryens qu'Atlantéens. Tous deux font donc preuve déjà d'un esprit de tolérance particulièrement grand. Ils ont huit enfants : trois meurent, ce qui leur cause un grand chagrin.

En mémoire de Vesta, Alcyone offre toujours une large hospitalité aux bandes Aryennes ; la plus importante fut celle qui était conduite par Mars.

Alcyone a une grande admiration pour Hercule, fille de Mars.

Alcyone et Mizar atteignent un âge assez avancé.

Alcyone est considéré comme un interprète capable d'harmoniser les dogmes opposés des religions Aryenne et Atlantéenne. Alcyone développe dans cette vie : courage, décision ; il montre de sérieuses aptitudes administratives : il apprend à vivre en paix avec les hommes, chose de grande valeur pour son incarnation suivante.

COMMENTAIRES

Une fois encore Alcyone est abandonné à ses propres ressources ; une fois encore, ses qualités sont à l'épreuve ; une fois encore, il est à peu près privé d'éducation première et son enfance est loin d'être heureuse à cause, surtout, d'un père fanatique d'un autoritarisme absolu, d'un sectarisme des plus étroits. Ce père a nom Algol et, dans les vies précédentes, nous n'avons rien trouvé qui puisse donner matière à quelques commentaires sur son compte. L'un des seuls points à noter à son sujet est qu'il fut, dans la 10ᵉ vie, la fille d'Alcyone. C'est la seule proche parenté que nous lui trouvons avec notre héros. Somme toute, bien fragile est le lien qui unit les deux personnages dans les treize premières vies et, en admettant qu'il y ait eu de part et d'autre, un peu de mutuelle affection, elle ne devait être qu'une plume dans la balance, comparativement à toute la chaude affection qui unit Alcyone à tous les autres personnages de cette vie, c'est-à-dire : Mizar, Orphée, Psyché, Vesta, Aletheia — Cassiopée — Tous ceux là furent souvent unis à Alcyone de manière très étroite et il suffit de consulter le tableau ci-dessous pour s'en rendre compte.

Algol :

Vies

1. — Fils de Castor et Arlès.
3. — Fils d'Hector et Selene.
5. — Fils de Typhis et de Véga.
7. — Marié à Psyché — a pour fils : Auriga et Tiphys.
10. — Fille d'Alcyone.
12. — Fille de Brihaspati.

Psyché :

1. — Fils de Lion et Alceste.
4. — Fils d'Alcyone — frère de Mizar
7. — Femme d'Algol — Fille de Sirius — Selene — a pour frère : Mizar.
8. — Père d'Alcyone — Ami de Mars.
10. — Fils d'Alcyone.
12. — Fils d'Alcyone.

Orphée :

Vies

3. — Fils d'Achille — Mizar.
4. — Fils de Mars et d'Osiris.
5. — Lama qui reçoit Alcyone ; très hospitalier et fait prendre soin d'Alcyone malade.
6. — Fils de Neptune et d'Hector — a pour sœur Mizar.
7. — Professeur à l'Université d'Alcyone.
8. — Femme de Vajra.
9. — Sœur d'Alcyone.
10. — Femme de Corona.
11. — Fille de Cygnus et d'Iris — amie d'Alcyone.
12. — Mère d'Alcyone.
13. — Fils d'Uranus et d'Elsa — neveu de Mizar — Petit-fils d'Alcyone.

Mizar :

1. — Père d'Alcyone.
2. — Sœur d'Alcyone.
3. — Fille d'Alcyone.
4. — Fils d'Alcyone.
5. — Sœur d'Alcyone.
6. — Fille d'Hector Uranus — a pour sœur Orphée.
7. — Fils de Sirius — a pour sœur Psyché — neveu d'Alcyone.
8. — Fils de Mars et Neptune.
9. — Seconde femme d'Alcyone.
10. — Sœur d'Alcyone — tante de Psyché.
11. — Fille de Cygnus Iris — amie d'Alcyone
12. — Femme de Cygnus — amie d'Alcyone
13. — Fille d'Alcyone.

Vesta :

1. — Fils d'Hercule et de Beatrice — neveu d'Alcyone.
3. — Fils de Sirius et d'Orion.
7. — Fils de Sirius et de Selene — neveu d'Alcyone.
9. — Fils d'Alcyone.
12. — Abbé — chasse Alcyone de la communauté.

Dragon :

1. — Fils de Mizar et d'Hélios — frère d'Alcyone
3. — Fille de Mercure-Ulysse.
8. — Fils de Vajra-Orphée.
10. — Fils de Lion-Uranus.
12. — Moine de la communauté.

Alethela :

Vies

1. — Fils d'Alcyone-Sirius.
3. — Fils d'Alcyone-Hercule.
5. — Belle-fille d'Alcyone.
7. — Sœur d'Alcyone.
9. — Fils d'Orphée.
10. — Fils de Jupiter-Hercule. — Neveu d'Alcyone.
12. — Moine de la communauté.

Cassiopée :

1. — Neveu d'Alcyone.
4. — Neveu d'Alcyone.
6. — Neveu d'Alcyone.
8. — Fils d'Alcyone.
10. — Fils de Corona-Orphée.
12. — Moine de la communauté.

Même ayant pris naissance dans un milieu en complète opposition avec ses caractéristiques propres, milieu dont les barrières l'emprisonnent, le cœur d'Alcyone est fortement attiré vers sa vraie famille et c'est son père, Algol, qui, dans un accès de fureur, lui ouvre la cage en le chassant. Et Alcyone s'enfuit avec l'objet de son amour : Mizar, qui fut autrefois son père, 3 fois sa sœur, 3 fois son fils ou sa fille, une fois sa femme et plusieurs fois sa nièce (ou neveu) et son amie, dans les treize vies précédentes.

Trois points nous intéressent particulièrement dans cette vie :

1° L'amour d'Alcyone et de Mizar ;
2° L'expérience d'aviation ;
3° Les progrès d'Alcyone.

Essai d'une Théorie de l'Amour au point de vue Théosophique. — En constatant l'amour qui réunit une fois de plus, dans cette vie, Alcyone et Mizar, le moment est venu peut-être d'essayer une théorie de l'amour au point de vue théosophique ; nous n'attribuerons toutefois à cette théorie qu'une valeur tout à fait relative et nous ne l'indiquons ici qu'à titre de simple idée personnelle.

Selon le degré d'évolution des êtres, l'amour, pris dans son sens le plus général, prend une forme de plus en plus dénuée d'égoïsme et, selon que l'individu est l'esclave ou non de ses principes inférieurs, il est plus ou moins enclin à satisfaire ses passions inférieures.

Nous ne rappellerons pas les liens qui, par suite d'incarnations successives, se sont établis entre un ou plusieurs égos, pour ne considérer que l'amour relatif à deux individus quelconques en présence l'un de l'autre.

Deux personnes peuvent être attirées l'une vers l'autre par le côté intellectuel, dévotionnel ou émotionnel. Il peut y avoir attirance dans le domaine émotionnel et répulsion dans le domaine intellectuel ou *vice versa*.

Si nous représentons les deux individus, (un homme et une femme) par leurs principes respectifs nous obtenons le diagramme suivant :

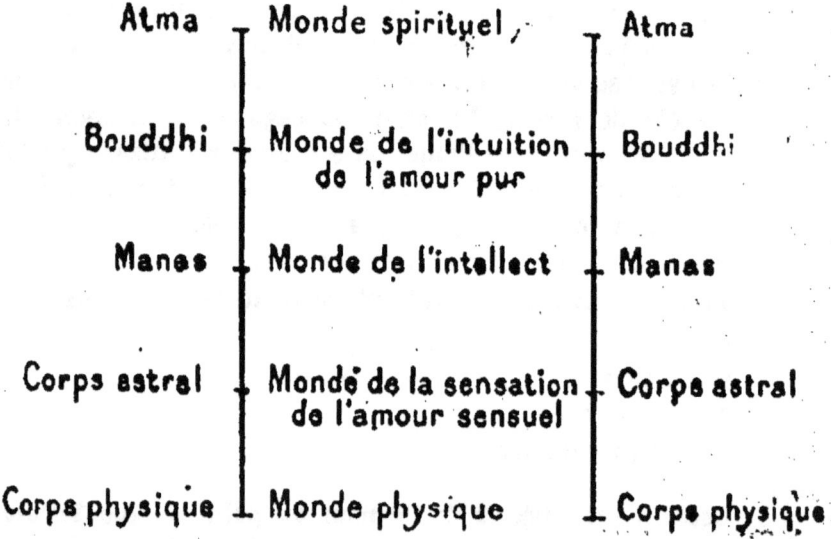

L'attraction émotionnelle n'est pas toujours suivie de l'acte physique ; tout dépend du contrôle que possède l'individu sur ses pensées ; mais si la pensée vient renforcer le désir du plan astral, l'acte suit généralement. Cette réserve étant faite, nous pouvons maintenant figurer par les diagrammes ci-dessous quelques cas typiques.

Nous avons aussi le cas du dépravé dont l'amour de la sensation charnelle l'emporte sur tout le reste. Le remous

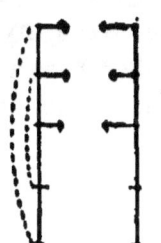 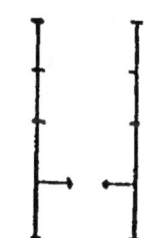 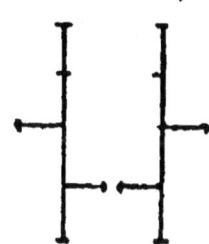

Reconnaissance d'égos. Amour sur les plans supérieurs et, par correspondance, sur les plans inférieurs.

Amour sensuel. Indifférence sur les plans supérieurs. Inimitiés probables.

Attirance émotionnelle, mais sans communion d'idées.

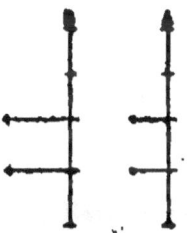 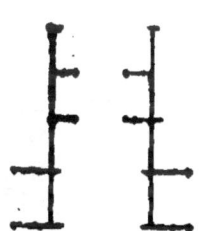 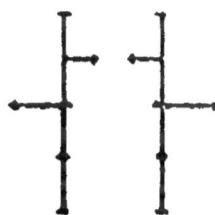

A cherche B qui se dérobe.

Grande amitié avec contrôle automatique ou voulu des principes inférieurs.

Aspirations communes mais désaccord quant aux moyens.

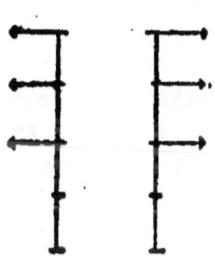 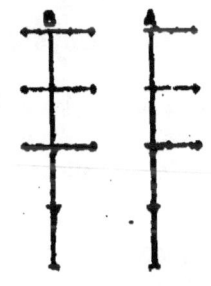 

Reconnaissance d'égos. Antipathie naturelle.

Antipathie mutuelle mais bienveillance de B.

Simple amitié.

produit sur le plan astral, provoque quelquefois, par correspondance, sur le plan bouddhique, une vague mysticité. Les personnes de ce tempérament particulier sont souvent superstitieuses, plus ou moins dévotes, mais sans intellectualité développée.

⁂

L'amour, sous toutes ses formes joue un rôle immense dans la vie des hommes ; nous en avons déjà parlé dans nos chapitres précédents en insistant sur l'erreur de ceux qui prêchent un ascétisme hors nature. La pureté peut par-

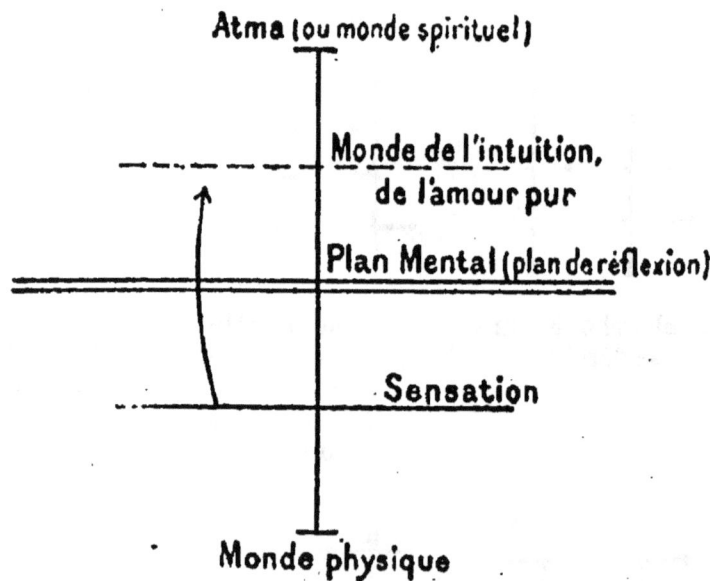

Cas du dépravé. — Remous sur le plan de la sensation avec correspondance sur le plan de l'intuition, de la dévotion, ce qui se traduit, chez le dépravé, par de la superstition ou une vague nupticité.

faitement s'allier avec l'amour et les enseignements du christianisme à cet égard sont excellemment formulés. L'amour est une faute quand il est exclusivement émotionnel — ou sensuel — ; il est divin lorsqu'il en résulte l'incarnation sur terre des égos en voie de réincarnation. Il ne faut pas confondre immoralité avec amour ; l'amour peut-être parfaitement dénué de pensées malsaines et il en est dépourvu lorsque les deux égos sont unis sur les plans supérieurs au point que leur affection mutuelle est toute de communes aspirations, d'idées communes, de confiance, et qu'il n'est pas entaché d'égoïsme et de sensualité.

Aviation et force intra-éthérique. — Etant donné qu'il est question d'aviation dans la 13ᵉ vie d'Alcyone nous avons pensé qu'il serait peut-être utile d'en dire quelques mots, la chose étant actuellement à l'ordre du jour.

Beaucoup de personnes s'étonnent généralement lorsque, par nos livres, elles apprennent que les Atlantes possédaient des vaisseaux aériens beaucoup plus perfectionnés que les nôtres. Il n'y a plus sujet d'étonnement si l'on garde présent à l'esprit ce fait que la race actuelle n'a pas encore dit son dernier mot et qu'elle dépassera en grandeur, en science, etc..., l'Atlantide lorsque cette nation était à son apogée. Toute race nouvelle, dans ses premières périodes d'évolution est inférieure à celle qui l'a précédée, mais lorsqu'elle est parvenue au terme de sa maturité, ses fruits sont toujours plus splendides que ceux de la race précédente. La Vᵉ race, la nôtre, ne fera pas exception à cette règle et c'est ainsi que la VIᵉ dépassera la Vᵉ ; quand à la VIIᵉ race, elle sera une race de disciples, puis la terre, dans bien des milliers d'années, disparaîtra.

Voici comment l'auteur de l'ouvrage « *L'Atlantide* » nous décrit ces vaisseaux aériens. Cette description n'a rien de scientifique mais nous la ferons suivre de données scientifiques grosses de promesses pour un avenir relativement proche.

Les bateaux aériens étaient ce que sont, de nos jours, les équipages ou mieux les yachts, relativement au nombre restreint des personnes qui les possédaient ; car ils furent toujours très coûteux et de fabrication délicate. Généralement ils n'étaient pas construits de manière à contenir beaucoup de monde. La plupart ne contenaient que deux personnes, quelques-uns pouvaient contenir six ou huit passagers. Plus tard, quand les guerres et les luttes mirent fin à « l'âge d'or », les vaisseaux de guerre, destinés à la navigation aérienne, remplacèrent en grande partie les vaisseaux de guerre marins, — les premiers étant des engins de guerre beaucoup plus puissants que les derniers. Ils furent alors construits de manière à transporter jusqu'à cinquante et même parfois cent combattants. Le matériel employé à la construction des bateaux aériens était le bois ou le métal. Les premiers étaient en bois, les planches dont on se servait étaient très minces, mais imbibées d'une substance qui, sans augmenter leur poids, leur donnait la résistance du cuir. Elles acquéraient une force et une légèreté particulières.

Lorsqu'on employait le métal pour cette sorte de construction c'était généralement un alliage composé de deux métaux blancs et d'un seul rouge Il en résultait un produit métallique blanc, semblable à l'aluminium, mais beaucoup plus léger.

La charpente raboteuse du navire aérien était recouverte d'une épaisse feuille de ce métal qui prenait sa forme et que l'on soudait à l'aide de l'électricité, lorsque cela était nécessaire. Mais, qu'ils fussent de métal ou de bois, la surface de ces navires était parfaitement unie et sans soudure apparente ; ils brillaient dans l'obscurité comme s'ils étaient recouverts d'un enduit lumineux.

Leur aspect était celui d'un bateau, mais ils étaient invariablement couverts ; car, lorsqu'ils se trouvaient lancés à toute vitesse, il eût été fort incommode, sinon imprudent, pour les passagers de rester sur le pont.

Les instruments de propulsion et de direction pouvaient être mis en action à chacune des extrémités du bateau.

Mais la question la plus intéressante est celle de la force motrice dont on se servait. Au temps les plus anciens, il semble qu'on ait employé pour leur direction ce pouvoir personnel désigné sous le nom de *vril*. Que l'on y ait joint l'aide de quelque artifice mécanique, cela est de peu d'importance, mais plus tard ce pouvoir fut remplacé par une autre force qui, bien que générée d'une façon qui nous demeure inconnue, n'en agissait pas moins au moyen d'un mécanisme bien déterminé. Cette force, encore inconnue à la science moderne, paraît s'être rapprochée davantage de celle dont l'application est recherchée par Keely en Amérique que de la force électrique employée par Maxim. Elle était, en fait, de nature éthérique ; et malgré que nous ne soyons pas encore près de la solution du problème, nous pouvons cependant décrire la méthode au moyen de laquelle on procédait. Les combinaisons mécaniques variaient, sans aucun doute, avec les vaisseaux.

La description suivante est celle d'un bateau aérien qui, en une certaine occasion, servit au voyage de trois ambassadeurs envoyés par le roi régnant alors au nord de Poseidonis. Ces ambassadeurs se rendaient dans un royaume du Sud.

Une forte et lourde caisse de métal, fixée au centre du bateau, servait de générateur. De là, la force passait à travers deux grands tubes flexibles et se dirigeait vers chaque extrémité du vaisseau, ainsi que vers huit tubes supplémentaires fixés de l'avant à l'arrière. Ceux-ci avaient une double rangée d'ouvertures dirigées verticalement vers le haut et le bas. Au début du voyage, on ouvrait les soupapes des huit tubes supplémentaires se dirigeant vers le bas, — toutes les autres soupapes restaient fermées. Le courant s'échappant de ces tubes venait frapper la terre avec une telle force que le bateau s'élançait dans l'espace, tandis que l'air continuait de fournir le point d'appui nécessaire.

Lorsqu'on avait atteint une hauteur suffisante, le tube flexible placé à l'extrémité du vaisseau et dirigé vers le point à atteindre était mis en mouvement, tandis que, par une demi-fermeture des soupapes, le courant passant à travers les huit tubes verticaux se trouvait réduit de manière à ce que la hauteur atteinte soit maintenue.

La plus grande partie du courant étant alors dirigée dans le tube principal, dont l'extrémité se dirigeait vers le bas, à l'arrière du bateau, en formant un angle d'environ 45°, servait tout à la fois à maintenir l'élévation et à produire le mouvement de propulsion qui faisait avancer le vaisseau à travers l'espace. On gouvernait le bateau en expulsant le courant à travers ce tube, car le moindre changement dans la direction de ce dernier influençait la marche du bateau. Une surveillance constante n'était pourtant pas nécessaire.

Lorsque l'on entreprenait un long voyage, on pouvait fixer le tube et il n'était plus dès lors besoin de le manier jusqu'au moment de l'arrivée. Le maximum de vitesse obtenu était de 100 milles à l'heure environ, et le mouvement du vaisseau n'était jamais selon une ligne droite, mais suivant toujours une courbe ondulante, le vaisseau se rapprochant ou s'éloignant de la terre.

La hauteur à laquelle ils parvenaient ne dépassait pas quelques centaines de pieds ; lorsque des montagnes élevées se trouvaient sur leur passage, ils devaient changer leur direction, et tourner l'obstacle ; car l'air raréfié ne pouvait plus leur fournir le point d'appui nécessaire. Les collines de mille pieds de haut étaient les seules au-dessus desquelles ces bateaux pouvaient circuler.

Pour arrêter le bateau à son arrivée, on devait laisser échapper le courant par le tube placé à l'extrémité du bateau qui était dirigée vers le point d'arrivée ; et le courant heurtant violemment la terre ou l'air agissait comme un frein, tandis qu'à l'arrière la force propulsive diminuait graduellement.

Il faudrait encore expliquer l'emploi des huit tubes dirigés vers le haut. C'était là une combinaison ayant trait au genre de guerre que permettaient les bateaux aériens.

Ayant à leur disposition une force si puissante, les vaisseaux aériens, en temps de guerre, l'utilisaient en la dirigeant contre le bateau ennemi, de façon à détruire l'équilibre du vaisseau ainsi attaqué et à le retourner complètement. Le bateau ennemi profitait alors de cette situation désavantageuse pour attaquer son adversaire à l'aide du bélier. Il y avait encore le danger d'être précipité contre la terre, à moins que la manœuvre des soupapes ne soit très rapidement exécutée. Quelle que fut la position du bateau, le courant devait passer par les tubes dirigés vers la terre, tandis que les tubes dirigés vers le haut devaient être fermés.

Pour redresser le bateau culbuté et le remettre horizontalement sur sa quille, on se servait des quatre tubes dirigés vers le bas — à l'une des extrémités du vaisseau — tandis que les quatre tubes placés à l'autre extrémité devaient rester fermés. » (1)

Si maintenant nous passons aux théories scientifiques actuelles, théories encore combattues, mais qui font néanmoins leur chemin, nous verrons que l'existence de ces vaisseaux aériens n'avait rien d'impossible. Je ne sais si la force dont les atlantes disposaient était aussi grande que celle que l'on prévoit pour l'avenir, mais elle était fort probablement de même nature.

....

Le but de cette conférence (2) est de vous raconter une merveilleuse et étrange histoire, qu'il y a dix ans à peine la science ne soupçonnait pas. Cette histoire est celle d'un morceau de matière quelconque, de la pierre que vous heurtez sur votre chemin, du papier qui est devant moi, des fragments de métal que vous maniez chaque jour.

La science croyait autrefois, et beaucoup de personnes croient encore, que la matière se compose d'éléments inertes et indestructibles. Créés à l'origine des choses, ils devaient conserver à travers tous les changements une durée éternelle. Rien ne se crée, rien ne se perd, disait la chimie, et elle était fondée à le dire, puisque, malgré toutes les transformations qu'on lui faisait subir, la matière paraissait toujours conserver le même poids.

La science nous apprend tout autre chose aujourd'hui. Elle nous montre la matière composée de petits systèmes solaires en miniature, formés d'éléments gravitant les uns autour des autres avec une immense vitesse et ne devant leur stabilité qu'à cette vitesse même. Elle nous dit que l'atome est le siège de forces colossales auprès desquelles ne sont rien celles que l'industrie manie et que peut-être cette même industrie pourra utiliser un jour. Elle nous dit encore que cette matière, siège d'une vie intense, possède une sensibilité invraisemblable qui la fait se modifier sous les influences les plus légères.

....

La science d'hier était fondée sur l'éternité de la matière, celle de demain sera basée sur la désintégration de la matière. Elle aura pour but principal de trouver des moyens faciles d'augmenter cette désintégration et mettre ainsi dans les mains de l'homme une source de forces presque infinie.

....

Elle admet maintenant que les atomes sont formés de tourbillons

---

(1) *Histoire de l'Atlantide*, par Scott-Elliott.
(2) *La naissance et l'évanouissement de la matière*, par Dr Gustave Le Bon (Mercure de France) (1906).

d'éther tournant autour d'une ou plusieurs masses centrales avec une vitesse de l'ordre de celle de la lumière. L'atome est comparé à un soleil entouré de son cortège de planètes.

Mais comment se fait-il que ces tourbillons d'éther immatériel puissent se transformer en matière aussi rigide qu'un rocher ou un bloc d'acier ? Certaines analogies appuyées sur l'expérience permettent de le comprendre.

Il est probable que la matière doit uniquement sa rigidité à la rigidité de rotation de ses éléments et que, si leurs mouvements s'arrêtaient, elle s'évanouirait instantanément dans l'éther, sans rien laisser derrière elle.

....

Des expériences faites dans les usines hydro-électriques ont montré qu'une colonne liquide de 2 centimètres seulement de diamètre, tombant à travers un tube de hauteur de 500 mètres, ne peut être entamée par un coup de sabre lancé avec violence. L'arme est arrêtée, à la surface du liquide, comme elle le serait par un mur. Si la vitesse de la colonne liquide était suffisante, un boulet de canon ne la traverserait pas. Une lame d'eau de quelques centimètres d'épaisseur, animée d'une vitesse assez grande resterait aussi impénétrable aux obus que le mur d'acier d'un cuirassé.

Donnons au jet d'eau précédent la forme d'un tourbillon, et nous aurons l'image des particules de la matière et l'explication probable de sa rigidité.

Nous pouvons ainsi comprendre comment l'éther immatériel, transformé en petits tourbillons animés d'une vitesse suffisante, devient très matériel. On conçoit aussi que, si ces mouvements tourbillonnaires étaient arrêtés, la matière s'évanouirait instantanément en retournant à l'éther.

La matière qui semble nous donner l'image de la stabilité et du repos n'existe donc que grâce à la rapidité des mouvements de rotation de ses particules. La matière, c'est de la vitesse et comme une substance animée de vitesse, c'est aussi de l'énergie, il faut considérer la matière comme une forme particulière de l'énergie.

La vitesse étant une des conditions fondamentales de l'existence de la matière, on peut dire que cette dernière est née le jour où les tourbillons d'éther ont acquis, par suite de leur condensation croissante, une rapidité suffisante pour posséder de la rigidité. Elle vieillit lorsque la vitesse de ses éléments se ralentit. Elle cessera d'exister dès que ses particules perdront leurs mouvements.

Nous sommes amenés ainsi à cette première notion essentielle : Des particules d'une substance quelconque, si ténues qu'on les suppose, prennent, par le seul fait de leur vitesse de rotation, une rigidité si grande qu'elles se transforment en matière.

C'est dans ces univers atomiques, dont la nature fut méconnue pendant si longtemps, qu'il faut chercher maintenant l'explication de la plupart des mystères qui nous entourent. L'atome, qui n'est pas éternel, comme l'assuraient d'antiques croyances, est bien autrement puissant que s'il était indestructible et, par conséquent, incarable de changement. Ce n'est plus quelque chose d'inerte, jouet aveugle de toutes les forces de l'univers. Ces forces sont au contraire créées par lui. Il est l'âme même des choses. Il détient les énergies qui sont le ressort du monde et des êtres qui l'animent. Chacun d'eux est un petit univers d'une structure extraordinairement compliquée, siège de forces jadis ignorées et dont la grandeur dépasse immensément toutes celles connues jusqu'ici.

....

Des méthodes d'investigation suffisamment précises montrent, au contraire, que non seulement la matière est d'une mobilité extrême, mais encore possède une sensibilité inconsciente dont la sensibilité consciente d'aucun être vivant ne saurait approcher.

Les physiologistes mesurent la sensibilité d'un être par le degré d'excitation nécessaire pour obtenir de lui une réaction. On le considère comme fort sensible lorsqu'il réagit sous des excitants très faibles. En appliquant à la matière brute un procédé d'investigation analogue, on constate que la substance la plus rigide et la moins sensible en apparence est au contraire d'une sensibilité invraisemblable.

....

Cette sensibilité de la matière, si contraire à ce que l'observation vulgaire semblait indiquer, devient de plus en plus familière aux physiciens et c'est pourquoi une expression comme celle-ci : « la vie de la matière », dénuée de sens il y a seulement vingt-cinq ans, est devenue d'un usage courant. L'étude de la matière brute révèle de plus en plus, chez elle, en effet, des propriétés semblant jadis l'apanage exclusif des êtres vivants. En se basant sur ce fait que « le signe le plus général et le plus délicat de la vie est la réponse électrique », M. Bose a montré que cette réponse électrique « considérée généralement comme l'effet d'une force vitale inconnue », existe dans la matière. Et il montre par des expériences ingénieuses « la fatigue » des métaux et sa disparition après le repos, l'action des excitants, des déprimants et des poisons sur ces mêmes métaux.

....

Les propriétés de la matière que nous venons de vous exposer ne sont pas les seules qu'elle possède. Ne pouvant les énumérer toutes, nous nous bornerons à attirer encore votre attention sur l'une de ses plus importantes, c'est-à-dire le rayonnement permanent dont elle est le siège.

Jusqu'au zéro absolu, c'est-à-dire jusqu'à 273° au-dessous de la température de la glace, la matière envoie sans discontinuer des vibrations dans l'éther. Un bloc de glace peut être considéré comme source de chaleur rayonnante au même titre qu'un fragment de charbon incandescent. La seule différence entre eux est dans la quantité de chaleur rayonnée. Les plaines glacées du pôle sont une source de chaleur rayonnante comme les plaines brûlantes de l'équateur, et si la sensibilité de la plaque photographique n'était pas aussi limitée, elle pourrait, pendant la plus profonde nuit, reproduire l'image des corps au moyen de leurs propres radiations réfractées par les lentilles d'une chambre noire.

Ces auréoles rayonnantes qui entourent tous les corps ne sont pas perceptibles parce que notre œil est insensible pour la plus grande partie des ondes lumineuses. La forme d'un être vivant ne nous paraît bien définie que parce que nos sens perçoivent seulement des fragments des choses. L'œil n'est pas fait pour tout voir. Il trie dans l'océan des formes ce qui lui est accessible et croit que cette limite artificielle est une limite véritable. Ce que nous percevons d'un être vivant n'est qu'une partie de sa forme réelle. Il est entouré des vapeurs qu'il exhale et des radiations qu'il émet constamment par suite de sa température. Si nos yeux pouvaient tout voir, un être vivant nous apparaîtrait comme un nuage aux changeants contours (1).

. . . .

Nous allons aborder maintenant l'étude de la dématérialisation de la matière.

Des expériences fort nombreuses, et sur la valeur desquelles on ne discute plus, ont prouvé, comme je fus le premier à l'établir, que les atomes de la matière, considérés jadis comme très stables, peuvent se désagréger, soit spontanément, soit sous l'influence de causes diverses.

. . . .

La quantité des particules émises par les corps pendant leur dématérialisation varie suivant les corps. Elle serait, pour un gramme d'uranium et de thorium de 70.000 par seconde, et quant au radium de 100.000 milliards, d'après les calculs de divers observateurs.

. . . .

Nous venons de parler des millions de corpuscules par seconde que peut émettre durant des siècles 1 gramme d'un corps radioactif. De tels chiffres provoquent toujours une certaine défiance, parce que nous n'arrivons pas à nous représenter l'extraordinaire petitesse des éléments de la matière. Cette défiance disparaît quand on constate la susceptibilité de substances très ordinaires à demeurer pendant des années, sans subir aucune dissociation, le siège d'une émission de particules abondantes facile à constater par l'odorat, mais inappréciable aux plus sensibles balances.

M. Berthelot s'est livré sur ce sujet à d'intéressantes recherches. Il essaya de déterminer la perte de poids que subissent des corps très odorants bien que fort peu volatils. L'odorat est d'une sensibilité infiniment supérieure à celle de la balance, puisque, pour

---

(1) Intéressant passage qui confirme les expériences de W.-J. Kilner sur l'atmosphère humaine. C'est aussi une confirmation des enseignements théosophiques (O. R.).

certaines substances, telles que l'iodoforme, la présence de 1 centième de millionième de milligramme peut, suivant M. Berthelot, être facilement révélée.

Il est arrivé, après des recherches faites avec ce corps, à la conclusion que 1 gramme d'iodoforme perd seulement 1 centième de milligramme de son poids en une année, c'est-à-dire 1 milligramme en cent ans, bien qu'émettant sans cesse un flot de particules odorantes dans toutes les directions. M. Berthelot ajoute que si, au lieu d'iodoforme, on s'était servi de musc, les poids perdus auraient été beaucoup plus petits, « mille fois plus peut-être », ce qui ferait 100.000 ans pour la perte de 1 milligramme.

Les particules émises par la matière en se dissociant ont des vitesses de 30.000 à 300.000 kilomètres par seconde. Il peut sembler fort difficile de mesurer la vitesse de corps se mouvant avec une telle rapidité. Cette mesure est cependant très simple.

Un étroit faisceau de radiations obtenu par un moyen quelconque — avec un corps radio-actif, par exemple — est dirigé sur un écran susceptible de phophorescence. En le frappant, il y produit une petite tache lumineuse.

Ce faisceau de particules étant électrisé est déviable par un champ magnétique. On peut donc l'infléchir au moyen d'un aimant. Le déplacement de la tache lumineuse sur l'écran phosphorescent indique la déviation que fait subir aux particules un champ magnétique d'intensité connue. La force nécessaire pour dévier d'une certaine quantité un projectile de masse connue permettant de déterminer la vitesse de ce dernier, on conçoit que de la déviation des particules il soit possible de déduire leur vitesse. Quand le faisceau de radiations contient des particules de vitesses différentes, elles tracent une ligne plus ou moins longue sur l'écran phosphorescent au lieu de se manifester par un simple point, et on peut ainsi calculer la vitesse de chacune d'elles.

....

Nous venons de vous parler des propriétés de la matière, mais nous vous avons dit encore peu de chose des forces dont elle est le siège. En quoi consistent ces forces ? Quel est le mécanisme de leur production ?

Toutes les forces de la nature sont engendrées par des perturbations d'équilibre de l'éther ou de la matière et disparaissent quand les équilibres troublés sont rétablis. La lumière, par exemple, qui prend naissance avec les vibrations de l'éther, cesse avec elles.

Deux corps en relation, chargés de chaleur, d'électricité, de mouvement, etc., ne peuvent, quelle que soit la différence de grandeur de ces corps, agir l'un sur l'autre et produire de l'énergie que quand les éléments dont ils sont chargés ne sont pas en équilibre.

Cette rupture d'équilibre provoque une sorte d'écoulement d'énergie. Il se fait du point où la tension est la plus haute vers celui où elle est la plus basse, et continue jusqu'à ce que l'équilibre soit rétabli, c'est-à-dire jusqu'à ce qu'il y ait égalité de niveau entre les corps en relation.

Suivant les milieux où se manifestent les perturbations d'équilibre, et suivant leur forme, ils prennent les noms de chaleur, électricité, lumière, etc.

Une force est donc toujours le résultat d'une dénivellation. Deux corps chauds à la même température représentent deux réservoirs au même niveau, ou deux poids égaux sur les plateaux d'une balance, et il n'en résulte aucune manifestation d'énergie. Si, au contraire, la température de l'un des corps est moins élevée que celle de l'autre, il y aura perturbation d'équilibre et production d'énergie jusqu'à ce que les deux corps soient au même niveau calorifique.

Ainsi donc, sans une dénivellation d'éther ou de matière, il n'y a aucune manifestation possible d'énergie. Si le soleil possède dans toute sa masse une température uniforme de 6.000 degrés et qu'il puisse y exister des êtres capables de supporter cette chaleur, elle ne représenterait pour eux aucune énergie. N'ayant pas de corps froids à leur disposition, ils ne pourraient obtenir aucune chute de chaleur, condition indispensable de la production d'énergie thermique.

Admettons maintenant qu'au lieu de se trouver à une température uniforme de 6.000 degrés, ces êtres imaginaires vivent dans un monde de glace à la température uniforme de zéro, mais possèdent dans des puits profonds une provision illimitée d'air liquide. Contrairement à ceux plongés dans un milieu à 6.000 degrés, ils trouveraient dans les blocs de glace une source considérable d'énergie. En plongeant, en effet, ces derniers dans l'air liquide à — 180°, ils obtiendraient une dénivellation de température considérable. Au contact de la glace qui est pour l'air liquide un corps très chaud, ce dernier entrerait aussitôt en ébullition, et sa vapeur pourrait être employée à faire fonctionner des moteurs. Les habitants de ce monde remplaceraient donc le charbon de nos machines à vapeur par des blocs de glace qu'ils considéreraient, ainsi que nous le faisons pour la houille, comme des réservoirs d'énergie.

Avec cette glace et cet air liquide, il leur serait très facile de produire les températures les plus élevées. La tension de la vapeur obtenue pourrait faire fonctionner des dynamos avec lesquels on obtient des courants électriques capables de fondre et volatiliser tous les métaux.

On voit, en définitive, que toutes les formes d'énergie sont des effets transitoires résultant de rupture d'équilibre entre plusieurs grandeurs : poids, chaleur, électricité, vitesse. C'est donc bien à tort qu'on parle de l'énergie comme d'une sorte d'entité ayant une existence réelle analogue à celle de la matière.

. . . .

Nous avons dit que la matière se composait de petits éléments animés d'une vertigineuse vitesse qui, sous des influences diverses ou même spontanément, s'échappent dans l'atmosphère, comme la pierre que ne retient plus la main du frondeur.

Il est bien évident que, pour engendrer de pareilles vitesses, il faut des forces colossales. Je fus ainsi conduit à admettre que la matière était le siège d'une énergie jadis insoupçonnée, à laquelle j'ai donné le nom d'énergie intra-atomique. Cette dernière est, nous le verrons bientôt, l'origine de toutes les autres forces, la chaleur solaire et l'électricité notamment.

Elle diffère de toutes les énergies que nous connaissons par sa concentration très grande, par sa prodigieuse puissance et par la stabilité des équilibres qu'elle peut former. Si, au lieu de réussir à dissocier seulement des millièmes de milligramme de matière, comme on le fait maintenant, on pouvait en dissocier quelques kilogrammes, nous posséderions une source d'énergie auprès de laquelle toute la provision de houille que nos mines contiennent représenterait un insignifiant total.

....

Nous avons été naturellement conduits à essayer de mesurer la grandeur de l'énergie intra-atomique. Les chiffres obtenus sont immensément supérieurs à tous ceux donnés par les réactions chimiques antérieurement connues, la combustion de la houille, par exemple.

Prenons une pièce de cuivre de 1 centime, pesant, comme on le sait, 1 gramme, et supposons qu'en exagérant la rapidité de sa dissociation nous puissions arriver à la dématérialiser entièrement.

L'énergie cinétique possédée par un corps en mouvement, étant égale à la moitié du produit de sa masse par le carré de sa vitesse, un calcul élémentaire donne la puissance que représenteraient les particules de ce gramme de matière animées de la vitesse constatée pendant la dissociation des corps. Elle est égale à 510 milliards de kilogrammètres, chiffre qui correspond à environ 6 milliards 800 millions de chevaux-vapeur. Cette quantité d'énergie serait suffisante pour faire parcourir à un train de marchandises 4 fois la circonférence du globe. Pour faire effectuer avec du charbon ce trajet au même train il faudrait en dépenser pour 68.000 francs. Ce chiffre de 68.000 francs représente donc la valeur marchande de l'énergie intra-atomique contenue dans une pièce de 1 centime.

Sous quelles formes l'énergie intra-atomique peut-elle exister dans la matière ? Comment des forces si colossales peuvent-elles être concentrées dans des particules si petites ?

L'idée d'une telle concentration semble, au premier abord, inexplicable, parce que notre expérience usuelle montre la grandeur de puissance mécanique toujours associée à la dimension des appareils qui la produisent. Une machine d'une puissance de mille chevaux par exemple possède un volume considérable. Par association d'idées nous sommes conduits à croire que la grandeur de l'énergie mécanique implique la grandeur des appareils qui la produisent.

C'est là une illusion pure résultant de l'infériorité de nos systèmes mécaniques et facile à détruire par de très simples calculs. Une des plus élémentaires formules de la dynamique montre que l'on peut accroître à volonté l'énergie d'un corps de grandeur constante, en accroissant simplement sa vitesse. On peut donc concevoir une machine théorique formée simplement d'une tête d'épingle tournant dans le chaton d'une bague, et qui, malgré sa petitesse, posséderait, grâce à sa force giratoire, une puissance mécanique égale à celle de plusieurs milliers de locomotives.

Nous avons appris aujourd'hui à dissocier la matière, mais seulement en quantité extrêmement faible. Il est cependant permis d'espérer que la science de l'avenir trouvera moyen de la désagréger plus complètement.

....

Les résultats à obtenir dans cet ordre de recherches seraient en vérité immenses. Dissocier facilement la matière mettrait à notre disposition une source infinie d'énergie et rendrait inutile l'extraction de la houille, dont la provision s'épuise rapidement. Le savant qui trouvera le moyen de libérer économiquement les forces que contient la matière changera presque instantanément la face du monde. Une source illimitée d'énergie étant gratuitement à la disposition de l'homme, il n'aurait plus à se la procurer par un dur travail.

Karma d'Alcyone. — Revenant à Alcyone, nous la voyons s'acquitter d'un mauvais karma. Cette vie est très mouvementée, il souffre un peu de toutes les manières ; il est privé de parents, il souffre de la maladie de Mizar, lui-même est victime d'un accident d'aviation et, outre les difficultés matérielles, la mort de trois de ses enfants est cause pour lui d'un grand chagrin.

Progrès. — Au point de vue des progrès, ceux-ci sont assez grands car il a appris à vivre en bonne intelligence avec les hommes, il a fait preuve, ainsi que Mizar, d'un grand esprit de tolérance en vivant en bons termes avec les prêtres tant Aryens qu'Atlantéens et c'est là un facteur important pour sa prochaine incarnation.

CHAPITRE XI

QUINZIEME VIE

Vécue au Pérou, de l'an 12.002 à l'an 12.003 av. J.-C.

Alcyone est fils d'Uranus et d'Hespéria, neveu du roi Mars, neveu de Mercure, Calypso, Crux, Selene, Vesta.

Le Karma fait revenir dans cette civilisation antique du Pérou une grande partie des personnages de nos vies.

Alcyone reçoit une éducation très pratique : il devient très adroit dans ce qu'on appelait l'écriture du temple ; écriture qui s'exécutait en différentes couleurs et avec la précision de la gravure. Alcyone fut souvent choisi pour copier des manuscrits.

Il a beaucoup d'amis des deux sexes ; il distingue entre autres Mizar, avec laquelle il se marie. Comme il appartient à la classe dirigeante, il débute comme gouverneur adjoint de son père Uranus, et plus tard de son frère aîné Sirius. Il a une amitié toute particulière pour son neveu, Véga. Leur famille est nombreuse et très unie.

Il devient gouverneur d'une province ; c'est un poste très lourd, mais son expérience acquise en sous ordre lui est maintenant d'un grand secours.

Il tente de civiliser les tribus sauvages avoisinantes, ce à quoi il parvient en grande partie.

Il s'intéresse beaucoup à l'éducation : son œuvre de civilisation et d'éducation lui attire les sympathies de la Cour. Les tribus font leur soumission ; Alcyone est donc un grand facteur de paix.

Il les reçoit et pour les impressionner revêt un costume spécial, imaginé par Cygnus, qui était son parent par alliance.

Le moment de sa retraite venu, il demande à entrer dans le département de la religion, ce qui lui est accordé ; il travaille alors plusieurs années sous la direction de son oncle Mercure. Son enthousiasme et ses aptitudes sont grands dans cette partie ; à la mort de Mercure, il est nommé Directeur général de l'Education dans l'empire. Il remplace ainsi Sourya, fils de Mercure, qui aurait dû assumer cette tâche ; mais celui-ci est en mission. Alcyone invente plusieurs systèmes d'éducation ; il s'attache à développer le sens des couleurs chez les enfants, et met en évidence l'importance de la beauté.

Il voyage dans tout l'empire pour inspecter les divers établissements d'éducation.

Il perd Mizar à quatre-vingt-trois ans. Lui-même, meurt quatre ans après, ayant joui d'une santé vigoureuse jusqu'au bout.

Ce fut une vie utile et importante par tout ce qui fut fait pour autrui, et par suite source de grands progrès pour Alcyone.

COMMENTAIRES

Cette quinzième existence qui correspond à un rassemblement important d'égos se passe dans le Pérou Antique. Elle comporte, pour Alcyone un excellent Karma. Le seul point important se rapporte à une déclaration des auteurs, déclaration d'après laquelle : « pour certaines raisons, les grands Seigneurs du Karma ont jugé bon de faire passer tous ceux qui sont aujourd'hui des membres importants de la S. T. par l'expérience d'une vie dans l'antique Pérou ». Pour qui a lu l'article sur le « *Pérou Antique* » et l'ouvrage intitulé « *Les commencements de la VI° Race*, par M. C. W. Leadbeater » cette expérience spéciale se conçoit.

M. Louis Revel qui eut l'amabilité de prendre notre place un soir de conférence, — alors que nous avions dû nous absenter — s'exprima en ces termes au sujet du Pérou Antique et de cette 15° vie d'Alcyone :

Le Pérou Antique. — Dans cette vie nous nous trouvons transportés dans cette civilisation merveilleuse du Pérou Antique 12,000 ans avant J.-C.

Un des principaux faits à noter dans l'étude de cette vie, c'est la réunion de tous les personnages ayant joué un rôle dans la plupart des vies d'Alcyone. Tous les membres importants de la Société Théosophique actuelle se trouvent réunis, pour quelque dessein particulier de ceux qui dirigent l'évolution humaine, au sein même de cette civilisation du Pérou.

Parmi ces personnages importants nous trouvons :

Jupiter ; Psyché ; Mercure ; Sourya ; Sirius ; Mizar ; Saturne ; Mars ; Uranus ; Hercule ; Alcyone ; Orion ; Ulysse ; Vajra ; Viraj.

Deux phases importantes se dégagent nettement de cette vie :

La phase du législateur ;
La phase de l'instructeur.

Ce sont là deux lignes de développement bien distinctes La première représente la ligne du Manou ou Sentier de l'Action. La seconde représente la ligne du Bodhisattva ou Sentier de l'Amour. Mais, si ces lignes sont caractérisées en apparence, il ne faudrait pas croire qu'un Manou, qui est le chef d'une race, dans laquelle il s'incarne comme Roi ou guerrier, manquât totalement d'Amour.

Le Manou est le Législateur d'une race, c'est lui qui façonne les corps physiques de cette race d'après un type déterminé. Il incarne lui-même ce type, il est l'Homme idéal. Il est la force, l'action. Cependant, derrière cette force, brille le même amour qui illumine son frère adepte, le Bodhisattva. Chez ce dernier, c'est l'amour et la compassion qui rayonnent. Le Bodhisattva est l'Instructeur spirituel d'une race. C'est lui qui fonde et guide les religions.

Mais, derrière la douceur infinie de son regard, brillent avec autant d'intensité que chez le Manou, la force et la puissance.

Il ne peut en être autrement, car ces Hommes divins, avant d'atteindre le haut stage qu'ils occupent, ont passé jadis par de multiples expériences afin de faire épanouir en Eux toutes les qualités nécessaires pour devenir un Maître.

Voilà pourquoi le Christ disait : « Vous faites bien de m'appeler Maître, car en vérité je Le suis ».

Mais, être Maître c'est, comme nous venons de le voir, réunir toutes les qualités de puissance et d'amour en même temps qu'une profonde sagesse. Une longue évolution est nécessaire pour arriver à ce stade ; il faut passer par toutes les formes de développement possibles.

Lorsque l'on embrasse d'un regard l'histoire des vies d'Alcyone, nous voyons un amas considérable de faits, en apparence contradictoires ; il naît dans des corps féminins ou masculins, comme reine, prêtre, ermite, guerrier, juge, ingénieur, professeur, gouverneur, etc... mais, derrière ce qui paraît être de l'incohérence, se cache une parfaite ordonnance des choses, une préparation lente à un but nettement déterminé.

Nous voyons clairement ce but dans l'attachement pro

fond, au cours de bien des vies, d'Alcyone pour Mercure futur Bodhisattva de la 6ᵉ Race mère.

Quiconque suit la ligne du Bodhisattva se prépare à faire partie des races à venir, en qualité d'Instructeur.

Tel est le cas d'Alcyone, qui, dans sa vie actuelle fait son entrée dans le monde en nous donnant « *Aux Pieds du Maître* » pur joyau de spiritualité, où sont tracés les degrés qui mènent aux Pieds de Ceux qui se sont élevés au-dessus des brouillards de la vie et qui se tiennent dans la pleine lumière de la divinité.

Grâce aux fruits excellents de sa précédente incarnation où il sût développer de bonnes relations avec des prêtres de différentes sectes ; grâce aussi au développement de sérieuses aptitudes administratives, les Seigneurs du Karma placèrent Alcyone à la tête de deux départements différents où il pût développer encore avec plus de force ses qualités de gouverneur et d'instructeur.

Un fait à noter, c'est qu'à la tête suprême de ces deux départements, Alcyone se trouvait en contacts très étroits avec Mars, futur Manou de la 6ᵉ Race-Mère, et Mercure, grand prêtre de la caste sacerdotale, futur Bodhisattva de la 6ᵉ Race-Mère.

Ce point est important, car ce qui s'est passé dans cette civilisation antique, il y a des milliers d'années, doit se passer à nouveau dans l'avenir, mais sur une plus grande échelle (1).

Il est à supposer, d'après les frappantes analogies entre la civilisation antique du Pérou et la civilisation de la 6ᵉ Race-Mère, telle qu'elle nous est décrite, qu'Alcyone aura dans l'avenir un rôle important à jouer ; cette 15ᵉ vie lui aura appris cette leçon capitale que, pour être un Instructeur parfait, il faut savoir aussi gouverner avec force et sagesse. Une affirmation timide de la part d'un instructeur ne peut avoir d'écho dans le cœur des hommes. Les paroles d'un véritable Instructeur, prenant leur source dans la

---

(1) Voir : « *Le Développement de la race future* » par C.-W. LEADBEATER. (*Revue Théosophique Française*).

connaissance, retentissent avec une force telle, qu'elles doivent emplir le cœur des individus.

Mais voyons ce que fût cette civilisation merveilleuse du Pérou Antique, au sein de laquelle s'incarna un important groupement de la grande famille théosophique, ce qui nous prouve une fois de plus que les événements de l'avenir sont longtemps préparés à l'avance, et que ceux qui œuvrent pour le bien commun de tous, œuvreront dans l'avenir comme ils ont travaillé dans le passé.

J'emprunterai toutes mes données à l'étude de M. Leadbeater sur le Pérou Antique, parue dans l'année 1901 de la *Revue Théosophique française* ».

Douze mille ans avant l'ère chrétienne s'étendait un vaste royaume dans le continent Sud-Américain, royaume beaucoup plus vaste que la nation qui porte aujourd'hui le nom de Pérou.

Ce royaume était un rameau de cette grande race Atlante, dont parle Platon, et qui fut engloutie sous les flots de l'Atlantique.

Nous voyons dans cette troisième sous-race de la race Atlante, une civilisation brillante qui n'a jamais été égalée, en tant que constitutions sociales mais, qui trouvera dans l'avenir de la 6e Race-Mère une réalisation, peut-être encore plus parfaite.

GOUVERNEMENT

Celui-ci était absolument autocratique. Cela se conçoit aisément, si nous nous reportons à quelques milliers d'années en arrière de cette civilisation du Pérou. Au début de ces races, de grands Etres, fruits d'une évolution antérieure à la nôtre, s'incarnèrent parmi ces races-enfants pour les développer et les guider jusqu'au jour où elles pourraient marcher seules. Ces Etres, avec leur savoir et leur puissance, furent révérés comme des Dieux par ces hommes primitifs.

C'est ainsi que ces Adeptes devinrent tout naturellement les Chefs et les Rois de ces différentes races et sous-races, reconnaissant dans leurs supérieurs un pouvoir divin incarnant la sagesse et l'autorité.

Ces Rois, divins en réalité, gouvernèrent durant de longues générations ces races naissantes, leur apportant bien-être et prospérité. Voilà pourquoi nous retrouvons au Pérou antique ces mêmes principes d'un peuple gouverné par des Rois divins.

Du reste, si nous nous avançons vers des périodes moins lointaines nous retrouvons l'histoire de ces Rois divins aux Indes, en Egypte, en Assyrie, en Grèce même, et les ruines d'anciens monuments sont là pour nous dire la beauté, la puissance et la sagesse de ceux qui gouvernaient ces nations antiques.

Pour revenir au Pérou antique, nous voyons donc une Monarchie absolue, mais combien différente de ce qui existe de nos jours ! Le Roi, certes, avait le pouvoir absolu, mais sa responsabilité était telle, que si dans son vaste empire, un vice de son administration venait à exister, si un vieillard ou un enfant venaient à être malades sans pouvoir trouver assistance, c'était une tache à sa royauté. Il était le premier quant au rang ; mais le dernier de tous à jouir du bien-être.

L'administration de l'Etat était très systématiquement établie. D'abord, venait le morcellement de la nation en provinces distinctes à la tête desquelles était placé un Vice-Roi

C'est un poste semblable qu'Alcyone occupait dans la 15ᵉ vie. Nous nous rappelons qu'il reçut des félicitations du Roi lui-même pour son habile administration.

En dessous de ces Vice-Rois étaient les chefs de subdivisions territoriales plus petites, ayant eux-mêmes sous leurs ordres les gouverneurs des villes et des districts moindres.

Chacun de ces chefs était le subordonné de son supérieur immédiat et répondait du bon fonctionnement de sa division. Cette hiérarchie descendait jusqu'à une sorte de centurion qui prenait à sa charge une centaine de familles dont il avait l'entière responsabilité. Ce centurion prenait, pour l'assister dans sa tâche, un aide volontaire pour chaque groupe de dix familles, qui était chargé de lui signaler les cas pressants ou fâcheux où l'aide était nécessaire.

Tout ce vaste réseau d'administration était mû par une seule idée : le devoir à accomplir.

Si, par malheur, ce devoir était violé, on réprimandait, après une enquête préalable, le délinquant. S'il y avait récidive, alors, pas de prison ni peine de mort,(ces funestes représailles de la société humaine actuelle) — car la vie individuelle était sacrée ; mais c'était l'exil loin de la communauté.

Ce bannissement était fort rare ; il n'était pas non plus perpétuel, car après le repentir, le pardon, le coupable revenait dans sa chère patrie et reprenait son titre de citoyen.

Tous les gouverneurs et administrateurs faisaient office de juge, et nous voyons Alcyone remplir ce rôle. Tous les différends leur étaient soumis et si le verdict n'était pas satisfaisant on remontait de gouverneur à gouverneur, jusqu'au Roi lui-même, qui tranchait la question en dernier ressort.

Tous les sept ans le Roi faisait dans ce but le tour de son empire ; de même, les gouverneurs parcouraient tous les ans leurs territoires.

Les voyages officiels paraissent avoir donné lieu à de grandes réjouissances.

Le système agraire de la race péruvienne était une des institutions les plus remarquables. La terre, tout comme aujourd'hui, était inspectée, morcelée, cadastrée, afin d'approprier les cultures à la nature du sol. A chaque ville ou village était assignée, pour être cultivée, une certaine quantité de terre arable, strictement proportionnelle au nombre de ses habitants.

Cette partie de terre était divisée en deux moitiés : l'une *privée*, l'autre *publique*.

La partie privée devait être cultivée par les agriculteurs, pour leur propre compte. La terre publique par les soins de la communauté. La culture de cette terre publique peut représenter les impôts et les taxes de notre époque.

La terre publique était divisée elle-même en deux parties distinctes appelées l'une la *terre du Soleil*, l'autre la *terre du Roi*. Et la loi exigeait que la culture de la terre du Soleil et de la terre privée, fût achevée avant d'entreprendre le labourage de la terre du Roi. Et cela, de façon à ce que, en cas de mauvais temps la perte fût d'abord supportée par le Roi. Le même ordre était suivi en ce qui concerne l'irrigation.

Nous voyons donc qu'un quart de la richesse entière du pays, terres, manufactures, mines, etc., revenait au Roi. Cela faisait donc, un quart au soleil, une moitié au peuple, un quart pour le Roi.

Ce revenu servait au Roi pour les travaux publics de son empire, la construction des édifices, l'armée, etc... ».

Examinons, maintenant, ce que fût la religion de ces temps antiques.

RELIGION

La religion des Péruviens eût pour culte, le culte du Soleil, non pas en tant que Soleil physique ; ils adoraient l'*Esprit du Soleil*, qui, pour eux, était l'Essence Suprême des choses.

Chose curieuse à noter, nous trouvons cette même conception dans le psaume 18 de David où il est dit : « Dans le soleil Dieu a disposé sa tente ».

Le fait le plus saillant de la religion était la joie.

La joie devait illuminer toutes les figures, non pas une joie feinte ou hypocrite, mais une joie réelle, car toute affliction était taxée d'ingratitude.

On enseignait que la divinité étant la joie même ; elle désirait voir ses enfants heureux plutôt qu'affligés.

La mort, au lieu d'être une source de tristesse immense, comme de nos jours, était l'occasion d'une sorte de joie solennelle et respectueuse, parce que l'Esprit divin avait jugé digne de rappeler auprès de lui un de ses enfants.

Le suicide, étant considéré comme un crime, était à peu près inconnu. Cela se conçoit étant données ces conditions de vie pleine de charme et de paix.

Le culte public était très simple.

A l'envers de notre religion occidentale, pas de prières

Cette absence de prières était basée sur une idée profonde, à savoir que *nous n'avons pas besoin de demander quelque chose à la divinité, car elle sait mieux que nous ce qui convient à notre bien.*

Un bénédictin célèbre, dom Chamart, nous dit un jour : « *Il y a trop de prières, un esprit pur suffit* ». C'était là, une sage parole que beaucoup de chrétiens feraient peut-être bien de méditer, car la prière est souvent égoïste, beaucoup plus pour soi-même que pour autrui.

Le culte, chez les Péruviens, se réduisait à des offrandes de fruits et de fleurs, comme un simple témoignage que l'on devait tout à la divinité, car pour eux toute vie, toute lumière, toute puissance viennent du Soleil. Dans les grandes fêtes de magnifiques processions étaient organisées.

L'enseignement religieux se rapprochait, en certains points, de l'enseignement théosophique.

« Le plein bénéfice de l'action Solaire, était pour ceux-là seuls qui étaient en parfaite santé ». Car l'homme jouissant d'une parfaite santé morale et physique, est un vrai soleil, un centre de force et d'activité qui réchauffe les faibles.

Le devoir de tout homme, était de recevoir l'enseignement de son Seigneur, à condition de le transmettre aux autres. Recevoir, mais pour donner, car l'Esprit du Soleil, lui, « *donne sans rien demander* ».

Le prêtre, en dehors de ses fonctions sacerdotales, avait la charge de la complète éducation du pays. C'est pourquoi nous avons vu Alcyone demander l'autorisation de passer dans la caste sacerdotale pour se consacrer entièrement à l'éducation.

Education. — L'enseignement était gratuit. Les heures d'études très longues, mais les travaux variés.

Tout comme les « *boys-scouts* » d'Angleterre, (organisation militaire de jeunes gens volontaires se préparant à être les défenseurs du pays), les jeunes péruviens devaient apprendre à cuisiner, à distinguer les plantes vénéneuses des fruits sains ; à se procurer, s'ils venaient à se perdre la forêt, nourriture et abri ; à manier des outils, à manœuvrer un canot, sauter, grimper, panser les blessures. Tout ce programme préparatoire devait faire du jeune homme non seulement un débrouillard, mais aussi un aide utile à l'occasion. Plus tard, quand le jeune homme avait choisi une carrière, il était alors placé dans une école spéciale où il trouvait les études appropriées au genre de carrière choisie.

Pour entrer dans la classe gouvernante, il fallait avoir des qualités sérieuses ; aussi l'accès en était-il difficile, car, pour gouverner il fallait être presque un sage. Les temps ont changé !...

L'industrie, l'agriculture, les sciences, telles que la chimie, l'astronomie, étaient autant de branches vers lesquelles on pouvait se diriger.

Arts. — Si nous passons au domaine des arts, nous voyons une architecture colossale, visant plutôt le côté pratique.

La poterie et les ouvrages métalliques firent l'objet d'un art remarquable. La peinture, la musique, l'architecture, furent autant d'arts très recherchés et pratiqués sur une longue échelle et ayant donné des résultats remarquables.

La littérature n'eût pas un grand développement. L'ensemble de cette littérature se divise en deux classes, l'une donnant des renseignements scientifiques, l'autre se composant de récits ayant un but déterminé, genre récits bibliques.

Il y avait aussi quelques traités religieux.

Coutumes. — Quant aux coutumes de cette civilisation, certaines méritent notre attention, par leur originalité. Les mariages n'avaient lieu qu'un seul jour par an. On avait plus de patience en ces temps reculés, qu'aujourd'hui. L'alimentation paraît avoir été végétale. Les aliments avaient des colorations indiquant une différence de goût.

Enfin, le costume national était simple et léger ; Alcyone, par exemple, était toujours vêtu de la tête aux pieds, en bleu pâle d'une teinte exquise.

L'on se demandera peut-être pourquoi l'évolution est nécessaire alors qu'il y a quatorze mille ans la civilisation était plus avancée qu'aujourd'hui ?

Cette objection tombe d'elle-même, en étudiant l'évolution des races. Toute race a son enfance, son apogée, son déclin.

Or, M. Leadbeater a étudié la civilisation du Pérou à son apogée, et comme il le dit si bien lui-même : « Nous sommes encore une race relativement jeune, tandis que la race que nous venons d'examiner était l'un des plus brillants rejetons d'une race qui, depuis longtemps, avait dépassé son point culminant, mais, pour nous aussi, un temps viendra, où nous serons appelés, par la loi de l'évolution, à atteindre un plus haut niveau que celui de jadis. Quand notre cinquième race aura atteint son apogée, nous pouvons espérer réunir des conditions physiques et un haut développement mental et spirituel qui dépasseront certainement le stade pourtant élevé de cette civilisation Atlantéenne ».

CHAPITRE XII

SEIZIEME VIE

Vécue aux Indes de l'an 11.182 à l'an 11.111 av. J.-C.

Alcyone est fils d'un chef Aryen respecté, mais au caractère dur. Les castes n'étaient pas encore bien distinctes, mais plusieurs membres de la famille étant prêtres, on peut la considérer comme faisant partie des brahmanes.

Son père Olympe, sa mère Tolosa, excellente femme dont le côté spirituel toutefois était peu développé.

Alcyone était un enfant vif, actif, mais réservé. Il se montrait plus affectueux avec son oncle Persée, qu'avec ses parents (ceci parce que Persée avait été son fils dans l'incarnation précédente). Alcyone est très sensitif et devient un sujet d'expériences pour Persée, très versé en occultisme. Il devenait clairvoyant à l'état de transe. Persée lui apprend l'hypnotisme et la façon d'évoquer les esprits de la nature. Les parents trouvent la chose inutile, mais sont enchantés de profiter, comme cela se produisit quelquefois, de la clairvoyance d'Alcyone.

Alcyone et Persée font aussi du spiritisme, sous la direction d'une sorte d'esprit-guide qui se fait appeler Narayan ; il conseille à Alcyone de s'exercer à la psychométrie. Celui-ci y réussit très bien, ce qui permit d'amasser beaucoup de renseignements sur les premières phases de l'histoire du monde et de constituer des livres d'histoire sur les Indes, l'Asie centrale et l'Atlantide.

Narayan leur donne aussi d'utiles conseils sur les moyens de guérir les malades.

Devenu plus âgé, Alcyone est définitivement attaché au temple et prend part aux cérémonies. Par son intermédiaire, Narayan adresse un jour un discours au peuple : Alcyone en est conscient. Ce discours plaît à Adrona, chef du Temple. A partir de ce moment, Alcyone prend une grande importance dans le temple. Il aide beaucoup de personnes, toutefois les résultats ne sont pas réguliers à cause de la présence intermittente de Narayan.

Persée et Alcyone n'en continuent pas moins leurs séances privées, et ils obtiennent tous les phénomènes communs aux séances spirites les plus célèbres.

L'état de santé d'Alcyone ne paraît pas souffrir de sa médiumnité. Le bruit des succès d'Alcyone se répand de plus en plus : le Roi le fait venir pour le consulter au sujet d'une blessure qui ne guérissait pas. Par bonheur, Narayan ne fait pas défaut ce jour-là et le Roi guérit. La réputation d'Alcyone devint d'autant plus grande.

Des désincarnés se manifestent fréquemment par l'intermédiaire d'Alcyone. Un trésor disparu est découvert avec l'aide de Narayan.

Dans une de leurs séances privées, il fut apporté à Alcyone, sur l'ordre de Narayan, un sceau provenant du Pérou. Alcyone par la psychométrie reconnut qu'il avait appartenu à Mercure, son oncle dans la vie précédente.

Alcyone revoit ainsi sa précédente incarnation et n'aspire plus qu'à consulter Mercure au lieu de son esprit-guide.

L'avis de Narayan au sujet de troubles politiques déplait à Alcyone Celui-ci ne cherche qu'à avoir l'avis de Mercure et ne cesse de lui faire appel. A la fin Mercure lui apparaît, ainsi qu'à Persée et son image se matérialise.

Il le conseille au sujet de son embarras. Il lui reproche ensuite la voie dangereuse sur laquelle il s'est engagé en subissant l'influence de Narayan et lui recommande instamment de ne plus faire usage de ses pouvoirs, sauf ceux qu'il peut exercer en pleine conscience.

Il l'informe aussi du grand travail qui l'attend dans l'avenir, travail pour lequel il lui faudra être à la fois sensitif et positif. Cet entraînement occulte avait donc été utile en ce sens, mais il était temps de l'interrompre. Alcyone accepte avec joie et demande comment se débarrasser de l'influence de Narayan ; Mercure lui promet de l'aider du plan astral. Puis il s'adresse à Persée en lui donnant des instructions quant à la manière de prendre soin du corps d'Alcyone, tandis qu'il sera plongé dans une transe qui durera sept années. Il plonge alors Alcyone dans un état de transe complet.

Alcyone reste ainsi sept ans. Durant ce temps, Persée se conforme exactement aux instructions reçues.

Pendant la transe, la conscience d'Alcyone demeure fixée sur le plan mental ; son Ego est en union parfaite avec celui de Mercure. Tous deux sont sous la direction d'un Etre beaucoup plus élevé qui semble devoir les préparer à une chose bien définie. Le corps physique d'Alcyone change normalement pendant cette période : le jour fixé par Mercure, il s'éveille, naturellement inconscient de tout ce qui s'était passé, sauf des paroles que Mercure prononça avant la transe, et dont il se rappelait comme si elles eussent été prononcées la veille.

Il est très étonné quand Persée lui fait connaître le nombre d'années écoulées ; il a perdu sa médiumnité, mais son sensitivisme et son pouvoir de psychométrie sont demeurés. Il n'est plus sous l'influence de Narayan.

Il fait encore des cures, grâce à la clairvoyance qu'il s'est acquise.

Il se voit obligé de faire lui-même ses discours dans le temple. Il essaye à maintes reprises, par la psychométrie du sceau péruvien, de revoir son oncle Mercure, mais il lui est impossible d'entrer en rapport avec lui sur le plan physique.

Orphée, héritier du trône, devient roi, et, se souvenant de ce qu'il doit à Alcyone, le désigne comme successeur du grand'prêtre, lors de la mort de celui-ci. Alcyone administre les affaires du temple jusqu'au jour de sa mort : il était alors âgé de soixante-et-onze ans.

A vingt-deux ans, il avait épousé Cygnus.

Il a neuf enfants qui tous s'essayent à la psychométrie. Osiris y parvient encore mieux que son père.

Il mourut respecté et regretté de tous.

COMMENTAIRES

Alcyone traverse de curieuses expériences au cours de cette vie. Spiritisme, Psychométrie, intervention de Mercure tels en sont les 3 faits principaux.

Narayan. — Envisageons tout d'abord la question de Narayan que nous voyons apparaître ici pour la première fois, et aussi pour la dernière. Quel est-il ? D'où sort-il ? Peut-être convient-il de ne pas voir là un fait plus extraordinaire que ceux communs aux nombreux spirites qui se placent sous l'influence d'entités invisibles. Alcyone est psychique et se trouve engagé dans une voie assez fâcheuse par son oncle Psyché lequel, d'ailleurs, ne voit là qu'une étude fort instructive à poursuivre.

Bref, Mercure condamne cette sorte de spiritisme en ces termes :

« ... Puis, Mercure, sous sa nouvelle forme impressionna vivement Alcyone en lui disant qu'il s'était engagé là sur une voie dangereuse en se soumettant comme il l'avait fait à la volonté de Narayan ; qu'il ne fallait plus le faire et se borner à employer en pleine conscience les pouvoirs dont il pouvait user, sans mettre son corps à la disposition d'une entité quelle qu'elle fut ; qu'il avait une tâche importante à accomplir dans un lointain futur et que, pour s'en acquitter, il fallait qu'il fut à la fois très sensitif et pourtant absolument positif ; que les exercices auxquels il s'était livré avaient donc été nécessaires, mais que désormais, il en avait fait assez. (1) »

Mais en quoi l'expérience d'Alcyone avec Narayan avait-elle été nécessaire ? Nous n'osons nous prononcer catégoriquement à ce sujet. C'est donc avec la plus grande réserve nous énoncerons ici nos opinions personnelles sur les faits.

En premier lieu, nous considérons cette expérience com-

---

(1) *Déchirures dans le voile du Temps* (p. 184).

me un essai, comme une épreuve du sensitivisme d'Alcyone. Mercure paraît profiter d'une vie où il entre dans le Karma d'Alcyone d'être psychique, pour tenter une expérience grosse de conséquences pour l'avenir. Alcyone s'est montré médium ; la chose prouve qu'il peut être une excellent trait d'union possible entre l'au-delà et la sphère physique. Cela suffit pour Mercure qui semble n'avoir attendu que cette occasion pour procéder à une autre expérience d'un caractère beaucoup plus élevé et qui doit avoir pour but de l'arracher à l'influence de Narayan, de le fermer de ce côté, pour le préparer d'autre part, à l'acquisition de pouvoirs beaucoup plus sérieux.

Nous pouvons donc traduire ainsi la déclaration de Mercure : c'est bien d'avoir pu être médium, mais il faut cesser de l'être pour se préparer à devenir, dans un lointain avenir, un véhicule *conscient* et non plus *inconscient*. Cette première préparation dure 7 ans, période de temps passée par Alcyone dans une complète léthargie. En quoi consiste cette préparation ? La conscience de l'égo d'Alcyone entre en contact intime avec l'Ego de Mercure et tous deux s'unissent avec une conscience encore plus élevée qui les dirige tous deux vers un but important encore inconnu.

Nous rappelant que Mercure est disciple direct de Sourya, et Alcyone disciple de Mercure, nous sommes amenés à déduire que ce furent là les trois égos qui œuvrèrent sur le plan mental durant les 7 ans que dura la léthargie d'Alcyone. La chose nous paraît même plus probable encore si nous relisons les prédictions précédentes de Sourya et de Mercure au sujet d'Alcyone.

De déductions en déductions, certains passages de l'enseignement théosophique nous reviennent en mémoire :

> L'enfant dont le nom Hébreu a été changé en celui de Jésus naquit en Palestine, l'an 105 avant Jésus-Christ, sous le consulat de Publius Rutilius Rufus et de Gnœus Mallius Maximus. Ses parents étaient pauvres, mais de bonne famille ; il fut instruit dans la connaissance des Ecritures Hébraïques ; sa ferveur religieuse et une gravité naturelle précoce décidèrent ses parents à le consacrer à la vie religieuse et ascétique. Peu après un séjour à Jérusalem — où le jeune homme montra son extraordinaire intelligence et son ardeur à s'instruire en se rendant dans le Temple

auprès des docteurs — il fut envoyé dans le désert de la Judée méridionale, pour y être l'élève d'une communauté Essénienne. A l'âge de dix-neuf ans il entra dans le monastère Essénien qui se trouvait près du Mont Serbal — monastère très fréquenté par les savants allant de Perse et des Indes en Egypte ; une magnifique bibliothèque d'ouvrages occultes — dont plusieurs originaires de l'Inde Trans-Himâlayenne — y avait été formée. De cet asile de l'érudition mystique, Jésus se rendit plus tard en Egypte. La doctrine secrète, qui était l'âme de la secte Essénienne, lui ayant été entièrement communiquée, il reçut, en Egypte, l'initiation et devint disciple de la Loge unique et sublime à laquelle toute grande religion doit son Fondateur. L'Egypte était restée, pour le monde, un des centres où l'on gardait les vrais Mystères, dont tous les Mystères semi-publics ne sont qu'un pâle et lointain reflet. Les Mystères historiquement connus comme Egyptiens étaient l'ombre de la réalité « sur la Montagne (1) », et c'est en Egypte que le jeune Hébreu reçut la consécration solennelle le préparant à la Prêtrise Royale qu'il devait atteindre plus tard. Sa pureté surhumaine, sa dévotion débordante étaient telles que, dans sa virilité pleine de grâce, il s'élevait d'une manière extraordinaire au-dessus des ascètes farouches parmi lesquels il avait été formé, répandant sur les Juifs sévères qui l'entouraient le parfum d'une sagesse accompagnée de tendresse et de suavité — comme un rosier transporté dans un désert, y répandrait ses effluves embaumés sur la plaine stérile. Le charme dominateur de sa pureté immaculée entourait son front comme d'un radieux halo, et ses paroles, bien que rares, respiraient toujours la douceur et l'amour, éveillaient, même chez les plus rudes natures, une douceur momentanée, chez les plus inflexibles une sensibilité passagère. Jésus vécut ainsi pendant vingt neuf années de son existence mortelle, croissant de grâce en grâce.

Cette pureté surhumaine et cette ferveur religieuse rendaient Jésus — homme et disciple — digne de servir de temple et d'habitation à une Puissance plus auguste, à une Présence immense. L'heure avait sonné où allait se produire l'une de ces manifestations Divines qui, périodiquement, viennent aider l'humanité quand une impulsion nouvelle est nécessaire pour hâter l'évolution spirituelle des hommes, quand paraît à l'horizon une civilisation nouvelle. Les siècles allaient donner naissance au monde Occidental, et la sous-race Teutonique (2) allait relever le sceptre impérial que laissait échapper la main défaillante de Rome. Avant son avènement, un Sauveur du Monde devait apparaître et bénir l'Hercule-enfant, encore au berceau.

Un puissant « Fils de Dieu » allait s'incarner sur la terre —

---

(1) Origène contre Celse I. IV. ch. XVI (N. d. t.).

(2) La sous-race teutonique est, dans la classification théosophique, la cinquième sous-race de la Ve Race-Mère ; elle comprend la plupart des populations du centre et de l'Occident de l'Europe, notamment la majorité des Anglais, Allemands, Français (N. d. t.).

un Instructeur suprême *plein de grâce et de vérité* (1), un Etre dans lequel habiterait au plus haut point la Sagesse Divine, véritablement « le Verbe » fait chair, un torrent de Lumière et de Vie surabondantes, une Fontaine d'où jaillirait à flots la Vie. Le Seigneur de toute Compassion et de toute Sagesse — tel est Son nom — quittant le séjour des Régions Secrètes, apparut dans le monde des hommes.

Il lui fallait un tabernacle humain, une forme humaine, le corps d'un homme ; or, où trouver un homme plus digne d'abandonner son corps, par un acte de renoncement joyeux et volontaire, à un Etre devant lequel les Anges et les hommes s'inclinent avec la vénération la plus profonde — que cet Hébreu d'entre les Hébreux, le plus pur — le plus noble des « Parfaits », dont le corps sans souillure et le caractère immaculé étaient comme la fleur même de l'humanité ? L'homme Jésus se présenta volontairement au sacrifice, « s'offrit sans tache » au Seigneur d'amour qui prit cette jeune enveloppe pour tabernacle et l'habita pendant trois années de vie mortelle.

Cette époque est marquée, dans les traditions réunies dans les Evangiles, par le Baptême de Jésus, quand le Saint-Esprit se montre *descendant du Ciel comme une colombe et demeurant sur Lui* (2), et qu'une voix céleste s'écrie : « *Celui-ci est mon Fils bien-aimé ; écoutez-Le* ». Jésus, véritablement « *le Fils bien-aimé en qui le Père met toute son affection* (3), Jésus « *se mit dès lors à prêcher* (3) » et fut ce mystère merveilleux : « *Dieu manifesté en chair* (4) ». Jésus est Dieu, mais il n'est pas le seul, car : « *N'est-il pas écrit dans votre loi — J'ai dit : vous êtes tous des dieux ? — Si la loi a appelé « dieux » ceux à qui la parole de Dieu a été adressée, et si l'Ecriture ne peut être rejetée, comment pouvez-vous dire à celui que le Père a consacré et qu'il a envoyé dans le monde « Tu blasphèmes » parce que j'ai dit : « Je suis le Fils de Dieu* (6) ? ». Les hommes sont véritablement tous Dieux par l'Esprit qui habite en eux, mais le Dieu Suprême ne se manifeste pas chez tous, comme chez ce Fils bien-aimé du Très-Haut.

Cette Présence ainsi manifestée, nous pouvons à juste titre lui donner le nom de « Christ » ; c'est Lui qui vient sous la forme de Jésus homme, parcourant les montagnes et les plaines de la Palestine, enseignant et guérissant, entouré de disciples choisis parmi les âmes les plus avancées.

....

D'autre part, nous nous rappelons aussi le passage que voici :

« Nous ne devons cependant pas confondre l'usage que le Maître fait du corps de son disciple avec la médiumnité dont nous avons

---

(1) St-Jean, I. 14.
(2) St-Jean, I, 32.
(3) St-Mathieu III, 17.
(4) Ibid, IV, 17.
(5) Tim. III, 16.
(6) St-Jean, X, 34-36.

si souvent parlé comme d'une chose mauvaise. Ainsi, il est arrivé, fait du corps de son disciple avec la médiumnité dont nous avons en plusieurs circonstances, que l'un ou l'autre de nos Maîtres ait parlé par l'intermédiaire de notre Présidente, et il paraît que sa voix, ses manières et même ses traits avaient changé d'aspect. Mais on doit se rappeler que dans ces cas, elle conserve toute sa conscience, qu'elle sait qui parle et pourquoi l'on parle. Cette condition est tellement différente de ce que l'on entend communément par médiumnité qu'il serait inexact de lui donner ce nom. Il ne peut y avoir aucun mal à employer ainsi le corps d'un disciple, mais bien rares sont les cas où les Maîtres ont usé de ce moyen.

Quand le Maître s'exprime par l'intermédiaire de notre Présidente, la conscience de celle-ci est tout aussi active que jamais dans son cerveau physique, mais, au lieu de diriger elle-même ses organes vocaux, elle écoute pendant que le Maître en fait usage. Il formule les phrases dans son propre cerveau et les transmet ensuite dans celui de son disciple. (Mme Besant). Cependant, elle peut employer ses facultés cérébrales, passivement, pour ainsi dire, pour écouter, comprendre et admirer ; mais j'imagine qu'il ne lui serait guère possible, pendant ce temps-là, de rédiger une phrase sur un sujet tout à fait différent (2).

Ce sont probablement des faits de ce genre qui, dans cette XVI° vie, se préparent pour un avenir lointain. Quoi qu'il en soit, nous pensons qu'il doit y avoir là une sorte d'initiation préparatoire dont l'égo n'a nul souvenir dans sa conscience à l'état de veille.

Nous ne reviendrons pas ici sur les questions de psychométrie et de talismans, questions sur lesquelles nous nous sommes déjà suffisamment étendu.

CHAPITRE XIII

DIX-SEPTIEME VIE

Vécue aux Indes, de l'an 10.429 à l'an 10.358 avant J.-C.

Alcyone est fils de Brihaspati et d'Uranus. Brihaspati avait été un grand chef Aryen, mais depuis que les tribus s'étaient fixées sur le littoral, il était législateur et grand'prêtre.

Alcyone a pour sœurs aînées et jumelles Neptune et Siwa et pour cadette Mizar qu'il aime et qu'il protège. Il a un caractère très sérieux, impressionnable. Répond facilement à l'affection, mais se renferme aussitôt qu'on le brusque un peu, très sensitif et psychique durant sa jeunesse. Il professe une grande admiration pour ses parents et ses sœurs aînées. Il aime beaucoup la mer et aurait été victime d'un accident si une voix ne lui avait conseillé la manœuvre à faire.

Il aime les cérémonies religieuses et entre avec joie dans le Temple comme novice.

Il épouse ensuite Ajax, en a douze enfants. Il perd une fille Albireo.

Comme il a l'esprit porté aux recherches, il s'intéresse beaucoup aux phénomènes, et aux manifestations qui ont lieu dans un temple atlantéen. Une entité le conseille sans cesse et lui apprend que des êtres vivent à l'intérieur de la terre. Sa curiosité l'emporte et il accepte d'être guidé dans une certaine caverne, en compagnie toutefois de son ami Demeter. C'était un obstacle ; pourtant on lui accorde cette permission à condition qu'il s'engagent tous deux à ne rien révéler à personne, ce qu'ils auront vu, comme le chemin qu'ils auront suivi. Cette expédition dure plusieurs mois : ils prennent comme prétexte, la visite de différents sanctuaires.

Ils voient, après une recherche longue et périlleuse, des êtres vivants au centre de la terre : sont étonnés par leur étrangeté et regrettent presque ce voyage. Ces êtres doivent appartenir à une évolution distincte de la nôtre, qui rend possible l'incarnation des animaux individualisés, pour lesquels il n'existe pas sur terre d'humanité assez primitive. Les deux amis restent là près de deux semaines, puis vont un peu plus loin et trouvent puis vont un peu plus loin et trouvent d'autres habitants, déjà plus évolués. Ils reviennent sur leurs pas et remontent à grand'peine à la surface de la terre. La voix informe Alcyone que cette expédition était nécessaire par le fait qu'il a acquis ainsi une connaissance plus grande de la vie et de l'évolution.

De retour, ils racontent leur histoire à Brihaspati que la chose n'étonne pas. Ce qu'en dit Demeter de son côté est considéré comme de la pure fable. Seules, leurs familles y ajoutent foi.

Alcyone seconde de plus en plus son père dans les affaires du temple, auquel il prend toujours un intérêt plus grand.

Il entreprend encore un grand voyage dans le but de visiter les sanctuaires du Sud ; il emmène deux de ses fils Hélios et Achille. Une tempête survient ; leur bateau fait eau, ils sont exténués ; cependant ils arrivent auprès d'une île habitée par des sauvages. Les fils d'Alcyone sont assassinés sous ses yeux, et lui a demi assommé. Il se croit le seul survivant, mais un de ses matelots vit encore. Ces sauvages sont des cannibales. Alcyone regrette de n'avoir pas été tué ; il est encouragé par le matelot qui lui rappelle sa femme et ses autres enfants. Ils parviennent à se libérer de leurs liens et s'échappent sur un canot, pendant que les sauvages cuvent leur dernier festin. Ils gagnent le large, le large, sans nourriture et sans eau. Ils parviennent à prendre un peu de poisson. Alcyone refuse d'en manger, n'ayant touché de sa vie à aucune créature vivante pour s'en nourrir. Le marin ne suit pas son exemple.

Blessé par la flèche empoisonnée d'un des poursuivants, le marin meurt ; Alcyone le jette à la mer. Il souffre beaucoup pendant plusieurs jours et ne cesse de ramer dans une direction qu'il croit bonne : enfin il atterrit dans une petite île et se laisse tomber d'épuisement sur le sable. L'éclat du soleil le réveille et il parvient à cueillir des fruits ; l'île paraît inhabitée.

Il s'oriente, fait d'amples provisions, se fait une petite voile avec des feuilles de palmiers, fait provision d'eau et part, risquant à chaque instant de chavirer. Cinq jours et cinq nuits se passent et les provisions sont presque épuisées : il perd sa voile. Le sixième jour arrive, il souffre du soleil, car il n'est plus à l'abri de la voile : les vivres viennent à manquer, il tombe exténué et sans espoir de sortir de cette aventure. Pendant la nuit, il rêve qu'il voit son père Brihaspati debout devant lui et qui lui dit de reprendre courage, que toutes ses souffrances sont une dette karmique, mais qu'il en sera sûrement quitte un jour. Alcyone reprend courage mais, épuisé, au bout de deux jours perd complètement conscience.

À son réveil, il est sur un petit bateau de commerce, au milieu de gens qui ne parlent pas sa langue ; il est incapable de se rappeler ce qui s'est passé, il ne sait même plus son nom. Par suite des privations, ses corps éthérique et astral sont comme dissociés. Le navire fait escale dans un port inconnu d'Alcyone. Il est conduit devant un personnage et ne comprend pas ce qui se passe. Il voit par la suite qu'il est engagé comme esclave pour des travaux faciles, dont il s'acquitte, tout en demeurant inconscient du passé. Il faut noter comme une chose curieuse cet oubli du passé, alors que dans sa précédente incarnation, il lisait dans ce passé presque à livre ouvert.

Il ne recouvre la mémoire qu'au bout de huit mois en revoyant son père une nuit : Brihaspati lui dit de revenir dans sa famille anxieuse de le revoir. Il abandonne donc ses travaux, mais ne pouvant se faire comprendre éprouve de grosses difficultés pour connaître sa route. Il est très loin des Indes, et un brave capitaine avec lequel il a pu dire quelques mots lui conseille de partir sur n'importe quel bateau allant vers le nord ; après, il en prendra un autre.

Il suit ce conseil qui réussit à le faire débarquer au port d'où il s'était embarqué trois ans auparavant et est reçu avec enthousiasme par les siens qui l'avaient cru perdu, à l'exception de Brihaspati qui le savait vivant. Il l'avait vu deux fois en rêve.

Il est à remarquer que l'aide qu'il apporta ainsi à son fils ne fut pas consciente dans le cerveau : il prend pour des rêves ces deux événements, et pourtant ces rêves se traduisent dans la conscience, à l'état de veille, sous forme de certitude. Il est donc possible d'aider en rêve ou pendant le sommeil, sans en avoir souvenir au réveil.

Le récit de ses aventures fit d'Alcyone un personnage réputé. Invité par Orphée, gouverneur il va lui faire son récit, et reçoit une pension en dédommagement des souffrances qu'il a endurées. Alcyone succède ensuite à son père comme grand prêtre.

La voix entendue jadis se fait entendre à nouveau, mais rarement. Elle lui prédit le jour de sa mort, encore un Karma peu agréable.

COMMENTAIRES

Les points saillants de cette vie sont :
1° La voix conseillère qu'Alcyone entend.
2° Le voyage dans les contrées souterraines.
3° Les deux rêves que fait Alcyone.

Des daïmons et des voix. — C'est une tendance un peu générale que celle qui consiste à considérer cette question des *voix* comme de la fable, du roman, de l'imagination, des contes de fée. Une étude documentée sur les *démons* serait relativement aisée tant les données sur cette question sont nombreuses. Nul encore, parmi les auteurs qui ont traité ce sujet, n'a abouti à une explication complète du fait, — (du moins à notre connaissance — et en dehors de la littérature théosophique). — Néanmoins, la plupart sont d'accord pour affirmer que le fait est indéniable. Socrate avait son *daïmon* (mot qu'il ne faut pas interpréter dans le sens que l'on attribue au mot « *démon* » en général.) Jeanne d'Arc avait son ange, ses voix, qui lui parlaient et la conseillaient. Cet ange, paraît-il, n'était autre que le *déva* de la France ; car chaque nation a, dans l'invisible, son *déva* dont les rois, les empereurs, les grands hommes d'état, sont les instruments sur terre.

Les écrits des anciens abondent en dissertations sur les démons. Les grecs les appelaient : *démons*, les latins : *génies*.

« Les anciens étaient persuadés que toutes les choses ordonnées par les dieux s'exécutaient par la médiation et le ministère des démons (1), c'est-à-dire des dévas, ou anges, qui sont des agents dans le monde invisible, entre Dieu et les hommes.

« Dans cette troupe nombreuse de génies Platon prétendait que chaque homme avait le sien, arbitre souverain de sa conduite, toujours invisible et assidu, témoin non seulement de ses actions, mais de ses plus secrètes pensées... Tel était le démon de Socrate, dont il est si souvent parlé dans Platon dans Plutarque, et auquel Apulée a consacré un livre entier. » (2) « C'était, dit Platon, une certaine voix divine qui se faisait entendre en lui, qui l'arrêtait dans quelques-unes de ses entreprises, et ne le poussait jamais à aucune ». Xénophon rapporte, dans son livre de la mort de Socrate, que ce philosophe dit après sa condamnation : « Vraiment, j'avais déjà préparé par deux fois une défense de mon innocence, mais mon démon m'en empêche et m'y contredit. »
« Aucun sujet n'a peut-être plus occupé les savants que le démon de Socrate... »

« Au reste, l'histoire nous fournit plus d'un exemple de ces sortes d'inspirations bienfaisantes. Numa avait un démon qui, sous le nom de la nymphe Egérie, lui dictait les lois qu'il donna aux Romains... Washington passait également pour avoir un esprit à ses ordres. » (2)

Nous avons nous-même connu un pauvre homme qui avait un « ange » qui le conseillait et le guidait au point souvent de l'entraîner à des actes tels que cet homme était considéré comme un fou. Il ne l'était pas le moins du monde ; l'entité qui le poussait lui dictait des considérations d'ordre sociologique souvent très ingénieuses ; elle lui prédit même des événements qui se réalisèrent. « Cette voix, nous disait-il, se faisait entendre comme si je l'avais eue dans les environs du cœur. »

---

(1) *Le Cte de Résie. Hist. et Traité des Sciences Occultes.* (Louis-Vivès-Paris 1857. — Vol. I, p. 34).
(2) Op. cit.
(3) Ibid. p. 57.

Bref, le fait est indéniable ; le seul tort qu'on ait, c'est de *diviniser* ces « *voix* ». Le plus souvent, ces voix sont à notre avis celles d'entités plus ou moins évoluées qui cherchent à *posséder* un individu pour reprendre contact avec le plan terrestre. Il s'agit dès lors de désincarnés ; mais il y a des cas où les dévas et les esprits de la nature parlent ainsi à des hommes. Dans son étude sur « *Les Esprits de la Nature* (1) M. C. W. Leadbeater nous dit « qu'il y a des exemples dans lesquels quelques esprits de la Nature se sont liés d'amitié avec des êtres humains vivants, et leur ont offert toute l'assistance dont ils étaient capables, comme dans certaines histoires de ces bons « petits bruns » écossais, ou des fées qui allument le feu.. On a même quelques fois remarqué que des fées s'attachent à de petits enfants et leur témoignent un grand intérêt... » ce qui fut le cas pour Mme H. P. Blavatsky lorsqu'elle était enfant.

Mais, pour si intéressant que soit ce domaine, nous ne nous étendrons pas davantage et nous nous contenterons de noter le fait. Que l'on y croie ou pas, il n'en subsiste pas moins et les témoignages d'un grand nombre le prouvent.

Alcyone, dans cette 17ᵉ vie avait donc une « *voix* ». De quelle nature était cette entité invisible qui le conseillait ainsi ? Les auteurs ne nous le disent pas, mais ils semblent pourtant laisser entendre que cette voix était celle d'un désincarné qui, sur terre, s'était spécialement adonné à des recherches occultes.

Les savants qui ont étudié la question du sommeil et les Rêves savent que « l'ouïe fournit, disent-ils, des hallucinations des plus nombreuses. » « Ce sont généralement des phrases courtes ou des mots qui retentissent à notre oreille, mais d'une manière plus faible que des sons réels ». Maury range ces hallucinations dans la classe des hallucinations psychiques de Baillarger. « La voix est comme lointaine et intérieure ; c'est cependant une voix véritable qui a son timbre et son accent particulier ; tantôt c'est la reproduction

---

(1) Voir *Revue Théosophique Française* (Avril 1909).

d'une voix déjà entendue, tantôt ce sont des voix insolites, graves ou criardes. » (1).

Or, ce que l'on constate pour le rêve, on le constate aussi pour l'état de veille et ce que nos modernes savants appellent « *hallucinations* » sont des *réalités*, car nous ne pouvons voir ou entendre ce qui n'existe pas. Avec le mot « *hasard* », le terme : « *hallucination* » devrait être rayé de la terminologie scientifique.

Sur les races — Voyage d'Alcyone en des contrées souterraines.

Ce voyage est une des choses qui étonne le plus les lecteurs des vies d'Alcyone, ce qui est peu fait pour nous surprendre, attendu que le public nie toujours à première vue, ce dont il n'a jamais entendu parler. Au reste, on a toujours tort de rejeter ou d'accepter une théorie sans l'avoir préalablement et soigneusement étudiée.

Nous ne prétendons pas expliquer ici, scientifiquement, la possibilité de l'existence sous terre de races ignorées, mais nous espérons que les quelques données qui vont suivre suffiront néanmoins à éveiller la curiosité et à faire accepter comme *plausible*, un enseignement qui, au premier abord, surprend les esprits non préparés à le recevoir.

Arrivé au terme de son voyage souterrain, Alcyone se trouve en présence d'une race humaine bizarre qui nous fait penser aux gnômes de certains contes Toutefois, cette race ne se rattache nullement aux esprits de la nature ; elle est physique et nous sommes amenés à nous demander si Bulwer-Lytton, dans son roman « *La Race Future* », n'avait pas eu lui-même connaissance de l'existence d'êtres humains dans le sein même de la croûte terrestre.

Quoi qu'il en soit, les auteurs nous disent que les êtres humains rencontrés par Alcyone et son compagnon, étaient peut-être les débris d'une des premières races Lémuriennes, et que leur aspect s'était considérablement modifié par des siècles d'existence dans ces régions souterraines.

Nous nous trouvons ainsi conduit de nouveau à la ques-

---

(1) Dr *Vaschide*. — *Le Sommeil et les Rêves* (p. 133). (E. Flammarion 1911).

tion des races et c'est précisément une de celles que la science n'a pu arriver à résoudre encore. La porte reste ouverte à quantité d'hypothèses nouvelles qui s'ajouteront aux anciennes sans apporter encore de certitudes.

Laissant ici de côté toute discussion sur les origines de la vie, comme sur les formes que celle-ci revêt, en un mot, sur l'origine des espèces, nous pouvons dire quelques mots des quelques diverses théories concernant l'origine de l'homme.

Comment apparut le premier homme ? Les races diverses descendent-elles d'une ou plusieurs souches primitives ? Est-ce l'évolution, est-ce le Créateur qui a produit ces groupes d'êtres intelligents et libres qui constituent l'espèce humaine ? Avant Darwin, l'origine divine de l'espèce humaine n'avait pas été scientifiquement mise en doute ; puis les évolutionnistes apparurent pour se scinder plus tard en écoles différentes ; les uns niant l'origine divine de l'homme, les autres faisant de l'homme un animal perfectionné, etc. Le problème est encore aujourd'hui sans solution ; la science officielle penche pour la théorie matérialiste ; les savants officieux, catholiques, penchent dans le sens inverse. Ceux qui connaissent la théorie théosophique arrivent peut-être mieux que d'autres, à se faire une opinion sur la question (1).

Je ne fais qu'effleurer ces problèmes, pour montrer simplement que les savants n'étant pas d'accord sur l'origine de l'homme, ils ne sauraient l'être davantage quant à la classification et au développement des races humaines. Les scientistes discutent à perte de vue sur l'état *sauvage* ; l'histoire des races sauvages demeure obscure ; les uns font des sauvages des arriérés de la race humaine ; les autres, des dégénérés (2).

Là encore, il nous semble qu'avant d'essayer d'établir une classification des races humaines, il serait urgent de se mettre d'accord sur ce second point. « Les classifications qui ont d'ailleurs été faites diffèrent totalement entre elles...

---

(1) Lire : *Les Lois fondamentales de la Théosophie* par ANNIE BESANT.
(2) Voir : *Guibert S. S.* — *Les Origines* (Letouzé et Ané-Paris 1906).

Comme il n'existe point de caractère qui puisse être regardé comme franchement dominateur, il en résulte que chaque classification est plus ou moins arbitraire et artificielle.. Celle de Linné était basée sur la situation géographique... Blumenbach classait les races humaines en 5 groupes en se servant principalement de la couleur de la peau, négligeant les autres caractères.

Virey divise le genre humain et deux groupes suivant l'angle facial. D'autres auteurs affirment que la classification doit s'établir selon la nature des cheveux. Cuvier base sa classification sur la couleur. De Quatrefages l'a suivi de près... » (1)

Somme toute, ici comme ailleurs, les bases fondamentales font défaut. Situation géographique, climat, couleur de la peau, intelligence, habileté manuelle, angle facial, moralité, anatomie générale, langue, chevelure, ce sont là autant de caractères dont, sans nul doute, il faut tenir compte, mais ils ne peuvent qu'être secondaires en ce sens qu'ils sont purement extérieurs, au même titre que les couleurs du spectre solaire ne sont que les différenciations de la lumière blanche

La Théosophie va plus au fond des choses ; elle ne se contente pas de constater les différences extérieures ; elle prétend qu'à tout effet extérieur ou intérieur, il est une cause visible ou invisible et que la multiplicité des formes, des caractéristiques, des couleurs, des sons, est « la tonique » du manifesté et du conditionné ; c'est le résultat de la volonté de multiplier.

La perfection d'un univers réside dans un nombre immense d'objets séparés, travaillant ensemble avec plus ou moins d'harmonie. La *variété* est la note tonique de l'univers. L'unité est celle du Non-Manifesté... La perfection de l'univers réside dans la perfection en la variété et en l'harmonie des parties... Or, les variétés qui se rencontrent dans l'univers sont constituées par différences d'âge. Les différences initiales sont transmises par un univers passé à un autre univers, (car un monde se rattache à un autre monde, et un univers à un autre univers) — Le Logos du nouvel univers y ajoute sa vie, qui n'est pas une vie développée, mais une vie susceptible de développement, une vie qui se développe

---

(1) Op. cit.

à travers des milliers de combinaisons et de formes à travers la naissance, l'enfance, la jeunesse, la virilité jusqu'à ce qu'elle atteigne l'âge mûr et que l'image du père se retrouve dans le fils (1).

De là sont issus tous les règnes de la nature, règnes qui se distinguent les uns des autres par leurs âges respectifs. Ce sont les différences d'âges dans leur vie animatrice qui leur donnent des caractères distinctifs. Or, comme cette vie animatrice de toutes choses est partout, il y a des êtres vivants partout. Rien ne peut exister sans une vie animatrice, sans une cause qui est la vie, ce que la science arrive d'ailleurs à admettre car, aujourd'hui, on ne fait plus entre la matière organique et inorganique la distinction d'autrefois. Elle ne peut plus dire que la vie et la conscience résultent de la matière puisqu'elle admet que ce n'est pas l'organe qui crée la fonction, mais la fonction qui crée l'organe. On parle de la vie des métaux comme de la vie des plantes.

Or les races se différencient les unes des autres par leurs âges respectifs ; fondamentalement elles sont égales, elles sont une, car c'est la même vie une et divine qui les anime, mais les inégalités qui les caractérisent sont dues à ce qu'elles n'ont pas toutes entrepris leur évolution dans le même temps. En outre, selon leurs idiosyncrasies propres, les unes avancent, les autres rétrogradent ou demeurent stationnaires.

La différence dans les qualités naturelles, importe plus que les différences dans les positions sociales ; c'est cette différence qui distingue une nation d'une autre, un homme d'un autre. Ici, tel individu ne voit pas l'occasion qu'il a de bien faire, tandis qu'un autre la saisira. Toutes les chances de bien faire sont égales pour tous ; ce qui est inégal, c'est l'empressement de l'homme à s'en saisir et celui-ci n'y parvient qu'en passant par les nombreuses écoles de la vie ; les races et les sous-races sont autant de classes dans ces écoles. Vos particularités nationales et raciales sont autant de leçons dont vos âmes profiteront ; les sous-races d'une même grande race développent les qualités déterminées et l'on ne peut dire que l'une soit supérieure à l'autre. (2)

Par contre, lorsqu'une nation ou qu'une race est arrivée

---

(1) *Le Dharma*, par ANNIE BESANT.
(2) *Ideals of Theosophy* par ANNIE BESANT.

au point culminant, c'est-à-dire quand le type physique a atteint sa limite de développement et ne peut plus progresser que par un changement radical, la décadence survient... et les types raciaux d'une nation en décadence peuvent encore être utiles aux âmes peu évoluées qui y sont envoyées pour s'y incarner. Le type racial dégénère alors progressivement, chaque arrivée d'âmes inférieures contribuant à dégrader de plus en plus ce type jusqu'à ce qu'enfin la nation tout entière s'éteigne et disparaisse des pages de l'histoire (1).

Comme conclusion à ce que nous venons d'exposer, la vie étant partout, elle est au centre de la terre, sur sa surface et au-delà ; des êtres vivants peuplent l'univers jusqu'en ses moindres replis et Alcyone nous eût fort étonné s'il n'avait pas rencontré d'êtres vivants dans le cours de son voyage souterrain. Si, à ce moment, il avait été clairvoyant, il aurait vu plus d'êtres vivants encore, ceux mêmes qui peuplent l'invisible et pour qui la matière physique n'est pas un obstacle puisqu'ils peuplent des plans de matière plus subtile que celle qui constitue la matière physique.

Nul, sans aucun doute, ne doit se croire obligé d'admettre nos théories, nous nous permettrons simplement de dire qu'elles valent bien celles que la science émet sur le même sujet ou qu'elles sont pour le moins, tout aussi dignes d'attention. Dans ce domaine, ainsi qu'on a pu en juger plus haut, les opinions ressortissent surtout de spéculations intellectuelles et l'on ne peut sagement attribuer à ces spéculations plus de valeur qu'elles n'en comportent en réalité ; et les non-théosophes peuvent fort bien considérer les données théosophiques que je viens de résumer comme d'autres spéculations intellectuelles tout aussi dignes d'intérêt que celles de la science officielle.

Nous croyons toutefois de notre devoir d'ajouter que la théosophie n'avance rien qu'elle n'ait réellement observé ; elle affirme quelquefois parce qu'elle voit ; elle établit ses enseignements sur une connaissance approfondie des faits d'ordre naturel ; elle ne procède pas à tâtons, ni par de branlants échafaudages d'hypothèses. Libre à nous de

---

(2) *Les Lois Fondamentales de la Théosophie*, par ANNIE BESANT.

contrôler ses enseignements en usant des sens qui seront demain l'apanage de la majorité, en nous pliant à l'entraînement prescrit, libre à nous aussi de spéculer sur les horizons nouveaux que nous ouvre ainsi la Théosophie.

Certes, c'est une caractéristique de l'enseignement théosophique que *d'affirmer*; c'est pourquoi on le dit à tort dogmatique. Il le serait *s'il obligeait à croire, ce qu'il ne fait pas ; ce qu'il n'a jamais fait, ce qu'il ne fera jamais car il sait trop bien que l'évolution de l'homme n'est pas possible qu'à la condition de lui laisser son entière liberté de pensée*. Nous sommes d'ailleurs fort tranquilles quant à l'issue des discussions sur les problèmes qui demandent encore une solution; jusqu'à présent les progrès de la science ont confirmé certains de nos enseignements (1), les autres auront leur tour. De plus, les lois de nature n'en demeurent pas moins les lois naturelles que l'on y croie ou non. Voici, à ce propos, comment s'exprime Mme Besant dans la première grande conférence publique qu'elle a faite à Londres récemment :

...Tel sera donc le plan de notre étude, et afin qu'elle remplisse un but pratique, il nous faut admettre, du moins pour le moment, l'existence de quelques grands faits naturels.

Je n'entends pas dire qu'en faisant ses premiers pas vers le Sentier, l'homme de notre monde actuel doive connaître et accepter ces faits. Ceux-ci ne changent pas, qu'on les admette ou non. Les faits naturels restent ce qu'ils sont, qu'on les reconnaisse ou non comme réels ; dès lors que nous sommes dans le règne de la nature, que nous sommes soumis à ces lois, la connaissance des faits et la connaissance des lois ne sont pas essentielles pour faire les premiers pas qui conduisent l'homme vers le Sentier. Il suffit que les faits soient, que l'homme soit influencé par eux dans sa vie intérieure et dans sa vie extérieure. Il suffit que les lois existent ; que l'homme les ignore ou non, peu importe !

Le soleil ne cesse pas de vous réchauffer du fait que vous ne connaissez rien de sa constitution. Le feu ne vous brûle pas moins, du fait qu'ignorant son danger, vous mettez vos mains dans la flamme. C'est là une sécurité pour la vie humaine et le progrès humain ; les lois de nature ne cessent pas de fonctionner et de nous entraîner avec elles, que nous les connaissions ou non. Toutefois, si nous les connaissons, un immense avantage en découle pour nous, car nous pouvons alors coopérer avec elles, ce que nous ne pouvons faire si nous demeurons plongés dans l'obscurité de l'ignorance. Si nous connaissons les faits, nous pouvons les utiliser, chose qui nous est impossible si nous ignorons

---

Lire : *La Théosophie devant la science* par Dr Marques.

leur existence. Connaître, c'est marcher dans la lumière, au lieu d'aller à tâtons dans l'obscurité ; comprendre les lois de la nature, c'est acquérir le pouvoir de hâter notre évolution en utilisant toutes les lois qui peuvent accélérer notre progrès et en évitant celles qui peuvent nous retarder ou nous arrêter. Passons maintenant au premier de ces grands faits sur lesquels repose la possibilité du Sentier conduisant à la perfection humaine ; faits que je dois considérer comme admis au cours de mes conférences — car les développer et en entreprendre ici une discussion nous entraînerait trop loin de notre sujet.

Le premier fait fondamental de la nature à envisager, est celui de la Réincarnation. Cette loi implique le progrès graduel de l'homme par de nombreuses vies successives, par des expériences infinies dans les mondes intermédiaires et, aussi, dans le monde que l'on désigne sous le nom de Ciel. L'évolution serait trop courte pour permettre à l'homme de grandir de l'imperfection à la perfection, s'il n'avait de nombreuses occasions d'activité, une longue, très longue route qui le mène au degré d'évolution plus élevé. L'homme ordinaire qui désire faire les premiers pas, qui est tout prêt à les faire, doit avoir passé par une longue évolution au cours de laquelle il a appris à choisir le bien et à rejeter le mal, au cours de laquelle son esprit a évolué, a été entraîné, et son caractère édifié de façon à le sortir de l'ignorance, de l'état anormal du sauvage, pour l'amener au niveau atteint par l'homme civilisé d'aujourd'hui. La loi de la Réincarnation doit donc être considérée comme étant admise, car il est impossible pour aucun de nous de parcourir le sentier jusqu'au bout *dans les limites d'une seule vie*. Mais il n'est pas nécessaire que l'aspirant au Sentier connaisse la loi de la Réincarnation. Il la connaît d'ailleurs dans sa mémoire spirituelle, bien que son cerveau physique n'en ait pas encore conscience ; les résultats de son passé n'en sont pas moins autant de forces qui le pousseront en avant jusqu'au jour où l'esprit et le cerveau seront en rapports plus étroits, et c'est ainsi que ce qui est connu par l'homme interne parvient à la connaissance du mental concret.

Le second grand fait qu'il importe aussi d'admettre au moins en principe, peut être résumé par cette seule sentence tirée de nos Ecritures : « Ce que l'homme sème, il le récoltera. » C'est la loi de causalité, la loi d'action et de réaction, par laquelle la Nature donne inévitablement à l'homme les résultats de ses pensées, de ses désirs, de ses actes.

Le fait aussi qu'il existe un Sentier que des êtres humains ont parcouru avant nous ; le fait que l'évolution peut être accélérée et, que ses lois peuvent être connues, ses conditions comprises, que les étapes qu'elle comporte ont été franchies, et qu'au bout du Sentier se tiennent ceux qui, autrefois hommes comme nous, sont devenus aujourd'hui les gardiens du monde, les frères aînés de notre race, ce fait implique que les instructeurs et les pro-

---

(1) *Le Sentier de Perfection et d'Initiation*, par ANNIE BESANT (Conférences de Londres 1912) (Sous presse).

phètes du passé s'élèvent toujours plus haut dans les régions de plus en plus lumineuses qui s'étendent au-delà du sentier destiné à l'homme. Bien vain serait notre espoir si nul d'entre nous n'avait frayé le chemin, si nul n'avait avant nous parcouru le sentier. Mais ceux qui, dans le passé, sont venus comme Instructeurs, avaient, eux aussi, dans un passé plus lointain accompli le grandiose pèlerinage. Ceux que nous honorons aujourd'hui comme Maîtres sont demeurés en contact avec le monde afin de prendre des disciples qu'ils guident dans leur marche sur le Sentier. (1).

Bien des choses resteraient à exposer et à développer quant à cette question des races, mais, obligé de me limiter, je renvoie les personnes que ces études intéressent, aux livres théosophiques.

De l'aide durant le sommeil. — Les deux rêves d'Alcyone qui sont décrits dans la 17ᵉ vie, nous prouvent que tout homme peut, sans qu'il en garde nécessairement le souvenir, aider et secourir pendant son sommeil. Le fait représente certainement un certain degré d'évolution de la part de celui qui aide ainsi durant son sommeil. La plupart des humains sont encore inconscients sur le plan astral pendant leur sommeil. Un certain nombre sont éveillés sur ce plan, durant la nuit, mais ne gardent aucun souvenir de leurs expériences dans ce monde, quand ils se réveillent. Un nombre plus restreint encore d'individus se souviennent de leurs expériences ; une classe encore bien plus restreinte d'occultistes est à volonté consciente sur le plan astral à n'importe quel moment de la vie journalière.

Nous pouvons aider de bien des manières, soit par la pensée, soit personnellement, sur les plans physique, astral, ou mental, et même sur les trois à la fois, mais le secours donné est d'autant plus facile à accomplir et d'autant plus efficace que nous avons développé en nous la volonté d'aider, de secourir, de servir ; ce développement s'effectue automatiquement en apprenant à aimer autrui comme soi-même. C'est là la véritable fraternité. Celle-ci ne consiste pas, ainsi qu'on le croit généralement, à se tutoyer, à être familier les uns avec les autres, à faire l'aumône ou à compatir aux peines de ses semblables. La vraie fraternité s'exerce sur tous les plans ; sur le plan physique par la coopération, la collaboration matérielle ; sur le plan émotionnel par l'exemple des meilleures vertus ; sur le plan intellectuel par l'aide intellectuelle.

Ceux qui appartiennent au groupe des « *Aides invisibles* » s'appliquent précisément à aider selon ces trois voies et les moyens à employer sont tous aussi variés qu'intéressants.

HAPITRE XIV

DIX-HUITIÈME VIE

Vecue à Poséidonis de l'an 9.672 à l'an 9.586 av. J.-C.

Alcyone est de race blanche, fils de Neptune et d'Hercule. Il est né peu de temps avant la catastrophe qui engloutit l'île entière.

A pour sœur aînée Mercure et pour frère aîné Albireo ; pour autres frères, Psyché et Lion ; pour sœur, Hector. Mercure entre comme postulante dans un temple dont elle devient plus tard prêtresse.

Alcyone mène chez ses parents une vie patriarcale ; ils vivent dans la montagne. La corruption est grande dans les villes et dans les plaines. Il aime et admire beaucoup ses parents, mais son amour pour sa sœur Mercure est le facteur dominant de sa jeunesse.

A l'âge de dix ans, dans une fête, il distingue Véga ; plus tard, il s'en éprend sérieusement ; mais Albireo, son frère, l'aime aussi. Alcyone est très troublé, car il ne voudrait pas plus faire tort à son frère en lui prenant Véga, que faire tort à celle-ci des vastes territoires où elle pourrait régner en épousant Albireo qui devait en hériter. Il consulte Mercure qui lui conseille de laisser Véga choisir. Alcyone se tient donc au second plan, et ce n'est que lorsque Véga eût refusé Albireo qu'il se hasarda à demander sa main. Véga la lui accorde avec joie.

Quelque temps après, Albireo est tué dans un combat contre les Toltèques ; Alcyone est donc à la tête d'un vaste domaine.

Ils eurent de nombreux enfants : Ulysse, Vajra, Achille Persée, Rigel, Bellatrix ; pour filles, Uranus, Seléné, Aldébaran, Mira et Sirius qui vint au monde alors qu'Alcyone avait cinquante-quatre ans.

Alcyone succède à son père Neptune et se décharge un peu de l'administration de ses domaines, sur ses frères, Psyché et Lion.

Il conserve ses fonctions trente-deux ans et mène une vie heureuse, à part quelques années où il a à lutter contre les Toltèques.

Son plus grand chagrin est la mort de Mercure et celle de Véga, sa femme, qui ne le précéda que de peu.

Son fils Ulysse remplace ses frères Psyché et Lion, morts jeunes. Alcyone voit le mariage de ses enfants et de ses petits enfants.

L'invasion toltèque, longtemps redoutée, finit par s'abattre sur eux. Alcyone, quoique vieux, se met à la tête de son peuple et tient l'ennemi en échec pendant deux jours. Ceux-ci ayant reçu du renfort furent malgré tout vainqueurs ; Alcyone et tous les vieillards de sa tribu sont tués ; les jeunes femmes emmenées en captivité. Sirius était du nombre.

Ulysse se remet de ses blessures et meurt quelques années plus tard. Ses fils Cetus et Procyon remettent le domaine en valeur ; toutefois, ils furent de ceux qui, écoutant les conseils des prêtres, s'enfuirent de Poséidonis avant l'engloutissement final.

DIX-NEUVIÈME VIE

Vécue aux Indes de l'an 8.775 à l'an 8.692 av. J.-C.

Lorsqu'Alcyone n'est pas spécialement attiré dans certaines contrées pour des services spéciaux ou pour son évolution, il semble retourner naturellement aux Indes.

Il est fils de Protée et de Mercure. Il reçoit une bonne éducation qui consiste à apprendre par cœur beaucoup de versets, sur des sujets variés.

Mercure est très versée dans toutes ces questions et elle exerce une grande influence sur son fils : elle lui apprend qu'une vie vertueuse vaut mieux que des milliers de cérémonies religieuses.

Alcyone apprend de son père des invocations qui lui permettent d'obtenir des réponses de certaines entités. Tout jeune, il avait déjà une grande force de volonté, mais ne l'employait pas toujours sagement. C'est ainsi qu'il s'arrache un ongle afin de voir s'il pourrait supporter la douleur.

Il acquiert encore dans cette vie (comme au Pérou) une grande réputation pour les copies de manuscrits.

Vers vingt ans, il épouse Uranus.

Protée est conseiller spirituel de Castor, Rajah du pays. Mais il voit son influence s'amoindrir à l'arrivée d'Arlès, magicien ayant des pouvoirs et qui possède de vastes connaissances en chimie et en électricité.

Alcyone vit dans ces troubles et il est ennemi d'Arlès. Castor, ayant voulu se servir de forces qu'il ne connaît pas assez meurt : on accuse Arlès.

Entre temps, Mars envoie son fils Ulysse pour succéder à Castor : les partis rivaux cherchent à s'attirer les faveurs du nouveau Rajah. Arlès l'emporte et Protée meurt peu après de contrariété et de rage.

Alcyone est convaincu qu'Arlès a contribué à la mort de son père par des moyens occultes.

Il succède à son père en qualité de grand prêtre.

Il envoie un ultimatum à Ulysse, à propos d'un complot contre son frère Mizar, fomenté par Arlès et Scorpion ; et ce, sur le conseil de sa mère Mercure.

Ulysse autorise Arlès à instituer un concours de magie auquel Alcyone est obligé de prendre part. Pour sauver définitivement Mizar, il ne craint pas d'accepter de se mesurer avec Arlès beaucoup plus versé que lui dans ces sortes de phénomènes.

Mercure lui prédit la victoire, malgré les apparences. Arlès se présente dans un costume splendide et entouré de tous ses partisans : Alcyone se présente seul vêtu de sa simple robe blanche de prêtre.

Il subit l'assaut des forces mauvaises d'Arlès, mais lui résiste et finit par le dominer. Il délivre ainsi Mizar, qui subissait une influence hypnotique, et Ulysse qui n'était plus maître de sa volonté. Ulysse remercie Alcyone, qui lui répond par un magnifique discours.

(Méfions-nous des pouvoirs qu'on nous offre ou qu'on nous montre: il s'en trouvera toujours de plus grands qui auront raison des nôtres).

Avec l'aide de Mercure, il réussit à intéresser Ulysse à l'étude des grandes vérités de la vie et à l'engager sur le sentier de la perfection, en lui faisant abandonner l'étude des phénomènes. Il rachète ainsi son crime passé, alors qu'Alcyone était reine.

Ulysse lui en est très reconnaissant : il avait fait à son père un récit si intéressant des évènements qui s'étaient passés, que Mars fait appeler près de lui Alcyone et Mercure. Ils s'y rendirent et furent si bien reçus que Mars voulut les garder dans la capitale. Mercure conseille à Alcyone de décliner cette invitation, dans le but de s'occuper d'Ulysse. Mars regretta, mais fit droit à sa requête.

L'influence d'Alcyone sur Ulysse fut bienfaisante et il réussit avec l'aide de Mercure à modifier complètement son caractère. Ils le conseillent aussi dans les affaires du pays.

Mercure meurt très âgé, laissant Alcyone et Ulysse 'nconsolables.

Mars meurt après. Ulysse doit lui succéder et offre de nouveau à Alcyone de l'accompagner dans la capitale. Alcyone accepte et nomme son fils Siwa comme son successeur.

Il devient grand prêtre du plus grand temple de la capitale, charge dont il s'acquitte très bien.

Ulysse et lui gouvernent très bien et se rappellent souvent les sages conseils de Mercure.

Alcyone demeure jusqu'à sa mort à ce poste.

Son frère Mizar lui succède.

Alcyone regrette vivement de ne pouvoir accompagner Ulysse dans ses expéditions.

En somme, heureuse vie, beaucoup de bon Karma.

Il meurt à quatre-vingt-trois ans, avec la réputation d'un grand sage et d'un grand saint.

VINGTIÈME VIE

Vécue aux Indes de l'an 7.852 à 7.774 av. J.-Ch.

Alcyone naît dans une classe correspondante à celle des Kshattriyas. Il est fils d'Aurore, chef guerrier très réputé et de Vajra. Ils sont étroitement liés à une famille Brahmane qui exerce une grande influence sur Alcyone. Les membres de cette famille sont Saturne et Mercure ; ils ont pour fils aîné Brishaspati et pour filles Neptune, Orphée, Uranus. Cette amitié pour cette famille forme la caractéristique intéressante de cette vie. Bien que cette vie ne soit pas de celles qu'on lit avec plaisir, elle fut utile à l'évolution d'Alcyone. Dans sa précédente incarnation, Alcyone, réputé comme instructeur spirituel, regrette de ne pouvoir prendre part à une existence plus active. Cette incarnation est une réponse directe à son désir et a pour but de le guérir, une fois pour toutes, de la gloire passagère des champs de bataille.

Il commence sa carrière militaire avec un certain enthousiasme, mais est vite las ; il reprendrait avec joie le genre de vie qu'il avait dans sa précédente incarnation et qui, alors, ne lui avait pas donné satisfaction. Il est pourtant brave et capable, mais manque de cette rudesse nécessaire aux grands guerriers. Il est plein de compassion pour les blessés, amis ou ennemis. Sa mère Vajra qualifie ses scrupules, d'efféminés ; il se retourne vers son ami Brihaspati qui le conduit à sa mère Mercure, toujours de bon conseil.

Celle-ci lui explique qu'il n'est pas né par hasard dans la caste des guerriers et que c'est bien le résultat de ses existences précédentes. Il doit remplir ses devoirs de guerrier jusqu'à ce que les dieux l'en délivrent.

Il prend part alors à toute une série de scènes de carnages, toujours désirant une vie de méditation. A cinquante ans, il perd le bras droit dans une bataille et devient incapable de prendre part à aucun combat. Revenu un peu plus tard en meilleure santé, il accepte l'offre de Mercure et Brihaspati qui l'invitent à s'éloigner avec eux. Cela correspond pour Alcyone à un changement de caste, changement possible à cette époque.

Ici commence la période heureuse de sa vie ; il bénit l'accident auquel il doit son bonheur. Son affection pour Mercure est très grande et il éprouve un grand chagrin à sa mort. Il demeure avec Brihaspati et prend part aux cérémonies de temple. Il étudie la philosophie avec grand intérêt jusqu'à 78 ans, époque à laquelle réapparaissent les Tartares. Alcyone sent de son devoir de combattre contre eux et se met à la tête de ses compagnons d'armes. Mais voyant que la ville tombera quand même aux mains des envahisseurs, Alcyone et ses compagnons se suicident plutôt que de se rendre.

Il eut pour femme Rigel ; pour fils Persée et Mizar qui périssent avec lui ; pour cousine Cygnus qui l'admirait beaucoup.

VINGT-UNIÈME VIE

Vécue en Egypte 6.936 à 6.909 av. J.-Ch.

Alcyone, fille de Sirius, gouverneur de province et d'Ursa.

Alcyone est peu aimée de sa mère ; par contre son père a pour elle une profonde affection.

A un frère : Egéria.

Reçoit très bonne éducation. Très observatrice, assez sensitive, un peu timide.

Alcyone prie Sirius de l'employer comme secrétaire, tâche dont elle s'acquitte fort bien.

Elle a quinze ans lorsque son père Sirius tombe malade ; elle le remplace dans ses fonctions. C'est alors qu'elle refuse de signer des sentences de mort.

Rétabli, Sirius approuve grandement les décisions prises en son nom par sa fille.

Alcyone perd sa mère qu'elle entoure jusqu'alors de soins dévoués en dépit du peu d'affection que celle-ci lui témoigne.

Antar la demande en mariage, mais elle hésite à se séparer de son père qui l'engage pourtant à accepter cette union. Mariage heureux. Néanmoins, Alcyone regrette l'époque de son enfance.

Alcyone prend toujours grand intérêt aux cérémonies religieuses.

Elle a onze enfants qu'elle aime particulièrement.

Comme elle est très belle, elle est très courtisée, mais demeure fidèle à son mari.

Alcyone se laisse prendre au chantage de Thétis, malhonnête homme, ancien fiancé d'Ursa épouse de Sirius, femme dont il menace de salir la mémoire.

Le fils d'Alcyone, Hélios, tue Thétis. Pour éviter tout scandale, Alcyone aide Hélios à jeter le cadavre à la rivière.

Elle n'a que 37 ans lorsque meurt son père Sirius ; elle en éprouve un tel chagrin que l'enfant auquel elle allait donner naissance ne vient pas à terme.

Par l'intermédiaire de sa fille Démeter, qui est médium, elle entre en rapport avec son père décédé.

Elle continue de s'entretenir, avec Sirius, de sujets d'ordre psychique, chose à laquelle son mari ne s'intéresse aucunement.

Après avoir éprouvé un intense dégoût pour la vie active, et, auparavant, peu satisfait d'une vie retirée, Alcyone a, cette fois, une vie assez monotone et peu caractérisée.

Les désirs fortement exprimés, sont toujours réalisés.

Alcyone meurt à 77 ans en pleine possession de toutes ses facultés

VINGT-DEUXIÈME VIE

Vécue aux Indes, 5.961 à 5.947 av. J.-Ch.

Alcyone est de sexe féminin et naît dans une famille de brahmanes.

Son père, Phocée, jouit d'une grande réputation d'astrologue.

Elle a pour mère : Caméléon.

Son père est de caractère difficile et tyrannique ; il décrète que sa fille, Alcyone, est vouée à une vie d'austérités et de méditations pour un crime commis dans l'une de ses précédentes incarnations

Alcyone ne trouve pas cela de son goût mais s'y soumet pourtant, croyant la chose vraie à certains jours, ne croyant plus à d'autres.

Elle est de constitution si délicate qu'elle meurt à 17 ans à la suite d'un accès de fièvre.

Curieuse et courte vie ne paraissant faire aucune suite aux précédentes.

COMMENTAIRES

Les XVIII*, XIX*, XX*, XXI* et XXII** vies sont tout aussi intéressantes que les précédentes, mais nous ne voyons rien à dire que nous n'ayons déjà dit précédemment, sauf quelques faits saillants que nous tenterons de dégager de notre mieux.

Alcyone, au cours de ces vies, épuise un lourd Karma, non sans avoir racheté, vis-à-vis d'Ulysse, une grosse faute du passé.

Les faits saillants mentionnés sont les suivants :

Magie noire. — Une scène a lieu entre Alcyone et Ariès. scène de magie noire, ou plutôt duel singulier qui se termine à l'avantage d'Alcyone aidé par Mercure, ce qui prouve, une fois de plus, que la pureté dans les intentions a facilement raison des pouvoirs psychiques inférieurs.

Cette sorte de duel semble devoir se renouveler de nos jours entre différentes écoles d'occultisme expérimental, écoles dont le nombre va sans cesse croissant actuellement et qui se livrent parfois à des joutes d'un nouveau genre dans l'intention de prouver au public l'existence de pouvoirs anormaux.

Les uns cherchent à démontrer aux sceptiques la possibilité de déplacer des objets sans contact ; chez d'autres, il s'agit de matérialisations d'entités de l'au-delà ; chez d'autres encore de photographie de la pensée, d'expériences de psychométrie, etc., etc...

Il est possible que, le temps aidant, à côté de l'évolution naissante d'une race nouvelle, nous assistions bientôt à l'éclosion d'un mouvement psychique marqué, analogue aux institutions des anciens Atlantes, mouvement qui se confinera au côté exclusivement phénoménal.

Déjà, en Amérique et en Angleterre plus encore qu'en France, devins, sorciers, yoguis occidentaux, etc... attirent un public curieux d'inconnu. Puissent ces curieux ne pas tomber dans l'erreur des anciens Atlantes ; nous ne saurions trop leur rappeler une fois de plus, que *'a développe-*

ment prématuré des pouvoirs conduit l'homme à sa perte Le perfectionnement moral doit *précéder l'acquisition des facultés psychiques.*

Alcyone sur le Sentier. — Le deuxième fait saillant coïncide avec les premiers pas que fait Alcyone sur le Sentier d'Initiation. C'est dans sa XI⁰ vie que, pour la première fois ce Sentier lui fut indiqué et ce n'est que dans la XIX⁰ vie qu'il commence à s'engager vraiment sur la voie de l'aspirant-disciple, après avoir épuisé la plus grande partie de son mauvais Karma.

Réalisation des désirs. — Nous voyons Alcyone, dans la XIX⁰ vie, regretter amèrement de ne pouvoir jouir de la vie active d'Ulysse et le désir qu'il exprime alors, trouve sa réalisation dès la XX⁰ vie où il s'aperçoit qu'il n'est décidément point fait pour suivre la ligne des Manous.
Un désir intense se réalise toujours tôt ou tard.
Nous ne pouvons mieux faire que de rappeler ici, à ce sujet, quelques pages éloquentes empruntées à Mme Annie Besant.
La question est trop importante pour que nous hésitions à faire cette citation, sans doute un peu longue, mais urgente.
Il y a, dans la littérature théosophique, certaines pages que l'on oublie parfois trop rapidement ; aussi beaucoup demandent-ils des enseignements nouveaux, enseignements qu'ils trouveraient dans les anciens si leur mémoire ne se trouvait pas quelquefois en défaut.
Les pages suivantes sont de celles qu'il faut relire et méditer avant de demander des informations nouvelles.

....

LE DÉSIR AMÈNE LE PENSEUR EN CONTACT AVEC L'OBJET DÉSIRÉ.

Au premier abord cette vérité ne doit pas vous sembler aussi palpable que la précédente, cependant, le désir, la volonté, est le seul motif déterminant dans l'univers. Vous pouvez constater qu'il est partout un centre d'attraction : en chimie, dans les affinités et dans les répulsions, c'est toujours le désir qui entre en jeu ; c'est le désir qui, dans l'aimant, attire le fer doux ; c'est lui qui est cause de la cohésion comme de la désagrégation ; de l'attraction comme de la répulsion ; c'est une force à double effet dans la nature ; c'est le seul élément moteur. Quand cette force d'attraction émane de vous vers des objets extérieurs, on l'appelle désir ; vous désirez posséder ceci ou cela. Aussi longtemps que vous serez attiré ou repoussé par des objets extérieurs, vous êtes dans un état de conscience tel, que je vous comparerais volontiers au papillon qui vole, va, vient et revient, s'arrêtant successivement sur tels et tels objets, inconstant et errant. Mais quand, au lieu d'être influencé par le désir pour les choses extérieures, le même pouvoir est dirigé de l'intérieur, et non attiré par les objets extérieurs, qu'il est motivé par des expériences accumulées jugées par la raison, on l'appelle alors la volonté. Ce qui fait la différence entre un caractère faible et un caractère énergique, c'est que le premier est facilement attiré par tout ce qui est extérieur à lui, et l'on ne peut guère se fier à un tel caractère ; l'autre, au contraire, agit sous l'influence d'une expérience intérieure qui décide de l'attitude qu'il doit avoir vis-à-vis des objets attrayants ou non, qui l'entourent ; on peut avoir toute confiance en un tel caractère.

Le désir, en nous, tend sans cesse à nous rapprocher de la chose qui nous attire pour la faire nôtre ; il y a attraction, comme entre un aimant et une barre de fer doux ; c'est le même pouvoir. La raison de cette attraction est que la même vie une existe en tous, et que les vies, séparées par les formes différentes dont elles sont revêtues, tendent sans cesse à s'unir ; tout dans la nature s'attire ou se repousse, que cela soit (pour employer les termes usuels), dans le monde animé ou dans le monde dit inanimé. Tout ce que vous désirez posséder est attiré vers vous par ce désir même, et cela peut se constater dans les limites de notre courte existence terrestre. Quand un homme a porté son désir sur un objet, il arrive assez fréquemment que celui-ci ne se trouve pas à sa portée immédiate ; une personne ayant le désir très vif de visiter un pays aura des chances, avant de mourir, de trouver l'occasion de réaliser son souhait à un moment donné. Et lorsque nous en venons à considérer le champ beaucoup plus étendu d'un grand nombre de vies, on peut alors en vérité se rendre compte de l'immense pouvoir de ce désir qui transporte l'homme là où ce désir sera satisfait, qui l'amène à l'endroit précis où il peut saisir l'objet auquel il aspirait. Le désir crée donc les occasions. Le désir attire à nous l'objet de nos convoitises et nous transporte à l'endroit où cet objet peut être atteint.

Telle est la seconde des trois lois subsidiaires qui nous dicte cet avertissement : *soyez prudents dans le choix de vos désirs*. Afin d'illustrer cela d'un exemple, prenez le désir le plus commun, celui de l'argent ; voyez l'homme dont le plus grand souci est d'amasser une fortune colossale et, lorsqu'il la possède, il ne sait le plus souvent qu'en faire : survient alors le dégoût de la vie ; la chose se rencontre assez fréquemment ; un tel homme a passé la plus grande partie de sa vie à acquérir la richesse et finalement il se décourage. Aussi longtemps qu'il peut établir un contraste entre sa pauvreté d'autrefois et la richesse acquise, celle-ci le réjouit. Mais quand il s'est graduellement habitué à voir tous ses désirs réalisés, il est alors blasé, plus rien ne lui sourit. C'est dans ces efforts, c'est même dans ce dégoût que réside le secret de l'évolution. L'homme progresse par les désirs, et quand il atteint l'objet convoité, il le brise, le foule aux pieds, car rien ne peut plus le satisfaire.

C'est par ces choses futiles qui ont tant d'attrait pour nous que Dieu incite ses enfants à s'efforcer de développer les pouvoirs divins qui sont en eux. Les avantages de la vie sont utiles, non par la jouissance qu'ils procurent lorsque nous les possédons, mais par les efforts qu'ils nous ont obligé à faire dans le désir que nous avions de les atteindre. La perte du désir est la chose la plus funeste qui puisse exister pour le progrès de l'homme tant que la volonté d'agir selon la volonté de Dieu n'a pas remplacé le désir égoïste de la possession : l'homme tombe alors dans l'apathie, il devient inutile, il recule devant l'effort. Sachez que la désillusion attend toujours l'homme qui s'attache aux choses extérieures et qu'il ne s'en délivrera qu'en s'identifiant avec son moi (lequel est divin).

....

Tout s'écroule, sauf ce qui est divin. Quand l'homme a essayé de tout et que tout lui manque, il cherche alors le Dieu qui est en lui et c'est à partir de cet instant qu'il trouve le repos et la paix.

....

C'est par la pensée que vous construisez votre caractère ; par le désir vous créez les occasions qui vous aideront à vous rendre possesseur des objets que vous avez en vue ; votre bonheur physique mental et moral, dépend du bonheur physique, mental et moral, que vous aurez fait autour de vous.

Etant données ces lois, étant donnée aussi, dans une certaine mesure, la façon dont il est possible de les appliquer, étudions-les encore plus à fond afin de pouvoir faire face aux quelques difficultés qui surgissent encore à l'esprit et font obstacle à la compréhension complète de cette théorie. Tous ces désirs, toutes ces pensées, toutes ces actions entremêlées, enchevêtrées les unes avec les autres, forment, bien entendu, une sorte de trame des plus complexes. Comment arriverons-nous à saisir la façon dont le passé tout entier devra influencer le présent, et comment ces principes pourront-ils nous aider à diriger notre conduite dans une voie plus sage ? Il y a danger à ne connaître cette loi que vaguement, car il en résulte une tendance à l'inertie et l'on risque de s'écrier : « Oh, c'est mon Karma ! » semblable en cela à l'ignorant qui demeure au bas de l'escalier en disant : « Puisque la loi de pesanteur m'attire vers le centre de la terre, je ne puis monter. »

La connaissance superficielle du *Karma* a été pour un grand nombre d'Hindous une cause de paralysie morale. Au lieu de comprendre que le Karma, comme toutes les forces de la nature, n'est pas une loi qui contraint, mais qui aide, ils s'abandonnent à l'inertie, s'imaginant qu'ils ne peuvent rien parce que cela serait « contre le Karma ». Ce n'est cependant pas la faute des anciens scripteurs qui l'ont exposé bien clairement. Rappelez-vous que Yudhishthira, étant allé voir Bhisma, le seigneur du Dharma, pour lui demander lequel était le plus important de l'effort présent ou des résultats passés, Bhisma entra dans une longue démonstration, et lui montra que Karma, c'étaient les pensées, les actions, les désirs du passé. Lui ayant montré les brins de chanvre dont se compose la corde du Karma, il termina en disant que l'effort importe plus que la destinée. Comment cela peut-il être, alors qu'il y a tant de vies derrière nous ? Comment l'effort peut-il importer plus que la destinée, alors que nous avons généré dans le passé tant de causes innombrables dont nous devons récolter les effets dans le présent ?

Examinons la raison de cette théorie en ne considérant par exemple que les résultats de l'activité d'une seule journée.

Le soir venu reportez-vous aux pensées que vous avez eues pendant le jour et rendez-vous compte de leur nature ; elles ont sans doute été bien mélangées : les unes furent bonnes, les autres mauvaises ou incolores ; le résultat ou la balance est très faible, soit du côté du bien, soit du côté du mal. Il en est de même pour vos désirs : eux aussi ont été bien mélangés, quelques-uns ont été assez nobles et assez élevés, d'autres mesquins ou même grossiers ; mais la force de ces désirs ne s'est pas toujours exercée dans une seule et même direction ; de même en est-il pour vos actions, quelques-unes ont fait le bonheur de certaines personnes, et d'autres ont été malveillantes, si bien que, finalement, il y a à peu près équilibre de part et d'autre.

Appliquez cette façon de faire à tous les jours de vos vies antérieures, et vous verrez que dans Karma, il n'y a pas un seul et même courant qui vous pousse en avant, mais qu'il existe une série de courants œuvrant dans des directions différentes ; il en est qui se neutralisent les uns les autres, en sorte qu'en fin de compte le résultat net est en général extrêmement faible. Un homme peut avoir pensé fortement, délibérément et de manière telle qu'une partie de son caractère peut être mauvaise ; en ce cas, par des pensées constantes dirigées dans une direction contraire à la première, il lui faudra détruire ce qu'il a fait. Dans la grande majorité des cas, c'est ce qui vous arrive ; un grand nombre de courants convergent sur vous, vous engagent vers des directions différentes et vous y mêlez aujourd'hui les pensées, les désirs et les actions du présent. Il en résulte parfois que la force du moment, pensée ou désir, se trouve être suffisante pour faire pencher tant soit peu la balance d'un côté ou de l'autre, et il ne faut pas oublier que, dans la balance du Karma, les poids ne se trouvent pas seulement sur un plateau, mais sur les deux. En réalité ces plateaux sont souvent si bien équilibrés qu'un rien peut les faire pencher. Voilà pourquoi Bhisma essayait de stimuler ses auditeurs à l'effort en leur disant que l'effort importe plus que la destinée. Vous avez dans le passé, pensé, désiré, agi, et dans le présent, parmi toutes ces pensées, ces désirs, ces actions, certains sont en votre faveur, d'autres contre vous ; c'est donc vous qui avez pensé, désiré, et agi, qui devez ajouter les poids nécessaires pour faire pencher la balance soit d'un côté, soit de l'autre.

Il y a certainement des cas où le mauvais Karma est à ce point accumulé sur un plateau que les efforts actuels ne sont pas suffisants pour le faire remonter. Dans ce cas celui qui comprend le Karma devrait lutter contre le mal, de toutes ses forces, afin de diminuer l'influence du passé qui vous fait agir dans le mauvais sens et l'affaiblir ainsi pour l'avenir. Prenez l'exemple d'un homme qui, dans une autre existence, ayant toujours désiré des choses qui ne lui appartenaient pas, a dans sa vie actuelle une forte tendance à voler. Supposez maintenant qu'il se laisse aller à cette tendance quand elle s'impose à lui sous la forme d'une tentation puissante ; doit-il céder et dire : « Je ne puis m'empêcher de voler » ? non, il doit lutter jusqu'au bout de toute la force de résistance dont il est capable. Il peut un instant faillir, retomber dans son crime, mais chaque effort qu'il aura fait contre, diminuera pour l'avenir la force du mal ; il peut faillir aujourd'hui mais il triomphera demain. La leçon qui se dégage de la connaissance du Karma est telle que, quelle que soit la tentation subie, nous devons lutter contre elle jusqu'à extinction complète de nos forces. Les hommes qui ne connaissent rien de vos efforts antérieurs jugeront sans doute sévèrement la dernière faute commise, mais la loi du Karma elle, a inscrit ces efforts à votre avoir sur son grand-livre.

Prenons un autre cas, cas dont j'ai entendu souvent parler et où le Karma est mal appliqué, aussi bien en Orient qu'en Occident, par des gens qui n'ont fait qu'effleurer le sujet, et qui ne comprennent pas son *modus operandi*.

Lorsqu'une personne se trouve dans l'embarras ou malade, on se contente de dire : « C'est son Karma, pourquoi lui viendrais-je en aide ? » Il y a autour de nous toutes sortes de maux et de souffrances qui sont en effet les résultats du Karma, mais ce n'est pas une raison qui doive nous empêcher d'y remédier. Les mauvaises pensées, les mauvais désirs, les mauvaises actions ont généré la souffrance, mais cela ne veut pas dire que nous devions nous abstenir, en ce qui nous concerne, de bonnes pensées, de louables désirs, de nobles actions qui transformeront la souffrance en joie. De même qu'aujourd'hui dépend en grande partie d'hier, demain dépendra d'aujourd'hui. Obéiriez-vous même à un sentiment égoïste, vous devriez aider ceux qui souffrent du fait de leur Karma, sans quoi vous vous préparez un Karma qui fera le vide autour de vous lorsque vous aurez besoin d'être aidé. Lorsqu'un être humain vous crie sa souffrance, vous n'avez pas à lui répondre qu'il l'a méritée parce qu'il a commis des fautes qu'il doit expier, votre devoir est de l'aider. Il est vrai que la justice divine régit le monde et que personne ne peut souffrir à moins qu'il ne l'ait mérité, mais nous qui sommes aveugles, laissons entre les mains divines qui dirigent le monde le soin d'appliquer une loi de nature qui inflige la souffrance ; laissez le sceptre de la justice à Dieu qui, seul, sait s'en servir équitablement et ne soyez, vous, pour les malheureux, que des messagers de l'amour et de la miséricorde de Dieu. Sachez que si la loi exige qu'un homme souffre, tout ce que vous tenterez sera inutile pour prévenir la souffrance ; mais, par contre, il est fort possible que vous soyez précisément ceux qui sont appelés à apporter le soulagement à celui qui souffre et avec lequel, peut-être, vous êtes *karmiquement* liés. Refuserez-vous d'être l'agent de la loi qui place le malheureux sur votre chemin pour que vous lui veniez en aide ? Prendre prétexte d'une loi mal comprise pour excuser notre sévérité, notre égoïsme, notre indifférence, c'est blasphémer contre la justice et augmenter ainsi, d'une faute, la somme d'erreurs commises ; quand sonne l'heure de la rétribution et de la souffrance, celui qui a blasphémé de la sorte ne verra aucune main se tendre vers lui pour le secourir. Tel est le *Karma* qui vous attend si vous n'avez nulle pitié pour votre frère malheureux.

Cette erreur vient de ce que la loi n'est pas comprise comme elle devrait l'être ou qu'elle l'est insuffisamment ; l'on ne se rend pas compte alors de la manière dont elle fonctionne. S'il entre dans le Karma d'un homme d'avoir à subir un événement quelconque, vous ne pourrez empêcher cet événement ; la nature n'ayant nul besoin de vos services pour assurer le fonctionnement des lois, laissez donc la loi s'exercer librement, mais il n'empêche que notre devoir est dans l'action : agir et secourir sont toujours choses possibles bien que nous ayons toujours à compter avec la loi. Si le Karma de ceux que nous voulons aider neutralise nos efforts, nous n'avons alors qu'à nous soumettre.

L'homme qui ne sait rien de tout cela agit quelquefois avec plus d'efficacité que celui qui interprète mal cette théorie de Karma. Il peut arriver en effet, qu'un Anglais qui ignore complètement cette loi, s'acharnera contre un obstacle et cela, si bien, que l'obstacle cédera, tandis qu'un Hindou ne connaissant le Karma qu'imparfaitement s'immobilisera et se découragera en présence du même obstacle, ce dont il souffrira. La situation de l'un vaut celle de l'autre ; toutes deux sont mauvaises ; il est aussi nuisible de ne pas connaître la loi que de la connaître incomplètement, car la faible idée qu'on s'en fait paralyse les efforts. Il faut l'apprendre parfaitement et apprendre aussi à l'appliquer. Son exposé tout entier, pour les Hindous, se trouve dans les *Shastras*, malheureusement oubliés depuis longtemps, ce qui fait qu'on a aujourd'hui perdu le vrai sens de ces Ecritures.

Supposez que nous appliquions la loi de Karma à quelques-uns des problèmes que j'essayais de résoudre la semaine dernière. Prenez par exemple l'enfant que la mort sépare de ses parents ; aujourd'hui notre cas ne sera plus celui d'un petit enfant, mais d'un jeune homme, d'un fils unique, décédé subitement à l'âge de dix-sept ou dix-huit ans. Désespérés, ses parents vinrent me trouver en me disant : « Pouvez-vous nous expliquer comment il se fait que le Karma abandonne de malheureux enfants à des parents pauvres qui ne les aiment guère et peuvent à peine subvenir à leurs besoins, alors qu'il nous sépare d'un fils que nous adorions, que nous pouvions entourer de tous les avantages que la vie procure ? » De pareilles questions sont souvent posées, et, pour répondre à celle que je viens de vous citer, il me fallut remonter au passé des parents, rechercher comment et pourquoi le Karma les frappait ainsi d'une si douloureuse manière. Ceux-ci, dans une incarnation précédente, s'étaient épousés et, de leur union, trois ou quatre enfants étaient nés. Le frère de l'un des deux époux étant venu à mourir, il laissait un enfant, orphelin, n'ayant d'autres parents que son oncle et sa tante. Laisser l'enfant sans secours était chose inhumaine et impossible : aussi le prirent-ils avec eux. Mais loin de se montrer bons pour lui, ils en firent leur domestique, le nourrirent mal, le traitèrent durement, si bien que le malheureux orphelin mourut vers l'âge de dix-sept ou dix-huit ans, le cœur brisé à la suite des mauvais traitements infligés, alors que, de tempérament affectueux, il avait tant besoin de tendresse. Or, c'est lui-même qui leur revint, comme fils unique ; sur sa tête ils avaient placé toutes leurs espérances, l'entourant de tout leur amour ; le Karma le leur enleva précisément à l'âge où il était mort dans sa précédente incarnation, et le foyer, derrière lui, devint un désert.

C'est ainsi que le Karma opère, et l'on ne peut y échapper : la Nature ne pardonne pas ; mais, par la connaissance, vous pouvez triompher du jour où vous aurez appris à équilibrer une force contre une autre, à neutraliser le mal fait dans le passé par le bien accompli dans la vie présente.

....

Sur le caractère. — Le suicide d'Alcyone, à la fin de la XX° vie, soulèvera probablement quelques objections auxquelles nous répondrons par avance.

Ce suicide n'entraîne pas de mauvais Karma pour Alcyone, ce qui peut surprendre, attendu que la Théosophie réprouve le suicide.

Il n'y aura plus là sujet d'étonnement si l'on a soin de se rappeler que c'est le *motif plutôt que l'acte* qu'il importe de considérer, et que le caractère est la partie la plus importante dans le Karma d'un homme. Le motif déterminant du suicide d'Alcyone est l'héroïsme, le courage.

Voici d'ailleurs ce que disait récemment Mme Annie Besant dans l'une des conférences qu'elle donna en mars dernier à Londres : (1).

« Edifier un caractère fait d'héroïsme, c'est là l'œuvre d'efforts sans nombre accomplis au cours de vies innombrables... L'action extérieure est l'expression de quelque pensée ou d'une émotion antérieures ; mais le mobile qui a suscité l'acte est la chose qui importe le plus. Ainsi donc, en considérant ce qui se passe dans le monde, nous, théosophes, ne jugeons pas les individus par leurs

---

(1) *Conférences de Londres* 1912 (Traduction française sous presse).

actes, mais bien plutôt par les pensées, la volonté, les émotions qu[i] leur ont dicté tels ou tels actes. Ces premiers facteurs perduren[t] alors que les actes passent.

Je ne sais si, sans me placer à un point de vue trop personnel[,] je puis vous narrer un incident de ma propre vie, incident qui ainsi que me le dit Mme H. P. Blavatsky, me conduisit, dans mon existence actuelle, au seuil de l'Initiation. En fait, cela est vrai. I[l] s'agit d'une grosse erreur, une très grande erreur, et c'est surtou[t] à cause de cela que je mentionne plus volontiers le fait, plu[s] volontiers que s'il se fut agi d'un acte sagement réfléchi et accom[-]pli.

L'incident se rapporte à l'apologie que je fis d'un pamphlet don[t] l'auteur est mort avant ma naissance, dont nul ne pouvait être fier, que personne ne pouvait réellement apprécier. J'en fis pourtan[t] l'apologie dans la simple certitude où j'étais que la misère humain[e] durerait aussi longtemps que la question de la repopulation n[e] serait pas résolue. Je sais que des milliers de gens partagent aujour[-]d'hui l'opinion que je formulais alors ; mais, à l'époque, ils [y] étaient opposés et c'était pour moi encourir la disgrâce de l[a] société ; c'était surtout une déchéance sociale pour une femme. I[l] s'agissait effectivement de la chose la plus funeste qui soit, envi[-]sagée du point de vue moral ordinaire et c'est pourquoi je m[e] crois autorisée à vous parler de cet incident. Tout, dans mon cas[,] était répréhensible sauf le désir que j'avais d'alléger la souffranc[e] des pauvres ; c'est ce désir, ce motif, c'est mon amour pour le[s] malheureux qui me détermina à ne prendre nul souci de tout l[e] discrédit moral que j'allais encourir, pour agir selon mes pensées[;] c'est ce motif qui me conduisit aussi, dans cette vie, au portai[l] de l'Initiation. Il n'est guère possible de rencontrer un cas plu[s] typique. Aussi, comprendrez-vous maintenant pourquoi j'avance que *la loi occulte juge d'après ce motif et non par l'acte extérieur*[.] Sans doute, l'un de mes premiers actes, en entrant dans la Sociét[é] Théosophique, fut de répudier la théorie que j'avais soutenue, théori[e] logique au point de vue matérialiste, mais fausse au point de vu[e] spiritualiste. Ce fut pourtant cet incident qui me donna la clef.

Comprenez donc, mes amis, que ce qu'il faut avant tout con[-]trôler, ce sont les motifs déterminants de vos actions (1). »

---

(1) *Vers l'Initiation* par ANNIE BESANT (sous presse).

CHAPITRE XV

Les Dernières Vies

Sympathisme. — La vie XXIII nous montre Alcyone douée d'un caractère passablement impulsif, assez violent, mais toujours disposée à se sacrifier pour les siens. Elle est sœur Sirius, deux êtres si étroitement unis qu'autour d'eux l'on disait qu'ils n'avaient « qu'une seule âme ». Le lien magnétique qui les relie l'un à l'autre est si puissant qu'Alcyone éprouve tout ce qu'éprouve Sirius ; ils sont toujours malades ensemble ; ensemble ils recouvrent la santé ; ensemble encore, ils meurent. Le fait est assez curieux et n'est cependant pas, croyons-nous, aussi rare qu'on serait tenté de le supposer. Il suffit de lire les auteurs qui ont traité de l'hypnotisme, du magnétisme, de la suggestion. Beaucoup d'auteurs appellent « *sympathisme* » ce qui unit un être à un autre ; bien qu'ils ne définissent pas le terme ni les causes, ils en constatent les effets, effets qu'ils nomment selon les cas : contagion morale, mentale ou physique par sympathisme. C'est ainsi, entre plusieurs exemples, qu'un homme est frappé de paralysie en voyant ou en apprenant qu'une autre personne en est atteinte. Lorsqu'une grande affection unit entre eux plusieurs êtres, il arrive assez fréquemment que l'on souffre du mal dont l'autre est atteint ou qu'une impression de malaise s'empare d'un individu dès que l'un des siens souffre, fut-il éloigné de plusieurs centaines de lieues.

Karma et prédictions. — Les 24, 25 et 26⁰ vies paraissent entièrement destinées à acquitter les dettes Karmiques contractées dans le passé pour préparer complètement Alcyone à profiter des dernières vies. Alcyone est de plus en plus abandonné à lui-même, les grands Etres ne jouant désormais qu'un rôle de plus en plus effacé dans l'existence d'Alcyone.

A noter dans la 25ᵉ vie, la prédiction de Sirius, lequel apprend à Alcyone que dès l'instant où ils se sont tous deux sacrifiés pour remplir leurs mutuels désirs, ils se retrouveraient ensemble, dans 6.000 ans, aux pieds de Mercure, et, qu'à partir de ce moment, ils ne se sépareraient plus.

La 26ᵉ vie n'est presque tout entière qu'une longue et douloureuse série d'épreuves pour Alcyone qui ne jouit d'un peu de calme que vers la fin de sa vie. Durant toutes ces épreuves, notre héros fait constamment preuve d'un admirable esprit de sacrifice.

La 27ᵉ vie n'est heureuse que dans le début ; il a trente ans lorsque fond sur lui un atroce Karma au cours duquel il est injustement condamné à mort et décapité.

Alcyone proteste en vain mais, pendant la nuit, il reçoit dans sa prison la visite d'un prêtre étranger qu'il avait rencontré deux ans auparavant. C'est Mercure qu'il connaît particulièrement bien pour avoir passé quelques semaines avec lui, à s'entretenir de questions d'ordre élevé. Mercure est alors un prêtre initié aux Mystères Egyptiens et, au moment de la condamnation d'Alcyone, Mercure traversait la ville pour retourner en Egypte.

Voici comment les auteurs racontent cette intéressante entrevue :

« Durant la nuit qui précéda l'éxécution, Mercure traversait la ville, en route pour l'Egypte. Il demanda à voir Alcyone auquel il donne un message particulier de la part d'un grand Etre plus versé qu'aucun dans les Mystères. Il lui dit aussi que, bien que sa condamnation à mort fut une injustice apparente, elle était néanmoins le résultat d'un Karma antérieur ; il lui conseille d'envisager froidement et bravement cette dette à payer et qu'après, le Sentier s'ouvrirait plus clair devant lui, qu'ainsi les obstacles ne lui cacheraient plus la lumière ni l'œuvre qui lui était destinée.

— Je te prendrai moi-même sous ma direction, lui dit Mercure, et je suis prié de le faire par Celui auquel nul ne peut désobéir. Ainsi donc, n'aie aucune crainte, tout est pour le mieux, bien qu'en apparence le contraire semble être plus exact. »

A partir de cet instant, Alcyone avance rapidement sur le Sentier d'Initiation aidé par Mercure qui le guide aujourd'hui encore.

Alcyone n'en a pas moins, par la suite, de très difficiles épreuves à traverser mais il entre de nouveau et plus étroitement en contact avec les Grands Etres avec lesquels, bien que jouant un rôle très humble, il se trouve amené à participer à la fondation de deux grandes religions, le Mazdéisme et le Bouddhisme.

Alcyone et la fondation du Mazdéisme. — Ce qui restait du Grand Empire Perse qui avait duré de si longs siècles, avait été renversé par des tribus mongoles, la nation dévastée. Mais une autre tribu aryenne — les Zends — descendirent des montagnes et occupèrent les vastes territoires dévastés, réunissant autour d'elle ceux qui avaient échappé au massacre des Tartares. C'est à ce moment que naquit Alcyone en 1528 av. J.-C. Il avait pour mère Béatrice, laquelle mourut peu après cette naissance ; pour père : Hector. Lorsque sa mère mourut, il fut confié aux soins de sa tante Vajra qui avait pour fils Zarathustra ; celui-ci devint le compagnon préféré d'Alcyone. Les deux familles, celle d'Alcyone et celle de Zarathustra, vivaient en excellente intelligence, possédaient de vastes domaines et s'occupaient surtout d'agriculture. La religion était, dans ces deux familles, le facteur le plus important. Et Alcyone grandit ainsi sous l'influence de Vajra, de Zarathustra et d'un prêtre très saint et fort savant : Uranus.

Le roi local était Aurore, qui dépendait lui-même du grand roi de la nation tout entière. Ce grand roi s'appelait Lohrasp, il avait pour premier ministre Castor. Castor et son frère Aldébaran étaient grands amis des familles d'Alcyone et de Zoroastre.

L'état de choses était alors assez particulier, la nation étant divisée en deux grands partis ; agriculteurs propriétaires d'une part et tribus nomades de l'autre. Ces deux partis tendaient de plus en plus à se séparer. Leurs religions respectives étaient entièrement différentes l'une de l'autre et il est assez curieux de constater que ces deux religions étaient pourtant issues d'une source commune. Il semble que, des siècles auparavant, quelques aryens primitifs, sans doute des rejetons de la 1re sous-race de notre Ve grande Race Mère, avaient voué un culte à deux classes d'entités : les *dévas* et les *Asuras*. Au début, les *Asuras* étaient considérés comme les êtres les plus élevés et l'on faisait de *Varuna* le chef de ces *Asuras*. Les tribus des grandes migrations qui se dirigèrent vers les Indes modifièrent graduellement leurs idée à ce sujet et en arrivèrent à appeler : *dévas* toutes les entités, laissant passer *Varuna* à l'arrière-plan tout en lui substituant un autre grand dieu : *Indra*.

Quand, après des siècles, la première tribu vint occuper la Perse, elle avait conservé son culte pour *Varouna* et pour les *Asouras*, considérant les *dévas* comme très inférieurs. Bref, à l'époque de la vie d'Alcyone, ces deux croyances s'étaient répandues et luttaient l'une contre l'autre ce qui n'avait certainement pas été voulu par le premier des Zoroastre qui fonda la religion des siècles auparavant.

Les adorateurs *d'Indra* étaient matérialistes, ceux de *Varuna*, spiritualistes ; les deux partis ne tardèrent pas à entrer en lutte.

Durant ce temps, grandit Zoroastre, jeune homme d'une grande beauté, d'une grande vitalité et dont les rêves et le sommeil étaient animés par la présence de grands Êtres lumineux parmi lesquels le premier grand Zoroastre, fondateur du Culte du Soleil. Un jour, il se matérialisa ; Alcyone était présent et en fut vivement impressionné ; il le prit pour un de ces anges dont sa religion lui parlait fréquemment. Cet évènement confirma l'idée qu'il avait déjà que son ami Zarathustra était destiné à quelque œuvre splendide ; son attachement pour celui-ci s'en accrut d'autant. En grandissant, tous deux en vinrent à ne plus s'entretenir que de questions religieuses.

Zarathustra se marie et choisit pour femme une jeune fille, Mizar, qui aimait aussi Alcyone ; ce dernier en éprouve un cruel chagrin mais s'incline avec une noble résignation devant le fait accompli.

Mizar meurt quelques années après son mariage et Zarathustra se retire en un lieu désert pour y vivre une vie d'ermite, les pensées grosses de projets concernant des théories religieuses. Il vit ainsi pendant 100 ans, période de temps durant laquelle il est journellement instruit par le premier Zoroastre. Il continue de vouer un culte aux *Asuras*, il l'exalte même en y ajoutant le mot : *Mazda* qui signifie *sagesse*. Ainsi naquit le *Mazdéisme*.

L'Ahriman qui, aujourd'hui, joue un si grand rôle dans le Mazdéisme, ne semble pas avoir été connu alors ; il personnifie aujourd'hui *Satan*, le Diable, le Démon. A l'époque de la fondation de cette religion, Zoroastre employait un autre mot : *Phruy* qui désignait l'opposition des adorateurs des dévas aux adorateurs des *Asuras ;* on employait aussi ce mot pour désigner *la matière*.

Ce contraste entre les deux croyances rappelle beaucoup la différence qui s'établit entre la philosophie de Pythagore et le culte qu'on voua aux divinités telles que Diane et Apollon.

Durant les 10 années qu'il vécut ainsi, Zarathustra vit souvent Alcyone qui venait le visiter et veiller à ce qu'il ne manquât de rien, ce dont Zoroastre lui fut particulièrement reconnaissant. C'est au cours de l'une de ces visites que Zoroastre lui dit que, dans une de ses visions, il vit Alcyone comme un collaborateur prêchant la réforme religieuse.

Lorsque les 10 années furent écoulées, le premier des Zoroastre, le grand Instructeur, ordonna à son disciple de même nom, d'aller porter son message au peuple, non sans lui avoir conseillé d'attendre, auparavant, l'arrivée d'un personnage qui devait arriver de l'Orient. — Sa rentrée dans le monde fut quelque peu dramatique, car elle coïncida avec une terrible éruption volcanique qui détruisit la grotte où il avait élu domicile ; l'évènement frappa les masses.

Ulysse, qui avait succédé au roi Losrap, accueillit fort bien Zoroastre, ce qui eût pour effet d'augmenter l'influence de ce dernier. En 1489 av. J.-C. arriva enfin le personnage annoncé.

Mercure. — Une fois de plus, vers cette époque, Zoroastre épouse une jeune fille aimée d'Alcyone, lequel se résigne encore, mais non sans souffrir. Ce fut Mercure qui le consola, cet étranger attendu qui venait de l'Orient. Mercure, loin d'apparaître en prêtre, apparut en pêcheur grec et il raconta son étrange odyssée que nous retrouvons ainsi contée dans les vies d'Orion.

« En 1521, av. J.-C Mercure était grand Prêtre du temple à Agadé (Asie-Mineure). Ce temple était alors le centre de forces spirituelles très importantes jusqu'au moment où une horde de barbares fit invasion, massacrant tous les habitants d'Agadé, y compris Mercure qui eut cependant le pouvoir de prendre le corps d'un jeune pêcheur qui venait de se noyer en essayant d'échapper au massacre. »

Chose singulière, dans un *abrégé de « la Vie des plus illustres philosophes de l'Antiquité »* écrit par Fénelon et publié en 1823, nous lisons le passage suivant :

« Pythagore, pour persuader tout le monde de sa doctrine de la métempsycose, disait qu'il avait été autrefois Aethalides, et qu'il avait passé pour le fils de Mercure. Que c'était pour lors que Mercure lui avait dit de lui demander tout ce qu'il lui plairait, hors l'immortalité, et que ses vœux seraient accomplis. Pythagore demanda la grâce de se souvenir de toutes les choses qui se passeraient dans le monde, soit pendant sa vie ou pendant sa mort, et que depuis ce temps-là il savait très exactement tout ce qui était arrivé. Que quelque temps après avoir été Aethalides, il devint Euphorbe ; qu'il se trouva au siège de Troyes, où il fut dangereusement blessé par Ménélas ; qu'ensuite son âme passa dans Hermotimus ; et que, dans ce temps-là, pour convaincre tout le monde du don que Mercure lui avait fait, il s'en alla dans le pays des Branchides ; il entra dans le temple d'Apollon, et fit voir son bouclier tout pourri, que Ménélas, en revenant de Troyes, avait consacré à ce dieu, pour marque de sa victoire.

Après *Hermotimus*, il devint le *pêcheur Pyrrhus*, et ensuite le philosophe Pythagore.... »

Le rapprochement est intéressant.

Prédiction de Mercure. — Or, Mercure et Zoroastre combinèrent ensemble leur plan de campagne : ce fut alors, ainsi que nous l'avons dit, qu'Alcyone qui songeait au suicide, fut consolé par Mercure, qui, transfiguré, lui dit :

— « Grand vraiment est ton chagrin, qui n'est pas ton premier car tu as eu à souffrir de peines nombreuses dans le passé ; l'avenir t'en réserve encore quelques autres car celui qui marche vite doit encourir les inconvénients de la vitesse. Elle sera tienne un jour, cette béatitude que nulle langue ne saurait exprimer car, par toi, des nations seront bénies dans l'avenir. Le présent sacrifice est le point culminant de nombreux sacrifices et, eu égard à cela, la récompense viendra dès ta prochaine existence où tu prêteras le serment que rien ne peut défaire. Le Sentier s'ouvre devant toi ! Sur ce Sentier, ma main te guidera, ma bénédiction sera sur toi dans la vie et dans la mort, jusqu'au jour où nous nous retrouverons tous deux en présence du Roi. »

Roi est ici synonyme de Christ ; de Bodhisattwa : l'Instructeur, le Sauveur.

L'impression sur Alcyone fut si profonde qu'il changea entièrement sa manière d'être et collabora activement à la fondation de la nouvelle religion.

A l'heure de sa mort, Mercure lui apparut et les dernières paroles d'Alcyone furent : « *Jusqu'au jour où nous nous retrouverons tous deux en présence du Roi.* »

La prophétie est aujourd'hui réalisée.

Alcyone et le Bouddha. — Nous retrouvons Alcyone en l'an 620 av. J.-C. dans les Indes. Nous passons sur quantité de détails que chacun pourra lire dans la traduction française, pour en arriver au moment où le Bouddha vint prêcher dans la ville habitée par Alcyone et les siens. Cela se passait en l'an 588. Le Bouddha avait alors 35 ans. Alcyone alla l'entendre. Le Bouddha parlait de la douleur et du Karma ; tout ce qu'il dit ce jour là s'appliquait si bien au cas d'Alcyone, que celui-ci en fut vivement impressionné. Il retourna entendre le Bouddha et, un jour que le grand Instructeur avait indiqué les qualités à développer pour entrer sur le Sentier, Alcyone n'eut rien de plus pressé que de suivre sur le champ les conseils de l'Instructeur en faisant preuve, dans la vie ordinaire, des plus nobles qualités ; puis il insista auprès de Mizar qu'il emmena écouter un discours du Bouddha. Deux mille personnes environ était déjà rassemblées, hommes, femmes, enfants, autour de l'Instructeur qui, assis sur un banc de gazon, était entouré de ses disciples en robe jaune. Indescriptible était l'influence qu'il exerçait sur le peuple par le magnétisme qu'il dégageait. Son *aura* remplissait le jardin tout entier, si bien que tout l'auditoire se trouvait sous son influence directe ; il faisait pour ainsi dire corps avec Lui. La splendeur de cette *aura* attirait de vastes cohortes des plus hauts dévas qui, eux aussi, influençaient grandement la foule. Aussi ne devons-nous pas nous étonner de lire dans les livres sacrés que beaucoup de personnes, à la fin d'un discours du Bouddha, avaient leur conscience centrée sur les hauts plans d'existence. Ceux qui assistaient à ces discours étaient ceux mêmes qui avaient déjà escorté et suivi le Seigneur en de précédentes incarnations et qui se trouvaient à nouveau réincarnés dans l'Inde pour se retrouver en contact direct avec Lui.

Ceux dont la vision ne dépassait pas le plan physique ne voyaient qu'un Prince au port charmant mais dont l'attitude commandait le respect et qui parlait avec une clarté et une précision bien supérieures à ce qu'ils avaient coutume d'entendre chez leurs instructeurs habituels, les Brahmanes. Ceux-ci, longtemps déjà avant la venue du Bouddha n'enseignaient guère que la nécessité d'offrandes constantes aux Brahmanes, de sacrifier aux dieux, ce qui, naturellement, impliquait de lourds sacrifices d'argent. Mais voici un Instructeur bien supérieur à tous et qui leur dit en un langage simple, mais précis, que le seul sacrifice qui plaise aux dieux consiste uniquement en une vie pure et aimable ; que ce n'étaient pas les animaux qu'il fallait sacrifier aux dieux mais les vices humains ; que ce qui importe le plus, ce n'est, pas l'or dans les temples, mais pureté de vie et caractère aimable chez les fidèles.

Le jour où Alcyone se rendit avec Mizar entendre le Bouddha, celui-ci avait choisi pour thème de son discours : le Feu. Désignant un feu qui brûlait dans le voisinage, il dit que la flamme brûle tout homme qui la touche. Il expliqua alors comment la passion et les désirs sont comme la flamme, qu'avec eux il ne faut pas employer de demi-mesure, qu'il ne doit pas en rester une seule étincelle si l'on ne veut pas que la flamme ne se rallume et provoque un incendie qui brûlera et dévastera tout. C'est ainsi, dit-il, que tous les vices doivent s'éteindre dans le cœur de l'homme A ce prix seulement, on peut atteindre la paix ; à ce prix seulement on peut marcher sur le Sentier.

L'impression produite sur Alcyone et Mizar fut indescriptible. Tous deux résolurent de tout abandonner pour suivre, avec les leurs, le Bouddha ; puis ils se rendirent auprès du Bouddha auquel ils firent le récit de leur vie en lui faisant part de leurs décisions.

« Etes-vous bien certains, leur répondit le Bouddha, qu'il ne reste pas un germe de colère ou de haine dans vos cœurs ; êtes-vous bien certains que vous pardonnez entièrement à ceux qui vous ont fait souffrir, que vous pardonnez même à celui qui provoqua la mort de votre fils ; êtes-vous certains de ne ressentir que de l'amour pour tous les êtres, même pour ceux qui vous ont fait du mal ? »

Et Alcyone répondit :

« Seigneur ! il en est ainsi ; l'épouse de mon cousin m'a fait du mal, je lui ai pardonné. Je donne à mon cousin toute ma fortune, je n'en ai plus besoin. Je n'ai plus maintenant qu'un seul désir, cela dût-il me demander plusieurs vies, je prête serment, ici, à genoux devant toi, que je ne cesserai de m'efforcer de réaliser ce désir. Je veux te suivre, je veux me donner comme tu t'es donné pour aider l'humanité souffrante. Tu m'as délivré de la souffrance et m'as conduit sur la vie de la paix éternelle. A cette paix, je veux conduire le monde, à cela je veux consacrer mes vies à venir jusqu'à ce que je sois devenu comme toi, un Sauveur du Monde ».

Le Seigneur Bouddha approuva de la tête, puis répondit :

— Il en sera ainsi que tu le désires. Moi, le Bouddha, j'accepte ce serment que rien désormais ne peut défaire et qui se trouvera réalisé dans l'avenir. »

Il étendit alors les mains et bénit Alcyone.

Puis se tournant vers Mizar, il dit :

« Toi aussi, tu me suivras, mais plus tard. Tu as encore à faire. Prends la succession de celui qui vient de devenir mon nouveau disciple ; prends ce qu'il te donne car il n'en a plus besoin ; ceux qui sont riches de la bonne loi n'ont plus besoin des autres richesses. Sois juste et clément, et n'oublie pas que l'heure son nera aussi pour toi un jour. »

Dès lors Alcyone suivit le Boudha.

Quant à Mizar, il retourna remplir ses devoirs, changea complètement sa manière de vivre au prix de mille et une difficultés et, de riche il devint pauvre ; il sut néanmoins s'enrichir d'un trésor inestimable, grâce aux vertus qu'il fit siennes, ce qui le prépara à devenir un vrai serviteur de l'humanité.

Alcyone, tout en voyageant avec le Bouddha, fut instruit

par un moine éclairé, disciple du grand Instructeur, et qui s'appelait Uranus. Ce moine fut connu par la suite sous le nom d'*Aryasanga* ; il est aujourd'hui le Maître Djwal-Kûl En prenant la robe jaune de l'ordre monastique dans lequel il entra, Alcyone choisit le nom de « *Maitribaladasa* » qui signifie : « le serviteur du Seigneur de Compassion. » Bouddha lui dit alors :

— Tu as bien choisi : ce nom est prophétique. »

Maitreya est en effet le nom du Bodhisattwa qui succéda au Bouddha ; c'est le Christ ; si bien que le nom choisi par Alcyone peut aussi se traduire ainsi : « le serviteur du Seigneur Maitreya. »

Alcyone assiste donc à quantité d'événements historiques des plus intéressants. Il mourut 16 ans avant le Bouddha.

Les progrès faits dans cette vie par Alcyone et Mizar furent particulièrement grands, chose à laquelle nous étions en droit de nous attendre dès lors que tous deux avaient mérité le privilège de naître à l'époque du Bouddha et de pouvoir rencontrer le grand Instructeur. Toute trace de haine, de vengeance, de colère, disparut du cœur d'Alcyone : il fut désormais animé des sentiments de compassion, de clémence, de justice, d'amour profond

La trentième vie. — La 30ᵉ vie nous montre Alcyone animé des mêmes sentiments ; il est brahmane et, non sans quelques épreuves douloureuses, il reprend définitivement contact avec les grands Etres. Il est prêt désormais à remplir de nouveaux devoirs, comme disciple direct de ceux qu'il a si bien servis dans le passé. C'est ainsi que dans son incarnation actuelle, Alcyone retrouve en notre vénérée Présidente et en M. C.-W. Leadbeater, les amis et parents d'autrefois. Peu après, il est admis sur le sentier de Probation et cinq mois s'étaient à peine écoulés qu'il devenait disciple accepté. Peu de jours après il devenait le « Fils du Maître » et passait le premier Portail de la première grande Initiation, ce qui l'admet au nombre des membres de la grande Loge Blanche qui gouverne l'humanité.

Tous ceux qui l'ont autrefois connu, aimé, servi, sont aujourd'hui autour de lui, comme membres de la Société Théosophique.

***

La mémoire des existences antérieures. — Intellect et vertus. — Nous voici parvenus au terme de l'étude que nous nous étions proposée. Cette étude est bien incomplète ; nous avons conscience de n'avoir pas dégagé la centième partie des faits dont il importait de rehausser la valeur.

Nous pouvons cependant ajouter que si vous n'avez pas le souvenir de vos existences passées, que si vous ne pouvez pas contrôler encore vous-mêmes cette longue histoire du passé que nous avons parcourue, n'oubliez pas que cela est de peu d'importance pour le moment. Nous pouvons avoir oublié les détails de nos existences antérieures, mais il est de ces choses que nous n'avons pas oubliées, c'est notre commune aspiration vers plus de lumière, plus de paix ; c'est notre ardent désir de vivre une vie autre que celle que nous voyons autour de nous. En entrant dans la Société Théosophique nous nous sommes tous dit : « C'est là ce que je cherchais ! » Cette entrée dans la S. T. n'est due à rien autre qu'à notre passé ; nous retrouvons dans cette Société nos amis d'autrefois, nous nous reconnaissons et nous formons vraiment une seule et même grande famille. C'est dans notre cœur que nous trouverons les premières lueurs de la mémoire de notre passé, car c'est avec le cœur que nous avons aimé et cherché la vérité. La raison, l'intellect, la pensée, ne furent jamais que les instruments de notre vrai « moi ». La pensée suit toujours le désir ou la volonté, elle ne les précède pas ; selon que nous aimons ou haïssons une chose, la pensée sera compatissante ou vengeresse. Ce n'est donc pas dans l'intellect qu'il faut rechercher le mémoire du passé, mais bien dans les qualités, dans les vertus du cœur. Alors, seulement, la pensée devient plus pénétrante, son champ d'activité s'illumine et elle devient un *organe* à l'aide duquel on peut lire le passé et l'avenir. C'est pourquoi les intellectuels ne peuvent ébranler ceux dont le cœur s'est attendri en y laissant entrer les sublimes vertus d'un Christ.

Vous le savez, le mental n'est pas le connaisseur, il n'est qu'un rapport, le lien qui unit le connaisseur à l'objet de la connaissance, et selon que ce lien s'identifie avec l'objet de la connaissance, — la matière, — ou avec la connaissance, — le cœur de l'homme — où réside la vraie nature spirituelle, — selon le cas, le mental est aveugle ou clairvoyant.

La pensée n'est qu'un instrument de la conscience, du vrai « Moi » qui, lui, a le souvenir de ses existences passées. C'est donc vers lui qu'il faut orienter la pensée si l'on veut s'affranchir du temps et de l'espace ; une telle orientation ne peut s'effectuer qu'à la condition de gravir les échelons qui conduisent au but et ces échelons sont ceux que vous connaissez sous cette dénomination générale :

Les qualités requises pour l'aspirant-disciple.

S'affranchir du temps et de l'espace, c'est remonter à la source de vie ; or, la source de vie est le cœur, ce n'est pas le cerveau.

C'est donc en plaçant notre intellect au service de tout ce qu'il y a de meilleur en nous que l'on vérifiera l'histoire du passé et que nous aurons un aperçu de l'avenir.

L'intellect conduit au doute lorsqu'il n'est pas guidé par l'amour ardent de la vérité, lorsqu'il croit pouvoir se suffire lui-même.

Celui qui veut *savoir réellement* ne doute pas, il cherche sa voie, il marche, il travaille. Celui qui doute est celui qui s'arrête, qui marque le pas, qui manque de décision ou qui attend qu'on déchire pour lui le voile qui recouvre la vérité, voile devant lequel il doit se rendre pour le déchirer *lui-même*. La vérité ne vient à nous que si nous allons vers elle et *nous n'apprécierons que ce que nous aurons trouvé par nos efforts personnels.*

Voyez le vrai savant ! Il ne doute pas ! Il dit : je ne

sais pas, je cherche! S'il doutait, il ne ferait aucune découverte ; s'il se disait : « telle ou telle chose est impossible » il ne ferait aucun progrès.

En général, les sceptiques sont ceux qui attendent que la science ait fait un pas en avant pour avancer eux-mêmes d'un pas. Ils se contentent de répéter ce qu'on leur jette, sans chercher à faire eux-mêmes la part du vrai et du faux. *Et ils nient tout ce qui ne peut entrer dans le vase intellectuel qu'ils se construisent avec des matériaux empruntés a d'autres.*

Nier n'est pas savoir ; douter n'est pas savoir, croire aveuglément n'est pas savoir.

Pour savoir, il faut chercher en soi les forces dont on dispose et les utiliser après avoir précisé le but que l'on poursuit.

Telle est la vraie méthode. L'argumentation intellectuelle ne prouve rien, c'est une vis sans fin qui tourne dans le vide sans apporter de certitude. Or, cette certitude, à chacun de la trouver soi-même en se mettant résolument à l'œuvre.

Dès lors, il y a de grandes chances pour que vous arriviez aux conclusions de ceux qui nous devancent en sagesse et en savoir. Vous n'aurez plus alors qu'un désir : suivre ceux que vous reconnaissez comme vous ayant sauvés de vous-mêmes ; en regardant le but glorieux que vous verrez briller devant vous ni les fatigues et les souffrances de la route n'abattront votre courage, car la joie d'avoir trouvé la voie rend tout facile.

SECTION IV

Conclusions Générales

Conclusions Générales

Nous voici donc amenés à des conclusions. Ces conclusions, nous ne saurions trop le répéter sont prématurées, étant donné que nous n'avons pas analysé ces vies avec toute la minutie que leur étude comporte. Il nous aurait fallu trop de temps et, surtout, une connaissance beaucoup plus étendue des lois cachées de la nature pour faire de notre étude un travail définitif. Peut-être essaierons-nous de la compléter dans un autre ouvrage.

Pour l'instant, nous pouvons résumer ici tous les points que nous avons traités ensemble, nous mentionnerons ceux que nous avons été obligé de laisser dans l'ombre, à seule fin de nous faire au moins une idée de tout ce que pareille œuvre comporte d'enseignements instructifs et consolants. Nous insistons sur le mot : *consolant*, car nous avons entendu dire que la lecture des vies d'Alcyone était décourageante, point sur lequel nous nous proposons de revenir dans les pages qui suivent.

Nous avons commencé nos commentaires sur les vies d'Alcyone en mettant en valeur les points les plus instructifs qui résultent de l'étude au point de vue statistique. Nous avons compté environ 160 personnages qui, au cours de 24.558 années s'incarnèrent 1.823 fois. Nous avons fait une distinction entre les égos selon qu'ils œuvrent ou non dans le sens de la loi d'évolution, remarqué qu'à différentes périodes ces égos se rassemblent autour des guides de l'humanité.

Alcyone et ceux qui l'entourent appartiennent au cœur du monde : de plus, ils sont les promesses de l'avenir ; à eux tous, ils constituent un groupe spécial, dit : *groupe des Serviteurs*. Ce sont ceux qui secondent dans leur œuvre les grands Instructeurs de l'humanité.

Les passages successifs d'un égo dans les races et sous-races et en des lieux géographiques déterminés dépendent de plusieurs facteurs que nous avons énumérés et d'où nous pourrons conclure que nous sommes réellement placés là où nous devons acquérir les qualités qui nous manquent, là aussi où nous pouvons aider et que, se plaindre du milieu dans lequel nous sommes, c'est refuser d'acquérir une qualité qui nous est indispensable, c'est se révolter contre notre propre volonté qui nous a amenés là où nous sommes, que c'est aussi se créer un Karma plus lourd pour l'avenir.

La réelle fondation de la Société Théosophique remonterait à l'an 22.662 avant Jésus-Christ.

Tout égo qui œuvre dans le sens de la loi d'évolution se réincarne le plus souvent sous l'influence d'égos supérieurs, de disciples ou de Maîtres. Le meilleur moyen de nous réserver dans l'avenir semblable entourage est d'apprendre à les reconnaître en développant en nous les vertus qu'ils possèdent. Ne pas les apprécier à leur juste valeur, c'est nous séparer d'eux.

En ce qui concerne la longévité de chaque incarnation physique, nous avons vu qu'elle dépendait plus de notre manière de vivre que des remèdes extérieurs apportés par la science et que la pensée, en réagissant sur le corps physique est l'un des facteurs qui contribuent le plus à la durée de la vie physique.

Les intervalles entre les vies varient suivant :
1° Le Karma de chaque individu ;
2° Suivant la ligne d'activité à laquelle il appartient.

Pour ce qui est du sexe en règle générale, un égo ne prend pas moins de 3 et pas plus de 7 incarnations successives dans le même sexe. Il y a toutefois quelques rares exceptions.

La partie statistique terminée, nous avons vu comment la notion du temps et de l'espace change avec chaque état de matière et montre comment il est possible de s'affranchir du temps et de l'espace pour lire dans le passé ou prédire un événement dans un lointain futur, mais nous avons eu soin de montrer aussi comment un événement pouvait être prévu et ne pas survenir dans le cas où l'Architecte divin modifie son plan.

Il y a toujours eu dans tous les temps une élite qui entraîna la masse au progrès ; il y a toujours une science plus haute que la science de l'époque à laquelle on appartient.

On ne peut apprécier la valeur réelle d'un égo en se basant sur une seule de ses incarnations. De mauvaises actions n'impliquent pas nécessairement l'infériorité d'un égo.

Les critiques malveillantes, même justifiées, sont un obstacle aux progrès de la personne critiquée comme à ceux mêmes de l'auteur de la critique.

L'Astrologie est une science dont il importe de ne pas diminuer la valeur ; le véritable astrologue n'est pas fataliste.

L'acquisition des vertus comporte deux parties :
1° Le développement en soi de ces vertus ;
2° L'application de ces vertus.

Le sage n'est vraiment un sage que s'il applique au service de l'humanité les qualités acquises.

Grand ou petit, quelle que soit notre situation, nous pouvons toujours collaborer à l'œuvre du divin architecte.

Les éléments karmiques qui entrent en jeu dans le moindre événement de notre vie sont des plus variés.

⁎

Il existe quatre grandes sources d'inspiration :
1° Celle que l'égo doit à ses propres efforts ;
2° Celle qu'il doit à la mémoire qu'il a du passé ;
3° celle à laquelle il puise durant le sommeil de son corps physique ;
4° Celle que des Aides invisibles nous donnent.

⁎

C'est aller à l'encontre de la Loi d'évolution que de se diminuer à ses propres yeux ; rien n'est impossible pour l'homme car Dieu est en lui ; nous devons avoir confiance en nous parce que nous sommes divins.

Pour le véritable occultiste la chose la plus insignifiante a sa valeur.

Nous fabriquons chaque jour des talismans bons ou mauvais.

Nous retrouvons toujours ceux que nous aimons.

Ceux qui veulent devenir disciples des grands guides de l'Humanité doivent comprendre toutes les vertus comme toutes les faiblesses de la nature humaine.

Si l'on néglige d'utiliser pour le service d'autrui les connaissances que l'on possède, on naît sans ces connaissances dans une ou plusieurs vies à venir.

Une chute n'est pas toujours l'indice d'une infériorité de l'égo et quelles que puissent être les causes de cette chute, nous n'avons pas le droit de condamner celui qui tombe ; notre seul devoir est de le relever.

L'amour charnel peut avoir différentes causes :
L'hérédité physique ;
Un mode vibratoire spécial dans le corps astral ;
Un rayonnement prématuré du principe spirituel ;
Un vice du corps mental ;
L'influence de l'ambiance.

L'amour sous toutes ses formes, charnelle, intellectuelle ou spirituelle, joue un rôle immense dans la vie des hommes et ceux qui prêchent un ascétisme rigoureux et hors nature sont dans l'erreur.

Il ne faut pas confondre *pureté* avec *ascétisme*.

***

Les défauts et les vices sont fréquemment des réflexions de qualités déterminées dans les corps inférieurs non complètement purifiés. La franchise exagérée devient du cynisme. Il y a donc, dans l'acquisition des qualités, un certain équilibre à observer, cet équilibre ne s'obtient que par le contrôle constant du mental, des sens, de la conduite.

***

Sur le sentier du Progrès les vertus exagérées sont des entraves au même titre que les défauts.

***

Briser consciemment et sans raison valable les liens qui nous unissent avec nos proches, c'est créer pour l'avenir des liens plus forts.

***

Les étrangers à notre famille qui viennent nous demander aide et protection ont souvent été nos propres enfants dans des vies précédentes.

***

Il ne suffit pas d'admirer la Lumière lorsqu'elle se présente, il faut encore l'aimer au point de la rechercher et de la retrouver *soi-même* lorsqu'elle se dérobe à notre vue.

***

Tout mauvais Karma que l'on épuise sert en même temps d'épreuve.

***

Toute qualité présente deux faces : l'une féminine, l'autre masculine.

⁂

Un *médium*, pris du point de vue spirite est un véhicule *inconscient* de forces bonnes ou mauvaises ; un disciple est un *véhicule conscient* des forces spirituelles.

⁂

La science ne connaît pas encore toutes les manifestations physiques de la vie.

⁂

Le véritable altruisme s'exerce sur les plans intellectuel, émotionnel et physique.

⁂

L'évolution n'est possible que grâce à l'intervention de lois invariables déterminées, et l'existence même de ces lois implique une limitation dans la liberté des êtres qui vivent sous leur dépendance.

⁂

Le caractère est le facteur le plus important dans le Karma de l'homme.

⁂

Le principe intellectuel n'est pas le connaisseur, mais un rapport entre le connaisseur de l'objet de la connaissance.

⁂

Telles sont, très brièvement résumées, les conclusions auxquelles nous avons été amené dans le cours de notre étude des vies d'Alcyone, conclusions que nous rassemblons ici sans les avoir précédemment motivées.

Il est d'autres points intéressants que nous avons dû passer sous silence, comme par exemple :

L'histoire des races, des grandes expéditions militaires ;

Le rôle du Manou, celui du Bodhisattwa ;

La sociologie dans le passé ;

La religion ;
L'éducation ;
La littérature ;
Le Psychisme.

Toutes ces questions sont relativement faciles à dégager des récits de ces trente vies ; il suffit de rassembler les notes éparses données çà et là dans l'œuvre, travail de pure patience que nous avons négligé pour laisser plus de place à l'étude spéciale d'Alcyone et de l'évolution humaine, en général.

Il est enfin une autre question, non la moins intéressante, que nous avons dû passer sous silence et qui se rattache aux rapports des différents personnages entre eux. Ce que nous avons fait pour Alcyone, on peut le faire pour tous les autres égos qui l'entourent, au moins pour tous ceux au sujet desquels des renseignements suffisants sont donnés.

Quant aux prédictions dont Alcyone fut l'objet, nous les avons rassemblées, à la fin de cet ouvrage. Elles se résument dans cette prophétie de Sourya : « *Dans l'avenir (c'est-à-dire, au temps présent), vous pourrez encore, si vous le désirez, donner votre vie pour moi, et, par ce Sacrifice, tous les royaumes du monde seront bénis.* »

Reste enfin la loi du Karma au sujet de laquelle nous nous sommes souvent et longuement étendu (1).

La connaissance de cette loi peut être très dangereuse si elle est mal comprise. Son fonctionnement est beaucoup plus complexe qu'on ne saurait se l'imaginer. Bien comprise, elle devient entre nos mains une force qui nous permet d'être vraiment les créateurs de notre propre destinée. Une lecture attentive des vies d'Alcyone nous permet précisément d'en bien comprendre le fonctionnement.

Evolutions physique — spirituelle — intellectuelle. — D'autre part, nous avons vu 160 personnages évoluer les uns à côté des autres autour de deux grandes figures que nous

---

(1) Lire : *Étude sur le Karma*, par ANNIE BESANT. Nouvel exposé de cette importante doctrine vient de paraître.

appelons le *Manou* et le *Bodhisattva* ; le premier dirigeant l'évolution physique, l'autre l'évolution spirituelle. L'évolution intellectuelle n'a pas sur terre pareil représentant. Dans l'histoire de ces 25.000 années qui précédèrent notre ère chrétienne, nous ne rencontrons pas un seul grand Être guidant l'évolution de l'intellect humain. Pourquoi ? Parce qu'une telle évolution doit *être entièrement abandonnée entre les mains de l'homme lui-même*. Ceux qui nous guident *n'imposent pas leurs idées*, ils veulent que l'homme évolue dans la plus entière liberté de pensée, parce que, sans cela, l'homme ne serait qu'un fantoche dont une volonté extérieure tiendrait les ficelles. Mais il ne faut pas oublier que l'évolution intellectuelle dépend de deux puissants facteurs. Voyez la graine que vous semez en terre ; quel est son mode de croissance ? La *terre* seule sera son unique milieu dans les débuts, puis elle apparaîtra à la surface du sol ; ses racines s'enfonceront de plus en plus dans la terre et l'arbre grandira en force et en majesté. Alors, le *soleil* fera éclore ses fleurs.

Il en est ainsi pour l'homme qui, tout d'abord ne dépend que du milieu emprunté à la *matière* ; c'est le début de son évolution physique ; il demeure longtemps plongé dans ce milieu ; enfin il apparaît, il prend contact avec un monde nouveau, grandit enfin jusqu'au moment où le soleil de l'*esprit* fait éclore la fleur.

Or, le *Manou* prépare le milieu matériel ; le *Bodhisattva*, le Christ, c'est le soleil qui fait fleurir. C'est entre ces deux Êtres que l'homme trouve sa voie, puisant la vie à l'un et à l'autre pôle. La monade humaine, semence divine, est semée dans le jardin de son Dieu, et elle doit trouver en elle-même le pouvoir de grandir, ou plutôt, elle doit faire usage *elle-même* des pouvoirs latents qu'elle contient. C'est ainsi que l'homme est, dans ce sens, entièrement libre de n'emprunter sa vie qu'à la matière en négligeant l'esprit ; il peut chercher l'ombre plutôt que le soleil ; mais aussi longtemps qu'il n'aura pas construit entièrement le pont entre la matière et l'esprit, entre le Manou et le Christ, il demeurera l'esclave de sa nature inférieure.

Relisez dans « *La Nature du Christ* » de Mme Besant, ce passage :

« Tout grand Instructeur qui s'adresse à un peuple moins instruit qu'il ne l'est lui-même, s'il veut imposer, par la contrainte, les connaissances scientifiques qu'il possède et que le peuple ignore, ne réussira qu'à jeter la confusion dans les esprits stupéfaits. »

« L'intelligence est susceptible de se développer et peut, très rapidement, acquérir une grande puissance, mais si vous cherchez à l'entraîner hors de sa croissance normale, vous n'aboutirez qu'à troubler et à étonner. Si votre but n'est pas strictement d'augmenter cette connaissance scientifique qui, à un moment donné, sera inévitablement l'apanage de l'homme ; si, au contraire, vous aidez celui-ci pour que l'illumination spirituelle lui confère un pouvoir de compréhension plus grand, le résultat sera alors tout autre... Il me paraît rationnel et nécessaire que les progrès en connaissances scientifiques soient effectués par les hommes eux-mêmes, et proportionnellement au développement intellectuel de l'humanité. Tout autre processus serait fatal à ce développement, lequel ne peut se réaliser que par la plus grande liberté de pensée, la plus grande liberté de discussion, la liberté la plus absolue dans l'observation et la discussion des faits qui paraissent illogiques. L'intellect ne progressera qu'à cette condition ; toute entrave inspirée par un Maître et ses enseignements, n'arriverait jamais qu'à un ralentissement de l'évolution intellectuelle *nécessaire à l'épanouissement ultérieur des pouvoirs de l'homme... Le développement de l'intellect ne doit pas être bridé.* »

L'arbre ne peut en effet fleurir que lorsqu'il a grandi.

Voici donc un fait acquis : l'évolution intellectuelle est laissée aux soins de la volonté humaine qui peut la hâter ou la retarder selon qu'elle obéit ou non aux injonctions de sa nature divine.

En effet, nous voyons Alcyone et tous ceux qui l'entourent osciller *librement*, entre leurs natures supérieure et inférieure.

*
* *

Une autre grande leçon se dégage encore de l'ensemble.

Lecture et étude faites des existences d'Alcyone, nous nous représentons celles-ci comme une immense voie commençant dans la quiétude, dans la plaine, et se continuant au travers d'obstacles de plus en plus escarpés, pour aboutir enfin au sommet où se tiennent ceux qui n'ont cessé d'attendre les êtres qu'ils ont aidés à devenir leurs disciples, disciples parmi lesquels nous voyons Alcyone.

Cette voie est celle que de tout temps on a désignée comme étant celle qui conduit l'homme à ses plus hautes destinées ; ce fut celle de tous les grands mystiques du christianisme, du Soufisme, du Boudhisme aux Indes, de l'Orphisme en Grèce, de Platon, de Pythagore, etc.

Elle est celle qui, large et facile à son début, se rétrécit vers son milieu pour s'élargir plus encore à la fin, c'est elle qu'il faut gravir. Or, comment le pourra-t-on ?

Nous l'avons vu en étudiant l'évolution d'Alcyone, on ne parcourt cette voie avec succès qu'en développant en soi les plus belles vertus dont l'acquisition nous conduit au sacrifice joyeux de soi-même pour le service de l'humanité et pour servir aussi ceux qui conduisent cette humanité vers ses plus hautes destinées.

A tous les points de vue, aussi bien spirituel, intellectuel que pratique, une étude approfondie des vies d'Alcyone nous montre tout entier le Sentier du Disciple et cette étude ne peut qu'être des plus encourageantes car, grâce à elle, nous savons où nous allons, nous ne marchons pas au hasard Nous qui maintenant, grâce à l'exposé de ces trente vies, n'ignorons plus les conditions de succès final, il nous est possible d'arriver au but en quelques incarnations alors que, non éclairés, la même ascension nous prendrait de nombreuses incarnations.

Quiconque a vraiment analysé l'évolution d'Alcyone est armé comme jamais il ne saurait l'être, pour entreprendre son pèlerinage vers son principe divin.

A ceux qui prétendent que la lecture de ces vies est loin d'être consolante, nous croyons devoir répondre :

Quoi ! Préférez-vous vivre dans l'ignorance et l'obscurité ; préférez-vous ne pas connaître la seule source de vie qui vous conduira tout droit à la paix que vous réclamez. Ce qui, pour l'homme, a toujours été décevant, c'est de ne pas connaître le pourquoi et le comment des choses, c'est le doute, c'est la crainte de l'avenir après la mort, c'est le désespoir qui nous étreint lorsqu'on se demande si l'on reverra jamais les êtres chers que nous perdons, c'est le manque de certitude en tout, et, par conséquent, un manque de joie. Mais voici que les Grands Etres se lèvent et se disent : « l'humanité a appris la leçon qu'elle devait apprendre, elle n'est plus l'orgueilleuse enfant qui croyait pouvoir se passer de conseils ; elle souffre, elle nous cherche et appelle à son secours ; allons la sortir du labyrinthe où elle s'est perdue, allons la remettre sur la voie qu'elle cherche et montrons-lui le but qu'elle a perdu de vue. » Puis, descendus jusqu'à nous, ils nous prennent dans leurs bras et, tout en nous conduisant hors de nos doutes et de nos désespérances, ils nous décrivent étape par étape, heure par heure, le chemin qui nous reste à gravir, puis nous disent : « Voyez comment l'un de vos frères est parvenu jusqu'à nous pour ne plus nous quitter ; faites de même ! »

Il faut être aveugle et sourd vraiment pour ne pas ressentir au cœur la joie d'un nouvel espoir. Quoi ! l'on vous montre la route si ardemment désirée et, pour seul remerciement, vous n'éprouveriez qu'un nouveau découragement !

N'est-il pas au contraire consolant de se voir porté, guidé vers ce à quoi nous avons aspiré des siècles durant ?

N'est-il pas consolant de se dire : C'est en obéissant à tel et tel sentiment qu'Alcyone est parvenu au portail. Les fautes qui l'ont retardé, maintenant que je les connais, je ne veux pas qu'elles soient en moi ; l'exemple qu'il me donne, je le suivrai. Je sais quelles sont les qualités, quelles sont les vertus qui me conduiront aux pieds du Sauveur des mondes, et ces qualités, ces vertus, à partir de maintenant, je les ferai miennes ; quant à mon mauvais Karma du passé, je saurai l'affronter avec courage parce que je sais que toutes les souffrances sont temporaires, parce que je sais les avoir méritées, ce qui ne m'empêchera pas de lutter contre elles de toutes les forces de mon être. Le mauvais Karma, se présente aussi comme épreuve à subir en même temps qu'une dette à acquitter ; or, je saurai sortir vainqueur de l'épreuve en terrassant la douleur ; s'incliner devant l'infortune c'est être lâche ; quand le dragon nous menace, il ne faut pas attendre qu'il nous dévore en se couchant à ses pieds : il faut être sans peur, l'affronter et le vaincre. Ah ! qu'ils viennent tous ces dragons que j'ai créés autrefois et dont j'ai peuplé mon avenir ; qu'ils viennent tous ! J'accepte la lutte, une lutte d'où je sortirai déchiré mais vainqueur et, après, ainsi qu'un vrai chevalier se doit de le faire, sur la route désormais libre, j'irai, monté sur les ailes de ma pensée rapide, j'irai rejoindre mon âme, cette fiancée qui m'attend. »

Celui qui a lu, étudié, compris les vies d'Alcyone, ne peut plus être, après, celui qu'il était avant, ou alors, c'est qu'il est aveugle et sourd ; ou bien encore, chose plus grave, il fait preuve d'ingratitude envers Ceux qui lui ont montré l'Etoile qui doit le guider.

Ne dites pas que les vies d'Alcyone sont une source de découragement, ne le dites pas sans avoir rien tenté pour les mieux comprendre ; la patience et le temps aidant, vous ne tarderez pas à revenir sur votre première impression et, le meilleur conseil que je puisse vous donner, c'est d'analyser vous-même les vies d'Alcyone. Si vous le faites en conscience, en en tirant un résultat pratique, vous serez tout étonnés, un jour que vous vous arrêterez pour vous reposer et que vous regarderez derrière vous, vous serez tout étonnés d'avoir parcouru en si peu de temps tant de chemin.

Il convient maintenant de noter que, tout au début de notre étude, nous nous sommes, à titre d'introduction, étendu sur les pouvoirs qui ont permis aux auteurs la reconstitution de ces vies ; nous avons vu comment toutes les grandes religions, la science, la philosophie moderne, avec ses phénomènes de néo-psychologie, nous placent en présence d'une possibilité d'autant plus importante qu'elles nous obligent de plus en plus à admettre l'existence de pouvoirs autres que ceux que nous possédons actuellement. Non seulement, cette existence est désormais posée en principe, mais l'on tend encore à admettre la possibilité de développer ces pouvoirs. Un examen rapide de ces derniers nous amène à les classer en :

Pouvoirs normaux,
Pouvoirs inférieurs,
Pouvoirs supérieurs.

Puis nous avons parcouru les méthodes de développement pour n'en admettre qu'une seule : la *Rajah-yoga*, — ou yoga royale — permettant seule un perfectionnement harmonieux de la nature humaine, méthode grâce à laquelle nos instructeurs ont pu nous reconstituer les vies en question, grâce à laquelle des pouvoirs supérieurs ont été développés, pouvoirs que nous avons énumérés et expliqués en nous appuyant sur les nouveaux et récents enseignements qui nous sont parvenus.

L'évolution du psychisme humain ayant été établie, sa mise au point ayant été tentée, nous nous sommes rendu compte que l'œuvre qui fit l'objet de nos commentaires n'a absolument rien qui doive surprendre et, qu'au contraire, elle est le résultat logique d'une série d'observations rigoureuses dans une sphère, sans doute peu connue encore, mais dont la réalité s'impose.

En suivant ce plan, nous avons pensé que c'était la meilleure manière de procéder pour celui qui, n'ayant aucune notion des possibilités actuelles et nouvelles, désirerait tirer profit de la lecture des vies d'Alcyone sans risquer d'en entreprendre l'étude en conservant des idées préconçues. Rien n'aveugle en effet l'étudiant autant que l'idée préconçue car celle-ci est à l'œil intérieur ce que serait un verre de couleur par rapport à la vue physique ordinaire ; l'étudiant voit toutes choses selon ses idées préconçues qui, alors, colorent, ou même déforment, ce qu'il désire examiner.

Or, avant d'entreprendre l'analyse des vies d'Alcyone, nous avons eu soin de nous armer des qualités indispensables à une étude fructueuse, c'est-à-dire de l'impartialité dans nos vues, une certaine logique dans nos raisonnements ; nous nous sommes écarté de la crédulité comme de l'incrédulité, non sans avoir posé, en principe, une connaissance approfondie de la loi de *Réincarnation*. Sans la connaissance de cette loi, il est effectivement difficile d'apprécier les vies d'Alcyone à leur juste valeur. Point n'est besoin d'y croire : avant d'y croire, il importe d'en avoir pesé le pour et le contre ; il importe de passer par la série d'échelons successifs qui conduisent de l'"incertitude à la certitude. Or, nous prétendons que tout étudiant qui a consciemment tenté d'élucider cette question en est fatalement réduit à choisir entre ces trois théories pour expliquer l'inégalité des conditions :

1° Une création spéciale par Dieu, action impliquant que l'homme est abandonné à lui-même, sa destinée dépendant d'une volonté arbitraire et injuste.

2° L'hérédité, telle que la science la comprend et qui implique le même abandon, une destinée dépendant du passé des ancêtres et sur laquelle l'homme n'a aucun contrôle.

3° La réincarnation grâce à laquelle l'homme peut devenir le maître de sa destinée.

S'il est un Dieu, seule la loi de *réincarnation* le fait juste et bon ; la loi de réincarnation seule, explique et justifie l'inégalité des conditions.

Tel est le dilemme auquel en arrive quiconque cherche la vérité. Sans doute, pareil dilemme ne se pose pas à l'esprit de celui qui ne veut pas se rendre un compte exact des choses, à celui dont l'orgueil est assez grand pour condamner en bloc tout ce dont il entend parler pour la première fois. Un tel dilemme ne se pose pas à l'esprit de celui qui se croit la science infuse et qui, pour toute objection, n'a qu'un sourire ironique sur les lèvres. Condamner ou se rire d'une chose que l'on ne connaît pas, est le propre, soit de l'ignorant, soit du savant craintif qui se réclame d'une science officielle dans les limites de laquelle il tient à demeurer ; semblable attitude est encore celle du prêtre que la curie romaine rend « acéphale » et, par conséquent, muet.

Pourquoi ? Pourquoi poser des barrières à la pensée ? La science se renferme dans sa tour d'ivoire ; à force d'être trop prudente, elle est devenue aveugle et ne procède plus qu'à tâtons ; sentant la marée de spiritualisme battre les pieds de sa tour, elle y oppose une nouvelle digue, alors que toute l'humanité a tant besoin d'elle ; ses savants, en dehors des Branly, des Rœntgen, des Crookes et de quelques autres, en dehors de ces quelques bienfaiteurs de l'humanité, ceux qui restent persistent à suivre des sentiers plus ou moins battus, ne trouvent rien, ou, quand ils trouvent, leurs inventions et leurs découvertes demeurent l'apanage d'une minorité qui les capitalise. Ce qu'il nous faut, ce ne sont pas seulement des ingénieurs qui nous construisent des routes, des ponts et des palais, mais des hommes qui, sans souci des luttes politiques, se préoccupent du bien être de tous leurs frères ; ce qu'il nous faut, ce ne sont pas des compagnies ne songeant qu'à une concurrence criminelle, mais des hommes qui aient un peu plus de souci de ceux qui réclament leurs services ; ce qu'il nous faut, ce ne sont pas seulement de grands savants experts dans l'art de détruire, dans l'art de faire fondre de nouveaux canons pour les cuirassés et des obus nouveaux pour les vaisseaux aériens ; ce qu'il nous faut ce sont des maîtres en agriculture, qui nous apprennent à emprunter notre subsistance à la terre, de manière telle que le plus pauvre ne soit plus, pour se nourrir et se vêtir, à la merci de quelques spéculateurs sans scrupule ; ce qu'il nous faut, ce ne sont pas des médecins aveugles et des chirurgiens à sang-froid, mais des *clairvoyants* dont le diagnostic soit infaillible, qui voient ce que les yeux ordinaires ne peuvent voir, qui soignent avec amour et en connaissance de cause.

Voilà ce que l'humanité attend de la science et celle-ci ne réalisera nos désirs, que le jour où elle voudra bien renverser ses digues et descendre de sa tour d'ivoire pour s'engager sur de nouveaux chemins, que le jour où elle sera devenue assez sincère pour dire et crier aux retardataires peureux :

« Oui, essayons de suivre ces méthodes nouvelles dont les résultats sont paraît-il si merveilleux. Occultisme ou spiritualisme, peu importe ! les mots ne sont pas pour nous effrayer surtout si l'amour de nos semblables doit nous conduire réellement à des découvertes qui dépassent encore notre imagination. »

Dans le domaine religieux, ce qu'il nous faut, ce ne sont plus des prêtres rendus muets par les foudres des encycliques, mais des serviteurs du Christ, des représentants de Dieu sur terre, des apôtres de la vraie vie.

Où sont-ils les premiers d'entre les courageux, en science, en religion, en philosophie, où sont-ils ceux-là qui les premiers seront les promoteurs d'un vaste concile où seraient débattus et résolus les grands problèmes qui rendent l'humanité inquiète des lendemains, tandis qu'elle souffre dans le présent ?

Voilà ce que nous attendons tous ! Lequel d'entre nous se lèvera le premier pour donner l'éclatant signal ? Quels sont ceux d'entre nous qui répondront à ce signal lorsque, d'un bout de la terre à l'autre, il se fera entendre. Nous y répondrons tous et tous nous nous y préparons d'ores et déjà, parce que nous sommes *tous* autre chose qu'un cerveau, parce que nous avons tous en nous autre chose qu'un peu de raison ou d'intellectualisme, parce que nous avons tous un cœur prêt à aimer, à soulager, à se sacrifier pour son bonheur propre en même temps que pour le bonheur de tous les êtres.

En tout homme existe un univers, en tout être les deux grands pôles esprit-matière subsistent ; et le temps est venu aujourd'hui où celui qu'on avait le plus ignoré nous éclaire du fond de notre cœur ; la raison suivra avec la promesse de nouveaux progrès, de nouvelles connaissances, car elle verra sa sphère d'activité devenir toujours plus vaste.

Mais, encore une fois qui donnera le signal, et d'où partira-t-il ?

Cherchez ! Regardez autour de vous, lisez les vies d'Alcyone et vous ne sauriez tarder à trouver. Quand vous aurez trouvé, quand votre cœur aura tressailli devant l'éclatante lumière dont « l'étoile d'Orient » embrasse déjà tout l'horizon, alors, vous irez, partout, dire à ceux dont les yeux ne sont pas encore dessillés :

« Venez ! accourez ! laissez là vos manteaux de préjugés,

laissez là vos arguments, venez seulement voir se lever sur votre ciel le plus bel astre de votre monde. Venez tous ! Vous qui depuis des siècles cherchez la joie de vivre sans avoir rien trouvé que le découragement, suivez-nous ! Votre science, vos superstitions, vos arguments, tout cela vous a-t-il procuré la paix du cœur ? Ne souffrez-vous pas dans vos affections ? N'aimez-vous personne et ne tressaillez-vous pas à la seule pensée de vous séparer de ceux que vous aimez et qui vous aiment ? Vous faut-il encore assister au naufrage d'un géant des mers (1) pour réveiller en vous le sentiment de votre divinité, pour éveiller en vous la compassion devant la douleur pour vous prouver que votre fol orgueil n'est pas encore pleinement justifié ? Venez ! venez à la rencontre du Sauveur qui vous apporte la vie, du Sauveur dont la seule présence chassera en nous la crainte de la mort ; venez ! En chemin, vous verrez aussi tous ceux qui le précèdent sur le sentier suivi par Alcyone ; c'est en un point de ce sentier que déjà Ils se rassemblent tous autour du Sauveur dont les premières paroles seront le signal d'une ère nouvelle où la justice règnera. »

Voilà ce que diront à tous et en tous lieux, ceux qui voudront être des semeurs de joie sur terre !

---

(1) *Le Titanic* venait de sombrer au moment où nous donnions de vive-voix, en conférence, le présent chapitre.

SECTION V

Questions et Réponses

Questions et Réponses

CHAPITRE Ier

PREMIÈRE QUESTION

Nous croyons bien faire de reproduire les questions qui nous ont été posées en y joignant les réponses que nous avons faites.

QUESTION. — *Vous avez dit en parlant des serviteurs qu'ils se réincarnaient la plupart du temps avec les mêmes maîtres et qu'ils évoluaient en même temps qu'eux. Autrefois peut-être, mais dans nos temps démocratiques, ne voit-on pas souvent les serviteurs plus évolués que ceux-là même qu'ils servent ?*

2° D'après l'étude des vies d'Alcyone, il apparaît que naître dans les classes aisées est bien une récompense. C'est compréhensible, mais l'idéal théosophique religieux est le renoncement ; la théosophie paraissant exalter la richesse et le bien-être, il y a là une anomalie choquante. Comment concilier ces deux contraires ? Pourquoi toujours considérer les riches comme des êtres supérieurs ? N'y a-t-il pas des âmes basses dans toutes les classes de la société ? De même, dans l'introduction à ces vies, Madame Besant et M. Leadbeater nous disent que les Egos supérieurs se réincarnent toujours ou presque, dans les classes cultivées. Or, l'étude de la vie de la plupart des grands hommes de l'histoire dément cette assertion. Beaucoup naquirent pauvres.

Avant de répondre à cette question, je crois devoir attirer l'attention des étudiants sur la différence qu'il importe d'établir entre ce que disent les théosophes, d'une part, et ce que dit la théosophie d'autre part. D'interprétations en interprétations et sans aucune mauvaise pensée, des étudiants sont parfois, à leur insu, amenés à des conclusions qui leur sont personnelles et qu'ils attribuent à tel ou tel point de doctrine. Nous devons y faire d'autant plus attention que nous avons un exemple du fait avec les chrétiens : le christianisme dans son originelle pureté est admirable, mais certains chrétiens l'ont si bien corrigé, raturé, transformé, que si l'on juge du christianisme d'après les œuvres des chrétiens, on risque de se tromper gravement.

Il ne faut pas faire de même en théosophie.

Il est possible que des théosophes exaltent la richesse et le bien-être ; la théosophie se fait de la richesse une toute autre idée que l'auteur de la question semble avoir ; il suffit de lire l'*Avenir Imminent : Problèmes sociologiques · Sacrifice ou révolution*. Il suffit aussi de lire la vie de H. P. Blavatsky. M. C. W. Leadbeater est d'un désintéressement tel qu'il ne retient de ses droits d'auteurs que juste le nécessaire ; tout le reste passe en dons. Je connais aussi, à Paris, des théosophes riches sans lesquels nous ne serions peut-être pas dans cette salle, sans lesquels nous n'aurions pas non plus les livres qui paraissent actuellement toujours plus nombreux, etc... Ils continuent une œuvre dont les moins fortunés sont les premiers à profiter, et je passe sous silence bien des choses que la majorité ignore.

Il y a peut-être une anomalie choquante entre l'esprit de renoncement et l'exaltation de la richesse, mais je crains fort de ne la voir exister que dans l'esprit de certaines personnalités et non pas dans la théosophie. Ceux qui, par contre, exaltent le renoncement et se plaignent de ce que certains théosophes exaltent, eux, la richesse, ne font guère preuve de renoncement ; autrement ils commenceraient par ne pas tomber dans l'erreur de ceux qui expriment leur mécontentement en en rendant la théosophie responsable.

Mais reprenons la question dès son début.

D'après les vies d'Alcyone, il apparaît, dit l'auteur de la question, que naître dans les classes élevées est bien une récompense.

Lorsqu'on se place au point de vue théosophique, il n'y a ni récompense ni châtiment ; M. C. W. Leadbeater (*Occultisme dans la Nature* Vol. II) nous dit en effet :

> Quand un homme mène une vie particulièrement bonne, il ne s'ensuit pas qu'il sera riche ou puissant, qu'il jouira même d'un bien-être relatif ; il peut se faire qu'il n'ait simplement que des occasions de travail beaucoup plus grandes.
> La doctrine du Karma met en évidence que le progrès et le bien être sont les résultats du bien accompli ; mais aucune erreur ne doit subsister quant à la signification des termes « bien accompli » et « bien-être ». Le plan divin a pour but, en ce qui concerne les hommes, l'évolution de l'humanité ; par conséquent l'homme qui fait le plus de bien est celui qui fait le plus pour aider à hâter l'évolution d'autrui en même temps que la sienne. Un tel être, qui emploierait dans ce sens toutes ses forces, qui profiterait de toutes les occasions qui lui sont offertes pour cela, se verra certainement, dans une vie ultérieure, en possession de pou

voirs plus grands et en présence d'occasions meilleures encore. Il n'est pas invraisemblable de supposer qu'à ces pouvoirs et à ces occasions s'ajouteront la richesse et une notoriété incontestable, car richesse et notoriété offrent généralement les occasions requises ; pourtant ces deux choses ne font pas nécessairement partie du Karma. Il importe donc de ne pas oublier qu'une vie utile a toujours pour résultat : une occasion nouvelle qui permettra de se rendre plus utile encore et il se faut bien garder de prendre les à-côtés de cette occasion pour la récompense du travail accompli dans l'incarnation antérieure.

Somme toute, nous en revenons à l'axiome formulé par Mme Besant dans « *Les Lois fondamentales de la Théosophie* » :

Le bonheur ou la misère que vous aurez en partage dépendent du bonheur et de la misère que vous aurez donnés à autrui.

Il n'y a donc ni châtiment ni récompense, mais *résultat*.

Or, le fait de naître dans une classe aisée, n'est nullement en contradiction avec l'idéal théosophique, avec le renoncement, car il n'y aurait pas de renoncement possible si nous n'avions rien à quoi nous puissions renoncer. Le renoncement est compris dans son sens le plus étroit lorsqu'on en fait une question de *privation exclusivement physique* alors qu'on ne songe pas à son côté moral et intellectuel. Si vous appliquez le renoncement à la richesse, c'est-à-dire au côté physique, il faut aussi l'appliquer à ses côtés moraux et intellectuels, et dire : je dois renoncer à être bon et intelligent parce que c'est égoïste. Ce raisonnement est absurde et, comme tout se tient, il n'est pas plus raisonnable de se dire « Je vais renoncer au bien-être parce que c'est égoïste ». A ce compte là nous irions loin et jusqu'au mépris même des simples règles d'hygiène.

L'idéal théosophique est autrement élevé car il dit : « Sois vertueux pour le bien d'autrui ; instruis-toi pour instruire, sois riche pour aider. » Voilà le vrai renoncement ; il consiste à canaliser les forces de bien pour les répandre sagement au dehors. C'est pourquoi l'axiome occulte, d'après lequel on ne reçoit que proportionnellement à ce qu'on donne, est profondément juste ; il signifie en effet que, plus nous nous efforcerons d'emmagasiner les forces du bien pour les répandre, plus notre capacité d'emmagasinage augmentera Cela se conçoit d'ailleurs : si vous considérez l'homme comme un canal pour ces forces, ce canal demeurera obstrué si l'homme se résout à tout garder pour lui ; un canal ainsi obstrué ne peut plus rien recevoir, ou il se brise.

Je passe au point suivant de la question.

Pourquoi toujours considérer les riches comme des êtres supérieurs ? N'y a-t-il pas des âmes basses dans toutes les classes de la société ?

Je ne sais si cette question s'adresse à la théosophie, ou à des théosophes, mais, personnellement, je me garderais bien de la poser à la théosophie qui, à ce point de vue, comme à tous les autres, ne mérite pas de semblables reproches. Je sais que la plupart d'entre nous ne disposent que de bien peu de temps pour l'étude des livres de nos instructeurs, aussi ne ferais-je pas un reproche à l'auteur de la question de ne s'être pas rappelé la page suivante des « *Lois Fondamentales de la Théosophie* ».

Le bonheur ou la misère que vous aurez en partage dépendent du bonheur et de la misère que vous aurez donnés à autrui.

Selon votre conduite envers les autres, une réaction égale à l'action produite réagira sur vous. Cette loi explique une classe des problèmes de la vie que j'ai dû passer sous silence dimanche dernier. Il arrive fréquemment qu'un homme jouissant du luxe ait un mauvais caractère, et vous vous dites : « Comment se fait-il que cette personne soit comblée de richesses alors qu'elle possède un caractère aussi égoïste et aussi peu agréable ? ». La vertu ne procure pas la richesse ; la récompense d'une vertu, ainsi que le dit si bien Tennyson dans l'une de ses poésies, se poursuit sans fin. Supposez qu'un homme fasse une action charitable, fasse don d'une forte somme d'argent, ainsi qu'on le fait généralement en Angleterre et en Amérique, où une personnalité fait souvent présent d'un parc tout entier à une municipalité ou d'une somme très élevée pour construire un hôpital ; ce n'est pas toujours parce qu'il s'intéresse aux pauvres gens, mais parce qu'il espère obtenir un titre : en Angleterre, celui de baron ou de comte, ici, dans l'Inde, celui de roi ou de khan Bahadur. Qu'a fait au juste un tel homme et quel sera le résultat de son action ? Un certain nombre de pauvres gens en ont joui ; le parc est bienvenu de quelques milliers de pauvres ; à l'hôpital, des milliers de malades sont soignés. Eh bien ! il en résulte que la récolte due à ces actes charitables se présentera sous forme d'un entourage physique offrant le confort, la richesse, le luxe ; un tel homme récolte ce qu'il a semé. De même que si l'on sème du riz, on récolte du riz, de même, si l'on sème le confort, on récolte le confort. Mais, me direz-vous, il n'a pas fait ces actions dans le but spécial de créer du bonheur, il a été guidé par un motif intéressé, pour un gain personnel ? Comment résoudre la question, comment son karma s'effectuera-t-il ?

Il s'effectuera dans le caractère. Dans sa prochaine incarnation, un tel homme sera égoïste, c'est-à-dire malheureux, en dépit du confort et du luxe dont il sera entouré. Cela paraît être un paradoxe que d'avoir le confort et le luxe et de posséder un caractère aussi peu enviable ; pourtant, la loi a été appliquée. La nature a payé le plaisir physique qu'il a procuré par un plaisir physique, et, pour le sentiment égoïste qu'il aura exprimé, il revient avec un caractère d'égoïste qui le rendra malheureux même au milieu de son luxe.

Là encore tout vrai théosophe n'envisage pas la richesse comme étant la garantie de la supériorité de l'égo qui la possède, ce que nous dit M. C. W. Leadbeater dans le passage cité plus haut.

Mais il est encore un autre point sur lequel je désire insister.

Si avancé que soit un homme sur le sentier de la Sagesse, aussi longtemps qu'il ne possède pas les pouvoirs de contrôle nécessaires, il ne peut, — et n'a pas le droit — de dire que tel ou tel égo est inférieur ou supérieur, car il ne juge cet égo que d'après les actes de sa présente existence, ce qui est loin de suffire, ainsi que l'on peut s'en convaincre en lisant les vies d'Alcyone. Prenez Alcyone au moment où il n'obéit qu'à la voix de sa nature inférieure et imaginez-vous ce que vous penseriez si vous assistiez aujourd'hui à la vie d'un semblable caractère. Notre jugement ne serait-il pas infirmé par la connaissance des vies antérieures. Je l'ai dit, et je le répète : nous ne pouvons juger d'après une vie seulement la grande majorité des hommes, les riches comme les pauvres, sauf pour le cas d'âmes vraiment beaucoup plus jeunes que nous et dont l'animalité est clairement évidente.

Je dois ajouter qu'il serait imprudent de dire que les égos supérieurs se rencontrent dans telle classe plutôt que dans une autre ; ils se trouvent partout et surgissent de plus en plus nombreux dans toutes les classes de la société, car il en est qui se réincarnent à dessein jusque chez les sauvages. Voici d'ailleurs un passage qui l'indique :

Chaque loi œuvre t... ... propres lignes avec les conséquences inévitables qui s'y rat......; rien n'est oublié, rien n'est pardonné ; et toutes ces mét... ...es par lesquelles le karma est mis en application expliquent les paradoxes apparents de la vie humaine

Mais, dira-t-on encore : « En supposant même que cela entre en ligne de compte pour expliquer les différences qui existent dans l'évolution humaine, l'enfant né de parents d'un type inférieur est-il invariablement lui-même d'un type inférieur ? D'autre part l'enfant hautement développé naît-il de parents d'un type supérieur ?

Non, cela n'est pas. Il y a deux raisons pour lesquelles il est possible qu'un Ego, une âme si vous préférez, plus ou moins développée, puisse naître d'un type comparativement inférieur. Un enfant de sauvage aura le type du sauvage, mais il y a des exceptions.

Vous vous rappelez sans doute un nègre bien connu, Booker Washington, un égo des plus remarquables, dont les facultés morales et intellectuelles étaient développées à un très haut degré ; doué d'une grande éloquence, il lutta pour son peuple en essayant de l'élever sur l'échelle sociale de l'humanité. Cet homme a été cité comme une preuve vivante que le nègre est susceptible de s'élever mentalement et moralement. Son égo, certes, n'était pas approprié à son corps de nègre, mais c'était un égo plein de compassion qui, bien que doué des plus hautes facultés, a voulu entrer délibérément dans un corps inférieur afin de relever une classe dégradée et méprisée.

De temps à autre, une grande âme s'incarne dans un corps inférieur, faisant ainsi le sacrifice d'elle-même afin d'élever les dégénérés, les encourager par son exemple, et les stimuler au progrès. Quelques-uns des plus grands saints de l'Inde méridionale sont nés dans la caste des Parlahs et sont vénérés partout comme des hommes d'une élévation si hautement morale et intellectuelle, que le Brahmane le plus orgueilleux est obligé de les reconnaître comme des saints, des dévots, bien qu'ils soient nés dans la plus basse classe des communautés méridionales de l'Inde. Ces âmes, nées dans une classe méprisée, s'y incarnent volontairement dans le but de l'élever, de lui donner des chances d'évoluer, pour démontrer que même les corps du type le plus inférieur ne peuvent amoindrir en aucune façon la puissance du Dieu qui réside en eux. Ces cas, cependant, ne sont que des exceptions. On voit aussi parfois dans les bouges de Londres, parmi la population dégradée, un être, — homme, femme ou enfant, — croître purement et saintement comme une fleur sans tache sur le bourbier qu'est la vie dans ce milieu. D'un autre côté, il arrive aussi que, dans une famille noble et de bonne moralité, naît ce que l'on appelle une « brebis galeuse », un être désespérant dont les parents ne peuvent rien faire et qui se voient dans l'obligation de l'envoyer dans les pays lointains où il devient, dans quelque ferme, bouvier ou berger. Ce sont là des cas qu'il nous faut admettre, et on peut les expliquer par la loi du Karma, d'après laquelle, dans des incarnations passées, des liens se sont formés réunissant entre eux les égos dans la vie actuelle. La « brebis galeuse » peut, dans une vie passée, avoir accompli une bonne action qui la liait à un égo d'un type supérieur, et elle revient avec ce dernier qui s'acquittera de la dette contractée envers lui par sa bonne et salutaire influence (1).

J'arrive enfin à la dernière partie de la question :

« *Mme Besant et M. Leadbeater nous disent que les égos supérieurs se réincarnent toujours, ou presque, dans les classes cultivées. Or, l'étude de la vie de la plupart des grands hommes de l'histoire dément cette assertion. Beaucoup naquirent pauvres.* »

L'auteur de la question confond ici *culture* avec *pauvreté*. Il y a des classes cultivées qui sont pauvres ; cela se voit dans les administrations, dans le fonctionnarisme, dans l'enseignement, l'industrie et surtout dans les arts.

Les auteurs, Mme Besant et M. Leadbeater, n'emploient pas le mot « *pauvre* » ni même celui « *d'aisé* », mais bien le terme : *cultivé*. Ils ne sont donc pas en contradiction avec les observations tirées de l'étude de la vie en ce sens qu'un égo destiné à devenir grand homme dans une incarnation donnée, naît toujours dans le milieu où il trouvera les occasions de devenir un grand homme — qu'il naisse dans une famille riche ou pauvre. — Il ne faut pas non plus confondre *milieu* avec *parents* ; les parents, la famille, ne sont qu'une partie du *milieu*. Si l'égo naît pauvre et qu'il soit appelé à devenir célèbre, son Karma lui réservera toujours la rencontre d'un ou plusieurs bienfaiteurs qui lui faciliteront l'occasion de s'instruire et de développer ses facultés.

---

(1) *Les Lois fondamentales de la Théosophie*, par Annie Besant.

CHAPITRE II

DEUXIÈME QUESTION

Sur l'Obéissance

On m'a reproché le peu que j'ai dit sur l'obéissance aveugle d'Alcyone envers les Egos supérieurs qui l'ont entouré, et l'on a dit ce qu'on dit toujours, en pareil cas, « qu'il est inutile d'abandonner le catholicisme et son pape si l'on est destiné à rencontrer semblable papisme dans le sein de la société théosophique. »

J'ai été mal compris ; il serait plus juste de dire que je me suis mal exprimé ou que j'ai négligé de m'étendre sur une question qui en vaut la peine. Je m'excuse ici une fois pour toutes des choses que je puis avoir négligées au cours de cette étude. L'auteur, ou le conférencier, quand il exprime une idée par le moyen de la parole ou par l'écriture a, de par devers lui, tout un fonds de pensée que l'auditeur ou le lecteur ne devine pas. C'est ce fonds de pensées que je vais tenter de vous exposer ici pour le cas en discussion.

J'avouerai tout d'abord que je m'étonne toujours de voir cette question de l'obéissance répugner à une grande majorité. Je m'en étonne pour cette raison que toute notre vie ne se passe qu'à obéir. L'enfant obéit à ses parents, à ses maîtres ; l'homme obéit aux lois de son pays (ou on l'y force), le fonctionnaire obéit à ses supérieurs, l'employé à son directeur ; les rapports matrimoniaux sont faits pour ainsi dire d'obéissance mutuelle, le soldat obéit à ses officiers et ceux-ci à leurs chefs. Mais tout cela est chose si habituelle, si courante, qu'elle passe presque inaperçue et qu'on l'oublie. Je ne connais guère que les marins chez qui l'esprit d'obéissance et de hiérarchie soit demeuré vraiment conscient et c'est par là surtout que ces marins se caractérisent.

Mais prenons l'homme lui-même, en l'isolant de ses semblables, en le considérant par rapport aux facultés qu'il possède. Il obéit toujours à quelque chose, soit à sa nature inférieure, soit à sa nature supérieure, soit à ses désirs, soit à ses pensées, soit à sa volonté. Le moindre de nos gestes est un acte d'obéissance, de la part du corps, à l'esprit qui l'habite.

Je n'ignore pas qu'il s'introduit un élément qui a sa valeur lorsqu'on parle d'obéissance, surtout d'obéissance *aveugle* ; cet élément résulte d'une friction de volontés quand l'une se cabre dans la certitude où elle est que l'autre veut lui imposer un mode de penser qui n'est pas le sien.

Nous touchons là au dogme qui n'a rien à voir avec ce que j'entends par obéissance aveugle, car il ne s'agit pas le moins du monde de croyance aveugle dans le sens où on le comprend généralement.

Dans la S. T. nul n'est obligé à croire, nul n'est prié d'obéir (pourtant, tout membre est tenu de respecter les statuts de la S. T.) mais ce point de vue est uniquement d'ordre administratif. Par contre, au point de vue intellectuel, tout membre est libre d'accepter ou de refuser tel ou tel enseignement. Nous lui disons seulement : « Voici l'énoncé des lois naturelles que nous connaissons pour les avoir contrôlées et expérimentées, libre à vous de vous y plier ou non. » Le professeur de physique dit à ses élèves que le feu brûle, libre aux élèves d'enfreindre ou non cette loi.

La théosophie va pourtant plus loin encore, car elle enseigne les moyens de marcher avec la loi ; elle apprend comment on peut pénétrer les secrets encore cachés de la nature et elle nous informe que l'évolution se poursuit selon certaines directions. Nous pouvons nous en écarter si nous le désirons, mais nous n'évoluerons pas. On nous dit en physique que le gaz étant plus léger que l'air nous pouvons nous élever dans l'atmosphère en captant le gaz dans une enveloppe spécialement préparée à cet usage. Mais personne ne nous oblige à remplir l'aérostat d'hydrogène ; nous pouvons le gonfler d'air froid, mais nous ne monterons pas.

Si nous voulons nous élever, si nous désirons évoluer, il nous faut donc nous plier à certaines lois, leur obéir *aveuglément*, c'est-à-dire avec la certitude que la loi est la loi, qu'elle ne change pas, qu'elle est immuable comme le sont toutes les lois naturelles.

La théosophie nous affirme que l'évolution de l'homme ne peut se poursuivre que si l'homme cesse d'obéir à sa nature inférieure pour obéir à sa nature supérieure, à tout ce qu'il a en lui de meilleur, au dieu qu'il cache. Il faut sans doute, pour certains, bien des vies avant d'en arriver à admettre cette condition, mais l'expérience se charge de nous y amener. Quand nous aurons appris, à nos dépens, que toutes les voies suivies dans le passé sont mauvaises, nous finirons bien par nous engager sur la bonne, dans cette vie ou dans une autre. Et l'homme suit alors sa voie, la vraie voie, celle de la sagesse ; il reste sourd aux appels de ceux qui cherchent à l'entraîner dans les autres sentiers, parce qu'il connaît ces sentiers pour les avoir parcourus. Il a le sens de l'orientation, il connaît la loi et s'y soumet.

Ce faisant, il développe en lui les pouvoirs spirituels sublimes d'un disciple, ou ceux d'un néophyte. Quand il a ces pouvoirs, il les reconnaît chez les autres, il sait discerner le vrai du faux, il sait admirer et retrouver chez ceux qui l'entourent les qualités, les pouvoirs, qu'il commence à développer en lui et, lorsqu'il se voit en présence de ceux qui possèdent ces qualités à un plus haut degré que lui-même, il est attiré vers ces Etres, comme les fleurs vers la lumière ; il les admire, les aime, cherche leur enseignement et, du jour où il est admis à leur école, il leur *obéit aveuglément*. C'est cette obéissance qui caractérise le *vrai disciple* car elle prouve que le disciple a développé en lui des qualités semblables à celles de son maître. Quand il désobéit, c'est qu'il y avait encore une lacune à combler.

Un Maître est l'agent conscient de certaines lois naturelles; ce n'est pas pour Lui qu'il demande l'obéissance, c'est par amour envers celui qui lui demande aide et protection car, si le disciple désobéit le Maître sait que la loi frappera. Est-ce pour vous-mêmes que vous recommandez à vos enfants de ne pas jouer avec le feu ? Non ! c'est pour eux, pour ne pas qu'ils soient la proie d'un accident inévitable s'ils vous désobéissent.

Ne craignez donc rien ! L'obéissance n'est demandée à nul d'entre nous ; si, plus tard, quand vous serez prêts, un initié vous la demande, vous serez libres de refuser et je vous engage même à n'accepter l'obéissance qu'avec joie si jamais le disciple d'un Maître vous le demandait. Il n'y a que ceux qui obéissent avec joie qui servent utilement leur Maître ; et n'oubliez jamais que le jour où vous demanderez à obéir, vous ne serez entendus qu'à la condition de vous y être préparés et, quand vous y serez préparés, l'obéissance ne sera plus une contrainte, elle sera pour vous une joie aussi grande que celle des chrétiens quand ils suivaient le Christ.

Un acte d'obéissance qui ne se traduit pas en joie est toujours néfaste ; c'est pourquoi je vous conseille même de ne jamais vous engager à la légère, de ne vous engager que lorsque vous sentirez que la vérité est bien vivante en vous, que ses flammes brûlent très haut.

Si vous n'y prenez garde, vous risquez de vous laisser entraîner sur la voie de gauche par des individus très intelligents, très forts, mais dont les facultés intellectuelles sont simplement employées à vous détourner de la voie droite en vous promettant l'obtention de toutes sortes de secrets et pouvoirs qui, pour vous, se traduiront par la perte de votre divinité.

Retenez bien ce fait, j'y insiste tout particulièrement : quand l'obéissance vous sera demandée par des personnes qui vous promettent la satisfaction de vos désirs égoïstes, soyez certains que le fruit qu'on vous offre à cueillir empoisonnera toute votre vie.

Au contraire, l'obéissance ne vous sera demandée que le jour où elle sera devenue pour vous une joie, que le jour où vous ne demanderez rien pour vous, mais où vous ne demanderez qu'à vous vouer au service de l'humanité, au service du Christ qui n'est Christ que pour le bien des hommes.

CHAPITRE III

TROISIÈME QUESTION

QUESTION. — *Prière de bien vouloir me donner l'explication de ces mots : « égo ou caractère indépendant » que vous avez prononcés au cours d'une de vos conférences et dont le sens m'échappe et de me démontrer par quelques exemples comment cet égo est instrument du mauvais karma.*

Il est certain, ainsi que nous le fit justement remarquer l'une de nos auditrices, que le mot : *indépendant* signifie, dans quelques milieux, une *entière liberté d'action*. Mais, d'autre part, le *substantif : indépendant* définit celui qui aime à ne dépendre de personne, qui ne se laisse pas dominer par la volonté d'autrui. (V. *le dictionnaire de Littré*).

Or, j'entends par « égo au caractère indépendant » tout être qui se place hors la Loi divine, soit par ignorance, soit sciemment. Pour répondre d'une manière satisfaisante à la question, il faut en revenir au libre-arbitre.

En théosophie, on ne saurait traiter le sujet se rapportant au libre-arbitre sans y adjoindre tout ce qui touche à la Loi d'Evolution, car c'est de cette Loi que dépendront nos conclusions.

En effet, s'il n'y a pas de Loi d'évolution, s'il n'existe pas dans l'univers un facteur coordinateur, une volonté, un dirigeant, un architecte qui conçoit, un constructeur qui édifie, si, en un mot, le néant est à la base de tout ce qui est, nous pouvons d'ores et déjà abandonner toute discussion étant donné que je ne puis absolument pas concevoir quoi que ce soit d'existant comme étant issu du néant.

D'autre part, si j'admets pour un instant qu'il y ait un créateur, un dirigeant, source de toutes choses, et si je suppose qu'il abandonne au hasard le sort des créatures auxquelles il a donné naissance en ce cas, l'homme serait alors *entièrement libre, absolument indépendant*. Pas plus que la première, je ne puis comprendre cette seconde conception attendu qu'elle impliquerait, de la part d'un tel Créateur, une injustice flagrante ; il voue effectivement ses créatures au mal comme au bien, à la souffrance comme à la joie, indistinctement. Il n'y a alors aucune évolution possible car, dès l'instant où, dans un univers comme dans une nation, règne l'injustice, l'anarchie et le mal sont vainqueurs, c'est le chaos, et le mal peut l'emporter sur le bien. Si vous posez le mal comme base, la possibilité même du bien disparaît ; rien ne peut sortir du néant disions-nous tout à l'heure ; nous dirons maintenant que le bien ne peut avoir le mal pour source.

En un mot, admettre l'existence d'un créateur vouant ses progénitures aux hasards de l'existence, les créant entièrement libres et absolument indépendantes de lui-même, c'est admettre en même temps, pour les hommes, une inégalité inexplicable et injustifiable.

Or, une question se pose.

Dès lors que nous avons été créés *libres*, nous devrions être libres d'échapper à la souffrance ; nous devrions pouvoir être, dès le début, maîtres de toutes choses. Puisque nous ne pouvons agir de la sorte, c'est que nous ne sommes pas libres ; il nous faut en effet compter avec le temps et l'espace, avec les lois de notre univers, avec celles mêmes qui régissent nos rapports avec notre pays, avec nos frères en humanité, etc.

Nous ne sommes donc pas nés *libres*, et n'être pas libre c'est dépendre de quelque chose ou de quelqu'un.

Puisque nous naissons dans l'ignorance, nous ne pouvons avoir voulu nous-mêmes cette limitation de notre liberté ; dans notre ignorance du début, nous ne pouvions pas même faire une distinction entre liberté et dépendance. Comme pour un petit enfant vis-à-vis de ses parents, il a fallu que quelqu'un voulût pour nous, nous guidât, nous conduisît pas à pas à une ignorance moins grande. Si nous avions été abandonnés à nous-mêmes il n'y aurait pas eu évolution, il n'y aurait eu aucun progrès, ni religion, ni science, ni philosophie, ni arts.

Aujourd'hui que nous avons accompli tous ces progrès, que notre ignorance est moins grande qu'autrefois, nous nous apercevons que nous ne sommes pas des êtres *libres*, que nous passons tous par les portes de la naissance et de la mort en traversant des épreuves que nous voudrions pouvoir éviter.

C'est précisément cette limitation dans notre liberté qui nous garantit une évolution toujours plus grande.

Quels progrès la science pourrait-elle réaliser si elle ne dépendait pas des lois naturelles qui servent de bases aux études qu'elle poursuit. C'est l'existence de ces lois qui garantit ses progrès ; plus encore, c'est surtout l'invariabilité de ces lois qui lui assurent son évolution et, dans ce domaine elle ne peut rien changer ; elle n'est donc pas libre.

Il en est de même pour l'humanité dont le succès est assuré par les lois de l'univers dont elle est partie intégrante. Ce sont ces lois qui limitent l'homme dans sa liberté jusqu'au moment où celui-ci en connaît le fonctionnement, jusqu'au moment où il devient la loi elle-même ; même alors il est encore limité car il y a d'autres lois plus hautes dont il dépend.

Vous ne pouvez donc pas séparer ces trois choses les unes des autres : Lois, Evolution, Liberté.
invariables déterminées, et l'existence de lois invariables
L'évolution n'est possible que grâce à l'existence de lois déterminées implique inévitablement une limitation dans la liberté des êtres qui vivent sous la dépendance de ces lois.

Vous ne pouvez retirer un terme de cette trinité : Lois, Evolution, Liberté, sans retomber dans le néant. Sans lois, pas d'évolution, la Liberté devient impossible car il lui faut, pour s'exercer, l'appui de lois déterminées.

Le fait que nous ne sommes pas entièrement libres n'implique nullement que nous ne jouirons *jamais* de cette entière liberté si désirée. Nous sommes d'ailleurs absolument libres, dans notre propre sphère d'activité, d'agir dans tel ou tel sens qui nous convient. Les lois ne nous enserrent pas en effet comme une camisole de force mais nous sommes libres dans une limite donnée.

C'est-à-dire qu'un ensemble de lois, désigné sous le nom de Loi d'Evolution nous pousse vers le progrès, vers l'obtention d'une liberté toujours plus grande. L'individu qui se trouve dans le courant peut aller dans telle ou telle direction qui lui plaira, mais il ne peut dépasser A. B. C. D. C'est là ce qu'en théosophie, nous appelons *libre-arbitre*. (Fig. 5).

L'individu O qui se dirige ainsi vers telle ou telle direction qui paraît devoir lui mieux convenir, est à mon sens, un égo indépendant, comparativement à O' qui, lui, œuvre avec la Loi et dans le sens de la Loi. O' limite temporairement son

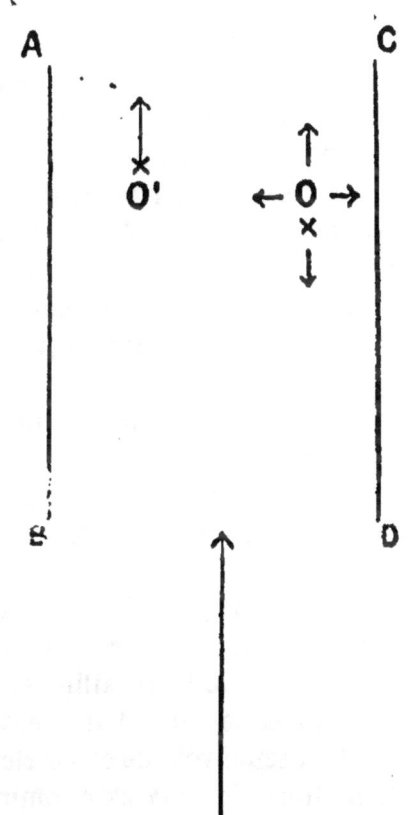

libre-arbitre pour l'obtention prochaine d'une liberté parfaite, relative, bien entendu, comparativement à cette liberté dont jouit par exemple le Logos d'un système solaire. Ce Logos, pour qui ni le temps ni l'espace n'existent dans les limites de son propre système, dépend cependant d'un Logos plus haut encore.

Pour l'homme, la liberté entière et relativement parfaite

qu'il peut atteindre, est celle même qui consiste à être le maître de ses corps, de ses émotions, de ses pensées ; c'est cette liberté qui détache l'homme de la roue des renaissances.

Pour passer à la seconde partie de la question, nous voyons maintenant qu'un point se dégage nettement de tout ce que nous venons d'exposer, à savoir que : O' étant définitivement engagé dans la voie qui conduit l'homme à ses plus hauts sommets, c'est-à-dire vers le bien, ne saurait, consciemment, se faire l'instrument d'une souffrance pour autrui. La voie qu'il poursuit étant aussi celle de sa vie, de l'Amour, il ne peut être l'instrument d'un mauvais karma ; il n'existe plus que pour aimer, pour servir, et non pour entraver ou faire souffrir. Quand la souffrance se présente à ses yeux il cherche un remède qui la diminuera et non ce par quoi il pourrait l'augmenter. Plus il avance dans cette voie, plus il devient un terrain stérile pour les germes du mal que O sème. O qui ignore la Loi, ou qui veut l'ignorer, ce qui revient au même, peut devenir, pour O', un instrument de mauvais Karma. S'il reste à O' quelques dettes à liquider, quelques épreuves à traverser, lorsqu'il ne s'agit pas d'un Karma qui lie un individu à un autre, il importe peu que ce soit X ou Y qui devienne alors la cause de l'épreuve douloureuse à subir. O est un indépendant qui se place hors la loi divine d'évolution, il est jaloux, haineux, vindicatif, il n'admet pas que pour s'élever à la hauteur de O' il faille obéir à la Loi ou à ceux qui représentent cette Loi. Il ne veut obéir qu'à ses propres désirs, qu'à sa seule volonté et s'écrie, dans son ignorance : « Je suis né libre, je veux agir comme il me plaît et nul ne saurait m'en empêcher. » Un tel être ne deviendra susceptible de réels progrès que le jour où il s'apercevra qu'il n'est pas si libre qu'il croit l'être ; il s'en apercevra par la souffrance que ses fautes lui attireront ; il verra qu'il ne faut pas jouer avec le feu parce que le feu brûle. Et de même que le feu ne brûle pas pour punir, la loi d'évolution ne fait pas souffrir pour châtier. Il n'y a pas châtiment, il y a simplement réaction ; telle cause produit tel effet.

Nous trouvons dans les vies d'Alcyone, des exemples de

ces caractères indépendants en Scorpion, Alastor, Pollux, Procyon, etc...

Il n'est pas même besoin d'étudier les vies d'Alcyone pour se convaincre qu'il y a autour de nous des caractères indépendants qui n'obéissent qu'à leurs désirs égoïstes, des caractères neutres, et aussi des caractères qui recherchent ceux qui peuvent les guider. Il y a enfin les guides ! Toujours, partout, de tout temps, si nous les cherchons, nous trouverons des êtres qui nous sont réellement supérieurs en intelligence, en amour, en sagesse, en puissance. Nous ne sommes pas obligés de les suivre, nous sommes libres de mépriser leurs conseils ; mais un jour viendra où nous serons tout de même heureux de les retrouver quand nous viendrons, humbles et repentants, leur dire : « C'est vrai ! Je ne suis rien, je ne sais rien, j'ai mal fait ; Maître daigne m'aider à devenir semblable à Toi ! guide-moi, instruis-moi, ouvre-moi les yeux : j'ai confiance en toi et j'obéirai, car tu as toujours été un exemple vivant de tout ce qu'il y a de bien, de beau et de grand. »

Et le Maître répondra :

— « Je t'attendais, mon fils ; je t'ai toujours attendu ! »

SECTION VI

Les Prédictions

Des Prédictions

I⁰ VIE

Sourya fait allusion au nom que choisira Alcyone lors de son admission dans la Shanga, 28 incarnations plus tard, vie au cours de laquelle il devait rencontrer le Seigneur Bouddha.

II⁰ VIE

Par l'astrologie, il est prédit à Alcyone qu'elle donnerait naissance à un enfant remarquable par ses facultés et sa sainteté ; ce qui a lieu effectivement.

III⁰ VIE

Mars, roi, charge les astrologues de sa Cour de calculer les détails des rapports qui unissaient Alcyone et Sirius à lui. Les astrologues lui firent savoir que tous deux avaient collaboré plus d'une fois avec lui, dans le passé, et que tous deux étaient destinés à collaborer avec lui à une œuvre importante, dans un lointain avenir, lorsque près de 25.000 années se seraient écoulées. (Voir Commencement de la VI⁰ race par C. W. Leadbeater).

IV⁰ VIE

Mars dit à Alcyone qu'il ne le servira plus désormais ainsi qu'Alcyone le croit, car, dit-il : Lorsque vous rentrerez chez vous, vous constaterez que vous avez subi une grande perte, à la suite de laquelle vous ne combattrez plus pour moi durant cette vie, et la prochaine fois que vous visiterez cette ville, vous serez revêtu de la robe d'un saint homme, celle d'un pélerin. »

— Que la volonté du Roi s'accomplisse, dit Alcyone, mais, mort ou vif, je serai toujours à son service.

— Il est vrai que vous me servirez, répondit Mars, non seulement cette fois, mais souvent encore au cours des kalpas futurs ; cependant, votre service le plus signalé ne sera pas de combattre mes ennemis, mais de m'aider à fonder, dans l'avenir, un royaume qui durera des milliers d'années et les résultats qui seront dus à vos efforts, dans ce royaume futur, ne s'effaceront jamais. »

Lorsqu'Alcyone arriva chez lui, il constata que la prédiction du Roi s'était accomplie. La perte prédite par Mars est celle de sa mère Mercure. Peu après, il entreprend une série de pélerinages et devient ermite.

Le prêtre Lyra, messager du Mahagourou (plus tard Lao-Tseu) prononce sur Alcyone de remarquables paroles de bénédiction en lui prédisant, dans un avenir lointain, une vaste sphère d'influence où Alcyone se montrera utile.

VI° VIE

On lui annonça en outre (*à Mars*) que lui-même, dans des existences futures, jouerait un rôle considérable dans la direction de ces migrations et, qu'à titre de récompense pour la lourde tâche qu'ils auraient accomplie, sa femme Mercure, et lui, jouiraient dans l'avenir du privilège d'accomplir une tâche plus importante encore. Tâche analogue à celle accomplie par le Manou lui-même. La prophétie faisait aussi allusion à ses fils Hercule et Alcyone, et mentionnait *catégoriquement* qu'une tâche de nature similaire leur était réservée dans un avenir plus lointain encore.

IX° VIE

Sourya lui donna (*à Alcyone*) sa bénédiction en lui disant :

« Vous avez sagement choisi, comme je savais que vous le feriez, j'ai beaucoup prié pour vous et, la nuit dernière, pendant que je priais, le passé et le futur apparurent à mes yeux et je sais ce qui a été et ce qui sera. De même que vous avez sauvé aujourd'hui une autre existence au péril de la vôtre, de même, il y a bien longtemps (v. Vie II) vous avez aussi sauvé ma vie en lui sacrifiant la vôtre ; dans l'avenir, il vous sera encore une fois loisible de donner votre vie pour moi, si vous le voulez, et par ce sacrifice tous les royaumes du monde seront bénis...

P. p. 99-100. — Sourya dit à Alcyone :

« Je suis maintenant sur le seuil d'un autre monde

et mes yeux peuvent percer le voile qui le sépare de celui-ci, je vous préviens que l'avenir vous réserve beaucoup de tribulations, car tout ce qu'il y a de mauvais dans votre passé doit s'abattre sur vous sans délai, afin que vous puissiez expier et devenir libre. Dans votre prochaine existence, vous paierez une partie de votre dette par une mort violente, après quoi vous retournerez dans un milieu sombre et mauvais ; cependant, si, en dépit de ce milieu, vous pouvez voir la lumière et déchirer le voile qui vous la cache, votre récompense sera grande. Vous *marcherez sur mes traces* et vous tomberez aux pieds de celui auquel je voue moi-même un culte. Oui, elle aussi, dit-il en se tournant vers Sirius (*femme d'Alcyone*) elle aussi me suivra et votre père (*Mercure*) vous conduira, car vous appartiendrez tous à une même grande race, — la race de ceux qui aident le monde. J'entre maintenant dans ce que les hommes appellent la mort, mais, bien que je paraisse vous quitter, je ne vous quitte réellement pas, car ni la mort ni la naissance ne peuvent séparer les membres de cette Race, — la Race de ceux qui prononcent le vœu qui ne peut jamais être rompu. Rassemblez donc votre courage pour faire face à l'orage, car le Soleil brillera après l'orage — le Soleil qui ne se couche jamais. »

X° VIE

P. 113. Sourya :

« Mes chères petites, dit-il (*à Alcyone et à Hercule*), le visage empreint d'une douceur solennelle, vous allez entreprendre un grand voyage. Vous serez mères d'hommes courageux et de belles femmes vous donneront aussi le nom de : « mère », votre race habitera longtemps le pays et vous y reviendrez maintes fois pour vous instruire et pour enseigner, mais cette vie est la première des vies d'expiation destinées à épuiser le vieux Karma et à réparer tous les torts. La mort vous atteindra toutes deux en même temps, d'une étrange et violente façon. A ce moment, appelez-moi, je viendrai à vous et la Lumière que vous venez de voir brillera alors dans les ténèbres. »

XIᵉ VIE

Mercure apparaît dans un rêve d'Alcyone et lui prédit qu'à l'avenir elle ferait de rapides progrès et se rendrait utile. Il déclare quelle avait une longue route à parcourir, puis il lui décrivit en termes élevés deux sentiers conduisant au progrès : le long et facile sentier qui s'enroule autour de la montagne, et le sentier plus court, mais aussi plus rude et plus escarpé, qui s'ouvre devant ceux qui consentent, par amour pour Dieu et pour les hommes, à se dévouer pour le bonheur de leurs frères. Il ajoute qu'elle serait libre, plus tard, de choisir ce dernier sentier si elle le voulait et que, si elle le choisissait, la tâche serait ardue, mais la récompense glorieuse, au-delà de toute expression.

Lors de la visite d'Alcyone à Mercure, celui-ci parla souvent d'un futur, encore très lointain, durant lequel Alcyone s'instruirait bien plus qu'elle ne pouvait le faire actuellement et transmettrait son savoir à d'autres pour le plus grand bien du monde. Il ajoute cependant que, pour cela, beaucoup de qualités qu'elle ne possédait pas encore étaient indispensables et qu'il lui fallait épuiser encore beaucoup de Karma ; en conséquence, elle devrait être prête à pratiquer l'oubli de soi-même et à se sacrifier complètement dans l'intérêt de l'humanité, mais qu'après avoir accompli cet effort, elle obtiendrait le triomphe et la paix.

Alcyone aurait voulu demeurer auprès de Mercure, mais l'instructeur lui déclara que telle n'était pas sa destinée, que lui-même n'avait plus que fort peu de temps à passer sur le plan physique, et que son devoir, à elle, l'appelait auprès de la famille qui l'avait secourue et sauvée.

XIIᵉ VIE

Alcyone est expulsé par le moine directeur d'un couvent qui, quelque temps après, rechercha Alcyone pour lui apprendre que son Instructeur, Mercure, lui avait déclaré qu'il avait eu tort de l'expulser, car ce n'était après tout que le résultat d'une faiblesse physique, tandis que l'ardent désir de s'instruire était une qualité de l'homme interne qui, dans un avenir très lointain, aurait une grande importance, non seulement pour eux seuls, mais encore pour l'aide à donner à beaucoup d'autres.

XIII° VIE

... Sirius et Mercure vinrent à elle (Alcyone) ensemble et lui dirent que : bien que son acte de vengeance fut admissible et même louable suivant les mœurs de l'époque, il existait un point de vue plus élevé suivant lequel toute vengeance était non seulement blâmable, mais encore présomptueuse, comme étant une immixtion dans les prérogatives divines de la Loi.

« Ma fille, dit Mercure, vous avez commis une erreur, bien que je comprenne fort bien les raisons qui vous ont poussée à la commettre. Votre excuse vous paraissait suffisante, mais aucune excuse ne peut transformer le mal en bien, ni justifier la violence, et l'acte que vous avez commis donnera naissance à beaucoup de souffrances dans l'avenir, tant pour vous que pour l'instrument dévoué auquel vous avez eu recours. Toutefois, par la souffrance, vous arriverez à la sagesse et, dans un lointain avenir, votre main guidera vers la lumière celui dont vous avez brusquement interrompu la vie de péché, et, dans ce lointain avenir, je vous aiderai et vous dirigerai tous deux comme je l'ai fait dans cette vie. »

XVI° VIE

Mercure, (p. 184), dit à Alcyone qu'il fallait se borner à employer en pleine conscience les pouvoirs dont il pouvait user, sans mettre son corps à la disposition d'une entité, quelle qu'elle fut ; qu'il avait une tâche importante à accomplir dans un lointain futur et que, pour s'en acquitter, il fallait qu'il fut à la fois très sentitif et pourtant absolument positif ; que les exercices auxquels il s'était livré avaient donc été nécessaires, mais que désormais, il en avait fait assez.

XVII° VIE

Une nuit, soit en rêve, soit dans une vision, il (Alcyone) n'en savait rien lui-même, il vit son père, Brihaspati, devant lui, dans le canot, qui lui recommanda de ne pas se décourager, car *toutes ses souffrances étaient karmiques et il serait certainement sauvé à la fin.*

Une voix prédit à Alcyone le jour exact de sa mort.

XX° VIE

Elle (Mercure) ne commit point l'erreur de le décourager (Alcyone) ou de le tourner en ridicule, mais admit de suite que son attitude était raisonnable et qu'elle partageait entièrement ses sentiments ; puis elle lui fit observer qu'il était né dans la classe rajah, non pas par hasard, mais comme conséquence de pensées et d'actions antérieures. En conséquence, elle était d'avis qu'il devait, si désagréable que cela fut pour lui, soutenir l'honneur de sa maison et remplir les devoirs que lui imposait sa situation, jusqu'au moment où les dieux jugeraient convenable de l'en délivrer, ce qui leur serait facile lorsqu'ils le voudraient. Elle ajouta qu'elle croyait et espérait qu'ils le feraient lorsque le moment serait venu.

XXIV° VIE

Un horoscope prédit qu'Alcyone serait mère d'un roi, mais qu'auparavant, elle aurait beaucoup à souffrir.

Hercule demande Hélios pour disciple en disant que celui-ci réussirait et promettait beaucoup pour l'avenir.

XXV° VIE

Sirius dit à Alcyone qu'il avait établi un horoscope, on procède à des calculs, au sujet de l'avenir lointain il dit que, s'étant sacrifiés au devoir de cette vie, ils se retrouveraient aux pieds de Mercure, après un laps de temps de près de six mille ans, après quoi ils ne se sépareraient plus jamais.

XXVII° VIE

Durant cette dernière vie, Sarthon (Mercure) qui traversait la ville pour retourner en Egypte, vint voir Alcyone, et, après lui avoir prodigué des consolations, il lui transmit un curieux renseignement qu'il tenait, disait-il, d'un Etre qui était bien plus puissant que lui dans les Mystères. Ce renseignement l'informait que, bien que sa condamnation semblât injuste, elle ne l'était pas en réalité, car sa mort n'avait pas pour cause le prétendu meurtre d'un vieillard (qui d'ailleurs vivait encore) mais bien d'autres actions commises dans un passé lointain ; qu'il devait acquitter gaiement et bravement ce solde d'une ancienne dette, ce qui débarrasserait sa route de bien des obstacles qui l'obstruaient, après quoi la voie menant à la Lumière Occulte s'ouvrirait devant lui. Et Sarthon ajouta :

« Je vous prendrai la main, moi à qui vous avez offert l'hospitalité, et je vous guiderai sur cette Voie, car cette tâche m'a été réservée par Celui auquel personne ne saurait désobéir. Ne craignez donc rien, car tout cela est bon, bien que cela paraisse mauvais, et ceux que vous aimez ne souffriront pas à cause de votre mort. »

..... La prédiction de Mercure se réalisa... La seconde partie de la prédiction se réalise aussi, car, à partir de l'incarnation à laquelle mit fin cette exécution imméritée, commencèrent les rapides progrès sur la Voie de la Lumière Occulte, progrès qui ont atteint leur point culminant dans la vie actuelle, par « l'entrée dans le courant » qui a fait d'Alcyone un membre de la Grande Fraternité Blanche, de cette grande Fraternité qui n'existe que pour aider le monde. Et Mercure le dirige toujours, pour tenir la promesse faite il y a des milliers d'années.

XXVIII° VIE

Larathustra dit à Alcyone que, dans une vision prophétique, il l'avait vu agir comme son collaborateur et prêchant sa doctrine.

⁂

Mercure apparaît à Alcyone au milieu d'une gloire radieuse et lui dit en termes empreints de l'amour le plus profond :

« En vérité, vos souffrances ont été profondes, non seulement cette fois-ci, mais bien d'autres fois encore, et il vous reste encore quelques souffrances à endurer, car celui qui avance avec rapidité doit payer cette rapidité, mais votre joie sera grande en proportion. Vous jouirez d'une béatitude qu'aucune langue ne saurait exprimer, car par votre entremise les nations du monde seront bénies. Cette vie de sacrifices est le point culminant de bien des sacrifices et, à cause de cela, dans votre prochaine incarnation, votre récompense commencera déjà et vous prononcerez le vœu qui ne peut jamais être violé. La Voie s'ouvre devant vous et ma main vous guidera sur cette Voie, et ma bénédiction sera sur vous, dans la vie comme dans la mort, (*Le Christ.*) »

XXIXe VIE

Alcyone dit au Bouddha :

« ... La vie n'a plus pour moi qu'un seul but, et, fallut-il pour cela mille incarnations, je fais vœu ici, à tes pieds, de ne jamais interrompre nos efforts avant de l'avoir atteint. Je fais vœu de te suivre, de me donner, comme Tu t'es donné Toi-même, pour aider le monde qui souffre. Tu m'as libéré du chagrin et Tu m'as donné la paix éternelle. Je veux amener aussi le monde à cette paix, et à cette tâche je consacrerai mes existences futures, jusqu'à ce que je devienne ce que Tu es maintenant. Sauveur du Monde ! »

Le seigneur Bouddha baissa la tête et répondit :

« Qu'il en soit comme vous l'avez dit. Moi, le Bouddha,

j'accepte ce vœu qui ne peut jamais être rompu, et, dans le lointain futur, il sera accompli. »

Le nom que choisit Alcyone lorsqu'il revêtit la robe jaune, fut celui de Maitribaladasa, qui signifie : « Le serviteur du pouvoir de bonté », et le Seigneur lui dit :

« Vous avez bien choisi ; ce nom est prophétique. »

En effet, Maitreya est le nom du Bodhisattwa qui succéda au Seigneur Bouddha.

SECTION VII

Tableaux Synthétiques

des Vies d'Alcyone

Les Vies d'Atalanta

TABLEAU

dressé par

M. C.-W. LEADBEATER

REPRODUCTION PHOTOGRAPHIQUE D'UN TABLEAU

dressé dernièrement par M. C.-W. LEADBEATER

Nous donnons ce tableau à titre de spécimen avec l'espoir d'avoir un jour la série complète.

N°	Date	Place	Sex	Father	Mother	Brothers	Sisters	Spouse	Sons	Daughters	Grandparents	Remarks
1	42.100	C. Asia	M	Campos	Ares		Lyra	Juno			Vega Helios Castor Rhea	
7	22.600	N. Amer.	F					Pallas	Eros Fortuna	Lomia Dolphin		
11	21.600	S. India	F	Aulus	Argus		Gemini Dolphin Vicinis Betelgeuse	Concordia			Mercury Ulysses	
13	20.500	-do-	M	Polaris	Beatrix	Proserpina Diana	Aux Viola	Draco	Lili		Alcestis Brunus Apollo Vulcan	
14	19.500	China	M	Iphigenia	Thales	Melpomene Glaucus Sappho	Regulus	Judaea			Daleth Mona Polaris Mizar	
18	18.200	N. Africa	F	Vesta	Pindar	Ujar Siva Dorob	Egeria	Glauco			Sirius Selene	
19	17.450	C. Asia	F	Electra	Apollo	Aulus Lomia	Euphrosyne	Bruvis			Spes Viola Viraj Mercury	
22	16.850	Chaldea	F	Thais	Telemach	Judex Aglaia	Dactyl Chameleon	Tore		Lili	Ophiuchus Orpheus Brus Thor	
24	15.890	Turkey	M	Lili	Arathea	Vesta Daphne	Theodoros	Alcander	Bootes Fortuna Pierre	Pepin Dactyl Jupiter		
29	14.350	India	F	Proteus	Pepin	Tolosa Daphne	Kilo Magnus	Aquila			Cygnus Major Pegasus Alba	
32	13.500	Egypt	F	Theodoros	Lyra			Draco				
34	12.750	N. India	M	Draco	Cassiopeia	Argus Castor Beth	Andromeda Dactyl Alexandra Aurige	Phocis	Gemini Ligeia Virgo	Dolphin Daleth Daphne		
35	12.000	Peru	M	Draco	Phocis			Dominic			Algol Iris	
36	11.150	S. India	M	Roseph	Cassiopeia	Algol Beth Draco Argus	Andromeda Phocis	Orpheus			Mercury Betelgeuse Pindar Ulys	
38	10.600	Bengal	M	Algol	Glaucus	Juno	Sirius Uli	Tere				
41	9.600	Beatrix	M	Nestor	Arcturus	Lili		Castor			Juno Jason	
44	8.300	Etruria	F					Ajax				
45	7.800	N. India	M	Theodoros	Ros	Betelgeuse Lyra Lili	Andromeda Algol Draco	Orestes			Antiope Apollo Kastor ...	
48	6.750	Tartary	F					Dolphin		Orion		
52	5.600	Kashmir	M	Pindar	Pisces	Diana Magnus		Austria			Hercules Beatrix Argus Telmach	
53	4.950	India	M	Draco	Dactyl	Cassiopeia Andromeda Phocis	Aulus Argus	Lactanius			Vega Aglaia Alcea Ros	
54	4.000	Egypt	M	Pindar	Alexander			Draco				
57	3.800	Crete	F	Uranus	Beatrix	Aurora Lyra		Pisces			Mercury Venus Betelgeuse Osiris	
63	1.500	Rio Neiva	M	Demeter	Mifran	Lactanius	Concordia Flora			Vega		
67	500	Greece	M	Draco	Thais			Lili			Orion Achilles Ajax Sagittarius	
69	300	Alexandre	M	Jason	Philipp	Pepin Opes Athena		Algol	Apollo Leo Cabra Ruth	Cassiopeia Clio		

Tableau Synthétique

DES Ire, IIe, IIIe, IVe ET Ve VIES

	Vie I	Vie II	Vie III	Vie IV	Vie V
SEXE	Féminin.	Féminin.	Masculin.	Masculin.	Masculin.
PARENTS	Mizar. Hélios.	Brihaspati. Neptune.	Hercule.	Uranus. Mercure.	Mira. Séléné.
SE MARIE A	Sirius.	Saturne.	Lion. Orion.	Persée.	Albiréo.
ENFANTS	*Fils :* Achille. Hector. Véga. Aletheia. Irène. Bellatrix. Aldébaran. Demeter. *Filles :* Albiréo. Persée, Ajax, Rigel. Crux. Regulus. Cygnus. Neptune. Adopté : Olympe.	*Fils unique :* Sourya.	*Fils :* Vajra. Aletheia. Uranus. Hector. *Filles :* Pindare. Crux. Mizar. Fidès. Centaure.	*Fils :* Hercule. Mizar. Polaris. Psyché. Canopus. Cygnus. *Filles :* Arcturus. Betelgeuse. Regulus. Arcor. Capricorne. Fomalhaut.	*Fils :* Lion. *Fille :* Mercure.
FRERES ET SŒURS	*Frères :* Hercule. Séléné. Aurore. Dragon. *Sœurs :* Lion. Procyon. Léto. Andromède.	*Frère :* Uranus. *Sœur :* Mizar.	*Frère :* Albiréo. *Sœurs :* Thésée. Béatrice.	*Frères :* Demeter. Etsa. *Sœurs :* Neptune. Protée.	*Frères :* Sirius. Ajax. *Sœurs :* Véga. Mizar.
AMIS	Mercure, Brihaspati, Uranus.	Les prêtres du Temple.	Sirius. Mercure.	Jupiter. Brihaspati. Vénus. Pallas.	Ulysse. Orphée. Auriga.
ENNEMIS	Thétis. Scorpion.				Scorpion. Pollux.
SOUS L'INFLUENCE DE :	Sous l'influence du Mahagourou, d'un déva, de Mercure, Brihaspati.	Sous l'influence de Sourya et, sans doute, sous celle du Mahagourou. Influence des astrologues et des prêtres.	Sous l'influence indirecte de Mercure. Sirius. Vajra.	Mercure. Talisman qui place Alcyone sous l'influence du Mahagourou.	Très influencé par son frère Sirius.
PSYCHISME	Psychométrie. Clairvoyance.	Clairvoyante. Consciente de l'égo auquel elle va donner naissance. Rêve intéressant.		Ses rapports psychiques avec sa mère Mercure. Méditations de la fin de sa vie.	
QUALITES	Energie. Courage. Esprit de sacrifice. Fidélité dans ses affections. Magnanimité.	Obéissance. Sacrifice.	Sportif. Mêmes qualités que précédemment.	Mêmes qualités que précédemment.	Mêmes qualités que précédemment. Studieux. Juste.
FAITS PRINCIPAUX	Son mariage en grande pompe. Scène de magie noire. Affaire Thétis. Scorpion. Voyages. Son tempérament psychique. Son livre. Refuse le titre de reine.	Horoscope d'Alcyone. Mariage important. Naissance de Sourya.	Nombreux voyages. Collaboration avec Sirius.	Vie de pèlerinages dans tous les temples de l'Inde. Prend part à 3 expéditions militaires.	Opposition contre l'orthodoxie de l'époque. Sauve Sirius d'un grand danger. Trahison de Scorpion.
CARRIERE	Excellente mère de famille. S'intéresse aux affaires de l'état et surtout aux cérémonies d'initiation. Organise splendide réception en l'honneur d'une ambassade.	Mère.	Situation officielle. Honneurs. Ambassades.	Carrière militaire puis vie d'ermite.	Juge suprême.
ŒUVRES	Un livre très instructif sur des questions religieuses.		Ouvrage important en collaboration avec Sirius sur les races et les religions.	Pèlerinages importants.	Beaucoup de bien.
TENDANCES	Goût marqué pour l'étude des questions religieuses.		S'intéresse plus à ses études qu'aux affaires de l'état.	Bien que très fortuné, ses désirs le poussent à vivre de la vie d'ermite.	Goût marqué pour l'étude.
MORT	84 ans.	Meurt dans un incendie en sauvant son enfant : Sourya.	85 ans.	109 ans.	99 ans.
PREDICTIONS			Prédiction de Mars.	Prédiction de Mars.	
MAUVAIS KARMA ET EPREUVES	Scène atroce de magie noire.	L'incendie et sa mort dramatique. La mort de son frère Uranus.	Quelques aventures de voyages.	Mauvaise conduite de son fils : Cygnus.	Trahison de Scorpion. Pollux séduit une sœur d'Alcyone. Difficultés politiques. Maladie.
EDUCATION	Très bonne éducation.	Très bonne éducation.	Très bonne éducation.	Très bonne éducation.	Très bonne éducation.
DEFAUTS					Meurtre de Pollux.

Tableau Synthétique

DES VI⁰, VII⁰, VIII⁰, IX⁰ ET X⁰ VIES

	Vie VI	Vie VII	VIE VIII	VIE IX	VIE X
SEXE	Masculin.	Masculin.	Masculin.	Masculin.	Féminin.
PARENTS	Mars-Mercure.	Lion, Achille.	Psyché. Arcturus.	Mercure. Brahaspati.	Mercure. Saturne.
SE MARIE A	Thésée.	Hélios.	Rigel.	Sirius puis Mizar.	Albiréo.
ENFANTS	*Fils* : Androméde. Betelgeuse. Fomalhaut, Persée. *Filles* : Neptune. Arcturus.	*Fils* : Hercule. Aldébaran. *Filles* : Mercure. Ulysse, Béatrice. Aquarius.	*Fils* : Cassiopée. Crux. Wenceslas. *Filles* : Taureau. Irène. Thésée.	*Fils* : Bellatrix, Vesta. Libra. Neptune. *Filles* : Véga. Auroro. Protée. Vierge.	*Fils* : Neptune. Persée. Rigel. Ajax. *Filles* : Rigel. Démeter. Algol.
FRERES ET SŒURS	*Frères* : Uranus. Hercule. *Sœurs* : Alethela. Polaris. Brihaspati. Demeter.	*Frère jumeau* : Sirius. *Sœurs* : Alethela. Polaris	*Frères* : Albiréo. Léto. Ajax. *Sœurs* : Béatrice. Procyon. Cygnus.	*Frères* : Achille. Selene. *Sœurs* : Calypso. Orphée.	*Sœurs* : Sélène. Lion. Vajra. *Sœurs* : Castor. Hercule. Mizar.
AMIS	Egos supérieurs.	Egos supérieurs, dont Sirius.	Egos supérieurs.	Egos supérieurs.	Egos supérieurs.
ENNEMIS			Castor.		Scorpion.
SOUS L'INFLUENCE DE :	Mercure. Sourya. Mahagourou.	Sirius. Mercure. Brihaspati.	Mars.	Sourya. Mercure.	Les Koumaras. Mahagourou. Mars. Sourya. Mercure.
PSYCHISME	Vision d'incarnations antérieures. Souvenirs de magie noire. Rapports psychiques avec Cygnus.	Averti par télépathie d'un danger. Voit Sirius (décédé) chaque nuit en rêve.		Souvenirs d'incarnations antérieures. Voit souvent Sourya en rêve. Conscient de la présence de Sirius, désincarné.	
QUALITES	Grande sagesse. Justice. Discernement.	S'intéresse beaucoup à l'éducation. Très bon organisateur. Inventeur. Préférerait vie plus obscure mais a le sentiment de son devoir envers autrui.	Courage. Sportif, etc... Mêmes qualités que précédemment.	Religiosité. Répulsion instinctive pour les centres de magie noire. Grand sage et grand saint. Guérit des malades. Beaucoup de bien.	Les mêmes que précédemment. Toujours de précieuses aptitudes pour l'éducation.
FAITS PRINCIPAUX	Vie errante. Aventures. Sauve Hercule, son frère, d'un grave danger.	Fonde une splendide université. Sauve Mercure, sa fille, d'un incendie. Apprend l'art de guérir.	Expéditions. Sauve Hercule et protège Mars attaqué dans un guet-apens.	Mission en Afrique. Revoit son Université de la 7e vie. Visite à Mars. Second voyage à l'Université dont il s'occupe à nouveau durant 27 ans. Fait beaucoup pour les pauvres.	Enseigne haute philosophie religieuse avec sa sœur Hercule. Provoquent rébellion. Toutes deux trouvent une mort dramatique.
CARRIERE	Commandant d'armée. Vice-grand prêtre de Sourya. Juge suprême.	Chef de l'Université.	Carrière militaire. Chargé d'ambassade. Conseiller d'Hercule roi.	Prêtre puis Ministre de l'Instruction Publique.	Mère de famille et propagandiste d'idées élevées.
ŒUVRES	Nombreuses œuvres comme vice-grand prêtre de Sourya.	Fonde une Université. Aurait désiré écrire des ouvrages philosophiques.	Faits militaires.	Nouveaux et importants travaux à l'Université. Cures. Conseils précieux. Bienfaisance.	Propage une haute philosophie parmi les ennemis de sa religion.
TENDANCES	Rêveur et passionné. Tempérament à la fois mystique et soldatesque.	Aptitudes marquées d'écrivain, de philosophe, d'éducateur.		Tendances au mysticisme.	Aptitudes marquées pour l'éducation de la masse.
MORT	70 ans.	71 ans.	70 ans.	81 ans.	58 ans. Mort affreuse et épouvantable supplice.
PREDICTIONS	Du Manou.			De Sourya.	De Sourya.
MAUVAIS KARMA ET EPREUVES	Grand chagrin à la mort de sa mère Mercure.	Grand chagrin à la mort de Sirius, son frère.		Epreuve du choix.	Supplice horrible.
EDUCATION	Très bonne.	Très bonne.	Education militaire.	Très bonne.	Très bonne.
DEFAUTS				Hésitation.	

Tableau Synthéthique

Des XIe, XIIe, XIIIe, XIVe et XVe VIES

	VIE XI	VIE XII	VIE XIII	VIE XIV	VIE XV
SEXE	Féminin.	Féminin.	Féminin.	Masculin.	Masculin.
PARENTS	Cétus. Cancer.	Lion. Orphée.	Mercure. Pindare.	Algol. Thésée.	Uranus. Hespéria.
SE MARIE A	Scorpion.	Neptune.	Sirius.	Mizar.	Mizar.
ENFANTS	A un enfant de Pollux. Cet enfant meurt jeune.	Fils : Ajax, Fomalhaut, Psyché. Filles : Arcturus. Taureau. Frères : Uranus. Pégase. Léto. Verseau. Sœurs : Sagittaire. Bérénice.	Fils : Uranus. Aurore. Séléné. Vajra. Neptune. Filles : Hercule. Mizar. Déméter. Mira.	Fils : Fomalhaut-Altaïr. Wenceslas.	Fils : Persée. Lion. Capella. Régulus. Irène. Fille : Ausonia.
FRERES ET SŒURS					Frères : Sirius. Centaure. Sœurs : Verseau. Sagittaire.
AMIS	Achille. Cygnus. Iris. Mercure. Alcestre. Phocée. Molète. Tolosa. Ansonia. Calypso. Vida. Polaris. Phénix.	Irène. Cygnus. Mizar. Vesta.	Mercure. Ursa, etc.	Psyché. Orphée. Vesta. Dragon. Cassiopée. Alethéia. Hercule.	Nombreux amis. Egos supérieurs.
ENNEMIS	Pollux. Scorpion. Cétus.		Pollux. Thétis.	Algol (son père).	
SOUS L'INFLUENCE DE :	Très mauvaise influence durant la première partie de son existence. Excellente influence de Mercure ensuite.	Influence contraire des parents. Bonne influence d'Uranus, puis de Mercure.	Mercure.	Psyché.	Mercure.
PSYCHISME	Magie noire. Rêves intéressants.	Clairvoyante dans sa jeunesse.	Avertie en rêve de dangers courus par son époux : Sirius. Autres rêves intéressants.		
QUALITES	Amour maternel. Renonce à la vengeance. Reconnaissance.	Amour de la vérité. Courage. Endurance des mêmes que précédemment.	Ténacité. Revient sur ses fautes ; retour à la bonne voie.	Très déterminé. Grande tolérance. Harmonisateur de deux religions différentes. Qualités d'administrateur. Apprend à vivre en paix avec ses semblables.	Grand facteur de paix. Vie très utile pour autrui. Grands progrès réalisés.
FAITS PRINCIPAUX	Alcyone est séduite par Pollux dont elle a un enfant. Elle épouse Scorpion. Fuit le toit familial. Le Sentier d'Initiation lui est indiqué pour la première fois. Sauve la vie de Pollux, son séducteur.	Part avec Uranus à la recherche de la vérité. Tous deux entrent dans un monastère. Amour entre Alcyone et Neptune. Terminent leurs vies respectives dans une ferme.	Débute comme voyante. S'entraîne à la méditation. S'éprend de Sirius. Devient reine. Fait assassiner le roi Ulysse par son fils Aurore. Abdique en faveur de son fils Uranus.	On lui apprend dès sa jeunesse à prier le « Path-Finder ». S'éprend de Mizar et s'enfuit avec lui dans une tribu aryenne. Prend part à des expéditions militaires. Blessé dans un accident d'aviation.	Dans le Pérou antique. Travaille sous la direction de Mercure auquel il succède comme Directeur de l'Instruction Publique. Nombreux voyages dans l'empire.
CARRIERE	Pas de carrière déterminée ; autorité consultée en matière de religion.	Nonne. Mère de famille. Fermière. Autorité consultée des questions d'ordre religieux.	Reine.	Carrière militaire, puis philosophe.	Maire. Gouverneur. Directeur Instruction Publique.
ŒUVRES	Beaucoup de bien à autrui en dispensant ses connaissances en matière de religion.	La demeure d'Alcyone devient une sorte de centre religieux important.	Guerre audacieuse contre empire voisin. Rend son peuple heureux.	Concilie deux croyances différentes et opposées.	Civilise tribus sauvages Œuvres importantes en religion et en éducation. Beaucoup de bien.
TENDANCES	Mauvaises d'abord puis meilleures ensuite. Témoigne d'un grand intérêt pour l'étude des questions religieuses.	Goût très caractérisé pour l'étude de la philosophie et des religions.	Tendances toujours marquées plus pour l'étude des questions religieuses que pour les affaires de l'état.	S'intéresse surtout à la philosophie.	Tendances artistiques, mais toujours en plus encore aux questions d'éducation et de religion.
MORT PREDICTIONS	79 ans. Prédiction de Mercure.	91 ans. De Mercure.	82 ans. De Mercure.	80 ans.	87 ans.
MAUVAIS KARMA ET EPREUVES	Alcyone est trahie par Pollux ; son enfant est empoisonné par Cétus. A beaucoup à lutter contre la mauvaise influence de Cétus. Mariage très malheureux.	Grosses difficultés de voyages. Privations. Renvoi du monastère. Jeunesse peu heureuse.	Difficultés au moment où elle s'éprend de Sirius. Graves ennuis avec Pollux. Epreuves et responsabilités.	Jeunesse plus heureuse. Chassé du toit paternel. Aventures et mésaventures. Accident d'aviation. Deuils douloureux.	
EDUCATION	Très mauvaise durant la première partie de sa vie. Très bonne ensuite.	Médiocre au début puis bonne au monastère.	Très bonne.	Très médiocre.	Très bonne et surtout très pratique.
DEFAUTS	Esprit de vengeance. Accepte de sacrifier son enfant aux dieux. Horribles sentiments. Est séduite par Pollux. Dissimulation.		Oublie la loi d'Amour et de compassion. Sentiments de vengeance. Mauvaises actions.		

Tableau Synthéthique

DES XVIe, XVIIe, XVIIIe, XIXe ET XXe VIES

	VIE XVI	VIE XVII	VIE XVIII	VIE XIX	VIE XX
SEXE	Masculin.	Masculin.	Masculin.	Masculin.	Masculin.
PARENTS	Olympe, Tolosa.	Brihaspati. Uranus.	Neptune. Hercule.	Protée. Mercure.	Aurore. Vajra.
SE MARIE A	Cygnus.	Ajax.	Véga.	Uranus.	Rigel.
ENFANTS	Fils : Osiris. Régulus. Polaris. Filles : Mizar. Protée.	Fils : Hélios. Achille, Vesta. Dorado. Pindare. Mélété. Proserpine. Filles : Hector. Fomalhaut. Albiréo. Auriga. Phénix.	Fils : Ulysse. Vajra. Achille. Persée. Rigel. Bellatrix. Filles : Uranus. Séléné. Aldébaran. Mira. Sirius.	Fils : Sirva. Bételgeuse. Irène. Sagittaire. Filles : Verseau. Algol. Canopus. Arcturus.	Fils : Persée. Mizar.
FRÈRES ET SŒURS		Sœurs : Neptune. Sirva. Mizar.	Frères : Albiréo. Psyché. Lion. Sœurs : Mercure. Hector.	Frère : Mizar.	Cousine : Cygnus.
AMIS	Orphée. Persée (son oncle).	Demeter. Orphée., etc...	Egos supérieurs.	Egos supérieurs.	Mercure. Orphée. Uranus, etc...
ENNEMIS			Ariés.		Tartares.
SOUS L'INFLUENCE DE :	De Persée, de Narayan, puis de Mercure.	Sous l'influence d'une voix.	De Mercure, sa sœur.	De Mercure.	De Mercure. Brihaspati. Neptune. Orphée. Uranus.
PSYCHISME	Très sensitif. Médium. Clairvoyant à l'état de transe. Spiritisme. Hypnotisme. Psychométrie. Léthargie de 7 années. Magnétisme curatif.	Très psychique dans sa jeunesse. Clairvoyant. Entend une voix qui le guide. Deux rêves intéressants de Brihaspati. Une voix lui prédit le jour de sa mort.		Invocations. Tournoi de psychisme entre Ariés. Alcyone.	
QUALITÉS	Actif mais réservé. Très psychique. Obéissance. Respect pour Mercure. Intelligence vive. Diplomate.	Très sérieux mais assez renfermé. Grande affection pour les siens. Tempérament psychique. Endurance et courage.	Excellent père de famille. Son courage devant l'ennemi. Administrateur habile d'un vaste domaine.	Volonté remarquable. Grande mémoire.	Brave, compatissant.
FAITS PRINCIPAUX	Grandit surtout sous l'influence de son oncle Persée, qui se livre par son intermédiaire à des expériences d'occultisme. Grande réputation d'Alcyone comme prêtre guérisseur. Vision de Mercure. Psychométrie. Léthargie. Conseils de Mercure.	Voudrait être marin. Son voyage souterrain avec Hémeter. Voyage maritime. Naufrage. Terribles souffrances.	Grande affection pour Mercure. Trouble d'Alcyone qui s'éprend de Véga en même temps que son frère Albiréo. Défense contre Toltèques. Tué par l'ennemi.	Affaire Ariés. Ulysse. Alcyone. Tournoi Ariés-Alcyone. Alcyone fait ses premiers pas sur le Sentier.	Cette vie semble être une réponse au désir exprimé par Alcyone dans la précédente incarnation. Expéditions. Carnages. Changement de caste. Alcyone renonce à la vie militaire.
CARRIÈRE	Prêtre.	Voyageur, puis prêtre.	Propriétaire. Agriculteur. Chef d'un vaste domaine.	Chef du Temple, puis Grand-Prêtre dans la capitale du royaume.	Militaire, puis Brahmane.
ŒUVRES	Nombreuses cures.			Copies de manuscrits. Délivre Ulysse de son obsession. Délivre Mizar de l'influence hypnotique.	
TENDANCES	Tendances marquées à être le véhicule de force supraphysique.	Aventureux mais toujours grand intérêt pour les questions religieuses.		Regrette vivement de ne pouvoir participer à la vie active d'Ulysse.	Préfère l'étude et la vie méditative à l'activité militaire.
MORT	71 ans.	73 ans.	85 ans. Tué devant l'ennemi.	99 ans.	78 ans. Alcyone se suicide plutôt que de se rendre à l'ennemi.
PRÉDICTIONS	De Mercure.	D'une voix qui prédit à Alcyone le jour de sa mort.			De Mercure.
MAUVAIS KARMA ET ÉPREUVES		Naufrage. Terribles épreuves. Blessé.		Influence mauvaise du magicien Ariés.	Expéditions militaires. Blessures. Horreur de la vie militaire. Perd un bras. Grand chagrin à la mort de Mercure.
ÉDUCATION	Education assez bonne et surtout psychique.	Très bonne. Une voix lui fait acquérir une connaissance plus grande de l'évolution et de la vie.	Très bonne. Education pour la vie à la campagne.	Très bonne.	Education militaire. Apprend plus tard la philosophie.
DÉFAUTS	Véhicule inconscient des entités astrales.	Un peu hésitant. Un peu de découragement.		Excès de volonté.	

Tableau Synthéthique

DES XXIe, XXIIe, XXIIIe, XXIVe ET XXVe VIES

	VIE XXI	VIE XXII	VIE XXIII	VIE XXIV	VIE XXV
SEXE	Féminin.	Féminin.	Féminin.	Féminin.	Féminin.
PARENTS	Sirius. Ursa.	Phocée. Caméléon.	Corona. Lion.	Siwa. Orphée.	Ajax. Bellatrix.
SE MARIE A	Antar.		Mizar.	Uranus.	Scorpion.
ENFANTS	Fils : Lion. Ulysse. Hélios. Leto. Filles : Mira. Canopus. Dibra. Déméter. Louria.		Fils : Véga. Mira. Thésée. Antar. Filles : Sélène. Uranus. Régulus.	Fils : Hélios. Hector. Fille : Rigel.	Fils : Taurus. Fille : Virgo.
FRERES ET SŒURS			Sirius (frère jumeau).		Frères : Uranus. Sagittaire. Sœurs : Algol. Verseau. Vesta.
AMIS	Borée à fidèle femme de chambre.		Nombre d'égos supérieurs.	Hercule.	Sirius. Mercure. Uranus.
ENNEMIS	Très peu aimée de sa mère. Thétis		Gamma.	Alastor. Scorpion. Hesperia. Thétis.	Scorpion.
SOUS L'INFLUENCE DE :	Sirius son père.	Phocée.	Mercure. Sirius.	Hercule.	Sirius, puis Mercure.
PSYCHISME	Sensitive. Spiritisme à l'aide de sa fille Déméter. Communique avec son père Sirius, décédé.		Curieux « sympathisme » avec Sirius, frère d'Alcyone.		S'intéresse un peu aux choses de l'occulte. Alcyone a pour cousine Déméter qui est clairvoyante.
QUALITES	Très observateur. Refuse de signer sentences de mort. Habile à déjouer les complots.		Les mêmes que précédemment, mais parfois exagérées.	Les mêmes qui précèdent dans la seconde partie de sa vie. Fait preuve d'une grande générosité et de clémence en pardonnant à ses ennemis.	Grand esprit de sacrifice.
FAITS PRINCIPAUX	Vie assez monotone. Rien de spécial.	Expiation, de mauvais karma.	Vie heureuse, un peu agitée.	Vie très agitée dans la première partie ; heureuse vers la fin. Alcyone s'acquitte d'un lourd Karma.	Vie d'épreuves et de difficultés variées. Fait beaucoup de progrès sous la direction de Mercure de qui elle apprend beaucoup.
CARRIERE	Secrétaire de Sirius, gouverneur d'une province. Puis mère de famille.	Jeune fille (pas de carrière).	Mère de famille.	Mère de famille. Collabore aux affaires de l'état.	Mère de famille.
ŒUVRES				Contribue pour une large part au développement du royaume.	
TENDANCES	Très intéressée aux cérémonies religieuses. S'intéresse fort à l'occultisme.		Ses tendances sont assez peu marquées. Curieux mélange de bonnes et mauvaises tendances. Toujours très intéressée aux questions religieuses.	Tendances assez mauvaises d'abord puis des meilleures par la suite.	S'intéresse toujours plus aux questions religieuses.
MORT	77 ans.	17 ans.	47 ans. Meurt en même temps que son frère Sirius.	69 ans.	75 ans.
PREDICTIONS				Thème astrologique d'Hercule, concernant Hélios.	Prédiction de Sirius.
MAUVAIS KARMA ET EPREUVES	Affaire Thétis. Grand chagrin à la mort de Sirius.	Alcyone est vouée contre son gré à une vie d'activités. Très maladive.	Chagrin d'Alcyone à la mort de Sirius.	Affaire Alastor. Sa séparation d'avec son fils : Hélios. Nombreuses épreuves. Infortunes, etc.	Vie d'épreuves. Difficultés. Chagrin dans ses affections.
EDUCATION	Très bonne.		Très bonne.	Education médiocre.	Bonne.
DEFAUTS	Timide. Aide Hélios à jeter le cadavre de Thétis.		Colère. Impatience. Caractère vindicatif.	Impulsive.	Un certain manque d'équilibre dans sa conduite.

Tableau Synthéthique

DES XXVIᵉ, XXVIIᵉ, XXVIIIᵉ, XXIXᵉ ET XXXᵉ VIES

	VIE XXVI	VIE XXVII	VIE XXVIII	VIE XXIX	VIE XXX
SEXE	Masculin.	Masculin.	Masculin.	Masculin.	Masculin.
PARENTS	Taureau. Virgo.	Albiréo. Lion.	Hector. Béatrice.	? ?	
SE MARIE À	Arcturus.	Algol.	Irène.		Antar. Irène.
ENFANTS		Fils : Libra, Sagittaire. Filles : Démeter, Melété, Mizar.		Fils : Antar.	
FRÈRES ET SŒURS				Cousin : Mizar.	
AMIS	Neptune.	Mercure.	Zoroastre. Mercure. Mizar, etc.	Bouddha. Egos supérieurs.	Egos supérieurs.
ENNEMIS	Pollux (frère d'Alcyone). Taureau (père d'Alcyone).	Scorpion.		Thétis.	
SOUS L'INFLUENCE DE :	Neptune.	Mercure.	Zoroastre. Mercure.	Bouddha.	
PSYCHISME	Rêve curieux d'Alcyone.	Néfaste influence psychique de Scorpion.			
QUALITÉS	Grand esprit de sacrifice. Endurance. Patience.	Mémoire extraordinaire. Enfant prodige. Très aimé des enfants qu'il instruit.	Très aimant. Un peu craintif mais dépourvu de tout égoïsme.	Idéal très élevé. Rêveur. Alcyone désapprouve les sacrifices des animaux. Détachement des biens de ce monde.	Sentiment religieux très développé.
FAITS PRINCIPAUX	Vie d'épreuves puis de pèlerinages. Alcyone démant un savant et un sage réputé.	Nouvelle vie d'épreuves pénibles. C'est à la fin de cette vie qu'Alcyone entre définitivement sur le sentier guidé par Mercure.	Participe à la fondation du Mazdéisme. Douloureuses épreuves dans ses affections. Vie très utile. Collaborateur de Zoroastre.	Mésentente avec Mizar. Alcyone, après quelques épreuves, devient disciple de Bouddha.	
CARRIÈRE	Pèlerin.	Maître d'école.	Collaborateur de Zoroastre dans la fondation du Mazdéisme.	Succède à son père dans la direction d'un temple. Puis moine, disciple de Bouddha.	Brahmane.
ŒUVRES	Beaucoup d'œuvres de charité.	Œuvres d'éducation.	Prédications.		
TENDANCES	L'équilibre dans le caractère se précise.	Alcyone se rapproche de plus en plus de la voie du Bodhisattva.	Les qualités d'Instructeur se précisent chez Alcyone.	Alcyone est définitivement engagé sur la ligne des Bodhisattva. Son nom prophétique.	
MORT	81 ans.	Condamnation à mort. Alcyone meurt décapité à 56 ans.	87 ans.	71 ans.	70 ans.
PRÉDICTIONS		De Mercure.	De Mercure.	Du Bouddha.	
MAUVAIS KARMA ET ÉPREUVES	Douloureuses épreuves pendant la première partie de sa vie.	Alcyone s'acquitte à nouveau d'un affreux Karma.	Douloureux Karma dans ses affections.	Mésentente entre Alcyone et Mizar. Affaire Thétis. Bannissement d'Alcyone.	Douloureux Karma dans une affection pour Ajax.
ÉDUCATION	Médiocre.	Très soignée.	Très bonne.	Bonne.	
DÉFAUTS			Léger découragement.		

Bibliographie

La Théosophie et la Nouvelle Psychologie, par *Annie Besant* (Revue Théosophique Française).
Occult Chemistry par *Annie Besant et C.-W Leadbeater.*
Clairvoyance, par *C.-W. Leadbeater.*
L'Occultisme dans la Nature, par *C.-W. Leadbeater* (Tomes I et II).
Revue Théosophique Française.
La Vision des Sages de l'Inde, par *M. Chatterji* (Librairie de l'Art Indépendant).
L'Intellectualisme et au-delà ! par *Gaston Revel* (sous presse).
La Philosophie de l'Expérience, par *William James.* Alcan (1909).
Psychisme et Théosophie par *Gaston Revel* (sous presse).
L'Occultisme, ses origines, sa valeur, par *Gaston Revel.*
Le *Théosophe.*
Etude sur la Conscience, par *Annie Besant.*
Le Monde de Demain, par *Annie Besant.*
Déchirures dans le voile du temps.
Ascétisme, par *H.-S. Olcott.*
The Theosophist (Revue théosophique d'Adyar) fondée par H.-P. Blavatsky et le col. H.-S. Olcott.) Actuellement dirigée par *Annie Besant.*
L'Homme visible et invisible, par *C.-W. Leadbeater.*
Questions ou Hinduism, par *Annie Besant.*
Aux Pieds du Maître, par *Krishnamurti* (Alcyone).
L'Elixir de la vie par un *Chéla* (Lotus rouge épuisé).
Le Pouvoir de la Pensée, par *Annie Besant.*
La Pensée, sa puissance, son emploi, par *C.-W. Leadbeater.*
L'Avenir imminent, par *Annie Besant.*
L'ère d'un nouveau cycle, par *Annie Besant.*
La Doctrine Secrète, par *H.-P. Blavatsky.*

La Généalogie de l'Homme, par *Annie Besant*.
L'évolution de notre race, par *Annie Besant*.
La clef de la Théosophie, par *H.-P. Blavatsky* (ouvrage épuisé).
Histoire de l'Atlantide, par *Scott Elliott*.
« Le Pérou Antique », par *C.-W. Leadbeater* (Revue Théosophique française).
Le Développement de la race future, par *C.-W. Leadbeater* (Revue Théosophique française).
Le Christianisme ésotérique, par *Annie Besant*.
Les Esprits de la Nature, par *C.-W. Leadbeater*.
The Ideals of Theosophy, par *Annie Besant*.
Le Dharma, par *Annie Besant*.
Vers l'Initiation, par *Annie Besant*.
La Théosophie devant la science, par D. Marques.
Les Vies successives, par *A. de Rochas*.
Les Phénomènes d'Autoscopie, par le Dr *Paul Sollier*. Félix Alcan Editeur (1903).
La Philosophie de la Longévité, par *Jean Finot* (Schleicher).
Les Preuves du Transformisme, par le Dr *Geley*.
La naissance et l'évanouissement de la matière, par Dr *Gustave le Bon*.
Histoire et Traité des Sciences occultes, par *Cte de Résie* (épuisé).
Les Origines, par *Guibert S. S.*
Le Sommeil et les Rêves, par Dr *Vaschide*.
La vie des plus illustres philosophes de l'Antiquité par *Fénelon* (épuisé).

Table des Diagrammes & Tableaux

	Pages
Tableau des Manous et Bodhisattvas dans les races	59
Tableau du Manou et des Bodhisattvas dans les vies d'Alcyone	59
Tableau des personnages ayant actuellement atteint l'adeptat	61
Tableau des personnages importants	62
Tableau des forces d'opposition	63
Tableau des rassemblements des personnages	64
Tableau des races au sein desquelles s'incarna Alcyone	68
Tableau des lieux géographiques et de leurs correspondances avec les races	69
Tableau des incarnations d'Alcyone dans les nations	71
Tableau des correspondances des races avec les nations	72
Tableau chronologique des races et des nations	73
Tableau des intervalles qui séparent les incarnations d'Alcyone dans une même sous-race	74
Tableau chronologique des rassemblements importants d'Egos	74
Tableau des égos supérieurs incarnés avec Alcyone	76
Tableau de la longévité d'Alcyone dans les trente vies	77
Tableau de la longévité d'Alcyone dans les races	78
Tableau des sexes d'Alcyone	87
Tableau des sexes des principaux personnages	87
Tableau des égos s'étant incarnés plusieurs fois comme parents d'Alcyone	89
Diagramme représentatif de la valeur des parents d'Alcyone	90
Parents d'Alcyone	91
Ordre selon lequel les parents d'Alcyone se sont incarnés	92
Enfants d'Alcyone	93
Frères et sœurs d'Alcyone	94
Mariages d'Alcyone	95
Tableau général des proches parentés	98

	Pages
Les plans de l'Univers	111
La vision dans le passé et dans l'avenir	113
La Balance Karmique	122
Tableau de l'Evolution	138
Diagrammes illustrant l'essai d'une théorie sur l'amour 219 et 225.	et suiv.
Libre-arbitre	330
Les vies d'Atalante. Tableau dressé par C.-W. Leadbeater.	347
Tableaux synthétiques des vies d'Alcyone	351

Table alphabéthique des Matières

A

	Pages
Accord mystique	46
Amour charnel (ses causes possibles)	175
Amour entre Alcyone et Pollux	174
Amour (Essai d'une théorie au point de vue théosophique)	218
Appel aux Grands Etres	213
Arts	242
Ascétisme	193
Astrologie	120
Attitude à prendre	147
Attitude à prendre	114
Aviation	222
Avertissement	6

B

Bodhisattva	57 et suiv.
Bouddha	285

C

Caractère	277
Ce que nous indique les vies d'Alcyone	305
Ce que l'humanité attend	310
Christ et Jésus	247
Clairvoyance	45
(astrale, mentale, etc...)	et suiv.
Clairvoyance	31 et suiv.
Conclusions générales	295
Conduite envers autrui	115
Considérations générales sur les cinq premières vies	160
Conscience, Subconscience, Hyperconscience	29 et suiv.
Correspondances entre les pays et les races	71
Les corps de l'homme	26 et suiv.
Coutumes	242
Critique (son influence)	115

D

Daïmons	253
Dates des rassemblements importants d'égos	74
Dédicace	5
Dédoublement	44
Défauts et vices	207
Défauts des qualités	179

	Pages
Désirs (leur constante réalisation)	271
Destinée	18
Déterminisme	127
Déva protecteur	106
Différence entre un médium et un disciple	247-249
Dilemme pour quiconque cherche la vérité	309
Disciples du Manou et du Bodhisattva	61
Dissentiments entre Alcyone Neptune, Uranus	191

E

Education	241
Education	186
Egos (comment ils se retrouvent)	192
Egos supérieurs incarnés avec Alcyone	75
Elite de l'avenir	115
Enfants d'Alcyone	93
Epreuve d'endurance	190
Epreuves et aventures	136
Equilibre	179
Evolution des règnes	136 et suiv.
Evolution des corps	145
Evolutions physique, spirituelle, intellectuelle	302

F

Forces d'opposition	63
La force de l'avenir	222
Force intra-éthérique	222
Frères et sœurs d'Alcyone	74

G

Gouvernement	237
Groupements des personnages	64
Groupe des serviteurs	55

H

Hatha-Yoga	34

I

Incarnations (leur nombre)	62
L'Infini et le fini (rapports entre)	12
Introduction	7
Intellect et vertus	289
Intervalles entre les vies	85
L'Invisible	27

K

	Pages
Karma	279
Karma de l'esprit de révolte	209
Karma et milieu	191
Double effet du Karma	183
Karma et altruisme	181
Karma immédiat	145
Karma de la mort	129
Karma (son double aspect)	129
Karma (la loi)	18
Koumaras	56

L

Lévitation	45
L'aide durant le sommeil	263
Libre-arbitre	328
Lieux géographiques	71
Liens de famille (doit-on les rompre)	180
Longévité	78
Loi (de l'Evolution)	12

M

Magie noire	107
Magnétisme curatif	38
Le Mal (sa définition)	14
Manou	57
Mariages d'Alcyone	95
Mazdéisme	281
Médiumnisme	39
Mémoire des existences antérieures	289
Mercure	283
Milieu favorable	190
Milieu (son influence)	188
Monade (son évolution)	25
Monde et famille	58

N

Narayan	246
Nom occulte de l'homme	46

O

L'obéissance	324
Occultisme	24

P

Panthéisme	12
Parentés et *Karma*	104
Parents d'Alcyone	89
Passage des Egos dans les races	68

	Pages
Perfectionnement de l'homme	70
Le Pérou antique	234
Personnages (leur nombre)	55
Personnages importants	61 62
Plans de matière	15 25
Positivisme et Spiritualisme	182
Pouvoirs psychiques supérieurs	44
Pouvoirs psychiques (leur développement)	40
Pouvoirs psychiques inférieurs	38
Pouvoirs psychiques (leur classification)	35 et suiv.
Pouvoirs psychiques	23
Préliminaires	9
Providence	19
Prédictions (théorie explicative)	109
Prédictions	279
'dition	281
Les prédictions sur Alcyone	333
Psychisme vrai et spiritisme	247
Psychisme	23 et suiv.
Psychisme (sa définition)	30 et suiv.
Psychométrie	47 et suiv.

Q

Qualités	170
Qualités (leur application)	172
Qualités (leur application)	189
Qualités dans les sexes	189
Qualités d'Alcyone	340
Questions et réponses	313

R

Races	256
Les races il y a 50.000 ans	64
Rajah-yoga	31 et suiv.
Rapports réciproques de quelques personnages	202
Rassemblements importants d'égos (leurs causes)	65
Rassemblements d'égos au point de vue racial	68
Rayons Rœntgen	27
Règne animal	136
Réincarnation (la loi)	16
Religion	240
Responsabilités	190
Les Religions (ce qu'elles sont)	14

S

Séjour céleste	86
Sensitivisme	41
Sentier du Disciple	19

	Pages
Sentier d'Initiation	183
Le Sentier	271
Sources d'inspiration	145
Sourya	125
Sexes des principaux personnages	86
Sexes d'Alcyone	86
La Société Théosophique	66
La Société Théosophique	11
Sympathisme	279
Système nerveux (développement de)	31 et suiv.

T

Table alphabétique des matières	379
Table des diagrammes et tableaux	377
Table générale des matières	385
Tableau des vies d'Atalanta dressé par M. Leadbeater	347
Tableaux synthétiques des vies d'Alcyone	351
Tableau des parents d'Alcyone	91 92
Talismans	152
Théosophie (ses grandes lois)	12
Théosophie (aperçu)	11
Le Théosophe (journal bi-mensuel)	10
Thétis	107
Types d'Egos	70

V

Valeur réelle d'un égo	115
Valeur des égos des parents d'Alcyone	91
Vérité (sa recherche)	181
Vibrations (Théorie des)	27
Vies antérieures. (Comment on peut les lire)	45
Vie et Matière	14
Voix	253
Voyage d'Alcyone en des contrées souterraines	256

Table générale des Matières

	Pages
DÉDICACE	5
AVERTISSEMENT	6
INTRODUCTION	7
I	9
II. APERÇU DE THÉOSOPHIE	11

⁂

SECTION I. LES POUVOIRS PSYCHIQUES. — LEUR EVOLUTION

Chapitre I. — Du Psychisme 23

Chapitre II. — Classification des pouvoirs psychiques. — Méthodes de développement 33

⁂

SECTION II. — LES VIES D'ALCYONE AU POINT DE VUE DE LA STATISTIQUE

Considérations générales sur les personnages............. 57

⁂

SECTION III. — COMMENTAIRES SUR LES VIES D'ALCYONE

Chapitre I. — Résumé de la première vie et commentaires. 103

Chapitre II. — Résumé de la deuxième vie et commentaires 119

Chapitre III. — Résumé de la troisième vie et commentaires 135

Chapitre IV. — Résumé de la quatrième vie et commentaires 151

	Pages
Chapitre V. — Résumé de la cinquième vie et commentaires	159
Chapitre VI. — Résumés des sixième, septième, huitième, neuvième et dixième vies et commentaires	163
Chapitre VII. — Résumé de la onzième vie et commentaires	173
Chapitre VIII. — Résumé de la douzième vie et commentaires	185
Chapitre IX. — Résumé de la treizième vie et commentaires	197
Chapitre X. — Résumé de la quatorzième vie et commentaires	215
Chapitre XI. — Résumé de la quinzième vie et commentaires	233
Chapitre XII. — Résumé de la seizième vie et commentaires	244
Chapitre XIII. — Résumé de la dix-septième vie et commentaires	251
Chapitre XIV. — Résumés des dix-huitième, dix-neuvième, vingtième, vingt-et-unième, vingt-deuxième vies et commentaires	265
Chapitre XV. — Les dernières vies	278

SECTION IV. — CONCLUSIONS GENERALES 293

SECTION V. — QUESTIONS ET REPONSES

Chapitre I. — Première question	315
Chapitre II. — Sur l'obéissance	323
Chapitre III. — Sur l'Ego indépendant	327

	Pages
SECTION VI. — LES PREDICTIONS	333

⁂

SECTION VII

Tableaux Synthéthiques	345
Bibliographie	375
Table des diagrammes et tableaux	377
Table alphabétique des matières	379
Table générale des matières	385

Imprimerie Centrale, G. LE GALL, 33, rue du Petit-Musc

www.ingramcontent.com/pod-product-compliance
Lightning Source LLC
Chambersburg PA
CBHW050439170426
43201CB00008B/736